KB239970

2011 동아시아

평화와 협력을 위한 구상 I
:전환기의 대응전략

JPI 정책포럼 시리즈

2011 동아시아

평화와 협력을 위한 구상 I
:전환기의 대응전략

제주평화연구원 편

한국학술정보㈜

발간사

 2011년은 새해 벽두부터 변화와 위기의 한 해였습니다. 연초에 이집트 무바라크 대통령과 리비아 카다피 대통령이 축출되었고, 12월에는 북한의 김정일이 사망하였습니다. 구체제의 지도자들이 명운을 달리하는 와중에 후쿠시마 원전사태나 EU의 재정위기 같은 커다란 사건들도 발생하였습니다. 한국은 중동에 원유를 의존하고, 북한과 일본에 인접하고 있으며, EU와는 FTA를 발효하고 있으므로 이러한 변화와 사건들이 평화와 번영에 주는 영향과 함의를 면밀하게 관찰하고 분석하지 않을 수 없습니다.

 한반도 평화 정착과 동아시아의 협력을 통한 공동번영을 추구하는 데 기여하고자 탄생된 저희 제주평화연구원은 설립 이래 역내 평화 정착과 다자협력의 확대와 제도화에 중점을 두고 이론적 논의와 정책대안의 개발에 노력해 왔습니다. 2011년에도 저희 연구원은 국내 유수의 여러 학자와 정책 전문가들을 모시고 우리나라와 동아시아, 나아가 전 세계의 평화와 번영에 영향을 미치는 주요한 현안에 대하여 깊이 있게 논의하고 그 결과를 'JPI 정책포럼'으로 출판하였습니다.

 2011년에는 한반도 평화와 남북관계, 동아시아 다자협력, 글로벌협력과 한국이라는 세 가지 주제 아래 전통적 안보문제, 비전통 안보문제, 평화문제 등에 대한 다양한 논의와 분석을 하였습니다. 이러한 연구와 토론의 결과를 『2011 동아시아 평화와 협력을 위한 구상 I, II: 전환기의 대응전략』이라는 제목 아래 단행본으로 출판하는 것은 2011년의 주요 문제에 관한 우리나라 유수의 전문가들의 집단적 지성을 종합하고 넓게 활용할 수 있게 한다는 중요한 의의가 있습니다. 이 기회를 통해 2011년 JPI 정책포럼에 참여하여 주신 연구자와 전문가들에게 다시 한번 감사드리며, 이 책의 독자들에게 저희 연구원에 대한 많은 성원과 관심을 부탁드립니다. 끝으로 출판을 위해 수고하여 주신 한국학술정보(주) 여러분께 감사드립니다.

2011년 12월
제주평화연구원장
한태규

|C|O|N|T|E|N|T|S

2부 동아시아 다자협력

1부

한반도 평화와 남·북 관계

남・북 관계의 국제정치

황지환(명지대학교 교수)

  남・북 관계는 국제정치와의 관계에서 독립변수와 종속변수의 역할을 동시에 하고 있다. 한반도 분단의 역사에서 볼 때, 남・북 관계의 변화를 통해 국제정치 환경이 달라짐과 동시에 국제정치 환경의 변화에 따라 남・북 관계가 변화하기도 했다. 하지만, 남・북 관계는 국제정치에 대한 독립변수보다는 종속변수로서의 모습을 더 강하게 드러내곤 했는데, 이는 한반도가 가진 지정학적인 위치에서 국제구조의 압도적인 영향을 받을 수밖에 없었기 때문이었다. 북 핵 문제나 한반도 평화체제, 최근의 천안함 및 연평도 사건처럼 한반도에서 중요한 여러 이슈들을 살펴볼 때, 남・북 관계는 그 자체적으로 독립적인 역할을 하기보다는 국제정치의 영향을 많이 받아왔다. 북 핵 문제의 경우 김영삼, 김대중, 노무현, 이명박 정부 모두 남・북정상회담이나 남・북 간 접촉을 통해 문제를 해결하기보다는 한반도 주변의 국제정치 상황 변화에 커다란 영향을 받은 측면이 강했다. 한반도 평화체제 역시 당사자인 남・북한의 대화와 협상이라는 남・북 관계의 틀 속에서 논의가 이루어지기보다는 6자회담이라는 국제정치 속에서, 그리고 미국의 대한반도정책의 맥락 속에서 논의가 진전되거나 붕괴되었다. 최근의 천안함 및 연평도 사건 역시 사건 자체는 남・북 관계의 틀에서 벌어졌지만, 그 대응과정은 자체적인 역학관계보다는 국제정치의 영향을 더 많이 받고 있어 종속변수로서의 남・북 관계가 더 크다는 점을 보여주었다. 이처럼 남・북 관계가 한반도 주변 국제정치의 압도적인 영향을 받고 있는 상황에서는 주변 강대국들에 대한 한국의 외교력을 강화하는 노력이 중요하다. 특히 남・북 관계의 기본적인 성격을 근본적으로 변화시키기 위한 남・북 관계 혹은 통일외교의 추진이 필요한데, 남・북 관계에 대한 주변국들의 영향을 최소화하고 한국의 이니셔티브를 확대해나가는 외교력을 키워가야 할 것이다.

∷ 1. 남·북 관계는 국제정치다

○ '남·북 관계는 국제정치다'라는 언명은 남·북 관계를 국제정치의 독립변수로서 보는 경우와 종속변수로서 보는 경우의 두 가지 내용을 담고 있음.

○ 국제정치에 대한 독립변수로서의 남·북 관계는 남·북 관계가 국제정치적으로 중요한 변화요인이기 때문에, 남·북 관계의 변화를 통해 국제정치 환경이 달라질 수 있음을 의미함.

○ 국제정치에 대한 종속변수로서의 남·북 관계는 국제정치 환경의 변화에 따라 남·북 관계가 달라질 수 있음을 의미함.

가. 독립변수로서의 남·북 관계

○ 남·북 관계가 국제정치변화에 독립변수의 역할을 한 대표적인 사례로 세계냉전질서의 초기 단계에서 한국전쟁이 미친 영향성을 들 수 있음.
- 한국전쟁은 미국과 소련의 초기 냉전적 대치상태를 격화시키고, 그 구조를 봉인했다고 평가할 수 있음.

○ 이는 레이몽 아롱(Raymond Aron)이 표현한 '이룰 수 없는 평화'로서의 냉전의 구조를 완성하는데 한국전쟁 당시의 남·북 관계가 미친 영향이라고 할 수 있음.

○ 정반대의 측면에서 한국전쟁은 냉전(Cold War)이 열전(Hot War)이 되지 않도록 하는 국제적 합의구조를 형성하는 데 기여했다고 할 수 있음.
- 레이몽 아롱의 표현에 따르면 이는 '일어날 것 같지 않은 전쟁'으로서의

냉전의 구조가 형성되는 데 한국전쟁이 미친 영향을 의미함.

나. 종속변수로서의 남 · 북 관계

○ 남 · 북 관계가 국제정치의 변화에 영향을 받은 대표적인 사례로 남 · 북한의 분단과정을 들 수 있음. 한반도의 분단은 제2차 세계대전의 종결과정에서 형성된 미 · 소 간의 상호불신의 결과로서 이해될 수 있음.

○ 미국과 소련 모두 초기에는 한반도에 대한 커다란 관심을 보이지 않았지만, 1945년 2월의 얄타회담의 결과, 양국은 한반도가 동북아에서 어느 한 세력권에 드는 것을 원하지 않음으로써 한반도의 분단을 가져옴.

○ 미국은 한반도를 일본이라는 전략적 거점의 방어를 위한 완충지대로서, 소련은 한반도가 소련공격을 위한 기지가 되지 않도록 하는데 의미를 부여했고, 이는 한반도의 분할점령을 가져옴.
- 남한에 친미정권, 북한에 친소정권이 들어오면서 해방 후 남 · 북 관계의 성격을 규정지음.
- 이는 제2차 세계대전 이후 세계질서의 미 · 소 간 세력균형(balance of power) 형성과정에서 형성된 부산물임.
- 이러한 모습은 미 · 소의 세계냉전과 미 · 중 · 소의 세력균형관계가 변하는 1970년대 데탕트의 여파로 7 · 4 남 · 북공동성명이 이루어지는 모습에서도 잘 나타남.

다. 독립변수와 종속변수의 비교

○ 한반도 분단의 역사에서 볼 때, 남 · 북 관계는 국제정치에 대한 독립변수

로서도 종속변수로서도 동시에 작용해 왔음.
- 남·북 관계는 국제정치에 대한 독립변수보다는 종속변수로서의 모습이 더 강하게 드러남.
- 월츠가 이야기하듯, 한반도가 가진 지정학적인 위치에서 국제구조의 압도적인 영향을 받을 수밖에 없기 때문임.

○ 최근의 천안함 및 연평도 사건 역시 사건 자체는 남·북 관계 내에서 벌어진 것이지만, 그 대응과정은 자체적인 역학관계보다는 국제정치의 영향을 더 많이 받고 있어 종속변수로서의 남·북 관계가 압도적으로 더 크다는 점을 보여줌.

2. 남·북 관계에 대한 국제정치의 영향력: 이론적 시각

가. '제2이미지 역전' 이론

○ 외교정책 연구에서 일반적으로 국내 정치적 요인을 강조하는 대부분의 이론은 국가 '안'의 속성을 통해 국가 '밖'의 행동을 설명하는(inside-out) 경향을 보임.
- 이 이론들은 국가의 외교정책 행위와 그 결과로 나타나는 국제정치적 결과들을 종속변수로, 국가 내부의 국내정치적 요인들은 이 종속변수를 설명하는 독립변수로 간주하는데, 이는 월츠가 이야기하는 '제2이미지'의 견해임.
- '제2이미지 역전' 이론은 구레비치(Peter Gourevitch)가 논의하듯 국내 정치 요인이 국제정치적 사건의 원인이 아니라 오히려 국내 정치 상황을 국제

정치적 요인에 의해 발생한 결과로 인식함.

○ '제2이미지 역전' 이론은 국내구조를 주어진 것으로 보지 않고 대외적 요인에 의해 영향받은 것으로 이해하는데, 이는 '밖'으로부터의 영향이 어떻게 국가 '안'에서의 변화를 이끌어 가는지에(outside-in) 관심을 두고 있음.

나. '제2이미지 역전' 이론의 적용

○ 남·북 관계는 물론 '제2이미지 역전' 이론에서 의미하는 국내 정치가 아니기 때문에 직접적인 적용은 어렵지만, 한반도라는 지역 내부의 관계라는 점을 감안하여 '제2이미지 역전' 이론을 적용할 수 있음.
- 이는 남·북 관계를 고정된 것이나 혹은 자체적인 동학에 의해 움직이는 것으로 평가하는 것이 아니라, 국제적인 요인에 의해 상당한 영향을 받으면서 변화하고 있는 것이라고 인식하면서 남·북 관계가 가지는 역사성을 강조하는 것임.

○ 현재 남·북 관계를 북한 정권의 속성이나 한국 정부의 정권 변화 등으로 설명하는 것과는 달리, 이러한 관계가 미·소 간의 냉전, 미·중 관계의 변화, 동북아질서의 변화에 따라 어떻게 영향을 받고 있는지를 살피는 것임.
- 이는 남·북 관계의 본질을 이해하는데 있어서 중요한 의미를 가질 뿐 아니라, 한국 정부의 대북정책과 대외정책을 결정하는데도 중요한 교훈을 줄 수 있을 것임.

3. 남·북 관계에 대한 국제정치의 압도적 영향력: 사례분석

가. 남·북 관계와 북 핵 문제

○ 북 핵 문제처럼 남·북 관계에서 가장 중요한 사안에서 남·북 정상 간의 논의가 얼마나 획기적인 돌파구를 마련할 수 있었는가를 평가하는 것은 중요한 사례임.

○ 남·북 간 최고의 대화채널이라고 할 수 있는 남·북정상회담이 북 핵 문제 해결 과정에서 미친 영향성을 통해 남·북 관계에 대한 국제정치의 압도적 영향력을 평가할 수 있음.

1) 김영삼 정부 시기
○ 김영삼 대통령은 1993년 2월 대통령 취임사에서 한반도 평화와 통일을 위한 전향적인 대북전략과 남·북의 화해와 협력을 위한 적극적인 정책의지를 표명했으며, 이를 위해 남·북정상회담을 제안했음.
- 김 대통령은 냉전의 종식 이후 평화와 협력의 세계질서 흐름에 발맞추어 한반도에서도 남·북한이 서로 협력하고 평화를 이루어내야 함을 강조하며, "어느 동맹국도 민족보다 더 나을 수는 없다"고 언급하며 급변하는 국제질서에서 민족공조의 중요성을 강조하였음.
- 남·북정상회담을 제의함으로써 남·북 간 긴밀한 협력을 통해 한반도의 평화와 통일을 지향할 것임을 명확히 했음.
- 취임 당시의 전향적 대북 기조는 3월 12일 북한의 핵확산금지조약(NPT) 탈퇴 선언 이후 방향을 급선회하게 됨.

○ 김영삼 정부는 북한의 핵사찰 거부와 NPT 탈퇴로 초기의 전진적인 대북 관계 구상에 수정이 불가피해졌음을 인식하고, 대화와 압력을 병행한다는 대북기본전략을 마련함.

- 김 대통령은 1993년 6월 취임 100일의 기자회견에서 "핵무기를 가진 상대와 는 결코 악수할 수 없다"며 북 핵 문제에 대한 단호한 입장을 밝혔음.

- 김영삼 정부가 대화와 압박을 병행하는 전략으로 대북정책의 기조를 변경 함에 따라 북한은 강력히 반발하며 남·북채널을 붕괴시켰고, 이에 따라 한국은 북 핵 문제와 남·북 관계에 접근하기 위해서는 어쩔 수 없이 북·미 채널에 의존해야 하는 상황이 되었음.

- 김영삼 대통령이 취임사에서 제안했던 남·북정상회담은 북 핵 위기의 고 조로 불가능해졌음.

- 김영삼 정부의 남·북정상회담은 의외의 계기를 통해 성사되었음.

- 1994년 6월 북 핵 위기가 고조되어 군사적 충돌 우려까지 제기된 상황에 서 카터 전 대통령이 방북하여 김일성과 북 핵 문제에 대해 합의를 하게 되었는데, 이 과정에서 카터는 김일성 주석에게 남·북정상회담을 제안하 고 김일성 주석과 김영삼 대통령이 이를 수용하면서 회담 개최가 성사되 었음.

○ 김영삼 정부 시절 남·북 관계는 북 핵 문제를 해결해 나가는 협의의 과정 으로 남·북정상회담을 활용하기보다는 북 핵 문제의 국제정치적 상황의 변화에 영향을 받았음.

- 김영삼 정부 시절 남·북정상회담이라는 남·북 관계가 북 핵 문제 해결 을 이끌어 간 것이 아니라, 북 핵 문제 해결 과정이 남·북정상회담 성사 에 결정적인 영향을 미쳤다고 할 수 있음.

- 북 핵 문제는 한반도 주변 국제질서의 영향력하에서 크게 벗어나지 못했음.

2) 김대중 정부 시기

○ 김대중 정부 시기 한반도 주변의 국제관계는 더할 나위 없이 호전되어 있
    었음. 1994년 6월의 카터 - 김일성 합의는 10월의 제네바 합의로 이어졌음.

- 1998년 8월, 북한이 인공위성 광명성 1호라고 주장한 대포동 1호 미사일을
    일본 열도를 넘어 발사한 후에는 미사일 위기가 조성되고 있었으나, 미국
    의 대북정책을 재검토하기 위해 페리 전 국방장관이 1999년 5월 북한을
    방문하였을 때, 북한은 미국의 제안에 상당히 호의적이었음.

- 이후 미사일 회담이 급진전되고, 1999년 10월 페리 보고서가 제출된 후 북
    한과 미국은 유례없는 관계개선의 꽃을 피웠음.

○ 북한의 조명록 국방위원회 부위원장이 방미하여 클린턴 대통령과 면담했
    을 때 재확인되었는데, 당시 공동코뮈니케에서 북한은 제네바 합의의 성
    실한 이행과 북·미 관계개선을 위해 노력할 것을 약속하였음.

- 이 방문에서 조명록은 클린턴의 방북을 초청하는 김정일의 친서를 전달했
    는데, 이의 준비를 위해 올브라이트 국무장관이 평양을 방문해 김정일과
    회담하기도 했음.

- 김대중 대통령과 김정일 국방위원 간의 2000년 6월 남·북정상회담은 이
    와 같이 북 핵 동결과 북·미 관계 개선이라는 우호적인 한반도 환경에서
    성사되었음.

- 북 핵 문제가 동결된 상황에서 남·북정상회담이 이루어진 것임.

○ 제1차 남·북정상회담에서 합의되었던 김정일 위원장의 서울 답방 혹은
    제2차 정상회담 약속은 부시 행정부의 등장 이후 북·미 관계가 경색되기
    시작하자 지켜지지 못했음.

- 남·북정상회담의 합의문인 6·15공동선언에 북 핵 문제에 대한 언급이
    전혀 없었다는 점은 남·북 관계가 북 핵 문제를 이끌어가지 못했다는 사
    실을 보여주는 것임.

- 김대중 정부의 햇볕정책에도 불구하고 6·15공동선언에서 합의되었던 제
  2차 남·북정상회담은 정권 말까지 실현되지 못했고, 북 핵 문제는 한국
  의 노력에도 계속 악화되었음.
- 김대중 정부 시절에도 남·북정상회담은 한반도 주변 국제정치 환경이 민
  감하게 고조되고 있을 때는 가능하지 못했고, 북 핵 문제가 합의되어 동결
  되었을 때 가능했었음.
- 남·북정상회담이 남·북 관계의 여러 이슈에 대해 새로운 방향을 제시했
  을지는 몰라도 북 핵 문제 해결을 실질적으로 이끌어가지는 못했으며, 오
  히려 북 핵 문제를 둘러싼 국제환경의 악화가 남·북 관계의 진전을 가로
  막았다는 것을 의미함.

3) 노무현 정부 시기
○ 2002년 가을 이후 제2차 핵 위기가 시작된 이후 부시 행정부에 대한 북한
  의 위협인식은 악화되어 북한은 점점 더 충돌적인 핵 정책을 추구했는데,
  특히 2003년 3월, 미국이 이라크를 침공한 이후 더욱 심화되었음.
- 북한은 이전에도 미국의 군사적 움직임에 매우 민감하게 반응해 왔지만,
  이라크 전쟁이 시작된 이후 이라크의 상황을 북한의 상황과 대비시키면서
  핵무기의 필요성을 강력하게 시사했음.
- 이러한 제2차 북 핵 위기와 북·미 간의 충돌상황에서 노무현 정부는 햇
  볕정책을 이어받은 평화번영정책을 펼쳤지만, 그러한 노력에도 불구하고
  남·북정상회담을 오랫동안 성사시키지 못했음.
- 노무현 정부는 2007년 초 이후 북 핵 문제가 6자회담을 통해 합의되어가
  는 과정에서 제2차 남·북정상회담의 기회를 가지게 됨.

○ 2007년 2월의 2/13 합의 이후에는 북한의 핵동결과 함께 한반도 평화체제에
  대한 논의가 진전되면서 제2차 정상회담을 본격적으로 추진할 수 있었음.
- 노무현 정부는 이처럼 북 핵 문제와 북·미 관계가 새로운 국면을 맞이한

2007년에 들어와서 제2차 남·북정상회담을 가지게 되었고, 그 시기도 6
자회담에서 10.3 합의를 이루어 나가는 시기와 일치함.

- 제2차 정상회담의 합의문인 10·4 선언에서도 북 핵 문제는 남·북 간의
합의나 노력에 의해서가 아닌 6자회담의 해결 과정에 의존하고 있음.

- 노무현 정부의 노력에도 불구하고 남·북정상회담이 성사되지 못하다가
임기를 6개월도 남기지 않은 상황에서 성사된 것은 부시 행정부의 대북정
책이 전환되었음에 기인한다고 평가할 수 있음.

- 노무현 정부 시절에도 남·북정상회담이라는 남·북 관계가 북 핵 문제
해결을 이끌어 갔다기보다는 북 핵 문제의 갈등이라는 한반도 주변 안보
환경의 변화에 남·북 관계가 영향을 받은 바가 크다고 평가됨.

나. 남·북 관계와 한반도 평화체제 논의

○ 한반도에서 평화질서를 구축하는 것은 남·북 관계에서 가장 중요한 어젠
다 중의 하나임.

- 한국전쟁의 정전협정을 평화협정으로 대체하는 한반도 평화의 질서를 구
축하는 것은 남·북 관계 변화에 중요한 사건이 될 것임.

- 한반도 평화체제 구축에 관한 논의가 어떻게 진전되는지를 살펴보는 것은
남·북 관계와 국제정치의 관계에 대한 중요한 의미를 제시해 줄 것임.

1) 6자회담과 한반도 평화체제 논의

○ 2007년 부터 2008년까지 활발하게 논의된 한반도 평화체제 논의는 남·북
회담에 의해 이루어진 것이 아니라, 베이징 6자회담에서 북 핵 문제가 합
의되면서 그 부산물로서 이루어진 것임.

- 2007년 2월의 2/13 합의 이후에는 한반도 평화체제에 대한 논의가 활발하
게 진전됨.

○ 2005년 9월 19일, 제4차 베이징 6자회담의 결과물로 제시된 9・19 공동성명에서 관련 당사국들은 '동북아시아의 항구적인 평화와 안정을 위해 공동 노력할 것을 공약'하며, '적절한 별도 포럼에서 한반도의 항구적 평화체제에 관한 협상을 가질 것'을 공언하였음.

- 이후 제5차 6자회담의 3단계 회의가 끝나고 2007년 2월 13일 발표된 '9・19 공동성명 이행을 위한 초기조치'에서도 참가국들은 '동북아에서의 지속적인 평화와 안정을 위한 공동노력을 할 것을 재확인'하였음.

- 이에 따라 '직접 관련 당사국들은 적절한 별도 포럼에서 한반도의 항구적 평화체제에 관한 협상을 갖는다'고 명시했으며, 2007년 10월 3일 합의된 제6차 6자회담 2단계 회의에서 2단계 조치에 합의함으로써 북 핵 문제 해결과 한반도 평화체제의 국제사회의 기대를 한층 더 진전시켰음.

- 2008년 12월 수석대표회의를 끝으로 6자회담이 공전되자, 이후 한반도 평화체제에 관한 논의는 중지되었고, 남・북 관계는 이에 대한 어떠한 변화도 꾀하지 못함.

2) 부시 행정부의 대북정책 전환과 한반도 평화체제 논의

○ 당시의 한반도 평화체제 논의는 부시 행정부의 대북정책 전환에서도 나타났음.

- 부시 행정부 2기에서 대북강경정책을 변화시키는 데 커다란 영향력을 발휘한 것으로 알려진 젤리코(Philip Zelikow) 보고서는 북 핵 문제 해결과 한반도 평화체제 구축에 대한 장기적인 방향을 제안했음.

- 젤리코 보고서는 북한 핵 문제의 해결이 완료되기 이전에라도 북・미 간의 평화협정(peace treaty) 체결에 관한 협상을 시작할 수 있다는 새롭고 광범위한 접근법(a broad new approach)을 담고 있었음.

- 북한이 핵 프로그램을 완전히 해체하기 이전에는 어떠한 경제적・외교적 조치도 취할 수 없다는 부시 행정부의 이전 입장을 고려할 때 이는 상당히 진전된 시각이었음.

- 여기에는 부시 행정부가 핵 문제 해결뿐만 아니라 북한과의 공식적인 경제협력관계 및 외교관계의 수립 등을 동시에 고려한다는 내용이 포함되었는데, 종국적으로는 관련 당사국들이 '해결되지 않은 한국전쟁의 이슈들'을 다루며 '평화프로세스로 나아가서 한국전쟁의 최종적인 종전을 시도'함으로써, 한반도에서의 항구적인 평화체제 구상에 대한 의지를 표명하고 있었음.
- 이에 따라 2006년 4월의 미·중 정상회담에서 부시 대통령은 후진타오 중국주석에게 북·미 평화협정의 가능성을 타진했던 것으로 알려졌음.
- 이어 2006년 11월 18일 하노이에서 열린 한미정상회담에서 미국은 북한이 핵무기 프로그램을 포기하면 종전선언과 평화조약을 체결할 용의가 있다고 제안함.
- 이러한 과정은 한반도 평화체제에 관한 논의가 당사자인 남·북한의 대화와 협상을 통해 이루어진 것이 아니라 미국의 대외정책 변화 속에서 진전된 것을 보여주는 것임.

다. 천안함 및 연평도 사건과 남·북 관계

1) 천안함 사건 이전의 남·북 관계
○ 천안함 사건 이전 남·북 관계는 이명박 정부의 대북정책에 대한 북한의 강경한 대응으로 경색되고 있었음.
- 2009년 초, 북한의 조국평화통일위원회는 이명박 정부의 대북강경책으로 인해 남·북한 사이에 채택된 모든 합의문이 사문화되고 백지화되었다고 주장하였음.
- 이에 따라 북한은 남·북 사이의 정치, 군사적 대결상태 해소와 관련한 모든 합의사항을 무효화한다고 선언하였는데, 이는 북한이 이명박 정부 1년의 대북정책을 관찰한 후 남·북 관계에 대한 접근법을 전면적으로 수정할 것임을 의미하는 것이었음.

- 당시 북한의 대남정책은 이명박 정부의 대북정책에 대한 대응책의 일환으로 이루어진 남·북 관계 차원의 것이었으며, 남·북한 기본관계에 대한 남·북 간의 인식차이를 반영한 것이었음.

- 천안함 사건 이전 남·북 관계는 이전 김대중 및 노무현 정부의 대북정책에 대한 논쟁에 집중되어 있었으며, 따라서 남·북 관계의 맥락에서 대응되고 있었음.

2) 천안함 및 연평도 사건의 국제정치

○ 천안함 사건 이후 남·북 관계는 한반도 주변 국제정치에 의존하는 경향이 강함.

- 대표적으로 천안함과 연평도 사건 이후 남·북 관계는 실종되고 미국, 중국, 일본, 러시아 등을 통한 치열한 외교전이 진행되고 있다는 점은 주목할 만한 사실임.

- 천안함과 연평도 사건을 대하는 중국 정부의 미묘한 입장에서 잘 드러나듯 최근 남·북 관계는 미·중 관계의 긴장이 북한 문제를 통해 돌출되는 과정에 크게 영향을 받고 있음.

- 2009년 미·중 전략경제대화에서 돈독한 관계를 과시했던 미·중 관계는 2010년 들어 검색엔진 '구글'에 대한 사이버 분쟁을 시작으로, 대만에 대한 미국의 무기판매 결정, 위안화 절상 및 무역 불균형 문제, 천안함 및 연평도 사건 등 전방위로 갈등이 악화되어 왔음.

- 이에 따라 최근 미국과 중국의 외교적 갈등이 악화되면서 한국은 남·북 관계에 대응하는 과정에서 한·미동맹과 한·중 관계 사이에서 상당한 전략적 딜레마를 겪고 있음.

○ 2008년 이후 글로벌 금융위기로 더욱 첨예화된 미·중 간의 갈등구조는 앞으로 남·북 관계에 커다란 영향을 미치는 변수로 작용할 것으로 예상됨.

- 동북아의 4강에 둘러싸여 있고 남과 북으로 분단되어 있어 한·미 관계와

한·중 관계를 모두 중요시해야 할 한국으로서는 남·북 관계를 관리해 나가는 데 있어 이러한 미·중 간의 갈등상황이 매우 어려운 전략적 딜레마를 안겨 주고 있음.

- 이명박 정부 들어 한·미 관계가 강화되는 과정에서 중국은 한미동맹이 냉전의 유산이라며 수차례 비판하고 불편한 심기를 숨기지 않았기 때문에 중국의 대북정책은 남·북 관계에서 한국의 입지를 어렵게 하고 있음.

ꗴ 4. 정책적 함의: 국제정치를 활용하는 남·북 관계 외교의 중요성

○ 이처럼 남·북 관계가 한반도 주변 국제정치의 압도적인 영향을 받고 있는 상황에서는 주변 강대국들에 대한 한국의 외교력을 강화하는 노력이 중요함.

- 남·북 관계의 기본적인 성격을 근본적으로 변화시키기 위한 남·북 관계 혹은 통일외교의 추진이 필요함.

- 한반도 주변국들에는 남·북 관계에 대한 불안감이 일정 부분 존재하는데, 이는 한반도가 안정되어 통일된 이후 동북아 국제관계의 역학관계에 대한 불안정성과 예측 불가성 때문임.

- 통일된 한반도가 동북아의 안정과 협력을 위해 얼마나 긍정적인 역할을 할 수 있는지를 주변국들에 설득하는 노력이 외교의 가장 중심된 부분이 되어야 하며, 이러한 외교가 국가외교의 주요한 어젠다로 설정되어 장기적인 비전을 주변국들에 설득시켜야 함.

○ 남·북 관계와 한반도 문제의 당사자로서 문제에 접근하고 해결할 수 있는 정보를 확보하고 정책을 제안하여 국제협력의 주도권을 최대한 추구하는 것이 중요함.

- 우선 미국과의 관계에서 한국은 미국의 정책변화를 예측하고, 주요한 이슈를 선점하여 미국의 한반도 관련 정책을 이끌어 나갈 수 있는 전략적 비전을 만들어 가야 함.
- 중국과의 공조는 북한의 입장을 고려하는 방식으로 보조를 취하여야 할 것임.
- 2008년 4월 '전략적 협력동반자관계'로 격상된 한·중 관계에서 북한의 미래에 대해 어떠한 전략적 목적을 공유할 것인지 다양한 논의를 전개할 필요가 있음.
- 북한의 급변사태에 대한 중국의 대응 등과 같은 민감한 상황에 대한 갈등은 최소화하고 한반도의 미래비전에서 중국이 할 수 있는 역할에 대한 논의를 활발히 해 나가야 할 것임.

○ 중국은 북한문제와 남·북 관계의 연착륙(soft landing)을 바라고 있기 때문에 중국이 선호하는 접근방식을 대북정책에 반영시킬 필요가 있음.
- 중국은 일부에서 기대하는 북한붕괴론이나 흡수통일론을 수용할 가능성은 거의 없으며, 중국의 관점에서 북한의 김정일 정권이 붕괴할(regime collapse) 가능성을 상정할 수는 있겠지만, 북한 자체가 붕괴할(state collapse) 가능성은 배제하려고 할 것임.
- 중국이 강조하는 6자회담의 주요 결과물을 기초로 남·북 및 6자회담 합의사항 중 한국과 미국이 받아들일 수 있는 내용을 남·북 관계에서 구현할 필요가 있음.
- 일본과의 전략적 공조도 중요한 부분으로, 동북아의 향후 질서와 남·북 관계의 향후 미래를 고려할 때, 한·일 간의 전략적 협력관계는 특히 중국과의 관계에서 일정한 영향력을 가지기 위해서 필수적임.

○ 독일의 사례를 보면, 서독의 경우 독일의 분단 해소와 통일이 유럽의 국제관계를 변화시킬 수 있다는 영국, 프랑스, 소련 등의 우려를 적극적인 외

교를 통해 완화시켰음.

- 유럽의 평화와 안정이 독일의 통일과 병행되어야 한다는 미국의 전략을 활용하여 주변국들의 위협인식을 감소시키고, 서독의 통일비전을 설득시켰음.

- 동북아에서도 남·북 관계의 안정과 한반도의 통일이 역내 평화와 안정의 필수적인 요소라는 점을 주변 강대국에게 설득시킴으로써, 남·북 관계에 대한 주변국들의 영향을 최소화하고 한국의 이니셔티브를 확대해나가는 외교력을 키워가야 할 것임.

북한의 다각적 평화공세와 체제전환 가능성

안찬일(세계북한연구센터 소장)

2011년 새해를 맞으며 북한은 갑자기 쓰나미식 대화공세를 취하고 있어 한국정부를 당황하게 만들고 있다. 북한은 시종일관 그래 왔듯이 대남정책에서 강온 양면 전략을 구사하며 지난해의 천안함 사건 및 연평도 무력도발이 언제 있었느냐는 식으로 철면피의 진수를 보여주고 있다. 북한은 분단체제에서 언제나 불리하면 도발하고 유리하면 대화공세를 펴는 방식을 되풀이해왔다.

무력으로 싸우는 군사적 대결보다 말로 싸우는 대화가 자신들의 체제유지와 한반도 평화에 유리하다는 것을 북한은 잘 알고 있다. 특히 북한은 현재 3대 세습의 안정이라는 내적 논리에 근거하여 외부로부터의 경제적 수혈과 정세안정이 절대적으로 필요한 상황이다. 원래 북한의 전략은 3차 당 대표자회 개최 전 중국과 한국에 경제지원과 평화제스처를 강하게 피력했으나, 그것이 아무런 피드백을 가져다주지 않자 군사도발이란 긴장의 에너지를 선택하였다.

북한의 강한 평화공세로 시작된 2011년 남·북 관계는 어떤 양상으로 변화될 것이며, 또 북한은 남·북 관계의 변화 속도에 맞추어 자신들의 체제전환에서도 똑같은 속도를 낼 것인지 궁금증이 증폭되고 있다. 북한이 단지 외부적 수혈이라는 차원에서 대화공세를 펴고 있다면 그것은 말 그대로 공세로 끝나고 말 것이다. 북한은 자신들의 잘못된 체제를 개혁하고 개방하는 데서 생존의 열쇠를 찾아야 할 것이다. 북한은 북에서 밀려 내려오는 중국의 시장점령군도 두렵고, 또 남한에서 올라오는 황색바람도 무섭다고 우왕좌왕하지 말고 구체제를 변화시키는 데서 자신들의 생존의 길을 찾아야 할 것이다.

⁝⁝⁝▶ 1. 들어가며

가. 신년공동사설

○ 2011년 신년공동사설을 통해 북한은 올해의 대남정책 구호로서 '북과 남, 해외의 온 민족이 힘을 합쳐 자주통일의 새 국면을 열어나가자'를 제시함.
- 2010년의 구호 '북남공동선언의 기치 밑에 온 민족이 단합하여 조국통일을 하루빨리 실현하자'와 유사하지만, 2010년 '조국통일을 하루빨리 실현하자'에서 '자주통일의 새 국면을 열어나가자'로 바뀜으로써 통일이라는 관점에서 보면 적극성에서 다소 후퇴.

○ 2010년의 신년공동사설에서는 남·북 관계 발전을 요구하는 언급도 많았고 남·북 관계의 개선과 경제협력의 증진을 위한 의지를 강하게 표현하였으나 올해는 남·북 대결상태의 해소만 제시함.
- 6·15공동선언과 10·4선언에 대한 존중과 이행을 여전히 강조.
- 신년공동사설에서는 드러내지 않았던 평화공세를 1월 중순부터 강하게 밀어붙이는 데서 북한 신년공동사설의 허구성을 잘 보여주고 있음.

○ 남·북 관계 개선을 위한 구체적인 방법론으로서는 작년과 동일하게 남·북화해와 협력의 적극적인 실현을 강조함.
- '민족 공동의 이익을 첫 자리에 놓고 북남 사이의 대화와 협력 분위기를 조성하기 위하여 적극 노력'하여야 하고 '각계각층의 자유로운 왕래와 교류를 보장하며 협력사업을 장려'할 것을 요구함.

○ 남한 사회 내에서 통일전선전술에 입각한 연북 투쟁의 고취를 촉구한 것은 작년과 동일하나 투쟁 목표는 상이함.

- 2010년 신년 공동사설에서는 '민족의 공리공영을 위한 사업을 저해하는 온갖 법적·제도적 장치들'의 철폐가 목표였으나 올해는 '전쟁을 반대하고 조선반도의 평화를 수호하기 위한 성스러운 정의의 애국투쟁에 총궐기할 것'과 "내외호전세력의 북침전쟁연습과 무력증강책동"저지를 촉구해 저들의 무장도발에 대한 반대급부에 전전긍긍하는 모습 드러냄.

나. 체제 내적 상황

○ 북한은 현재 정치·경제적 측면 모두에서 내적 고갈의 절정에 직면하고 있음.
- 화폐개혁 이후 이반된 민심은 지난 9월 3차 당 대표자회1) 이후 발표된 3대 세습으로 더욱 절정에 달하고 있으며 좀처럼 수습하기 어려운 상황으로 치닫고 있음.
- 북한 주민은 당국의 어떤 발표와 지시에도 귀를 기울이지 않으며 오직 생계에 급급하면서 체제전환만을 기대하고 있음.

○ 김정은의 등장 후 당과 군대 등에서 세대교체란 명분하에 구세대 축출이 단행되고 있는데 이에 대한 불만이 극도에 달하고 있음.
- 3차 당 대표자회를 기회로 중앙당으로 도 당 책임비서들이 영전한 황해북도(최룡해), 평안북도(김평해), 함경남도(태종수)의 경우, 비서들과 부장들 대부분이 세대 교체되면서 심각한 권력투쟁과 갈등을 불러일으키고 있음.
- 이와 같은 도 급의 갈등은 마찬가지로 군과 리 단위까지 파급되면서 간부자리를 놓고 매관매직이 성행하고 모함과 신소로 심화되고 있음.

■
1) 2010년 9월 28일 평양에서 개최된 노동당 3차 당 대표자회에는 당(673명), 군(451명), 과학, 보건, 문화, 예술(75명), 핵심당원(116명), 여성(149명) 방청(517명) 등 총 1,653명이 참가하였다.

2. 북한의 신년 평화공세 내용

가. 각급 남·북대화 재개 공세

○ 북측은 최초 1월 8일 조국평화통일위원회 명의로 남·북 당국 간 회담의
  개최를 공식 제안하는 동시에 적십자회담과 금강산관광재개 회담, 개성공
  업지구 회담을 1월 말이나 2월 상순 개성에서 열 것을 제의함.

- 이에 앞서 북한은 1월 5일 새해 벽두에 '조선민주주의인민공화국 정부·정
  당·단체 연합성명'을 통해 남·북 당국 간의 무조건적 회담개최 제의.

- 북한 당국 간 회담을 위한 국장급 실무접촉과 적십자회담 개최, 경제협력
  협의사무소 동결 해제 및 판문점 적십자 채널 복원 등의 내용을 담은 총
  3통의 통지문을 우리 측에 보냄.

- 이어 1월 12일 통일부 앞으로 총 3통의 통지문을 보내왔는바 그 내용은 금
  강산 관광 재개 회담과 개성공단 실무회담을 촉구하는 천안함 폭침에 따
  른 5·24조치 이후 자신들이 스스로 동결했던 개성 남·북경제협력협의
  사무소 정상화를 위한 대화를 요구해옴.

- 12일 통지문의 경우 당국이 보내는 형식을 취하고 있어 우리가 요구하는
  진정성에 어느 정도 성의를 나타낸 것으로 풀이됨.

○ 이어 북한은 지난 1월 20일 북한 인민무력부장 김영춘의 명의로 된 서한
  을 한국 국방장관 김관진 앞으로 발송해 '남·북고위급 군사회담을 즉각
  개최하자'고 제안하였음.

- 이는 우리 정부가 통일부 대변인 논평을 통해 북한의 대화공세에 역제안
  한 데 따른 조치로 풀이됨.

- 통일부 대변인은 '북한이 제안한 현안들에 대한 논의가 이뤄지려면 천안
  함·연평도 문제와 비핵화와 관련된 남·북 당국 간 대화가 먼저 이뤄져

야 한다'고 강조.

나. 대화공세의 절박성과 북한

○ 북한은 지난해 여러 군사적 모험주의가 가져다준 결과에 대한 심각한 성 찰이 있었고, 또 내적으로 고갈되어 가는 경제적 여력을 남·북대화를 통 해 만회하려는 의도를 숨기지 않고 있음.

- 3대 세습의 정당성을 획득하고 긴장이란 새로운 에너지로 북한 체제를 이 끌어가려는 북한 당국자들의 목적이 어느 정도 달성되었다고 판단한 기반 위에서 남·북대화를 통해 한반도의 평화체제를 유지하려는 의도 노골화.

- 북한 내에서 높아가는 주민의 불만을 잠재우고 경제적 동력을 확보하는 길은 남쪽으로부터의 경제지원이 아니고서는 다른 대안이 없다는 판단 하 에 대화공세 시작.

천안함 사태 이후 남·북 관계 일지

● 2010년

3.26 천안함 침몰사태 발생

5.24 정부, 개성공단 제외한 남·북교역 교류 중단 등 5·24조치 발표

5.26 북, 판문점 적십자 연락사무소와 해운 당국 간 통신 차단 통보 개성공단 통일부 직원 추방

7.18 북, 경의선 군 통신선으로 임진강 상류 댐 방류 가능성 통보

8.8 북, 동해상에서 '대승호' 나포

8.9 북, 서해북방한계선(NLL)인근에 해안포 130여 발 발사

8.11 정부, 대한적십자사 명의로 대승호 송환 촉구 대북전통문 발송

8.13 정부, 5·24 조치 이후 대북민간단체 방북 첫 승인

8.25 지미 카터 미국 전 대통령 방북, 미국시민 송환

8.26 김정일 중국 방문, 30일 가지 동북 3성 순방

8.26 한적, 북한 적십자에 수해복구 지원의사 전달

8.31 정부, 한적 명의로 100억 원 상당 수해복구 지원 다시 제의

9.4 북 조선적십자회, 개성공단관리위원회 통해 한적에 수해복구 위한 쌀, 시멘트, 굴착기 지원 요청하는 통지문 전달

9.6　북한 적십자, 개성공단관리위원회 통해 한적에 대승호 선원 송환 통보

9.7　대승호 동해 통해 귀환

9.11　북한 중앙통신, 북한적십자회가 이산가족상봉제의 보도

9.13　대한적십자사, 13일 수해 지원을 요청해온 북한에 쌀 5천 톤과 시멘트 1만 톤 등 총 100억 원 규모의 구호물자 전달 발표

9.16　북, 지난 15일 남·북 군사실무회담을 열어 전단살포와 서해 북방한계선 문제 등을 협의하자고 제의한 것으로 확인

9.17　북, 남·북적십자 실무접촉에서 오는 10월 21일에서 27일까지 금강산 지구 내에서 100명 규모의 이산가족 상봉을 갖자고 제의

10.25　현 정부 출범 이후 정부 재원으로 처음 마련된 쌀 5천 톤과 컵라면 300만 개 출항

10.30　남·북 이산가족 1차 상봉

11.3　남·북 이산가족 2차 상봉

11.11　북, 금강산 관광 재개문제 논의할 당국 간 회담을 19일 개성에서 갖자고 제의

11.23　북, 연평도 남측 군부대, 민간인 거주 지역 무차별 포격 도발

11.28　한미연합훈련 서해상에서 실시

12.20　안보리 한반도 긴급회의 성명 채택 무산, 군 연평도 해상사격 훈련 실기 북, 유엔 핵 사찰단 복귀 허용과 핵 연료봉을 외국으로 반출하는 데 합의

● 2011년

1.1　북, 신년공동사설에서 남·북 간 대결상태 해소 강조 대화와 협력을 추진해 남·북 관계를 복원해 나가겠다는 의지 보임

1.5　북, '조선민주주의인민공화국 정부·정당·단체 연합성명' 발표 남·북 당국 간의 무조건적 회담 개최 제의

1.8　북 조평통, 남·북 당국 간 회담의 개최를 공식 제안하는 동시에 적십자회담과 금강산관광 재개회담, 개성공업지구 회담을 1월 말이나 2월 상순 개성에서 열 것을 제의

1.10　북, 당국 간 회담을 위한 국장급 실무접촉과 적십자회담 개최, 경제협력협의사무소 동결 해제 및 판문점 적십자 채널 복원 등의 내용을 담은 총 3통의 통지문을 우리 측에 발송, 우리 정부, "북측의 위장평화공세"라고 일축, 천안함 폭침과 연평도 포격 도발에 대한 조치, 비핵화에 대한 진정성 확인 등을 논의하기 위한 당국 간 회담을 역제의

1.20　북한 남·북고위급 군사회담 전격 제의

3. 다각적 평화공세의 목적

가. 한반도 평화체제 유지 목적

○ 북한 당국자들은 자신들의 허약한 체제에 대해 누구보다 잘 알고 있기에 한반도에서 전쟁이 일어나는 상황을 제일 두려워하고 있다고 보아야 할 것임.

- 지난 1994년 1차 핵위기 당시 미 국방부는 한반도에서 전면전이 발생할 경우 개전 90일 이내에 미국 5,200명, 한국군 49만 명, 민간인 사상자 100만 명 이상이 발생할 것이라고 추정하였음.

- 미국이 부담해야 할 전쟁비용은 1,000억 달러, 한국과 주변국은 1조 달러의 손실을 감당해야 할 것으로 추정, 현재 그런 상황이 재현된다면 그 비용은 6조 내지 7조 달러로 추산해야 할 것임.

- 북한은 군사력 측면에서 양적으로는 자신 있다고 할 수 있을는지 모르나 기술적 측면, 재정적 측면에서는 커다란 열세에 놓여 있다는 것을 잘 알고 있는 실정임.

○ 권력의 세습기에 북한은 정치·군사적 안정을 바라왔고 북한은 현재 3대 세습기에 돌입한 상황에서 군사적 긴장은 제일 피하고 싶은 상황인 바, 연평도 무력도발 등은 내적 긴장의 필요성에 의해 저지른 도발로 판단하여야 할 것임.

- 북한 권력세습은 먼저 당에서 이루어지지만 당의 기반이 군대에 있는 현재 상황에서 군부의 권력교체가 우선되고 있는 실정임.

- 3대 세습의 주인공 김정은은 연소하고 리더십이 부족한 취약점 극복을 위해 남·북 관계를 평화유지 상태로 고착시킨 후 경제개혁을 단행해 체제 재생산을 의도하고 있다고 보아야 할 것임.

나. 경제지원 목적

○ 북한의 대남전략이 2000년 이후 10여 년 동안 '해방전략'에서 일보 후퇴하여 '획득전략'으로 바뀌었다는 것은 공공연한 사실임.

- 북한은 2000년 남·북정상회담을 통해 어느 정도 자신감을 확보한 기반 위에서 남쪽의 풍요를 퍼다 북쪽의 빈곤을 채우려는 '획득전략'을 대남정책의 기본전략으로 수립.

- 2008년 이명박 정부 등장과 함께 북한의 획득전략은 다시 원위치로 환원되었으나 아직도 남한의 풍부한 경제적 재화는 북에게 군침이 넘어가는 획득의 목표로 되고 있음.

○ 북한 국방위원회는 이명박 정부 출현 직전 대남의존도가 너무 높아가고 있다는 판단하에 대남분야에 대한 국방위원회 집중검열을 단행하여 최승철 통전부 부부장 등을 숙청하였으며 대남관계자 상당수를 총살형에 처하는 조치를 취하였음.

- 2007년 북한의 국방위원회는 아무런 예고 없이 대남부서들이 자리 잡고 있는 3호 청사에 들이닥쳐 당시 대남관계를 주무하고 있던 통전부 부부장 최승철 등을 현장에서 체포하였으며 일부를 인민무력부 보위사령부 구치소에 감금하여 심문하였음.

- 최승철의 여자관계 등을 문제 삼아 철직 해임은 물론 북한에 남한의 황색바람을 끌어들였다는 죄목을 뒤집어씌워 총살 내지는 숙청하였음.

- 혹자는 이명박 정부 등장과 현 정권의 대북정책이 잘못되어 북한이 강경노선으로 전환한 것처럼 설명하고 있으나 이미 이 정권 들어서기 전에 북한은 대남정책을 전면 수정하는 조치를 취하였음.

∷∷ 4. 북한 체제의 근본적 문제점

가. 세습의 논리 집착

○ 북한은 체제유지와 재생산에서 세습이 아니면 안된다는 논리에 집착하는 생각을 버리지 못하고 있음.

- 김정일로의 부자세습이 북한 정치를 얼마나 후퇴시키고 경제를 얼마나 황폐화시켰는지 삼척동자도 다 알고 있지만 누구 하나 전면에 나서 '아니 되옵니다'를 말할 수 없는 정치문화가 북한을 지배하고 있음.

- 최고 엘리트들 대부분이 현실에 안주하며 자신들의 기득권과 세습에 미련을 버리지 못하고 눈치만 보고 있는 한심한 실정임.2)

○ 세습은 정점에서만 이루어지는 것이 아니라 아래 단위로 내려가면서 간부층 대부분이 세습으로 권력을 이양하고 있다는 것이 문제임.

- 인민군 대장이며 당비서인 최룡해는 전 인민무력부장 최현의 아들이며, 당 검열위원장 김국태는 전 전선사령관 김책의 아들, 또 국방위 오극렬 대장 역시 빨치산 출신 오중성의 아들, 강석주는 김일성의 외척 강석숭의 동생임.

- 북한의 간부층을 살펴보면 조선시대 양반계층과 왕권이 결탁하면서 정권 500년을 이어온 것처럼 당 간부와 군 간부가 서로 협력하면서 권력을 유지하는 모양새를 나타내고 있음.

나. 경제의 심각한 마비

○ 북한 경제는 단지 침체와 저능률이라는 차원을 넘어 마비단계로 들어선

■
2) 과거 1970년대에는 김동규 부주석이 나서 전면 세습을 비판했고 80~90년대에는 연형묵(전 총리)과 같은 대쪽 같은 고위 간부들이 나서 어느 정도 세습정치를 견제하였으나 이제 북한 권부에는 바른말 할 사람이 한 사람도 남아 있지 않다.

지 오래됨.

- 현재 북한 인민경제 가동률은 30%에도 미치지 못하고 있으며 인민들은 대부분의 생필품을 중국으로부터 들어오는 잉여상품, 재래시장을 통한 장마당경제로 충당하고 있음.

- 2009년 노동당은 상인계층을 겨냥하여 선전포고 형식인 화폐개혁을 선언하였지만 심한 반발에 부딪혀 내각 총리가 직접 사과하는 결과를 초래하였음.

○ 현재 상태로 북한 경제는 자력으로 일어설 수 있는 한계점을 넘어섰으며 개혁과 개방이란 긴급 조치가 없다면 몇 년 안에 침몰할 수밖에 없음.

- 북한의 중국에 대한 경제의존도는 계속 높아져 심각한 상태로 치닫고 있음. 북한은 지난해 중국을 통해 사상 최대 규모인 8만 3천 945t의 쌀을 수입했음.

- 그 외에도 옥수수와 식용유, 설탕, 목화, 버섯 등 식료품까지 수입하고 있으며 대신 오징어 등 연체동물류와 냉동어류를 수출하고 있음.[3]

다. 민심의 이반

○ 북한은 2008년 김정일의 건강 악화 등을 이유로 3대 세습을 서둘러 진행시켰으나 현재 북한 내 주민으로부터 아무런 지지를 얻어내지 못해 전전긍긍하고 있는 실정임.

- 원래 북한은 김정은이 33세가 되는 2015년에 3대 세습을 단행하려 했으나 김정일의 갑작스러운 건강 악화로 앞당기게 되었음.

- 김정일도 나이 33세인 1974년 2월 후계자로 공식 지명되었는바 이는 김일성이 33세인 1945년 귀국하면서 북한의 최고 지도자로 된 연령적 기준에

---

3) 지난해 북한과 중국 양국 간 농수산품 교역액은 총 3억 5,390만 3천 달러로 전년 대비 3.5% 감소했는데 북한은 8,099만 8천 달러를 수출하는데 그쳐 1억 9,107만 달러의 적자를 보았다. VOA, 2011. 1. 15일자.

의거한 것임.

○ 김정일은 사회주의 건설로 마련된 유산으로 그럭저럭 30~40년 북한을 끌
   어왔지만 이제 김정은에게는 아무런 유산도 물려줄 수 없게 되었음.

－ 김정은은 주민들 속에서의 군량미 강탈을 제지하는 등 초기 민심 잡기에
   나섰지만 군부가 반발하자 다시 군량미를 공출토록 해 인민들로부터 '철
   부지는 철부지'라는 비난을 사고 있음.

5. 북한 체제전환 전망

가. 제도적 체제전환 기대

○ 노동당은 지난 3차 당 대표자회를 통해 제도적 지배의 근간을 복원하였는
   바 이는 체제안정에 도움이 될 수 있다는 긍정적 측면과 체제전환의 기폭
   제가 될 수도 있다는 양면적 측면이 혼재함.[4]

－ 사회주의 집단지도체제는 결국 정치국을 통한 지배이므로 정치국이 김정
   일 사망 후 제도적 장치를 이용해 김정은에 반기를 들어도 어쩔 수 없는
   상황이 될 것임.

－ 이미 공산당 지배의 러시아와 몰락한 동구 사회주의 나라들에서도 여러
   차례 정치국의 역량으로 체제전환을 가져온 사례가 있음.

－ 북한의 경우 김정일 체제에 전면적인 반기를 드는 형식이 아니라 노선변
   경·정책변경을 이유로 체제전환을 요구할 가능성이 매우 높음.

---

[4] 현재 북한 노동당 정치국을 관찰해 보면 항일빨치산 그룹 2세로 김정일과 김국태, 김경희가 있고 만경대 가문 출신
으로 양형섭과 이용무가 있다. 결국 정치국원 17명 중 이들의 비중은 30%에도 미치지 못하고 있다. 정치국 후보위
원도 마찬가지다. 15명 중 최용해와 장성택이 빨치산과 만경대가문 출신이고 나머지 13명은 모두 일반인 출신이다.

나. 군부의 힘에 의한 체제전환

○ 현재 북한 체제에서 사회주의 원형을 유지하고 있는 집단은 군부가 유일
  하며 소위 노동계급, 농민계급은 대부분 몰락하거나 상인계층으로 변화되
  어 있는 사회계층의 혼란시대가 이어지고 있음.

- 김정일은 이와 같은 군부의 역할을 성찰하고 3차 당 대표자회에서 당으로
  권력을 다시 집중시키는 조치를 취하였지만 그렇다고 군부의 사회에 대한
  지배력까지 환원된 것은 아님.

- 한국 사회의 경우 이미 40~50년 전에 국가의 최고 엘리트군이 법조계, 기
  업, 학계 등으로 이동하였으나 북한의 경우 여전히 최고 엘리트들은 군에
  머무르고 있다는 점을 유의해야 할 것임.

○ 과거 선군정치 15년 동안 군대는 식량공급 등에서 특권을 누려왔지만 이
  제 노동당은 군대만을 우대할 형편이 아닌 지경에 도달하였음.

- 3차 당 대표자회에서 지도기관을 개편한 노동당은 나름대로 지배력을 발
  휘하려 하고 있지만 사회에서 머리를 들고 있는 상인계층, 불만계층을 무
  시할 수 없는 상황에 놓여 있음.

- 노동당은 다시 군대에 의존하게 될 것이고 군대는 다시 특권을 발휘하게
  되면서 당·군·민의 3각 대립관계가 형성되어 군이 모든 것을 평정하는
  상황 예측.

다. 민에 의한 체제전환

○ 가장 낮은 전망이 되겠지만 북한 주민도 과거와 다른 모습을 드러내고 있
  는바, 그들은 김정일 김정은 부자에 대해 노골적인 비판을 가하고 있음.

- 현재 북한 주민은 노동당에 줄 서지 않고 장마당에 줄 서고 있으며 충성심

을 품고 있는 것이 아니라 어떻게든 돈을 품으려고 애쓰고 있음.
- 북한의 장마당과 공공장소에 김정일 부자를 비판하는 삐라가 나붙고 있으
  며 심지어 벽에 체제비판 구호가 쓰이고 있는 실정임.

○ 특수부대 군인 출신들로 <별동대>란 마적단이 조직되고 이들이 사회 불량
  배 집단과 결탁하여 보안성을 위협할 정도로 사회 기강이 무너지고 있는
  것은 노동당 지배의 근간이 흔들리고 있다는 반증임.
- 김정은 등장 후 군부에서 대좌급 이상 고급군관들이 대거 사회로 방출되
  면서 체제비판의 목소리가 높아가고 있으며 여기에 특수부대 출신 군인들
  이 가세하고 있는 실정임.
- 사회로 방출된 방대한 군인집단과 일반 주민이 합세할 경우 식량폭동 등
  민란이 일어날 가능성도 전혀 배제할 수 없는 것이 북한의 최근 사회실정
  으로, 내적 고갈이 천정을 치고 있음.

▦ 6. 끝내며

○ 지난 1월 19일 있은 미·중 정상회담에서 양국 정상은 '진정성 있고 건설
  적인 남·북대화와 6자 회담의 조속한 재개'를 촉구함과 동시에 공동성명
  을 통해 우라늄농축 프로그램(UEP)에 대해 우려를 표명하면서 북한에 대
  해서는 추가도발 포기를, 남한에 대해서는 대화 재개를 촉구함.

○ 남·북 관계 발전에 미국과 중국의 영향력이 크게 존재한다는 사실은 공
  공연한 것임. 그러나 북한의 신년 다각적인 평화공세가 반드시 중국의 의
  중을 담고 있다고 진단하기는 어려움. 오히려 그것은 중국을 압박하는 하
  나의 카드임. 즉, 중국에 내민 손이 빈손일 때 북한은 남한에 화해 제스처

를 보내왔다는 점임.

○ 우리 정부도 북한에 대해 군사실무회담을 재개하는 등 남·북 관계 개선
  에 주도적으로 나서고 있음. 만약 북한의 다각적 평화공세를 마냥 외면한
  다면 한반도 정세의 이니셔티브 장악에서 우리가 불리할 것이기 때문임.
  또 이명박 정부는 통일에 대해 어느 정부보다 자신감에 차 있음.

- 중요한 것은 북한의 체제변화임. 북한체제가 순조롭게 변할 때 남·북 관
  계도 잘 풀릴 것이고, 반대로 북한이 더욱 견고한 독재체제로 간다면 그들
  의 평화공세는 위장평화공세로 낙인찍힐 것임. 모두의 바람은 북한의 평
  화공세가 진정성을 담고 있기를 갈망함.

- 잦은 대화는 왕래의 길을 넓혀줄 것이고, 물이 흐르다 보면 도랑이 생기듯
  남·북 관계는 새로운 봄을 맞이하게 될 것임. 북한의 생산력과 사회통합이
  심각한 수준에 이른 현재가 남·북통합에 오히려 긍정적일 수 있음. 북한
  주민 다수가 훌륭한 체제를 선택할 수 있는 기회를 가질 수 있기 때문임.

- 분단시대 극복에서 대량탈북이니 뭐니 하는 우려는 기우일 수 있음. 이제
  탈북자도 어느 정도 넘어왔고 북한에 남아 있는 자들은 반드시 거기서 살
  아야 할 숙명을 안고 있는 계층들임. 북한의 재건에 막대한 예산을 쏟아
  부어야 한다는 기우 역시 기우일 수 있음. 통일비용 못지않게 북한에는 막
  대한 자원과 우수한 노동력이 존재하고 있기 때문임.

서해 해상 긴장완화와 평화정착 방안

정영태(통일연구원 선임연구위원)

NLL은 정전협정과 남·북기본합의서에 의거 법적 근거를 찾고 있으나 북한이 정전협정 파기, 남·북기본합의서를 무시하고 있는 상황에서는 NLL의 타당성 또는 실효성이 점차적으로 약화될 수 있다.

북한이 NLL을 부정하면서 이의를 제기하는 선례를 지속적으로 축적하게 될 경우 국제법상의 '응고의 원칙'에 근거한 NLL 타당성 견지 입장이 취약하게 될 가능성도 있다.

북한이 서해 해상경계선 문제를 지속적으로 제기하고 나올 경우, 기존의 NLL을 서해상 불가침경계선으로 설정해야 한다는 입장을 견지할 필요가 있다.

남·북교류협력이 본격화. 제도화될 경우 상호 안보위협은 최소화하면서도 어느 일방의 양보가 아닌 남·북 쌍방 간에 정치·경제적 이익을 공유할 수 있는 방안을 강구해 나가도록 한다. 공동어로구역 / 평화수역 설정 / 경제특구 건설과 해주항 활용 / 민간선박의 해주직항로 통과 / 한강하구 공동이용 등을 단계적으로 이행해 나가도록 한다.

NLL 관련 중장기 대책은 남·북 평화체제 전환 단계에 따라 수립 및 시행되는 것이 바람직할 것으로 판단된다.

남·북 교류협력의 심화·발전 및 동북아 안보질서 안정을 통해 냉전구조 해체를 위한 기반조성, 한반도 평화보장에 대한 주변국들의 실질적 보장 도출, 평화체제 구축을 위해 NLL 관련 사안을 신축적으로 적용해 나가야 할 것이다.

1. NLL의 법적 성격과 유효성

가. NLL의 법적 성격 및 설정 근거

1) 서해 해상경계선 설정 배경
○ 정전협상 당시 유엔군의 해·공군력은 한반도 해상통제를 장악한 상태임.
- 유엔 측은 지상분계선에 중점을 두고 협상에 임했음.
- 북한 측은 주변도서가 거의 유엔군 담당하에 있었으므로 주변도서 문제를 협상의제로 삼을 경우 불리하다고 판단, 지상분계선에 중점을 둔 것으로 보임.

○ 한국전쟁을 조기에 종결시키려는 참전국 및 미국 내의 여론과 휴전 후 전쟁재발의 방지 등에 치중하여 유엔군 측은 해상경계선에 대해서는 많이 양보한 상태에서 성급하게 정전협정을 체결하였음.

○ 정전협정 체결 시 국련 측과 조중 측은 서해수역에서의 상호 영해 설정(우리 측: 3해리, 북측: 12해리 주장)에 합의를 이루지 못하였기 때문에 쌍방 간 '인접해변'이라는 애매한 어휘를 사용하여 정협문안을 작성한 결과 휴전 이후에도 합의된 명확한 해상 경계선의 부재로 서해상에서의 분쟁사건이 빈번히 발생하게 되었음.
- 남·북기본합의서에도 '해상불가침 경계선은 앞으로 계속 협의하되 확정 시까지는 지금까지 관할하여온 구역으로 한다'라고 규정하고 있기 때문에 장차 대북 협상 시 영해의 명확한 설정이 요구되고 있는 상황임.

○ 남·북한은 각각의 논리로 해상경계선을 확정 발전시켜 왔으며 이를 살펴보면 다음과 같음.

<남한의 해상 경계선 변천 과정>
○ 1950년 7월 4일: 미 극동해군사령관이 동·서해 봉쇄한계선 설정(동해 41
   도 N, 서해 39도 - 30도 N)

○ 1952년 9월 27일: 유엔군 사령관(클라크 대장)이 해상방어구역(Clark Line)
   의 선포 → 정전협정 후 폐지(1953년 8월 27일)

○ 1953년 8월 30일: 유엔군 사령관이 유엔군 측 함정 및 항공기 활동제한 목
   적으로 해상 경계선(NBL / NLL) 설정
 - 동해: 북방경계선(NBL: Northern Boundary Line), 38도 -36분 -06초N 기준
   설정.
 - 서해: 북방한계선(NLL: Northern Limited Line), 한국 및 북한의 주요 도서
   로부터 3해리, 우리 측의 서해 5개 도서와 북한 측 도서 사이의 중간 점을
   연결하였으며 백령도 서방해역은 37도 -35분 -00초 N 선 기준 설정.

○ 1959년, 1961년: NBL 및 NLL 상향조정

○ 1980년 4월 15일 / 1981년 8월 17일: NBL / NLL 상향조정

○ 1996년 7월 1일: 「유엔사 / 연합사 규정 525-4호 정전 시 교전규칙」 개정에
   따라 NBL 개념 삭제하고 동·서해 모두 NLL로 통일

○ 우리 측은 NLL 설정 후 지금까지 이선을 성실히 지켜오고 있으며 사실상
   해상경계선으로 운용하고 있는 상황임.

<북한의 해상경계선 변천 과정>
○ 북한은 1955년 3월 5일 12해리 영해를 선포하였으나 공식적인 공표는 없었음.

○ 1977년 7월 1일 경제수역을 발표하였는데 그 내용은 다음과 같음.
- 수역범위: 영해 기산선으로 부터 200해리, 200해리 획정불가 수역은 반분선.
- 주장내용: 수중. 해저. 지하 수역 안에서 생물 및 비생물 자원에 대한 자주권 행사, 규제 및 사전승인 없이 경제수역 안에서 어로. 시설물 설치, 탐사, 개발 등과 바닷물, 대기오염을 비롯한 인민과 자원에 해를 주는 행위 금지.

○ 1977년 8월 1일 해상군사경계선 설정에 관한 북한군 최고사령부 발표
- 수역범위: 동해: 영해 기산선으로 부터 50해리, 남방한계선을 38도 -36분 48초로 설정, 우리 측 NBL보다 3초 남쪽으로 확정(약 400M 중첩됨).
- 서해: 경제수역 경계선, 백령서방 남방한계선을 38도 -00분 N로 설정 추정, 우리 측 NLL보다 3분 남쪽으로 확정.
- 주장내용: 군사경계선 구역 안(수상, 수중, 공중)에서 외국인, 외국군용 함선, 외국 군용비행기들의 행동금지, 민용 선박, 민용 비행기들은 사전합의, 혹은 승인하에 군사수역 항행 및 비행 가능, 군사수역 안에서 민용 선박, 민용 비행기들이 군사적 목적의 행동과 경제적 이익 침해활동 불가.
- 우리 측은 국제법상 전례가 없는 불법적인 주장으로 인정할 수 없음을 명백히 밝혔음(정부 대변인 성명 1977.8.1).

○ 1999년 북한은 북측 황해도 강령반도 끝단인 등산곶과 남측굴업도 사이의 등거리 점(북위 37도 18분 30초, 동경 125도 31분 00초), 북측 웅도와 남측 서격렬비도, 소협도 사이의 등거리 점(북위 27도 1분 2초, 동경 124도 55분), 한반도와 중국 사이의 반분선과 교차점(북위 36도 50분 45초, 동경 124도 32분 30초)을 이은 선을 해상군사분계선으로 하고, 이 선의 북쪽 수역을 인민군 측 해상 군사통제수역으로 한다고 일방적으로 선언함으로써 NLL을 정식으로 부정하는 행위를 단행함.

2) 관련 규정

○ 정전협정

- 제2조 13항 "ㄴ"

  정전효력 발생 후 10일 이내에 상대방의 연해 섬들 및 해면으로부터 모든 군사역량, 보급물자 및 장비를 철거한다. (…) "연해 섬"이란 정전효력이 발생할 때, 비록 일방이 점령하고 있더라도 50.6.24에 상대방이 통제하고 있던 섬들을 말한다. 단, 황해도와 경기도의 도계선 북쪽과 서쪽에 있는 모든 섬 중에서 백령도, 대청도, 소청도, 연평도 및 우도의 도서 군들을 국제연합군 총사령관의 군사통제하에 두는 것을 제외한 기타 모든 섬은 조선인민군 사령관과 중국인민지원군 사령관의 군사통제하에 둔다.

- 제2조 15항

  본 정전협정은 적대 중의 일체 해상군사 역량에 적용되며 이러한 해상군사 역량은 비무장 지대와 상대방의 군사통제하에 있는 한국육지에 인접한 해면을 존중하며 한국에 대하여 어떠한 종류의 봉쇄도 하지 못한다.

○ 인접 해면의 범위에 대한 의견 차이로 구체적인 넓이, 거리에 대한 미합의

○ 인접해면에 대해 북측은 12해리, 유엔사는 3해리 주장

○ 서해 5개 도서만 유엔군 통제 하에 남겨두는 문안으로 합의

- 정협 규정에는 「서해 5개 도서」로 표기되어 있으나 이중 연평도의 경우 대연평도와 소연평도로 명백히 구분되기 때문에 서해 6개 도서로 통칭.

○ 양측 군사통제구역의 접촉선이나 해상경계선을 명확히 확정하지 않은 채 서둘러 정전협정을 체결

○ 남·북합의서

- 제2장(남·북 불가침) 제11조

  남과 북의 불가침 경계선과 구역은 정전협정에 규정된 군사분계선과 지금
  까지 쌍방이 관할해온 구역으로 한다.

- 남·북 불가침 부속합의서 제3장(불가침 경계선 및 구역) 제10조

  남과 북의 해상불가침 경계선은 앞으로 계속 협의한다. 해상불가침 구역
  은 해상불가침 경계선이 확정될 때까지 쌍방이 지금까지 관할하여온 구역
  으로 한다.

나. NLL의 법적 유효성

1) 북방한계선(NLL): 서해상

○ 유엔사 / 연합사 해군 및 항공초계활동의 북방한계를 한정 짓기 위해 유엔
  군 사령관이 일방적으로 설정(1953년 8월)한 것으로 법률상의 효력을 갖
  지 않으며, 한국 및 북측 주요 도서 사이의 중간 점을 연결한 선임.

2) 북방경계선(NBL): 동해상

○ 유엔사 / 연합사 해군 및 항공 초계활동의 북방한계를 한정 짓기 위해 유엔
  군 사령관이 일방적으로 설정한 선으로 법률상의 효력을 갖지 않으며, 군
  사분계선을 동쪽으로 연장한 선임.

3) 북방한계선에 대한 관련 측의 입장

○ 정전협정 후 70년대 초까지는 서해 도서와 북한도서의 지근거리가 5.7해
  리임을 감안, 중간선인 3해리 영해를 묵인해 옴.

- 1973년도에는 북한이 200해리 경제수역 및 12해리 영해를 주장하였고 정
  전협정조항을 주관적으로 해석해 왔음(경제수역이론 발생 시기).

- 현재는 3마일 영해 및 NLL 범위에서 쌍방 공방전이 이루어지고 있는 실정임.

○ 북방한계선에 대한 관련 측들의 구체적 입장을 정리해 보면 다음과 같음.
- 한국의 경우: 해상경계선으로 간주하고 북한 선박이 NLL 월선 시 군정위를 통한 항의 요구 및 대국민 홍보를 하고 있는 실정임.
- 북한의 경우: NLL을 인정하고 있지 않으며 새로운 해상 경계선을 설정, 이를 고착화시키고자 노력해 오고 있음.
- 유엔사의 경우: 북한선박의 단순한 NLL 월선은 정전협정 위반이 아니므로 군정위를 통한 항의는 불가하나 대한민국 인접수역(3해리)의 침범 또는 적대행위 시는 군정위를 통한 항의(유엔군 사령관 서한 → 국방부 장관, 1989.06.03).
※ 서북도서 3해리 이내의 수역을 유엔사 통제지역으로 간주함.

4) NLL의 타당성에 대한 국제법적 근거
○ 도서의 영해: 국제인 학설, 판례, 조약 등에 의하면, 도서는 본토의 부분으로 취급되어 영해를 가진다고 되어 있으며, 그러한 관할권은 국가 경찰권의 적절한 행사와 전시 타국의 적대행위로부터 방호대책을 강구키 위해서 필요함.

○ 도서 영해의 기선(基線)과 폭(幅)에 대한 국제법상의 원칙에 따라 우리 측 관할권의 유효성 주장 가능
- 등거리의 원칙: 해양법 협약 제15조: 대향. 인접 국가 간의 영해의 경계확정.

"2개국 간의 해안이 상호 대향 또는 인접하고 있는 경우에는 양국 중 어느 국가도 양국 간의 개별의합의가 없는 한, 양국의 각 영해의 혹은 측정하는 기선상의 최근 점에서 같은 거리에 있는 모든 점의 연결인 중간선을 넘어서 영해를 획정하지 못한다. 단 본 조의 규정은 역사적 근원 또는 기타 특수사정으로 인하여 본 규정과 상이한 방법으로 양국의 영해를 획정할 필요가 있는 경우에는 적용되지 않는다."

○ 북측은 12해리 영해를 주장하고 있기 때문에 서해 5도는 북측 관할지역으로부터 12해리 영해 내에 위치하고 있으며, 백령도의 경우 가장 가까운 거리인 5.7해리에 위치하고 있음.

- 중첩된 해역의 한계는 상술한 '등거리 중간선 원칙'에 의해 구획되어야 하며, 북측의 영해와 서해 5도 영해의 중간선은 유엔사령부가 설치한 NLL과 대체로 일치함.

- 북측이 영해 12해리를 주장할 경우 연평 - 소청도간 수역은 24해리를 초과하여 등거리 중간선원칙 적용 시 우리 측 논리가 취약하게 됨.

※ 이러한 취약성은 「전쟁수역」 또는 「방어수역」 이론으로 보완할 수도 있음. 「전쟁수역」 또는 「방어수역」을 설정하는 것은 국제법상 교전자의 권리로 인정되어 있는 바, 국제연합군 사령부가 일방적으로 설치한 NLL은 일종의 「전쟁수역」 또는 「방어수역」으로 1952년 7월 27일에 국제연합군 사령부가 선포한 클라크라인과 동일한 성격의 것으로 볼 수 있음.

○ 상기 단서 조항인 역사적 근원 또는 특수 사정으로 인한 논리를 적용하는 것이 바람직할 수도 있음.

- 남·북기본합의서 전문에 명시된 바와 같이 국가 간 관계가 아닌 남·북한 간의 특수한 관계 적용.

- 북한 측이 NLL을 묵시적으로 시인한 사례 적용: 군정위 168차 회의(LSMR 311우리 함정의 간첩선 격침위치 상호 주장) 시 간접적 시인(1963. 5.) / 수해물자 수송 시 상통 점을 NLL 선상으로 합의 비영도 남방 3.2NM, 백령도 서방 NLL 선상 등.

○ 실효성의 원칙(Principle of Effectiveness)

- 국제법상 권원의 유무를 불문하고 현실적인 사실상의 지배를 존중하는 것으로 사실상의 존재를 확인하는 상태(군사상의 지배).

- 국제법상 국가·정부·교전단체의 승인, 전시점령 봉쇄, 정복, 선점 등의

경우에 사실상 실효적인 지배권의 행사 유무를 중시하며 국제법 질서가
영속적으로 복종되고 작용되는 데까지 국제법은 이를 승인함.
- 국가는 실효성의 원칙에 따라 작용하게 되며, 영해의 획정을 포함한 영역
  주권은 비록 위법적인 행동일지라도 법령의 시행, 묵인 등에 의해 유효한
  효과를 가져 올 수 있음(I. Brownlie).
- 정전협정 이전에 서해 6도를 포함한 옹진, 기린도, 순위도가 남한의 주권
  이 미치는 38°선 이남에 있었고 NLL은 정전협정 이후 40여 년 동안 우리
  측에 의해 실효적인 지배가 이루어져 왔음.
- 서해 6도 주변해역을 포함하여 NLL 이남은 우리 측의 관할권이 행사되는
  해역으로 판단됨.

○ 응고의 원칙(Principle of Consolidation)
- 국제사회의 발달에 따라 영역 취득의 새로운 권원을 인정.
- 관계국의 합의, 승인, 묵인 등의 다양한 복합적 요소에 의해 인정되는 권
  원 취득 방식.
- NLL 이남의 해역은 40여 년 동안 북한의 묵인에 의해 응고되어 UN 군 관
  할하에 있음.

⠿ 2. NLL(해상경계선)의 문제점

○ 현재 견지되고 있는 NLL은 정전협정과 남·북기본합의서에 의거 법적 근
  거를 찾고 있지만 북한 당국은 정전협정 파기, 남·북기본합의서를 무시
  하고 있는 상황에서는 NLL의 타당성 또는 실효성이 점차적으로 약화될
  수밖에 없음.
- 정전협정 내에서도 합의된 명확한 해상 경계선의 부재.
- 남·북기본합의서에도 '해상불가침 경계선은 앞으로 계속협의 하되 확정
  시까지는 지금까지 관할하여온 구역으로 한다'라고 규정하고 있기 때문에
  장차 대북협상 시 영해의 명확한 설정 요구가 당연시되고 있음.

○ NLL은 해상경계선으로 보다 지상의 군사 분계선에 맞추어 해상봉쇄 세력
  을 남쪽으로 철수시키기 위한 '자기 제한적 경계선'으로 하달된 지시로서
  북한 당국에는 공식 통보되지 않은 것으로서 북한이 이를 공식 수용하고
  있지 않기 때문에 북한의 태도 여하에 따라 이를 무효화하는 해상분쟁 발
  생이 빈번해질 문제점을 지니고 있음.
- UNC 측은 북한함정들이 적대행위나 도발적 행위를 자행하지 않는 한 영
  해를 제외한 월선행위를 정전협정의 위반사항이 아닌 것으로 간주하고 있
  어 이는 북한의 NLL 무시 또는 부정행위를 더욱 심화시켜 나갈 가능성이
  상존함.

○ 현 북측이 NLL을 부정하면서 이의를 제기하는 선례를 지속적으로 축적하
  게 될 경우 현재 국제법상의 '응고의 원칙'에 근거한 NLL 타당성 견지 입
  장이 취약하게 될 가능성도 있음.

3. NLL 해역의 긴장완화 및 평화정착 방안

가. 서해 공동어로수역 설정 및 군사적 조치

1) 서해 공동어로수역 설정
○ NLL 인접수역을 남·북한 공동어로수역으로 조성하여 남·북한 공동어
  로 협력 활성화를 기할 수 있음.
- 공동어로수역의 경우 서해 NLL 부근 남·북에 걸치는 공동구역을 지정하
  는 방식.
- 북측지역을 공동구역으로 정해 남측이 입어료를 내고 조업하는 방식.
- 북측에 남측의 배를 대여해 조업하는 방식 등이 제시될 수 있음.

○ 서해 NLL 부근 남·북에 걸치는 공동구역 설정 방식을 우선적으로 추진
  하기에는 여러 가지 어려움이 있는 것으로 판단됨.
- 북측은 NLL 자체를 인정하지 않고 그들의 새로운 해상경계선을 주장하고
  있기 때문에 NLL을 사실상 인정하게 되는 NLL 인접수역 공동어로수역
  조성에 대한 합의 도출 어려움 상존함.
- 북측이 NLL 인접수역 조성에 합의를 하게 될 경우에도 NLL 자체를 실질
  적으로 무실화시키는 방향으로 추진해 나갈 가능성을 배제할 수 없음.
- 서해 특정해역의 상호입어를 통한 공동어로수역방식은 남·북한 간 새로
  운 서해 해상경계선 설정에 대한 합의가 도출되기 이전에는 현실성이 크
  게 결여되는 방안으로 판단됨.
- NLL 관련 재협상→NLL 인접수역 공동어로 수역화→남·북공동어로협
  력 과정을 수용하는 방향설정에 대한 과단성이 필요함.
- 이러한 과감한 방향설정이 전제되지 않은 상황에서 NLL 인접수역 공동어
  로 수역화가 추진될 경우 NLL에 대한 입장차이로 인하여 서해 해상이 분

쟁 지역화될 우려 상존함.

○ 공동어로수역 설정 관련, 가장 현실성 있는 것으로는 북측지역을 공동구
역으로 정해 남측이 입어료를 내고 조업하는 방식으로 판단됨.
- 이 경우 남·북 양측은 당해수역의 수산자원이나 어업에 대한 공동관리
차원에서 조업어선의 종류, 규모, 척수나 어획량을 규제할 필요가 있음.
- 공동어로사업의 대상어종으로는 꽃게, 대하 등이 지적되며 자망어업, 통발
어업, 연승어업, 기선형망어업 등 중소형어선에 의한 어업 등이 주 대상
업종이 될 수 있음.
- 이 공동어로사업이 추진될 경우 북한 측의 각종 어로자재나 장비 등의 지
원으로 남·북한 양측의 어획성능 격차를 해소해 나감.

○ 서해상 평화정착 관련 군사적 신뢰구축문제와 수산분야 협력과 직접 연관
시키는 것을 지양하고 수산분야 고유의 협력실무협의회 중심으로 추진해
나가는 것이 바람직함.
- 이를 위해서 남·북한실무협의회에 군사 관련 인물을 배제하고 순수하게
수산 관련 실무자 및 관계 전문가들로 구성.
- 향후 수산 관련 협력분야 및 내용이 결정되고 이의 원활한 추진을 위한 군
사실무회담 실시로 연결되도록 함.
※ 남·북한 도로 연결을 위해 군사실무회담이 이루어짐으로써 남·북한의
자연스러운 군사대화가 추진된 전례를 적극 활용.

○ 수산실무협의회에서는 NLL 관련 재협상과 같은 북한의 정치·군사적 요
구를 원천적으로 차단하고 수산실무협의에 치중하도록 유도함.

○ 남·북수산협력 협의 초기 단계에서는 단일 창구의 수산협력실무협의회
를 정례적으로 개최하여 남·북한의 관련 당국자 간 협의하고 각종 정보

교환에 치중함.
- 관련 당사자 간 남·북수산협력의 필요성, 분야, 방법 등에 대한 개괄적인
  합의를 도출해내는 단계로 활용.

○ 이어 남·북수산협력의 분야가 확정되면 상호협력을 위한 조사단계에 돌
  입하게 될 것이며 이를 위해서 분과위 또는 분야별 관련 전문 조사 기구
  를 각각 구성함.
- 이를 통해서 상호 현지 방문조사, 기술적 타당성 및 경제성을 판단하거나
  기후·수질·수자원·에너지 공급 등 기초자료 수집활동 실시.

○ 본격적 수산협력 단계에 가서는 수산협력실무협의회 및 분과위 또는 전문
  기구를 지원할 수 있는 '남·북한수산협력공동연구센터(가칭)'를 설립할
  필요성이 있음.
- 동 연구센터를 북한지역 또는 남측지역 중 하나, 아니면 남·북 양측 각각
  하나씩 설립하여 연구지원 물자 및 연구 인력의 상호 이동 및 협력 체제를
  구축해 나가도록 함.

2) 군사적 제 조치
○ 남·북한 간 수산협력 과정에서 우선적으로 제기되는 것이 해상충돌을 예
  방하는 문제임.
- 일차적으로 NLL을 합법적인 해상경계선임을 북한이 재인식할 수 있는 환
  경을 조성하고 이를 무시하는 일체의 도발행위를 단호하게 응징한다는 태
  세를 유지함.
- NLL을 둘러싼 군사적 갈등을 최소한 억제하려는 차원에서 남·북함정 간
  해상충돌방지협정 체결을 필요로 함.

○ 남·북 함정 간 해상충돌방지협정은 접경지대 해상에서 상호 조우 시 군

사적 충돌을 사전에 예방하기 위한 조치의 하나인데 1972년 미·소 간 체결한 바 있는 '공해상충돌방지협정(INCSEA)'과 같은 내용을 적용할 수 있을 것임.

- 이와 함께 남·북한이 모든 해군함정이 공해상에서 충돌방지를 위한 국제협약(예: International High Sea Clash Prevention Regulations; International Code of Signals 등) 준수를 확인하는 공동선언을 추진.

○ 남·북한 영역에서 해상사고 발생 시 수색 및 구조 활동이 양측 해군함정이 직접 참가할 수 있도록 하는 수색 및 구조(SAR)활동으로 활성화될 필요가 있음.

- 이를 위해서 첫째, 수색 및 구조를 담당할 책임구역을 획정토록 하며, 둘째, 구조업무를 위해 타 영역으로 들어가는 입국허가 및 절차에 관해 합의하도록 해야 하며 셋째, 합동훈련 및 연수를 주기적으로 실시하도록 하며, 넷째, 공동으로 적용할 신호 및 통신규정을 작성하고 통신회선을 주기적으로 점검하도록 함.

○ 해상범죄 방지를 위해서 남·북 해군함정들의 협력활동을 본격화할 필요가 있음.

- 이를 위해서 사건발생 시 상호 교신방법과 추적 및 나포를 위한 역할분담, 그리고 사건처리를 위한 절차 관련, 남·북 간 상호합의를 구체화하고 이를 본격적으로 실시하도록 함.

○ 유엔평화유지활동을 위해 남·북한 함정이 공동으로 참여할 기회를 창출하는 것이 바람직할 것임.

- 유엔의 평화유지활동을 위해 각국의 해군함정은 병력 및 물자의 수송, 의료지원 등 후방 군수지원은 물론 경우에 따라서는 소해작전 등 직접적인 전투지원 업무까지도 지원하고 있는 상황임.

- 향후 남·북 관계가 좀 더 발전하는 상황에 부응하여 해군 함정의 UN PKO 공동참여 활동을 펴나가게 될 경우 남·북한 간 해군차원의 신뢰구축뿐만 아니라 한반도 차원의 군사협력 태세를 과시할 좋은 기회를 가질 수 있게 될 것임.
- 이에 공동으로 참여하게 될 경우 상호협력을 위해 군사용어의 통일은 물론 공통된 신호규정과 통신방법 등을 확정하고 필요시 관련 교육과 훈련을 공동으로 벌일 필요도 있음.

나. 기타 서해 NLL 해역에서의 남·북 간 공동이익 창출 방안: 남·북수산협력 사업

1) 추진전략
○ 당사자 간 협의 단계: 남·북한 당사자 간 협의. 각종 정보교환/기초 환경 및 사회간접자본에 대한 개괄적 파악

○ 가능성 검토 및 조사단계: 현지 방문조사, 기술적 가능성과 경제성 분석/기후. 수질, 수자원, 에너지 공급 등 자료 수집 검토

○ 시험양식 및 검증 단계: 시험양식을 통한 검증과 문제점 분석/종묘 혹은 치어생산, 투약, 사료, 각종 시설에 대한 실험 및 검증

○ 본격적 수산협력 단계: 시험양식 결과를 토대로 본격적 수산협력 실시/근로자 관리, 품질검사 등 종합적 판단

2) 수산협력 사업의 종류
○ 서해상의 수산자원 공동조사

○ 서해 해상 중국어선 침범에 대한 공동대응

○ NLL 주변지역 서식 어종 인공부하방류사업

○ 수산분야 대북지원

○ 합작어로회사 설립
- 공동어로구역 / 평화수역 설정 / 경제특구 건설과 해주항 활용 / 민간선박의
  해주직항로 통과 / 한강하구 공동이용.

4. 서해 해상경계선 관련 대북 협상 방안

가. 서해 사태의 원인과 문제점

○ 기본적으로 북한은 서해 해상 경계선을 비롯한 한반도 군사분계선을 모호
하게 하거나 폐기하여 남·북한 경계선을 중심으로 무력 분쟁화를 기도함
으로써 남·북사회의 분열을 통한 남측사회 붕괴를 유도하고자 함.
- NLL 침범을 거듭함으로써 서해 해상 경계선에 대한 분쟁지역 이미지 고
  착과 새로운 협상대상으로 당연시하는 분위기 창출.
- 군사분계선의 경우 북한은 끊임없이 정전협정체제를 부정함으로써 이를
  무실화시키고자 노력함.

○ 북측의 서해 해상 침범 및 서해 5도 군사도발의 경우 남·북 장성급군사
회담에서 합의한 바 있는 '서해 우발적 충돌방지' 관련 사항을 악용하여
서해 해상 분쟁 지역화 의도를 본격화한 사례로 평가됨.

- 북한은 스스로가 인위적으로 설정한 서해 해상 분계선을 기점으로 '서해
  우발적 충돌 방지' 사항을 적용, 남측의 NLL 기점 해상방어 활동을 남·북
  장성급 회담 합의사항 불이행으로 몰고 감과 동시에 NLL 침범을 거듭함
  으로써 NLL 무력화를 시도.

○ 북한이 먼저 서해 해상 경계선을 비롯한 군사적 문제를 다루기 위한 군사
  회담을 선 제의한 것 역시 NLL의 '분쟁 수역화' 분위기 확산노력의 일환
  으로 치부됨.
- 향후 남·북고위급 군사회담이 실현될 경우 북한은 서해 해상의 군사적
  긴장완화와 충돌방지 관련 논의를 앞세워 NLL 재협상 문제로 연결시켜나
  가고자 할 것임.

나. 대응방안

1) 기본방향
○ 북한이 서해 해상경계선 문제를 거론하고 나올 경우, 기존의 NLL을 서해
  상 불가침 경계선으로 설정해야 한다는 입장을 견지함.

○ NLL이 서해 해상불가침 경계선으로 설정되도록 해야 한다는 우리 측의
  주장은 국제법 및 국제관례, 남·북기본합의서 규정 등에 비추어 합리성
  과 법리적 타당성을 갖고 있기 때문에 새로운 해상경계선 설정 시까지
  NLL을 고수함.
- 기타의 방안은 1953년 이후 지금까지 준수되어온 남·북한 간 묵시적 해
  상경계선인 NLL의 국제법적 타당성을 스스로 부정하는 결과 야기.

○ 납북교류협력이 본격화·제도화될 경우 상호 안보위협은 최소화하면서도
  어느 일방의 양보가 아닌 남·북 쌍방 간에 정치·경제적 이익을 공유할

수 있는 방안을 강구해 나가도록 함.
- 공동어로구역 / 평화수역 설정 / 경제특구 건설과 해주항 활용 / 민간선박의 해주직항로 통과 / 한강하구 공동이용 등을 단계적으로 이행해 나가도록 함.

2) 중장기 대책
○ NLL 관련 중장기 대책은 남·북 평화체제 전환 단계에 따라 수립·시행 되는 것이 바람직할 것으로 판단됨.

○ 제1단계: 남·북 교류협력의 심화·발전 및 동북아 안보질서 안정을 통해 냉전구조 해체를 위한 기반을 조성함.
- 북한의 NLL 무효화 주장을 일축하고 남·북한 NLL 준수 공동의지 표명 을 유도하면서 단계적으로 NLL의 군사적 의미를 경제적 의미로 전환시키 는 방안을 모색함.
- 북한의 공세적 외교차원에서 진행되는 NLL 무효화 주장 원천 봉쇄.
- 서해안의 상업용 선박 운항로를 설정하여 다양한 관광코스 개발 및 남·북 한 합작 사업을 위한 수송로 등으로 활용, NLL이 상업용 선박들에 대한 항해에 대한 관할 분기점이라는 경제적 의미를 갖도록 하는 조치 강화.

○ 제2단계: 한반도 평화보장에 대한 주변국들의 실질적 보장을 이끌어 내는 과정이므로 북·미, 북·일 협상 과정에서 NLL 문제와 관련된 미·일의 협력을 유도함.
- 한반도 평화보장 관련, 대북협상에서 미국과 일본은 한반도의 안정을 보 장하기 위한 포괄적 안전보장 이행 방안의 하나로 기존에 유지되어 온 해 상경계선 및 육지 경계선 유지 필요성을 강조하도록 유도.
- 남·북한은 경제적 협력을 넓혀나가는 상황에서 서해 해상에서의 경제, 과학, 기술 관련 공동협력 방안을 적극 모색하는 가운데 이를 구체화하는 과정에서 제기되는 각종 군사적 문제를 해결하기 위한 군사실무회담을

적극 유도해 나감.

○ 제3단계: NLL과 관련된 사안을 보다 신축적으로 운용, 평화체제 구축에
   NLL 관련 사안이 장애 요소로 등장하지 않도록 하는 데 노력을 경주함.
 - 남·북합의서에 근거한 남·북군사공동위원회에서 NLL을 대체하는 새로
   운 해상경계선 획정 문제를 의제로 채택, 실질적인 협상 추구.
 - 새로운 경계선 획정이 곤란하게 될 경우 일단 남·북한 간 공동어로 구역
   을 설정, 북한과의 수자원 공동 활용방안을 수립.
 - 3단계 도래에 대비하여 지금부터 정부는 NLL과 관련하여 어느 정도까지
   신축성을 허락할 것인지의 문제를 검토, 남·북한관계 변화과정에 입각한
   단계별 NLL 대책을 수립할 필요가 있음.

독일통일의 쟁점과 한반도 통일에의 시사점

염돈재(성균관대학교 국가전략대학원장)

우리 국내에서 독일통일의 과정과 배경을 잘못 이해하고 있는 경우가 많아 주요 쟁점들에 대한 심층적 논의가 필요하다.

브란트의 동방정책, 화해·협력 정책이 독일통일의 원동력이 되었다는 생각, 흡수통일과 조급한 통일보다는 대등한 통일, 점진적 통일이 좋다는 생각, 독일이 통일과정에서 많은 실책을 저질렀다는 생각, 아직도 독일은 심각한 통일 후유증을 겪고 있다는 생각 등은 독일통일의 과정과 배경을 정확히 이해하지 못한 데서 비롯된 대표적 사례들이다.

아울러 흔히 우리는 독일보다 훨씬 심각한 경제적 통일 후유증을 겪을 것으로 예상하고 있으나 북한의 경제재건 여건이 동독보다 훨씬 좋아 독일보다는 훨씬 빠른 기간 내에 통일 후유증을 극복할 수 있을 것으로 예상된다.

1. 머리말

○ 독일통일 이후 우리 국내에서 독일통일에 관해 많은 연구가 있었으나 대부분 연구가 1990년대 중반 이전, 독일통일의 내막이 제대로 밝혀지지 않은 시기에 이루어진 데다 그 후의 많은 연구가 이들의 연구결과를 답습하고 있어 독일통일의 배경을 잘못 이해하게 된 경우가 허다함.

○ 독일통일과 관련된 주요 쟁점사항들에 대한 심층적 논의가 필요함.

2. 독일의 통일 과정

가. 동독 공산정권의 자체 붕괴

○ 1989년 5월 2일 헝가리 개혁정부가 개혁의지의 표시로 오스트리아와의 국경 철조망을 철거한 것을 계기로 동독 주민의 대량 탈출이 시작됨.

○ 10월 7일 동독 건국 40주년 행사에 참석한 고르바초프 소련 서기장이 동독의 개혁을 공개적으로 촉구하고 동독 정치국원들과의 비밀회합에서 소련군의 동독시위 불개입 방침을 천명한 데 이어 주 동독 소련대사가 시위의 유혈진압은 안된다고 경고함.

○ 1989년 9월 라이프치히 니콜라이 성당에서 소규모로 시작된 촛불집회가 서독 TV의 영향으로 급속히 확산, 10월 6일에는 베를린에서 100만 명이 참가하는 등 대규모 시위가 전국 규모로 확산되고 1989년 중 46만 명이 서독으로 탈출함.

○ 동독 공산잔당들과 개혁세력들은 동독의 멸망을 막기 위해 원탁회의를 구성하여 국정을 운영하는 한편, 3월 18일 인민의회 선거를 실시했으나 예상과는 달리 신속한 통일을 약속한 서독 기민당의 제휴정당인 「독일연맹」이 승리함.

나. 동독 주민의 서독편입 결정

○ 4월 12일 로타 드메지어 연립정부가 수립되고 4월 19일 드메지어 총리가 서독 기본법 23조(기본법 적용지역 규정)에 의한 신속한 통일을 약속함.

○ 통일작업은 일사천리로 진행되어 5월 18일 사회경제화폐통합조약을 체결되고 8월 30일 통일조약 체결, 9월 20일 동·서독 의회의 통일조약 비준, 10월 2일 동독의회의 '독일민주공화국(동독)' 소멸 의결 등을 거쳐 10월 3일 통일을 달성함.

다. 2차 대전 전승 4대국의 동의확보

○ 베를린 장벽 붕괴 후 11월 28일 서독정부는 「독일과 유럽분단 극복을 위한 10개항 계획」을 발표, 통일의지를 확고히 천명한 후 통일독일의 NATO 잔류를 약속하고 미국의 지원을 받아 통일외교에 착수했음.

○ 소련에 대해서는 오데르 – 나이세 국경선의 인정, 통일독일 병력의 대폭 축소(66만 5천→37만), 대규모 경제원조(철수비 지원 90억 달러, 매년 34억 달러의 소련군 주둔비용 부담) 등을 약속하는 한편, 미국과 협조하여 소련을 압박하면서 2+4 회담을 통해 2차 대전 전승 4대국이 동의를 확보함.

라. 체제통합 과정

○ 서독체제를 동독지역에 이식하되 동독인들의 적응을 위해 일부 법 규정의
적용은 1~3년간 유예하고 동독의 행정체제를 서독 체제로 개편함.

○ 화폐통합, 동독 국유재산의 매각(2,564억 마르크 적자), 서독 사회보장 제
도의 동독으로의 확산, 반 법치국가적 행위자에 대한 처벌, 공산치하에서
의 피 박해자에 대한 보상 등을 통해 경제·사회 통합을 추진했음.

마. 독일통일의 성공 배경

○ 직접적 요인
- 고르바초프의 개혁·개방 정책, 소련의 동구포기, 동독의 개혁 촉구.
- 동구권의 개혁 및 민주화 혁명 열풍.
- 공산정권에 대한 동독 주민의 염증 확산.
- 동독의 경제 파탄.
- 동독 지도부의 체제수호 의지 결여.
- 서독정부의 과감하고 적절한 조치.
- 미국의 적극적 지원.

○ 간접적 요인
- 서독이 동독 주민의 동경대상이 되었다는 점.
- 원칙을 고수한 서독정부의 정책(동독에 대한 국가인정 거부, 기본법 적용
지역을 규정한 기본법 23조와 동독 주민도 서독국적자로 간주하는 기본법
116조 국적조항의 고수, 대가 없는 지원 불가 방침).
- 동독 주민의 「삶의 질」 개선에 중점을 두었던 서독의 대동독 정책.

- 동독 주민의 서독 TV 시청.
- 철저한 과거 청산으로 주변국의 신뢰 확보.

3. 독일통일의 배경과 관련된 쟁점들

가. 독일통일은 '힘의 우위' 정책의 성과인가 화해·협력의 결과인가?

○ 보수정당인 기민당(CDU)의 정책은 서독이 정치·경제·군사·도덕적으로 '힘의 우위'를 견지하면 통일을 이룩할 수 있다는 자석이론(Magnet Theory) 이 논리적 근거임.

- 기민당 정부는 제2차 세계대전 후 소련의 중립화 요구를 거부하고 친미·친 서방 노선을 견지하면서 민주제도의 정착과 경제재건을 최우선 주력.

- 1955년에는 통일장애 요인이 된다는 우려와 반대에도 불구, NATO에 가입 하고, 1979년 소련의 중거리 미사일 유럽배치 시에는 퍼싱Ⅱ 미사일과 크 루즈미사일의 서독 배치에 동의, 미국의 신뢰확보와 소련의 변화 촉진에 기여.

- 대동독 관계에서는 1960년대까지는 서독의 '유일대표권'을 주장했으나 1982 년 재집권한 콜 정부는 사민당의 교류·협력 정책을 답습하면서도 1989년 말 동독 평화혁명 시에는 '힘의 우위' 정책으로 선회, 적극적으로 통일을 추진.

○ 진보성향인 사민당(SPD)의 정책은 '접근을 통한 변화'에 근거를 둔 정책 으로 소련·동독과 화해·협력하고 동독의 안정을 도우면 언젠가는 동독 이 변해서 통일이 되거나 '사실상의 통일'을 이룬다는 정책임.

- 외교정책 면에서는 서독의 중립화 또는 동·서 양 진영을 오가는 '시계추

외교'를 모색하면서 서독의 **NATO** 가입을 반대하고 소련의 전유럽안보협력회의(**CSCE**) 구상에 적극 동조.
- 대동독 관계에서는 할슈타인 원칙을 포기하고 동독을 사실상의 국가로 인정하면서 양독관계 정상화를 추진하여 동·서독 간의 교류·협력을 대폭적으로 확대, 민족의 동질성 유지와 '분단의 고통 완화'에 기여.
- 1989년 동독 평화혁명 시에는 동독과의 화해분위기 손상을 우려, 동독 탈출민의 수용 제한, 동독에 대한 대폭적 경제지원 및 점진적 통일을 주장하여 '통일을 주저하는 정당' 또는 '독일통일의 최대 패배자'라는 평가를 받음.

○ 독일통일은 브란트의 동방정책, 화해·협력 정책으로 동독 공산정권이 변해서 가능해진 것이 아니라 동독 주민의 시위로 공산정권이 무너지고 동독 주민이 서독과의 통합을 원해서 이루어진 것임.
- 동방정책으로 소련과 화해·협력이 이루어졌기 때문에 고르바초프의 등장이 가능했다는 주장도 있으나 소련의 변화는 1980년대 초 이후 미국 레이건 행정부의 힘의 우위에 바탕을 둔 화해정책, 전략방위구상(**SDI**)의 추진, 소련 중거리 미사일 유럽배치에 대응한 퍼싱 II 미사일의 유럽배치 등 '힘의 우위' 정책이 거둔 성과라는 분석이 지배적임.
- 동·서독 간의 교류·협력의 확대로 동독 평화혁명이 가능해졌다는 주장도 있으나 이 논리로는 동독보다 폴란드, 헝가리, 체코, 루마니아에서 개혁운동과 공산정권 붕괴가 먼저 일어났다는 점을 설명하기가 어려움.
- 1989년 동독 혁명 이후 사민당의 주장대로 동독 탈출자의 수용을 제한하고 동독에 경제지원을 하면서 점진적 통일을 모색했다면 통일이 훨씬 지연되거나 더 많은 대가를 치러야 했을 것임.
- 동독 공산정권을 인정하고 안정시켜 동독의 변화를 유도하려고 한 사민당의 정책은 통일정책이 아닌 '분단의 평화적 관리' 정책이었고 정통성 없는 동독 공산정권을 안정시켜 평화혁명을 지연시켰다는 비판에 직면함.

○ 더욱이 사민당 정부도 친서방 노선의 유지, 1979년 12월 'NATO의 이중결정' 수용, 대가 없는 경제지원 불가 방침의 고수 등 '힘의 우위' 노선을 견지해 왔다는 점에서 독일통일은 '힘의 우위' 노선이 이룬 성과라고 보는 것이 타당함.

나. 흡수통일은 바람직하지 않은 통일방법인가?

○ 우리나라에서는 '흡수통일'은 한쪽의 의사를 다른 쪽에 강요하거나 약자의 희생을 요구한다는 점, 그리고 독일이 흡수통일로 일층 심각한 후유증을 겪게 되었다는 인식 때문에 '바람직하지 않은 통일모델' 또는 '기피해야 할 모델'로 인식함.

○ 독일이 이른바 '흡수통일' 방법을 선택한 것은 동독체제나 제도 가운데 통일독일이 계승해야 할 요소가 거의 없고 대부분의 동독 주민이 서독체제에의 '가입'을 원했던데 기인함.

○ 흔히 분단된 양측이 대등한 관계일 경우 갈등과 이해관계 조정이 어려워 통일이 불가능해질 가능성이 많으며, 이는 예멘통일이나 2010년도 국내에서의 시군구 통합 시에도 잘 나타난 바 있음.

○ 북한과 대등한 입장에서 통일을 하려 할 경우 북한과의 협상에서 무엇을 양보하고 무엇을 고수할 것인가?

다. 신속한 통일 대신 점진적 통일을 했어야 하는가?

○ 독일통일 후유증이 부각되자 우리 국내에서는 '조급한 통일'보다는 북한

경제를 일으켜 세운 후 천천히 통일해야 한다는 주장이 대두함.

○ 독일의 경우 ① 동독 탈출민의 폭증을 막기 어렵고, ② 동독경제가 파탄상
  태였고, ③ 동독 민주정부가 신속한 통일을 요구했고, ④ 고르바초프의 실
  각 가능성도 예견되었으며, ⑤ 점진적 통일이 통일비용만 증가시킬 뿐 실
  익이 없다는 점 등 때문에 신속한 통일을 추진.

○ 우리의 경우 점진적 통일을 추진한다 해서 북한체제하에서 경제발전이 가
  능하거나 통일 후유증 예방이 가능할 것인가?

라. 독일통일의 최고 공로자는 누구인가?

○ 독일통일의 최고 공로자로는 흔히 고르바초프 소련 대통령, 브란트 전 서
  독 총리, 부시 미국 대통령, 동독 주민 등이 거론되며 특히 우리 국내에서
  는 콜 서독 총리의 역할에 대해서는 전혀 주목하지 못하고 있음.

○ 고르바초프 대통령은 ① 동유럽의 개혁·개방을 선도했고, ② 브레즈네프
  독트린을 포기했으며, ③ 동독정부의 개혁을 촉구하고 시위의 무력진압을
  막았고, ④ 독일통일을 수용했다는 점에서 독일통일에 가장 큰 영향을 미
  친 것은 사실임.

○ 고르바초프는 소련과 동구권의 변화를 가져온 '역동성의 본질'을 이해하
  지 못한 채 역사의 흐름에 떠밀려 의식 없이 동유럽을 해방시켰고, 독일통
  일을 수락한 것도 끝까지 버티다가 서방측의 압력으로 불가피하게 동의하
  게 된 역사무대의 '수동적 배우'라는 점에서 최고 공로자로 평가받기에는
  부족함.

○ 콜 서독 총리는 1989년 9월 동독 주민의 시위 초기부터 통일의 기회가 될 수 있을 것이라고 예견하고 확고한 의지와 주도적 노력으로 좁게 열린 '통일의 창'을 활용, 통일을 이루었다는 점에서 독일통일의 최고 공로자로 평가받기에 손색이 없음.

※ 콜 총리의 역할: ① 헝가리의 대동독 여행협정 파기 교섭(89.8), ② "독일 및 유럽분단 극복을 위한 10개항 계획" 발표(89.11.28), ③ 1989년 중 동독 탈출자 46만 명의 전원수용, ④ 동서독 화폐의 1:1 교환 약속, ⑤ 동독정부의 경제지원 요구와 "조약공동체 통일방안"의 거부.

마. 정상회담은 동·서독 관계개선의 돌파구가 되었는가?

○ 동·서독이 1970년 1~2차 정상회담을 개최한 후 동서독기본조약이 체결되었다는 점에서 우리도 남·북 정상회담이 남·북 관계 개선의 돌파구가 될 것으로 생각하여 김영삼, 김대중, 노무현 정부에서 정상회담을 적극적으로 추진함.

○ 동·서독은 베를린 장벽 붕괴 이전까지 총 4회에 걸쳐 공식 정상회담이 개최되었으나 1987년 9월 서독에서 있었던 콜 – 호네커 정상회담을 제외하고는 실질적인 성과가 없었음.

○ 1970년 3월 및 5월 개최된 1~2차 정상회담은 서독과의 접촉을 체제위협 요인으로 생각한 동독이 소련의 종용에 따라 마지못해 서독 측 제안에 응한 회담으로 상호견해차이만 확인했을 뿐 전혀 성과가 없었으며, 1972년 동서독기본합의서는 소련이 강경파인 울브리히트 서기장을 호네커로 교체한 후 체결이 가능했음.

○ 1981년 슈미트 – 호네커 간에 동독에서 개최된 정상회담도 소련의 종용에

따라 서독 측 제안에 응한 회담으로 일부 합의사항은 있었으나 슈미트가 매우 실망스러웠다고 평가한 회담이었으며, 1987년 회담은 경제난에 처한 동독이 경제지원을 얻기 위해 응한 회담으로 그 후 인적·물적 교류 확대에 크게 기여함.

○ 정상회담이 관계개선의 돌파구를 마련할 것이라는 막연한 기대하에 무리하게 추진하기보다는 상대방의 의도와 득실을 면밀히 분석한 후 추진함이 바람직함.

바. 동독정부가 서독 TV 시청과 방송교류를 허용한 것은 화해·협력 정책의 성과인가?

○ 동독 주민이 서독 TV를 시청할 수 있었던 것이 독일통일에 크게 기여했다는 점이 알려지자 일부 정치인들이 북한과의 방송교류를 제안하기도 했고 각 방송국도 다투어 북한과의 방송교류를 추진함.

○ 동독은 1953년 동베를린 봉기가 서독 리아스(Rias) 방송 때문이라고 판단하여 서독 방송 청취를 엄격히 금지해 왔으나 1971년 이후 서독 TV 시청을 허용하고 1986년 문화협정 체결 이후에는 프로그램의 교환 등 방송교류도 추진함.

○ 동독정부가 서독 TV 시청을 허용한 것은 서베를린에서 송출되는 전파 차단이 어렵고 서독방송 청취금지가 주민의 큰 불만사항이 되었기 때문이었으며, 특히 보안기관(Stasi)은 방송개방에 적극 반대함.

○ 북한이 우리와의 방송개방이나 실질적인 방송교류에 응할 가능성은 희박함.

사. 2+4 회담과 유럽안보협력회의(CSCE)는 독일통일에 실질적으로
   기여했는가?

○ 2+4 회담은 독일통일의 대외적 문제를 종결하는 기제(mechanism)가 되었
   고 CSCE 정상회의에서도 독일통일을 만장일치로 승인, 독일통일이 주변
   국의 '축복' 가운데 이루어질 수 있었다는 점에서 우리 정부는 동북아다자
   간안보협의체(Mini-CSCE)와 6자회담을 적극적으로 추진함.

○ 2+4 회담은 미국이 소련의 평화회의 개최 주장에 대응하기 위해 제안한
   회담으로서 2+4회담 개최시기를 가급적 지연시켜 동서독(Two)이 먼저 통
   일에 합의한 후 제2차 세계대전 전승 4대국(Four)이 이를 추인토록 했다는
   점, 중요한 결정은 2+4 회담 밖에서 양자협상을 통해 이루어졌다는 점에
   서 독일통일의 '조장자'가 아닌 '형식적 추인자'에 불과했음.

○ 통일을 염두에 두고 현재의 6자회담을 보다 구조화하거나 다자간안보체제
   로 발전시키는 문제는 보다 신중히 검토가 필요함.

아. 독일통일은 '돈 주고 산 것'인가?

○ 독일 통일 시 독일이 소련군 철수비용 67억 유로, 소련군 주둔비용 75억
   유로, 기타 차관 등 대규모 경제지원을 했다는 점 때문에 독일통일은 '돈
   주고 산 것'이라는 평가도 대두됨.

○ 소련은 끝까지 버티다가 국제정세 변화와 경제파탄으로 국제적 영향력이
   현저히 약화된 데다 미국, 영국, 프랑스가 연합하여 소련을 제외한 채 독일
   통일을 수락할 것이라고 위협했기 때문에 불가피하게 독일통일을 수락함.

○ 소련이 서독의 대규모 경제지원을 받은 것은 불가피하게 독일통일을 수락
해야 할 상황에서 부수적으로 챙긴 이득일 뿐 독일통일을 수락하게 된 핵
심적 요인은 아니었음.

4. 통일 후 통합과정과 관련된 논쟁들

가. 독일은 통일과정에서 많은 '정책적 실수'를 저질렀는가?

○ 국내 학자들은 독일은 조급한 통일로 실책이 많았으므로 '반면교사'로 삼
아 후유증 없는 통일을 준비해야 한다고 주장하고 있으며, 정부 관계자들
도 '선발자의 영광은 독일에게, 후발자의 이득은 우리에게'라면서 후유증
없는 통일방안 짜기에 열중함.

○ 국내 인사들이 지적한 대부분의 '실책'은 독일정부가 그 문제점을 인식하
면서도 불가피하게 선택한 차선책이었을 뿐 실책이 아니었음.
- 화폐 교환비율을 시세보다 높게 책정한 것은 ① 통일열기의 조장, ② 동독
주민의 저축 보호, ③ 동독 주민의 이주물결 억제, ④ 동독정부의 강력한
요구 등으로 인해 불가피하게 선택한 정치적 결정이었음.
- 동독기업의 급진적 구조조정은 「경제 5현」의 권고에 따른 것이며 옳은 방
법이었다는 평가가 지배적임.
- 몰수재산의 '반환우선 원칙'은 통일조약의 위헌판결 가능성과 동독 출신
자들의 정치적 압력을 고려한 조치임.
- 동독경제 상황을 과대평가한 것은 동독의 통계부실과 통일 후 동독경제의
급속한 붕괴에 기인한 것으로 정책적 실수는 아니었음.

○ 독일인들이 공통적으로 지적하는 '정책적 실수'는 다음과 같은 것들임.
- 통일 초기 정치인들이 너무 많은 장밋빛 약속을 한 것.
- 베를린 장벽붕괴 전까지 통일에 전혀 대비하지 못한 것.
- 동독의 경제상황을 과대평가한 것.
- 통일 후 세금을 더 많이 올리지 않은 것.
- 동독경제 재건에 필요한 기간을 과소평가한 것.
- 서독제도를 너무 빨리 이식하려 한 것.
- 동독 노동자의 임금을 너무 급속히 인상한 것.
- 동독지역 행정개편 시 동독 측 인사들에게 더 많이 자율권을 주지 않은 것.

○ 이렇게 볼 때 독일통일은 '실패사례'가 아닌 '성공사례'로 보아야 하며, 특
히 독일정부가 어떤 정책과 노력을 통해 '20세기의 기적'을 이루었는지에
대한 재성찰이 필요함.

나. 통일비용이 예상보다 훨씬 많이 소요된 것은 잘못된 정책 때문인가?

○ 통일 직전 서독정부는 1994년까지 4년간 1,150억 마르크의 통일비용(약 69
조 원)이 소요될 것으로 추정했고, 통일 직후에는 10년간 2조 마르크(약 1
조 360억 유로)의 통일비용을 예상함.

○ 독일정부는 2005년까지 15년간 1조 4,000억 유로를 투입했으나 아직도 연
방예산의 25% 정도를 동독지역에 투입해야 하며, 통일비용 지출액의 60%
가 연금 및 보험금 지급 등 소비성 지출이어서 문제점으로 대두됨.

○ 예상보다 훨씬 많은 통일비용이 소요된 것은 ① 예상보다 훨씬 열악한 동
독의 경제상태, ② 동독경제의 급속한 붕괴, ③ 동독 국유재산 가치의 하
락, ④ 동독 내 투자 여건 악화 등 주로 정책 외적 요인에서 비롯된 것으로
정책실패 때문은 아니었음.

다. 독일통일 후유증은 아직도 심각한가?

○ 통일 후유증
- 통일 이후 매년 연방예산의 25 ~ 30%, 1991년부터 2005년까지 15년간 총 1
  조 4천억 유로(2,540조 원)를 동독지역에 투입한 데다 그중 60%가 소비성
  지출이어서 성장 둔화, 재정적자 확대, 실업증가로 '유럽의 병자'로 평가.
- 동독 주민은 서독체제에의 적응상의 어려움, 실업의 공포, 2등 국민 의식
  으로 어려움을 겪은 반면, 서독 주민은 통일비용 부담을 불만스럽게 생각.

○ 통일 후유증의 극복
- 2003년 이후 내핍정책인 「어젠다 2010」 추진을 계기로 경제적 후유증을
  대부분 극복, '펄펄 나는 독일경제'로 부활.
- 1993년 -1.6%였던 성장률이 2006년 3.5%로 호전되고 수출은 1조 1,120억
  달러로 세계 1위를 탈환했으며, 1991년 서독지역의 35%에 불과하던 취업
  자 1인당 생산량이 2007년에는 77%에 주민소득은 서독지역의 83%에 도달.
- 동독 주민이 아직도 적응에 어려움을 겪는 것은 사실이나 동독시절로 되
  돌아가고 싶다는 사람은 15% 정도에 불과하고 메어켈 총리, 티어제 전 연
  방상원 의장, 플라첵 사민당수 등 동독출신이 통일독일의 지도자로 부상,
  2등 국민 의식도 상당히 극복.
- 이제 남은 문제는 인간사회 어디서나 나타날 수 있는 일반적인 문제라는
  것이 독일인들의 일반적 인식.

○ 독일통일 후유증이 부각된 배경
- 서독은 2차 대전 이후 호황만을 누려와 독일인들은 통일 후 경기침체를
  '자존심의 손상'으로 받아들이면서 안정된 사회보장 체제의 동요를 우려.
- 독일은 분단 당시 ① 전쟁의 공포도 없었고, ② '이산의 고통'이 적었고,
  ③ 분단비용도 높지 않기 때문에 통일의 실익을 느끼기 어려운 상황.

- 독일은 74년에 불과한 통일국가의 역사를 갖고 있는데다 제2차 세계대전 이후 민족의식을 부추기는 행위가 금기시되어 민족의식이 높지 않았으며, 정치 지도자들도 통일 후유증 극복을 위해 민족의식을 동원하기가 어려운 입장.
- 통일작업을 위해서는 고통 감내가 필요한 데다 통일 후 걸프전 비용 지원, 소련 및 동유럽 원조 등 국제적 부담요구에 대응하는 과정에서 통일 후유증 문제가 더욱 부각.
- 우리 국내에서는 흡수통일 불가론, 점진적 통일론, 대북한 경제지원 필요성 등을 주장하는 논거로 독일통일 후유증이 자주 거론된 데다 독일통일에 반대한 사회당 계열 인사들이 우리 언론에 자주 등장한 것도 영향을 미친 것으로 보임.

라. 한반도 통일 시에도 독일과 같은 통일 후유증이 재현될 것인가?

○ 우리의 경우 동·서독에 비해 ① 남·북 간 갈등수준이 높고, ② 강력한 체제수호 세력이 있고, ③ 경제격차가 크다는 점에서 더욱 불리한 측면도 있음.

○ 독일의 통일 후유증이 증폭된 된 것은 ① 동독 국유재산 가치의 대폭적 하락, ② 동독경제의 급속한 붕괴, ③ 열악한 동독지역 투자 여건 등에 기인한 것으로 우리의 경우 이러한 문제점이 적음.
- 동독 국유재산 가치가 ① 동독경제의 국제경제에의 급속한 노출, ② 동독 내 매물 격증, ③ 폴란드, 헝가리, 체코 등 인접지역에서의 매물 급증 등으로 급격히 하락.
- 통일 후 동독지역 경제가 ① 급진적 구조조정, ② 공산권경제상호원조회의 (CMEA: Council for Mutual Economic Assistance, COMECON: Communist Economic Conference) 경제체제의 붕괴, ③ 동독 주민의 동독 물품 배척, ④ 동·서독 노조의 담합에 의한 급격한 임금상승, ⑤ 낙후된 생산설비, ⑥ 숙련노동력의 이탈, ⑦ 동독 기업인의 경영능력 부족 등으로 급격히 몰락.

- 동독지역 투자 여건이 ① 인플레 우려에 따른 이자율 인상, ② 급격한 임
  금인상에 따른 노동비용 증가, ③ 인프라의 미비, ④ 세제혜택 및 산업부
  지 제공 등 인센티브의 부족, ⑤ 엄격한 환경규제와 인허가 절차, ⑥ 여타
  동유럽 국가들의 상대적으로 좋은 투자 여건, ⑦ 새로운 수출시장 개척의
  어려움 등에 따른 투자 여건의 악화.
- 우리의 경우 ① 북한의 부동산 사유화 수준이 낮은 반면 토지와 지하자원 등
  국유재산 가치가 높고, ② 해외시장 개척으로 북한경제의 급속한 붕괴 예방
  이 가능하고, ③ 투자유치 여건이 좋아 북한경제의 신속한 재건이 가능.

○ 우리의 경우 ① 통일편익이 훨씬 높고, ② 북한 주민이 통일의 편익을 쉽
  게 느낄 수 있고, ③ 통일 후유증 극복을 위해 민족의식을 동원할 수 있
  고, ④ 북한경제 재건 여건이 좋아 정치적 통합이 원만히 이루어진다면 통
  일 후유증이 훨씬 경감될 수 있을 것으로 예상됨.

⁝⁝⁝ 5. 결어: 한반도 통일에 주는 교훈과 시사점

○ 북한 주민의 동경 대상이 될 국가·사회의 건설이 가장 중요한 선결과제
  이고 북한정권과의 화해정책은 굳건한 안보와 힘의 우위가 뒷받침되어야
  성공이 가능함.

○ 북한 주민을 위한 인도적 지원과 북한 정권과의 꾸준한 대화·노력이 지
  속적으로 필요하고 대북지원은 면밀한 전략적 고려하에서 추진해야 함.

○ 「통일 후유증」은 불가피한 「분단 후유증」이라는 인식 필요하고 진정한 통
  일을 위해서는 나눔의 자세가 중요하며, 예고 없는 통일기회 도래에 대비
  한 대비책을 강구해야 함.

새로운 통일 필요성 논리의 개발:
청소년 대상 통일교육과 관련하여

고성준(제주대학교 교수)

분단 60여 년이 지나고 있다. 이 기간에 다른 모든 분야가 그러했듯이 통일의 경우에도 엄청난 변화가 있었다. 통일의 주체·대상·환경·인식에 있어 질적인 변화가 있었다.

통일의 주체와 관련하여 분단 이후 태어난 국민이 90%가 되며, 이들은 분단 이전 상태를 책을 통해 인식하고 있다. 이들에게 북한은 가본 적도 없고, 북한 주민을 만난 적도 없다. 따라서 북한 주민이 생활양식을 공유하는 같은 민족이라는 인식이 사라져가고 있다.

통일의 대상인 북한은 산업화도, 민주화도 이루지 못한 시간적으로 보면 후퇴한, 실패국가이다. 그러면서도 북한은 반세기 이상 남한에 대해 위협적이며 이제 핵무기까지 앞세우고 있다. 이러한 북한의 행동은 젊은 세대로 하여금 북한정권의 잔인성을 재인식하게 하여 통일의 열망과 의지를 약화시키고 있다.

국제사회는 남과 북을 두 개의 주권국가로 인정하고 있으며, 특히 주변국은 통일이 자신들의 국가 이익과 직결된다고 보고, 한반도 통일에 직간접적으로 개입하려 한다. 그런가 하면 같은 분단국이었던 독일 통일 20주년은 한국인들에게 통일이 여러 어려움을 안겨주지만 분단보다는 낫다는 것을 보여주고 있다. 특히 북한이 '세습·핵·빈곤·폐쇄'를 고수하는 한 체제유지가 어려운 국면으로 빠져들어 가고 있어 이에 대한 대비가 시급한 현실이다.

통일과 관련한 제반 여건의 변화는 지금의 청소년과 젊은이들에게 지금까지의 통일 필요성의 논리인 '단일민족의 재결합', '이산가족의 고통해소', '남·북협력론', 또는 '통일지상주의'로는 다가갈 수 없다. 엄청난 비용과 혼란을 감수하면서까지 통일해야 하는 이유를 이들에게 위의 논리로 설명하기에는 적지 않은 한계를 가지고 있다. 지금까지 국가 또는 민족 수준에서 구성되어진 통일 필요성 논리보다는 개인적·국제적 수준에서 통일에 대한 합리적·논리적·이성적 계산에 의한 접근이 더 효과적임을 보여줄 수 있다. 특히 청소년을 대상으로 한 통일교육의 경우, 당위적 차원과 인도주의적 차원의 호소에서 벗어나 실리주의적이고 개인주의적 관점에서 통일이 가져다줄 실질적 이익을 강조하는 논리를 개발하여 설득의 중요한 기반으로 삼아야 할 것이다.

2011-04-11

1. 새로운 통일 필요성 논리개발은 왜 이루어져야 하는가?

○ 분단 65년은 짧은 기간이라고 볼 수도 있고, 또 엄청나게 긴 시간이라고 볼 수도 있음. 이 기간에 통일과 관련되어서 엄청난 변화가 있었다. 통일 과 관련하여 주체, 대상, 환경, 인식의 내용이 모두 바뀌었음.

○ 통일의 주체와 관련하여 대한민국 국민의 인식이 엄청나게 달라졌음. 분 단 이후 태어난 국민이 90%가 되며 이들은 분단 이전 상태를 책을 통해서 인식하고 있음. 이들은 우리 땅의 일부인 북한에 가본 적도 없고, 북한 주 민을 만난 적도 없음. 따라서 북한사회, 북한 주민의 생활양식에 대하여 잘 알지 못하며 북한 주민이 생활양식을 공유하는 같은 민족이라는 생각 이 사라져가고 심지어는 일부 어린이들은 탈북자들을 간첩으로 생각하는 가 하면 젊은이들은 일본이나 미국 대학생들과는 같은 노래, 같은 책, 같 은 게임을 하면서 생소하고 적대감을 갖는 북한의 대학생보다도 더 동질 감을 느끼는 현실임(이상우, 2010).

○ 통일인식과 관련하여 이들은 통일을 꼭 해야 하나라는 물음에 '해야 한다' 라고 대답하나, 심도 있는 조사에 의하면 80% 이상이 '무리하지 말고 분 단 이 상태로 그냥 지내자'라는 인식 또는 '통일연기론'을 적극 지지하는 모습을 보여주고 있음.

○ 국제환경의 변화와 관련하여 국제사회는 남과 북을 두 개의 주권국가로 인정하고 있으며, 특히 주변국은 통일이 자신들의 국가 이익과 직결된다

---

* 이 글은 고성준 · 변종헌 · 고경민 · 양영길 · 김병성, 『청소년 대상 통일 필요성 논리 개발』(2010) 연구 중에서 필자가 집필한 부분을 중심으로 발췌하여 재구성했음을 밝힘.

고 보고, 한반도 통일에 직간접으로 개입하려 함. 그런가 하면 같은 분단 국이었던 독일 통일 20주년은 분단시대에 사는 한국인들에게 통일이 여러 어려움을 안겨주지만 분단보다 낫다는 것을 보여주고 있음.

○ 통일의 대상인 북한은 실패국가로 전락하였음. 산업화도 민주화도 이루지 못한, 시간적으로 보면 후퇴한 국가임. 그러면서도 북한은 반세기 이상 남한에 대해 위협적이었으며 이제 핵무기까지 앞세우고 있음. 지난해 북한은 경제난과 김정일의 건강 이상에 따라 3남인 김정은에게 권력을 세습하는 봉건시대적 행태를 보여주고 있음. 이 과정에서 북한정권은 남한을 향해 천안함 폭침과 연평도 주민에 대하여 폭격을 하여 젊은 세대들로 하여금 북한정권의 잔인성을 재인식하게 하여 안보의 중요성에 눈을 뜨면서 통일의 열망과 의지를 약화시키고 있음. 그러나 북한은 '세습·핵·빈곤·폐쇄'를 고수하는 한 체제유지가 어려운 국면으로 빠져들어 가고 있어 이에 대한 대비가 시급한 현실임(박명림. 2011).

○ 지금까지의 통일 필요성의 논리로 제기되어온 '단일민족의 재결합(단일민족, 단일국가론)', 이산가족의 재결합 '남·북협력론(남·북상호보완주의)', '통일지상주의'로는 지금의 청소년들과 젊은이들에게 다가갈 수가 없음. 엄청난 비용과 혼란을 감수하면서까지 통일해야 하는 이유를 이들에게 위의 논리로 설득하는 데는 적지 않은 한계를 가지고 있음. 이들에게 국가 또는 민족 수준에서 구성된 통일 필요성 논리보다는 개인적·국제적 수준에서 통일에 대한 합리적·논리적·이성적 계산에 의한 접근이 더 효과적임을 보여주고 있음.

○ 이제 '왜 통일이 필요한가?'라는 문제를 달라진 통일 환경의 변화에 맞추어 새롭게 접근해야 할 시점임. 이 문제는 통일정책과 통일교육의 가장 근본적인 문제라고 할 수 있음.

○ 청소년을 대상으로 하는 통일교육의 경우, 지금까지 내세워진 당위적 차
원의 통일 필요성 강조와 '이산가족의 고통호소(또는 북한 주민의 삶 개
선)'와 같은 북한 주민에 대한 인도주의 차원에서 호소하는 정서적 논리
중심에서 벗어나 실리주의적이고 개인적인 관점에서 통일이 가져다줄 실
질적인 이익을 강조하는 논리를 개발하여 젊은 세대들의 설득의 주요한
기반으로 삼아야 함.
– 실질적인 통일 이득이 무엇인지, 통일이 되면 어떤 면에서 나에게 이익이
되는지 등과 같은 쉽게 느끼고 체감할 수 있는 이익을 제시해 줄 필요가
있음.
– 객관적 통일비용과 분단비용 산출, 체감할 수 있는 개개인의 통일 수혜 내용
제시 등을 통해 통일비용 문제에 대해서도 명쾌한 설명과 논리가 필요함.

2. 통일 패러다임의 전환: 분단관리에서 통일대비로

○ 최근 들어 북한의 심상치 않은 상황은 남·북 관계 및 통일 패러다임을 과
거 '분단관리' 중심에서 '통일대비'로 전환케 하고 있음.
– 통일교육은 변화하는 통일환경과 교육환경에 알맞게 통일 필요성의 논리
를 새롭게 가다듬어야 할 것임.

○ 김대중·노무현 정부는 통일이 장기적·단계적·점진적인 과정을 거쳐
이루어진다고 가정하면서 무엇보다도 중요한 것은 한반도의 평화 정착이
고, 이를 위해 남·북한 간의 화해와 협력의 선행을 강조함.
– 이 시각은 어떻게 분단을 평화적으로 관리할 것인가에 초점을 맞추는 '분
단관리' 통일 패러다임이라고 할 수 있음.

○ '분단관리' 패러다임 하에서 통일은 남·북 관계 하위에 있는 부차적인 문제가 될 수밖에 없었음.

- 대북 포용의 정책 기조 하에서 통일문제는 가급적 먼 미래의 일로 미루어 놓고 경제·사회분야에서 교류와 협력의 양적 확대를 남·북 관계 발전의 지표로 간주했음.

- 통일 환경의 변화에 따라 다양한 통일의 가능성을 검토하고 대응하는 정책적 유연성은 실종될 수밖에 없었음.

○ '분단관리' 패러다임 하에서는 통일교육의 내용도 모두 바뀌었음.

- 북한체제를 있는 그대로 존중하는 평화공존을 강조하고, 나아가서 체제 차이를 그대로 둔 채 현존 두 국가를 아우르는 상위의 통일국가를 만들자는 연방제 통일을 해설하는 내용으로 통일교육이 체계화되었음.

- 이러한 패러다임 하에서 체계화된 통일교육으로 국민의 대북 경계심은 약화되고 반인도적 주민 탄압도 묵인하는 대북인식을 가진 국민의 수가 점점 늘어났음.

○ 이명박 대통령은 2010년 제65주년 8·15경축사를 통해 '3대 공동체 통일 구상(평화 공동체, 경제 공동체, 민족 공동체)'을 공표하면서 기존의 현상 유지의 '분단관리'에서 미래지향적 '통일대비'로 패러다임의 전환을 요청했음.

- 통일대비로의 패러다임 전환에 대한 이 대통령의 메시지는 분단 상황의 관리를 넘어 평화통일을 달성하기 위해 세 측면에서 구체적인 통일정책의 방향과 전략 수립의 필요성을 제기했음.

○ 첫째, 남·북 관계와 통일정책의 새로운 패러다임으로의 전환임.

- 이 대통령은 경축사에서 "지금 남·북 관계는 새로운 패러다임을 요구하고 있음. 분단 상황의 관리를 넘어 평화통일을 목표로 삼아야 한다."라고

언급했음.
- 이는 급변하는 통일 환경에도 불구하고 기존의 분단관리 패러다임에서 벗어나지 못하고 있다는 문제 인식을 반영한 것이라고 볼 수 있음(최진욱, 2010.1).

○ 둘째, 통일을 대비한 현실적 방안 준비의 필요성임.
- 통일은 반드시 다가올 미래이기 때문에 통일을 준비해야 하고, 더 나아가 통일 준비 여하가 통일의 방향과 국가의 미래를 좌우할 수 있기 때문에 통일에 대비한 인적·물적·정책적 역량을 강화할 필요가 있다는 것임(통일부, 2010.1).

○ 셋째, 통일문제에 대한 국민적 논의의 필요성임.
- 이는 국민적 수준에서의 통일담론의 활성화, 나아가 통일문제의 공론화를 의미하며, 현시점을 통일미래 및 이의 준비에 대해 본격적으로 논의할 시점으로 인식하고 있음.
- 민족 공동체로의 통일과정은 많은 노력과 비용을 필요로 하기 때문에 그 준비가 빠를수록 통일비용을 줄이는 효과를 가져올 수 있다는 취지임.

○ 통일이 지금 당장의 문제가 아니라면 이를 위한 준비와 대비가 필요하며, 그 출발점은 통일 필요성과 그 논리를 새롭게 가다듬는 일임.
- 현시기가 통일 패러다임의 전환기라는 점에서 통일 필요성 논리 역시 새로운 논리로 보완되어야 할 것임.
- 왜 통일이 필요한가에 대해서도 국민이 보다 분명하게 인식할 수 있도록 해야 할 것임.

3. 통일 필요성 논리와 개발 방향

가. 왜 통일이 필요한가?

○ 21세기 대한민국의 비전: 선진화와 통일
- 21세기 대한민국은 20세기에 달성한 경제성장과 민주화의 성과를 바탕으로 '선진화'와 '통일'을 이루어야 하는 과제에 직면해 있음(박세일, 2011).
- 21세기 한국에게 통일이 더욱 중요하게 다가오는 이유는 통일 없이 선진화를 이루기가 어렵다는 점 때문일 것임.
- 세계의 선진국들의 국토 및 인구 규모, 사회적·정치적 통합, 경제적 역량 등을 보면 분단 한국이 선진화를 이루기는 버거운 과제임이 더욱 분명하게 드러나기 때문임.
- 통일 한국은 분단 한국의 선진화를 제약하는 근본적인 요인들이 상쇄 또는 소멸된다는 것을 의미하며, 더욱이 남·북한이 가진 역량의 상호보완적 효과를 고려하면 통일 이후 선진화의 가능성은 훨씬 높아짐.
- 통일은 대한민국 선진화를 위한 근본 조건임. 따라서 21세기 대한민국의 비전은 통일 한국에서 찾아야 할 것임.

○ 분단 폐해의 인식
- 일상화된 분단구조에 함몰된 나머지 분단 자체를 당연시하고 그로 인해 통일의 필요성에 대한 자각과 인식도 점점 약화되고 있는 것이 오늘 우리의 현실임.
- 남·북 분단이 초래한 해악의 심각성을 인식할 때, 그 폐해를 극복하고자 하는 탈분단에 대한 열망과 통일에 대한 새로운 비전을 품게 될 것임.
- 정부수립 이래 헤아리기조차 어려울 만큼의 막대한 천문학적 비용을 분단을 관리하는 데 쏟아 부어 왔으며, 통일이 되지 않는다면 우리는 영원히 그 비용을 떠안고 살아가야 함.

○ 경제적 차원에 국한되지 않는 광범위한 분단비용
- 분단비용은 단순히 경제적 비용으로 국한되지 않는다는 점에서 더욱 심각함.
- 분단으로 인한 사회·정치적 갈등은 한국 사회와 정치를 두 동강 내기도 하고, 분단으로 인한 군사적 대결은 꽃다운 우리 젊은이들의 목숨을 앗아 가고, 북한의 기습적인 무력도발은 국민을 공포에 떨게 함.
- 이러한 분단비용들은 경제적으로 산출될 수 없는 분단비용들이며, 통일이 되지 않을 경우 이러한 환산하기 어려운 비용들이 끊임없이 지출되어야 하는 것은 불가피함.

○ 북한의 군사적 도발 해소
- 통일이 엄중한 과제로 임박했음을 보여주는 일련의 사건들이 1990년대 후 반부터 최근까지 지속적으로 발생하고 있음(1999년 제1연평해전, 2002년 제2연평해전, 2009년 대청해전).
- 2010년 3월 '천안함 사건'과 2010년 11월 '연평도 포격 사건'은 그동안 불 안하게 유지되어 오던 분단체제가 얼마나 위중한 국가적·국민적 문제인 지를 보여준 충격적인 사건이었음.
- 이러한 일련의 군사적 도발들을 통해서 볼 때, 통일은 분단으로 인한 희생 을 근원적으로 없애기 위해, 북한의 대남도발에 전전긍긍하면서 한반도 위기조성에 휘둘리지 않기 위해, 그리고 분단체제는 항상 민간인들에 대 한 위협을 전제로 하고 있으며, 전쟁의 위협으로부터 근원적으로 벗어나 는 통일의 길은 대안 없는 선택이라는 점에서 중요한 시사점을 제공하고 있음.

○ 북한의 실패한 비정상적 국가체제의 정상화와 북한 주민의 빈곤과 기아로 부터의 해방
- 실패한 사회주의를 근간으로 하는 북한 수령체제는 지구상에서 가장 전근 대적인 정치체제를 지속하기 위해 안간힘을 다하고 있으며, 3대 세습체제

를 구축하기 위해 북한은 모든 역량을 집중하고 있음.

- 북한과 같은 비정상적인 체제를 용인하고 유지하도록 도와주는 것은 북한 주민의 희생을 눈감아 주는 것과 다를 바 없음.

- 선량한 북한 주민의 희생을 막기 위해서, 그리고 북한의 실패한 비정상적 국가체제를 정상화시키기 위해서 한국의 주도로 통일을 이룩해야 함.

나. 왜 통일 필요성 '논리'인가

○ 통일 필요성은 통일정책을 추진할 수 있는 근거이자 추동력임.

- 절실한 통일 필요성에 대한 국민적 인식 없이 통일의 달성은 어렵고 통일 정책 추진도 형식적 수준을 넘어서기 어려울 것임.

- 통일에 대한 국민적 동의와 지지를 바탕으로 통일 역량을 꾸준히 함양하는 가운데 통일정책이 추진될 때, 통일은 단순한 이상이나 레토릭이 아니라 실현 가능한 현실적 목표가 될 수 있음.

○ 통일교육이 우리 국민의 통일에 대한 관심과 의지를 확립·증진시키지 못한다면, 이러한 통일교육의 주안점들은 교육적 가치로서 의미를 갖기 어렵게 될 것임.

- 통일교육 목표를 달성하기 위한 통일교육의 첫 번째 주안점은 무엇보다도 '통일문제에 대한 관심 제고와 통일의지 확립(통일부 통일교육원, 2010)' 이며, 통일 필요성 논리가 통일교육의 출발점이라고 할 수 있음.

○ 요즈음 대부분의 국민에게 통일은 '오늘의 문제'도 아니고, '나의 문제'도 아니며, '꿈에도 소원은 통일'이란 말은 단순한 노랫말일 뿐 현실적 절박함으로 다가가지 못하고 있고, 그저 통일은 먼 미래 언젠가의 일에 불과하다는 것이 일반적인 인식임(조동호, 2010).

- 통일 필요성에 대한 국민적 인식이 날이 갈수록 약화된다는 것은 한편으

로는 통일의 실현 가능성이 희박하다는 인식이며, 특히 청소년들의 통일
의식 약화는 더욱 우려해야 하는 수준이 되고 있으며, 청소년들의 통일의
식의 약화는 이제 그리 특별하지 않은 일반적인 현상으로 받아들여지고
있음.

다. 새로운 통일 필요성 논리의 구성 방향

○ 통일 필요성의 논리는 기존의 국가적 차원에 그치지 않고 개인적·국가
적·국제적 차원 등 다차원적 측면에서 논리를 구성해야 할 것임. 즉 개인
적 수준, 남·북한 국가 차원, 동북아 지역 차원, 국제적 차원 등 다차원적
관점에서 종합적으로 접근해야 함.

○ 이러한 다차원적 관점에서 접근해야 한다는 전제 하에 새로운 통일 필요
성 논리 구성의 방향은 기존 논리의 유용성은 살리고 한계는 보완하는 방
향이 되어야 함(엄상윤, 2010.4).
- 기존의 국가적 차원에서 제시되었던 당위적·인도적 측면의 논리적 근거
들을 활용하면서, 상대적으로 중요한 근거로 대두하고 있는 개인적 차원
의 실리적 측면을 바탕으로 논리적 근거들을 보완해 나가야 할 것임.
- 여기에 덧붙여, 통일 논리의 확산이라는 관점에서 개인에게 어떤 이익을
제공할 수 있는지에 대한 설명도 중요할 것임.
- 통일이 국민 개개인의 이익과 직결된다는 인식 없이 우리 사회와 국가에
이득이 된다는 논리로는 국민적 공감을 끌어낼 수는 있을지 모르지만, 적
극적인 통일 의지와 통일을 위한 참여까지 이끌어 내는 데는 한계를 보일
수 있음.
- 통일은 곧 '나의 이익'이라는 인식이 확고하게 자리 잡을 때, 그리고 통일
편익이 개인적 편익으로 쉽게 환원될 수 있을 때 통일 관련 참여의지가 확
산될 것임.

○ 실리적 차원의 논리는 개개인이 체감할 수 있는 구체화된 논리로 구성되어야 함.

- 그동안 통일이 가져다줄 이득에 대해서는 국가 경쟁력 강화나 개인의 삶의 질 향상이라는 막연하고 추상적인 수준에서 제시되어 왔음.

- 개인에게 실리적 차원에서 통일 필요성을 가장 실감할 수 있는 것은 역시 통일의 경제적 효과라고 할 수 있음.

- 통일의 경제적 효과는 거시 경제적 측면에서뿐만 아니라 미시 경제적 효과로 확산될 수 있으며, 더 나아가서는 국민 개개인에게 다양한 경제적 기회들을 제공할 수 있음.

○ 통일의 실리적 효과에 대한 객관적 정보 및 자료 제공을 통해 설득력을 높일 필요가 있음.

- 통일은 나와 국가 모두에게 실질적이고 직접적 이익이 된다는 점이 강조되어야 함.

- 물론 통일에 따르는 단기적 부담과 장기적 이익을 객관적이고 균형 있게 설명하는 것도 반드시 필요함.

- 다시 말하면, 통일을 위해 감수해야 하는 비용과 고통이 단순히 북한 주민에게 시혜를 베푸는 데 그치는 것이 아니라 그러한 비용과 고통을 감수하는 사람들, 특히 우리 국민 개개인에게도 실질적이고도 직접적인 이익을 가져다줄 것이라는 점이 강조되어야 함.

- 그에 따라 분단의 구조적 제약 해소가 일차적으로는 나 자신의 이익에 부합되기 때문에 통일비용과 고통을 감수할 만한 가치가 충분하다는 점이 제시되어야 함.

- 청소년들은 장차 통일을 주도하고 그 비용과 고통을 부담해야 할 세대임.

- 최근 통일비용 문제가 통일정책의 핫이슈가 되고 있는 상황에서 통일은 그 누구를 위해서가 아니라 나 자신의 이익을 위해서, 내가 혹은 우리가 보다 더 잘 살기 위해서 불가피하다는 인식을 크게 제고시켜 주어야 함.

4. 통일 필요성에 대한 새로운 논리

가. 분단비용보다 저렴한 통일비용

1) 통일비용에 대한 올바른 이해와 인식

○ 새로운 통일국가 건설에서 당연히 경제적 비용만이 아니라 사회적 비용 등이 필요하며, 이 비용은 소모적 비용이 아니라 미래 통일 한국의 기반을 튼튼히 하는 '생산비용'임.

○ 통일비용은 세계 최악의 인권 상황과 빈곤에 허덕이는 북한동포들을 구출 하여 새로운 생명을 불어넣을 수 있는 '생명비용'임.

○ 회생불능의 북한을 회복시키기 위한 유일한 방책은 통일밖에 없으며, 북 한의 경제회생을 위해 소요되는 통일비용은 무너진 북한경제를 회생시키 는 '재건비용'임.

○ 통일 이후 남·북한은 각각이 보유한 자원의 연계 및 결합을 통해 시너지 효과를 창출해야 하며, 이를 위한 통일비용은 북한의 생산시설을 재건하 고 북한 경제를 개발하는 '투자비용'임.

2) 통일에 따른 비용과 편익의 총체적 이해

○ 통일은 비용만 수반하는 것이 아니라 그에 따른 편익도 발생시키며, 통일 편익이 통일비용보다 훨씬 더 크며, 경제적 편익만이 아니라 수치로 환산 할 수 없는 비경제적 편익들을 창출함.

○ 경제적 측면에서 통일은 분단비용 해소, 남·북 경제 통합으로 인한 규모

의 경제 실현, 산업 및 생산요소의 보완성 증대 등과 같은 편익을 가져옴.
- 비경제적 측면에서 통일은 이산가족 문제 해결, 국제사회에서의 국가 위상 제고, 전쟁 위협의 해소 등과 같은 편익을 창출함.

3) 통일비용보다 큰 분단비용
○ 통일로 분단이 해소되기 때문에 분단비용 해소라는 천문학적 통일편익을 발생시키며, 분단비용이 통일비용보다 큼.
- 분단비용은 분단이 지속되는 한 장기간 지속적으로 발생하는 비용인 반면, 통일비용은 남·북한 통일 이후 단기간 한시적으로 발생하는 비용.

○ 통일을 주도하고 그 비용과 고통을 크게 부담해야 할 국민에게 통일은 그 누구를 위해서가 아니라 나 자신의 이익을 위해서, 내가 혹은 우리가 보다 더 잘 살기 위해서 불가피하다는 점을 주지시킬 필요가 있음.
- 분단의 구조적 제약 해소는 일차적으로는 나 자신의 이익과 크게 부합·직결되기 때문에 통일비용과 고통을 감수할 만한 가치가 충분(엄상윤, 2010)하다는 인식이 필요함.

4) 통일비용 완화를 위한 통일대비의 중요성
○ 기존의 통일비용에 대한 잘못된 인식은 통일 독일의 통일비용 산출 방식과 사례를 남·북한 통일에 기계적으로 단순 적용한 데 따른 결과임.
- 통일비용은 통일방식과 통합 수준 및 방식 등에 따라 다르게 산출될 수 있기 때문에 통일 독일의 통일비용 사례를 단순 적용하는 것은 문제임.

○ 독일은 통일 준비 없이 통일을 맞이하여 초기에는 통일비용과 사회통합 문제로 적지 않은 어려움을 겪음.
- 통일 한국 이후 불필요한 통일비용을 최소화하기 위해서는 사전에 이에 관한 충분한 연구와 논의를 통해 국민적 합의를 도출할 수 있도록 준비하

고 대비하는 노력이 중요함.

나. 정치 외교적 의의

○ 분단으로 인한 남·북한의 공존은 무한경쟁의 글로벌 시대에 적지 않은
제약요인으로 작용함.

− 불필요한 외교적 경쟁, 한반도와 동북아의 불안한 정세는 세계평화를 저
해하는 주요한 변수임.

− 국민이 쉽게 체감하지는 못하지만 무엇보다도 중요한 것이 통일의 정치
외교적 효과임.

1) 통일 한국, 제2의 국가 건설

○ 건국 당시 세계 최빈국의 하나였던 한국은 반세기 동안 7번의 경제 개발
5개년 계획을 성공적으로 완수하여 경제규모에서 세계 12위를 차지하는
경제성진국으로 성장했고, 세계 8위의 군사력을 갖추고 아시아 국가 중
최고 수준의 민주주의를 정착시켰으며, 원조를 받던 나라에서 원조를 주
는 나라, 국제질서에 종속되었던 약소국에서 국제질서의 관리국 G-20의
주도국의 하나로 약진하고 있음(통일교육위원협의회, 2010. 58).

− 통일은 우리의 기존 성장엔진에 또 다른 새로운 엔진을 장착하는 것과 같음.

○ 제2의 국가건설로 이룩한 통일 한국은 통일 위업을 달성한 새로운 국가로
서 우리 국민에게 무한한 긍지와 자부심을 느끼게 할 것임.

− 상상만 해 오던 통일 한국의 건설은 남·북한 주민의 기대와 열망, 비전을
하나로 모은 진정한 민족공동체로 거듭나면서 선진국으로의 도약을 위한
힘찬 출발을 하게 될 것임.

− 이처럼 통일은 분단국의 통합이라는 단순한 의미를 넘어 제2의 국가건설
로서, 새로운 통일국가의 탄생이라는 의미 부여를 통해 통일에 대한 필요

성과 비전을 형성할 수 있도록 하는 역할을 할 수 있을 것임.

2) 베세토(BESETO) 벨트의 중심 국가
○ 베세토(BESETO) 벨트에서 중요한 것은 우리나라가 차지하는 지정학적 위
  치로, 동북아를 넘어 아시아의 두 경제 대국인 중국과 일본을 연결하는
  HUB(중심축)에 위치하고 있음.
- 중국, 일본을 연결할 수 있는 물류기지 및 사회간접자본 확충을 통해 중심
  지의 역할을 수행할 수 있는 공간이 되고, 나아가 유럽과 북·미를 연결할
  수 있는 교통로의 개발로 그 역할을 증대시킬 수 있음.

○ 최근에 눈부신 성장을 하는 중국과 경제 강국 일본 사이에 놓여 있다고 해
  서 '샌드위치 코리아'라는 이야기를 하기도 함.
- 샌드위치는 빵도 중요하지만 내용물(우리나라)이 우수할 때 더욱 맛이 있음.
- 그것은 바로 동북아시아의 중심국가로서 통일 한국의 위상을 제고시킬 수
  있게 됨을 의미함.

3) 북한 빈곤과 인권 개선을 통한 북한동포의 포용
○ 국제사회에서 북한은 인권지수가 가장 낮은 국가 중의 하나로 알려졌음.
- 정치범에 대한 무자비한 처분은 전근대적 국가폭력의 사례로 평가되고 있음.
- 북한 주민이 처한 빈곤 문제도 인간의 기본적 욕구 충족이라는 점에서 보
  면 인도주의의 문제로서 인권의 한 범주에 포함됨.

○ 북한의 빈곤과 인권 개선을 위한 가장 빠른 방법은 통일임.
- 통일은 정치적으로 북한 주민을 자유민주주의 체제로 편입시키는 효과를 가
  져오기 때문에 통일과 함께 북한 주민의 빈곤과 인권은 크게 개선될 수 있음.
- 북한 주민은 통일을 통해 인간으로서 인간다운 삶을 살 수 있는 기본적인
  권리를 얻게 됨.

- 기아에 허덕이다 아사에 이르는 가여운 북한 주민을 포용하는 길이 바로 통일임.
- 우리 청소년들은 인권을 보장받고 사람다운 삶을 살 수 있는 권리를 얻은 북한의 청소년들과 스스럼없이 어울릴 수 있게 될 것임.

4) 국제무대에서 활동 기회의 확대
○ 국제무대에서 남·북한은 UN 동시 가입을 계기로 독립적인 주권국가로 인정받고 있음.
- 그에 따라 남·북한의 외교 관계는 별도로 이루어지고 있으며, 그만큼 국제무대 활동의 기회를 제약받고 있음. 또한 북한이 테러지원 국가로 인식되면서 한국인에 대한 외국인들의 인식도 이중적으로 나타날 수 있음.

○ 통일은 우리 국민에 대한 외국인들의 이중적 인식을 일소하고 국제무대에서 활동할 수 있는 기회를 크게 확대할 것임.
- 독일은 통일 후 UN 안전보장이사회의 상임이사국 자리를 공개적으로 주장하고 있으며, 전 세계에 당당하게 군대를 파견하고, 유럽 통합의 기관차 역할을 자임하고 있음.
- 통일 한국은 동북아 주변국과의 협력과 우호에 앞장섬으로써 동북아 평화체제 구축에 크게 기여할 것임. 통일 한국은 비핵국가를 지향하고 국제사회의 다문화 중심지로서 타 인종과 문화를 존중하고 포용하는 국가가 될 것임.

5) 한·일 및 한·중 민족주의 갈등에 보다 총체적으로 대응
○ 세계화 시대에 민족주의는 어울리지 않지만, 동북아 현실에서 한·중·일 3국의 민족주의는 여전히 꺾일 줄 모르는 기세를 보이고 있음.
- 한류의 세계적 확산을 시기하는 일본과 중국 네티즌들의 한류스타 비하는 비일비재한 현상임.

- 무엇보다도 문제인 것은 동북아의 역사와 영토를 둘러싼 민족주의적 갈등이 고조되는 경우임.

○ 통일이 된다면, 중국과의 역사 갈등의 경우 북한이 소장하고 있는 사료나 유물, 유적 등을 체계적으로 조사하여 과거 고구려의 역사가 우리의 역사라는 것을 보다 분명하게 제시함으로써 중국의 '동북공정'과 같은 불온한 계획에 대응할 수 있고, 일본과의 역사 및 독도 분쟁의 경우에도 한층 힘을 얻게 될 것임.
- 통일은 동북아 지역에서의 민족주의적 충돌에 대처할 수 있는 보다 큰 힘을 얻게 될 것임.

다. 경제적 편익

○ 통일 필요성 논리에서 가장 강조되는 편익이 경제적 편익임.
- 이는 아마도 통일로 인한 가장 직접적이며 가시적인 편익이라는 점에서 상당한 공감을 불러일으킬 수 있기 때문일 것임.
- 통일에 따른 경제적 편익은 가시적 편익뿐만 아니라 잠재적 편익까지 포함하면 말과 글로 표현할 수 없을 만큼 많을 것임.

1) 대륙과 해양을 연결하는 유리한 지경학적 국토
○ 통일이 되면 우리나라는 반도국이 가질 수 있는 장점을 극대화할 수 있는 곳임.
- 북쪽으로는 대륙(시베리아, 러시아, 유럽까지), 남쪽으로는 태평양을 누빌 수 있는 곳에 한반도가 자리 잡고 있음.

○ 통일은 우리의 활동 무대를 한반도 전역으로 넓히고, 나아가 유라시아 대륙과 태평양을 연결함으로써 막대한 경제적 이익을 취할 수 있게 함.

- 한반도는 해양과 대륙으로 진출할 수 있는 요충지에 자리 잡고 있지만, 분단으로 인해 거대한 유라시아 대륙으로 나아갈 수 있는 진로가 막혀 있는 상황임.
- 통일을 이룬다면 우리 민족은 태평양, 중국, 시베리아, 유럽으로 이어지는 세계 경제의 중심지 역할을 할 수 있음.

2) 국민 개개인의 소득증대에 기여
○ 골드만삭스의 전망처럼 통일 한국의 전체 GDP 규모가 커진다는 것은 일반 국민의 1인당 GDP의 상승으로 나타나게 될 것임.
- 통일세대가 될 현재의 청소년들은 통일로 개인소득이 크게 증대됨으로써 선진국에서 평화롭고 여유 있는 삶을 살 수 있음.
- 현재의 다른 선진국들 못지않게 높은 삶의 질을 누리면서 살 수 있게 될 것임.

○ 한국이 분단 이후에도 많은 발전을 이루었지만, 아직 선진국으로 진입하지는 못한 상황임.
- 중진국의 문턱을 넘어 선진국으로 진입할 수 있는가는 바로 통일이 지렛대임.
- 통일로 국민소득이 증대되고 경제적 잠재력을 상승시켜 이를 발현할 수 있다면 우리 국민은 선진국인 통일 한국에서 보다 높은 삶의 질과 문화를 영위하면서 살아갈 수 있을 것임.

3) 취업 기회의 확대
○ 통일은 다양한 측면에서 새로운 일자리를 창출할 것으로 기대됨.
- 아직 미개발 지역인 북한 개발을 위해 상당한 인력 수요가 있을 것임.
- 통일로 대륙과 직접 연결되기 때문에 외국 취업 기회도 훨씬 넓게 열리게 될 것임.

- 한국어와 한글 사용지역의 광역화되어 언어의 장벽을 뛰어넘는 경제활동 지역이 확대됨.

○ 통일 이후 북한을 남한과 비슷한 상태로 만들기 위해서는 많은 기간시설 이 필요함.
- 고속도로나 철도와 같은 시설을 확충하는 것 외에도 공단 조성, 도시계획 등 각종 개발과 그에 다른 시설이 필요함.
- 이를 위해서는 북한의 노동력뿐만 아니라 남한의 작업 시스템에 적응된 인력이 더더욱 필요함.
- 결국 통일은 남한 사회에서 심각한 문제로 대두되는 실업문제를 해결할 수 있을 것임.
- 통일은 우리 청소년들의 미래 취업문제를 해소할 수 있는 중요한 통로가 될 것임.

4) 농산물 가격의 폭락과 폭등 문제의 해소
○ 기상이변에 따른 농산물 피해 및 과잉생산에 따른 걱정이 해소될 수 있음.
- 농산물이 과잉 생산됨으로써 가격 폭락이나 폐기처분으로 인해 농민들이 어려움을 겪게 됨.
- 통일이 된다면 북한이라는 새로운 지역이 편입됨으로써 비교적 농산물 가격이 안정될 수 있을 것이고, 과잉생산으로 인한 걱정거리를 덜게 될 것임.
- 통일은 이처럼 농산물 가격의 폭등과 폭락으로 인해 농촌과 도시 지역 청소년 부모들의 걱정과 시름을 덜어 줄 수 있는 방안이 될 수 있을 것임.

5) '코리아 디스카운트'에서 '코리아 프리미엄'으로의 한국 경제의 위상 변화
○ 남·북 분단 상황에서 호전적 북한정권의 존재라는 지정학적 리스크가 '코리아 디스카운트'로 연결되는 측면이 크다고 할 수 있음.
- 분단 현실에서 한반도의 지정학적 리스크는 어쩔 수 없이 감내해야 하는

변수임.

○ 군사적 대결과 충돌이 빈번한 분단국은 안정적인 투자처로서의 매력이 떨어질 수밖에 없음.
- 통일은 한국에 대한 국제적인 인식을 바꾸고 대한민국의 국격을 높이며 국가 브랜드 가치도 높일 수 있음.
- 통일은 불안한 국가 이미지를 없앰으로써 '코리아 디스카운트'를 해소하고 국가신용 등급과 국가 브랜드 가치를 높임으로써 '코리아 프리미엄'이라는 새로운 가치가 떠오를 것임.

○ 국가신용등급의 상승은 외국인들의 국내투자를 증가시켜 한국 경제를 호황으로 이끌 것임.
- 국가 브랜드 가치의 상승도 제값을 받고 세계시장에서 우리의 제품을 팔수 있게 됨으로써 지금보다 더 많은 이익을 얻을 수 있음.
- 이러한 효과는 국가 전체 경제에도 긍정적이지만, 국민 개개인에게도 소득증대와 삶의 질 향상이라는 긍정적 효과를 미치게 될 것임.

라. 안보적 이득

○ 안보적 측면에서 통일은 대한민국에 대한 엄청난 군사적 위협과 테러가 사라지는 것을 의미함.
- 직접적인 남·북한 군사적 충돌뿐만 아니라 북한의 무리한 핵개발이나 장거리 미사일 개발로 인한 위협은 한반도를 넘어 동북아와 세계를 위협하는 도발로 간주되고 있음.
- 통일은 북한의 군사적 도발과 대남테러를 원천적으로 소멸시킬 수 있는 방안이며, 군사적 충돌과 테러 없는 안전한 세상은 바로 통일을 통해서 이룰 수 있음.

1) 의무병제 폐지

○ 현행 군인 충원제도는 건강한 남성이면 누구나 군대에 입대하도록 하는 의무병제도임.

- 의무병제가 폐지되면 원하는 사람만 군대에 가게 될 것이고, 군대에서 2년여 동안 국방의 의무를 지는 대한민국의 건강한 남성들은 학업에 충실하거나 사회생활을 하게 됨으로써 막대한 인력을 국가와 사회발전을 위한 동력으로 활용할 수 있게 됨.

○ 통일로 인한 군사편제의 개편은 특히 젊은 청소년들에게는 중요한 의미를 갖는다고 할 것임.

- 군 복무는 대한민국 국민으로서의 의무이자 우리 국민이 안락하고 평화로운 일상생활을 보장함.

- 통일은 그 자체로서 안락하고 평화로운 일상을 보장해 주기 때문에 국방의 의무 자체가 사라지게 될 것이며, 그만큼 새로운 사회발전의 동력이 증강되는 결과를 가져오게 됨.

2) 전쟁 공포의 근원적 해소

○ 북한은 분단 이후 2010년 3월 천안함 사건과 11월 연평도 포격에 이르기까지 끊임없이 무력도발을 일삼아 왔음.

- 천안함 폭침 사건으로 우리 해군 병사 46명이 사망했으며, 구조 과정에서 1명이 사망했음.

- 연평도 포격 사건으로 해병대원 2명이 전사하고 민간인 2명이 사망했으며, 민간인 3명과 해병대원 16명이 중경상을 입었음.

○ 북한의 무력도발은 냉전과 탈냉전 구분 없이 남·북 관계 호전과 경색에 상관없이 지속적으로 이루어져 왔음. 이러한 북한의 도발로 인해 우리 사회는 일순간 전쟁공포에 휩싸였던 수차례의 경험을 갖고 있음.

- 남·북한 간 전면전은 승패 여부를 떠나 우리 민족, 우리 국민에게는 재앙이나 다름없을 것임.
- 통일을 이룸으로써 우리는 안보 대상이 북한에서 다른 외부의 적으로 전환될 것이고, 직접적인 전쟁의 위협 없이 평화로운 삶을 영위할 수 있게 될 것임.
- 이것은 국가적 차원에서 보면 안보적 이익이지만, 국민 개개인의 입장에서 보면 전쟁의 불안과 공포로부터 진정으로 해방됨으로써 삶의 질을 높일 수 있는 최선의 방안임.

3) 국방예산 절감에 따른 교육·복지예산 확대
○ 세계화된 경쟁으로 인해 갈수록 삶이 각박해지고 빈부의 격차가 확대되고 있음.
- 세계화된 경쟁체제에서 살아남기 위해 교육은 미래를 위한 투자로 인식되고 있으며, 막대한 사교육비를 쓰고 있는 것이 오늘의 현실임.
- 다른 한편으로 이러한 경쟁에서 낙오한 열패자들이 계속 늘어나면서 노숙자들도 크게 증가하고 있음.

○ 통일로 국방예산이 절감될 경우, 학교 교육의 질을 더욱 높임으로써 사교육에 대한 필요성과 부담을 줄일 수 있음.
- 사회적 열패자들을 사회적 안전망으로 보호할 수 있게 됨으로써 국민 전체적으로 보다 질 높은 삶을 영위할 수 있게 됨.

마. 사회문화적 통합

○ 독일 통일 이후 동서독 통합 부문에서 가장 비판적으로 지적되고 있는 분야 중의 하나가 사회문화적 부문이라고 할 수 있을 것임.
- 이념과 체제는 하나로 통합되었지만, 동서독 주민들 간의 '내적 통합'은

여전히 지난한 과제로 남아 있다는 것이 독일 통일 이후 통일의 문제점으로 자주 거론됨.

- 그럼에도 통일은 점점 더 이질화의 정도가 심화되는 남·북한의 사회문화를 동질화시키고, 또 새로운 글로벌 시대에 맞게 다양화시킬 수 있는 계기가 될 것임.

1) 남·북한 학문 융합을 통한 선진 학문역량의 구축과 인적 자산 보유
○ 16세까지 무상교육을 받은 북한 주민은 상대적으로 젊고 학력이 높은 점이 경쟁력으로, 이는 통일 후 한국의 강점으로 작용함.
- 남·북한의 교육은 통일 후 적절히 조정된다면 높은 시너지효과를 발휘할 수 있음.
- 과학 분야의 경우 북한은 응용과학에 비해 기초과학 분야를 중점적으로 교육해왔고, 우리의 경우는 응용과학이 기초과학에 비해 더 인기 있는 학문분야임.
- 통일은 한국 과학교육이 기초과학과 응용과학의 병행발전을 통해 균형을 이룸으로써 과학입국으로 발돋움할 수 있을 것임.

○ 통일 후 우리의 역사의식과 그에 대한 관심은 한층 배가될 것임.
- 간도, 만주, 발해 및 고구려 역사 등 우리의 역사를 보존하고 알게 하는 기회로 작용함.
- 한국 청소년이 그동안 방문할 수 없었던 북한 지역의 고구려와 고려 유적지를 통일 이후에는 교육 현장화하여 상시 방문할 수 있음.

○ 동서 냉전의 시대는 종결되었지만, 남·북한은 여전히 선진 학문을 배우는 창구로 서로 다른 지역에 초점을 맞추고 있음.
- 우리의 경우는 미국, 서유럽, 일본 등에 많은 유학생을 보내고 있는 반면, 북한은 러시아, 중국, 동유럽 등에서 공부한 고급인력들이 있음.

- 이러한 남·북한 각각의 선진학문 학습의 창가 통일이 되면 다변화되어 훨씬 수준 높은 학문을 학습하고 연구할 수 있는 여건을 조성할 수 있게 됨.

2) 남·북한과 해외동포가 결합된 '글로벌 통일 한국' 완성

○ 우리가 통일을 논의할 때 남·북한이 하나가 되는 것만 생각하지, 식민통치와 분단의 오랜 역사 속에서 이 땅을 등져야 했던 같은 민족의 애환과 고통을 함께 생각하는 데 익숙하지 못함.

- 통일 한국은 과거의 어떤 상태로의 회복이나 복귀가 아닌 민족의 새로운 출발이기 때문에 새롭게 민족을 형성하기 위해서는 새로운 민족공동체를 필요로 함.

- 여기에는 반드시 해외동포들이 포함되어야 하며, 따라서 통일은 남·북한 및 해외동포가 하나 되는 진정한 '글로벌 통일 한국'을 완성하는 일임.

○ 통일은 세계 각지에 흩어져 사는 한민족을 하나로 뭉치게 하는 중요한 계기가 될 것임.

- 세계적으로 응집력 있는 민족이 세계의 상권을 장악하고 있음. 유대인, 인도인, 화교 등이 표적인 사례임.

- 통일은 한민족이 세계 상권의 한 축을 담당하는 새로운 민족으로 거듭나게 할 것임.

- 이 역시 우리 청소년들에게는 중요한 기회로 작용할 것임. 세계를 무대로 자신의 꿈을 실현하고 지속적인 역량개발을 통해 세계 경제를 호령하는 CEO로 발전할 수 있게 될 것임.

3) 스포츠 강국 통일 한국

○ 분단 상황에서는 남·북한이 각각의 국가로 출전하여 세계와 경쟁하지만, 통일이 되었을 경우 경기력과 경쟁력이 높아져 훨씬 좋은 성적을 거둘 수 있음.

- 그동안 세계대회에 남·북한 단일팀으로 출전한 경우가 상대적으로 성적이 좋았던 점을 감안하면, 통일 후 한국 스포츠는 세계 스포츠 강국 대열에 진입하게 될 것임.

○ 한국은 2008년 베이징 올림픽에서 금메달 13개, 은메달 10개, 동메달 8개를 획득하여 종합순위에서 7위를 차지했음. 그러나 남·북이 통일되었다면 6위인 호주를 제치고 독일을 바짝 따라붙는 6위의 성적을 거둘 수 있었을 것임.

- 국가 단위로 경쟁하는 월드컵 축구에서도 현재보다 우위의 성적을 거둘 수 있음. 한국은 2002년 FIFA 월드컵에서 경이적인 성적인 세계 4강을 달성했지만, 2006년 독일 월드컵에서는 17위, 2010년 남아공 월드컵에서는 15위를 기록함(북한은 32위). 통일이 되었다면, 한국의 2002년 월드컵 4강의 성적은 항상 도전 가능하고 또 실현 가능한 목표가 될 수 있음.

○ 우리는 하계 올림픽(88 서울올림픽)과 여름철에 치러지는 월드컵 축구(2002)는 치렀지만 동계 올림픽이나 세계적인 동계스포츠 대회를 유치한 경험은 거의 없음.

- 통일 후 동계스포츠를 활성화하여 한국이 동북아 동계스포츠의 메카로 육성시켜 나갈 수 있으며, 이를 계기로 동계 스포츠의 새로운 강국으로 부상할 수 있음.

- 북한 지역의 기후를 적극 활용하여 스키, 스케이트 등 다양한 동계 스포츠를 청소년의 생활운동으로 활성화할 수도 있음.

4) 해외여행의 새로운 경로 개발

○ 해외여행은 비행기나 배를 이용하지 않고서는 불가함.

- 통일이 되면 자동차를 이용하여 북한을 통해 중국이나 러시아를 거쳐 중앙아시아 지역 및 유럽으로까지 여행할 수 있게 될 것임.

- 광대한 대륙을 횡단하는 열차나 지평선이 보이는 광활한 대륙에서의 자동차 여행은 그동안 상상할 수 없었던 여행코스임.

- 유럽으로의 여행이 막대한 항공료로 인해 쉽게 접근하기 어려웠지만, 육상을 이용할 경우, 상대적으로 저렴한 비용으로 유럽여행을 할 수 있는 경로가 만들어질 것임.

○ 해외여행은 청소년들의 세계를 보는 시야를 확장해 줄 수 있다는 점에서, 육로를 이용한 해외여행의 새로운 경로는 세계를 보는 청소년들의 시야 확장과 다양한 문화적 체험을 가능케 함으로써 청소년들의 정서와 안목을 키우는 데 기여할 것임.

5) 남남갈등과 이념 갈등의 근원적 해소

○ 민주화 이후 한국에서는 서서히 이념 갈등의 또 다른 명명이라고 할 수 있는 남남갈등이 새로운 갈등의 축으로 자리 잡기 시작했음.

- 과거 권위주의 시대에 이념 갈등은 겉으로 표출될 수 없는 일종의 성역이었다고 할 수 있지만, 민주화 이후 좌우, 보수와 진보 간의 이념 갈등은 일반적인 현상이 되고 있음.

- 여기에 대북 및 통일정책을 둘러싼 이념 갈등, 즉 남남갈등이 새로운 갈등의 축으로 부상했음.

○ 통일은 남남갈등을 해소할 뿐만 아니라 이념 갈등을 보다 건전한 차원에서 재정의하게 할 것임.

- 통일은 좌와 우, 보수와 진보를 모두 포용하는 새로운 이데올로기적 스펙

트럼을 구성하는 계기가 될 것임.
- 그것은 새의 양 날개처럼 상호 보완적으로 한국 사회와 정치의 발전을 이끌어 나가는 건설적인 이념논쟁으로 발전하게 될 것임.
- 더 나아가 인터넷 사이트에서 종종 볼 수 있는 이념과 정파에 기반한 극단적 상호비방 대신 정치와 사회의 건전한 발전을 위한 공론장으로 거듭나게 할 것임.

5. 결론에 대신하여

○ 통일 논의를 활성화하고 통일의식을 제고하기 위한 출발점은 통일의 필요성에 관해 진지하게 성찰하게 하는 데 있음.
- 이를 토대로 약화된 통일의식을 끌어올리고 통일의 의지와 역량을 배가하기 위한 총체적인 노력이 절실함.
- 그동안 제시된 통일의 필요성에 대한 논거들은 체계적이지 못했으며, 이를 뒷받침할 수 있는 구체적인 사례 발굴도 미진했다고 할 수 있음.
- 그 결과 통일의 필요성이나 당위성은 강조되었음에도 불구하고 추상적 관념적인 수준을 크게 벗어나지 못했던 것이 사실임.

○ 새로운 통일 필요성 논리의 개발은 기존의 논리 체계나 내용에 대한 무조건적 비판보다는 합리적 비판을 통한 수정과 보완을 통해 구축하는 방향으로 더욱 진전되어야 할 것임.
- 새로운 통일 필요성의 논리는 기존의 국가 중심의 접근에서 벗어나 개인적 차원, 국가적 차원, 그리고 국제적 차원을 망라하는 다차원적 접근을 지향해야 함. 즉 개인적 수준, 남·북한 차원, 동북아 지역 차원, 국제적 차원 등 다차원적 관점에서 종합적으로 접근해야 함.

○ 다만, 통일은 단순히 개인적 차원의 문제도 아니며 실용적 차원의 이익이
   나 편익의 문제만도 아니라는 점을 분명히 할 필요가 있음.

- 통일은 국가의 경쟁력을 높이는 전기가 될 수 있고 국민적 복지를 증진시
  킬 수 있다는 점을 동시에 강조해야 함.

- 당위적 차원이나 인도적 차원의 논리도 여전히 유효할 수 있으며, 새로운
  논리는 추상적이고 당위적인 명제에 국한된 것이 아니라 통일문제의 복합
  성과 중층성에 기초한 것이 되어야 함.

- 요컨대 국민의 통일의식을 제고하기 위해서는 통일이 개인적 이익뿐만 아
  니라 국가와 민족, 나아가 동북아 및 세계적 수준에서 긍정적 결과를 수반
  한다는 가능성을 구체적인 사례를 바탕으로 보여줄 수 있어야 함.

북한 정치경제 체제의 본질과
남 · 북교류협력사업 방향

김동성(경기개발연구원 통일동북아연구센터 선임연구위원)

한국은 2000년 6월 남·북 정상회담을 계기로 북한과의 교류협력사업을 본격적으로 전개하였으나, 북한 변화에 있어 의미 있는 성과를 거두지 못하였다.

한국의 남·북교류협력사업은 이제 북한 정치경제 체제의 본질을 정확히 이해하는 것으로부터 새로이 출발해야 한다.

북한 정치경제 체제의 핵심적 근간은 '정치와 경제', 그리고 '국가와 사회'의 결합으로서 시장과 가격 메커니즘의 부재, 효율성과 비효율성의 판단 기준 부재, 예산제약 기능 미흡, 국가의 과도한 할당, 원자재 공급의 절대 부족, 정보의 은폐·독점·왜곡 등으로 인해 모든 것이 항상 부족하고 결여될 수밖에 없는 '부족의 경제'이자 공모와 담합, 그리고 사적연계구조에 의존하는 '배급과 협상의 경제'이다.

북한의 정치경제 체제는 본질적으로 비효율과 부패의 경제를 야기할 수밖에 없다. 따라서 현재의 체제가 유지되는 한, 외부의 지원이 투입되더라도 북한 경제의 회생과 성장은 기대할 수 없다. 북한 정치경제 체제의 전면적인 전환 없이는 남·북교류협력사업의 성과도 미미할 수밖에 없다.

향후의 남·북교류협력사업은 북한 경제의 복구와 성장 지원이라는 요원하면서도 비현실적인 목표 대신, 북한의 체제 전환을 유도 및 촉진하는 한편 남·북통합 및 통일한국의 기반을 조성하는 방향으로 전개되어야 할 것이다.

2011-03-11

⠿ 1. 문제 제기

가. 남·북교류협력사업의 성과 한계 노정

○ 한국은 2000년 6월 남·북 정상회담을 계기로 북한과의 교류협력사업을 본격적으로 전개하였으나, 북한을 변화시킴에 있어 의미 있는 성과를 거두지 못하였음.

- 포용정책에 기초를 둔 한국의 남·북교류협력사업은 정부 차원에서는 금강산 관광 개시, 개성공단 운영, 경의선·동해선 남·북 개통, 인도적 지원 등을 전개하였으며 지자체, 민간단체, 기업 등은 인도적 지원, 지역개발협력, 북한 내 투자 및 남·북교역을 전개하였음.[1]

- 북한의 개혁·개방은 이루어지지 않았으며 북한의 경제는 여전히 중국과 국제기구 등 외부의 지원 없이는 생존하기가 어려운 상태에 놓여 있음.

- 북한은 핵개발을 고수하면서 3대 세습을 진행하고 있고, 2010년 3월의 천안함 피습 침몰과 11월의 북한 해안포 연평도 포격에서 볼 수 있듯이 대남 호전성을 버리지 않고 있음.

나. 북한 체제의 본질에 대한 이해와 남·북교류협력사업 방향의 재설정

○ 한국의 남·북교류협력사업은 이제 북한 정치경제 체제의 본질을 정확히 이해하는 것으로부터 새로이 출발해야 함.

- 북한 정치경제 체제의 구조적 모순은 무엇인가? 1950년대와 60년대의 북한 경제성장과 1980년대 이후 북한의 쇠퇴는 어떻게 설명할 수 있는가? 북한의 개혁·개방은 과연 가능한가? 우리의 남·북교류협력사업은 어떤 방향

■
1) 한국은 2000년부터 2009년까지 10년간 인도적 지원으로 2조 8,313억 원(정부: 2조 746억 원, 민간: 7,567억 원)을 북한에 투입하였으며 남·북교역액은 101억 6,700만 달러에 이르고 있음(통일부 홈페이지 자료마당(통계자료), 2010년 11월 27일 검색).

으로 추진해야 하는가? 등이 본 글의 주요 관심사임.

○ 북한 체제의 본질에 대한 이해는 북한 체제에 있어 무엇이 가능하고 무엇
 이 불가능한지를 알려줌으로써 북한 체제의 변화 가능성과 한계를 파악하
 고 한국의 남·북교류협력사업 방향을 올바르게 수립하는 데에 필수적임.

○ 이에 따라 본 글은 북한 정치경제 체제의 본질에 대한 규명, 북한의 개혁·
 개방 가능성에 대한 전망, 그리고 한국의 새로운 남·북교류협력사업 방
 향에 대한 고찰을 주요 내용으로 구성함.

2. 북한 정치경제 체제의 본질

가. 경제에 대한 정치의 지배와 사회에 대한 국가의 지배

○ 북한 정치경제 체제의 핵심적 근간은 '정치와 경제', 그리고 '국가와 사회'
 의 무정형적 결합임('Fusion of State and Economy' and 'Fusion of State and
 Society').
– 북한은 공산주의 원칙에 따라 생산수단을 국가가 소유하고 국가가 경제활
 동의 모든 분야를 직접적으로 통제 및 관리하면서 물자와 서비스의 생산
 과 분배를 책임지는 체제임.
– 북한은 또한 김일성 – 김정일 – 김정은을 최고수뇌부로 하는 조선노동당
 만이 역사와 미래에 대한 유일한 해석권자임을 내세우면서 국가가 북한사
 회의 모든 영역을 통제하고 집단과 개인의 개별적인 이익과 견해 표출은
 주체사상과 당, 그리고 수령절대주의의 이름으로 억누르는 체제임.
– 북한의 경제는 정치화되어 있고, 정치는 탈정치화되어 있음(economy is politicized

and politics is de-politicized).

나. 부족(不足)의 경제

○ 북한의 경제는 국가의 통제와 관리 이외에는 별도의 '재화배분 시스템 (system of equity)'이 존재하지 않음. 즉, 자본주의 경제처럼 정치적 관여 로부터 탈피하여 중립적이고 독립적으로 작동하는 재화배분 시스템이 부 재함.

- 재화배분 시스템이 없는 경제는 재화배분 자체가 정치화될 수밖에 없음. 따라서 논리적으로는 재화를 원하는 집단 간의 끊임없는 갈등과 분쟁 그 리고 이에 따른 총체적 혼란으로 이어지거나, 또는 재화배분에 따른 분쟁 과 혼란을 막고 안정을 유지하기 위해 필연적으로 억압적이고 독재적인 배분기구를 필요로 할 수밖에 없음.

- 재화배분 시스템이 부재하더라도 경제가 성장하고 재화가 풍부하다면 분 쟁과 혼란은 줄어들 수 있고, 배분기구의 억압성과 독재성도 일부 감소할 수 있음.

○ 북한의 경제는 그 본질과 속성상 기본적으로 모든 것이 항상 부족하고 결 여될 수밖에 없는 '부족의 경제(the Economy of Shortage)'임.

- 북한 경제가 '부족의 자기순환적 악순환(self-generating vicious circle of shortage)' 을 특성으로 하는 '부족의 경제'일 수밖에 없는 이유는 북한 사회주의 경제의 속성인 '연성 예산제약(soft budget constraint)'과 '국가의 과도한 생산목표 할당계획(taut planning of central govern-ment)'에 기인함.

○ 시장경제하에서는 모든 기업은 수입과 지출을 맞추어야 함은 물론 기업생 존을 위한 최소한의 이윤 창출을 필요로 하기에 항상 예산상의 제약을 받 으며 이에 따라 경영효율화를 추구할 수밖에 없음. 그러나 북한과 같은 사

회주의 계획경제 국가에서는 기업이나 공장 등은 형식적으로는 예산이 수립되지만, 할당된 생산목표 달성을 위해서라면 예산초과가 허용되고 있음. 그러므로 현실적으로 예산제약의 압박을 강하게 받지 않는 이들 국가기업은 경영효율화를 추진할 이유가 없음.

- 사회주의 계획경제에서는 '시장과 가격 메커니즘(market and price mechanism)'이 부재하기에 기업이나 공장의 효율성·비효율성을 판별할 수 없음. 기업과 공장은 시장경제에서와는 달리 비경쟁적 환경에서 운영되고 있으며, 기업과 공장의 생존은 경영효율성의 증대나 시장에서의 성공에 기인하기보다는 해당 회사가 가진 '국가와의 협상 능력과 기술'에 따라 결정됨.

- 사회주의 계획경제는 생산수단의 국가소유라는 체제상 국가가 국민에게 완전 고용과 일자리를 보장해 주어야 하기에 기업과 공장의 생존이 시장경제에 비해 훨씬 용이함. 이는 예산제약의 가장 궁극적인 형태라고 할 수 있는 파산(bankruptcy)이 시장경제에서는 언제든지 가능한 반면에, 사회주의 계획경제에서는 매우 생소한 개념일 수밖에 없고 또한 정치적으로도 허용될 수 없기 때문임.

○ 사회주의 계획경제 하에서의 연성 예산제약은 기업과 공장으로 하여금 '원자재에 대한 끝없는 요구와 과도한 재워두기 행태(insatiable demand for and excessive hoarding of materials)'를 유발하고 촉진시킴.

- 기업과 공장은 예산 제약의 강한 압박이 없기에 생산에 필요한 원자재를 최대한으로 요구하며, 또 현재 당장 필요하지 않더라도 가능한 한 원자재를 많이 확보해 두고자 함. 즉, 기업과 공장은 현재의 수급 수준과 필요성에 관계없이 항상 원자재에 대한 부족감을 떨치지 못함.

- 기업과 공장이 이처럼 원자재에 대한 끝없는 요구와 과도한 재워두기 경향을 보이는 것은 원자재가 제품의 생산에만 필요한 것이 아니라 국가기관이나 다른 생산 집단과의 관계에서 주요한 협상수단으로 활용될 수 있기 때문임. 또한 현재와 향후의 원자재 수급에 대한 불안감, 그리고 국가

로부터의 예기치 않은 추가 과업지시에 대한 대비 등을 위해서도 원자재
의 다량 축적은 필수적일 수밖에 없음.
- 원자재에 대한 기업과 공장의 무한대적 요구와 축적 행태는 다른 생산 집
단과의 악순환적인 상호상승작용을 일으켜, 북한 사회주의경제 전체의 만
성적 부족 상황을 야기함.

○ 국가의 과도한 생산목표 할당계획 역시 북한 경제가 '부족의 경제'로 내몰
릴 수밖에 없는 또 다른 이유임.
- 북한 경제는 시장과 가격 메커니즘이 부재하기에 기업과 공장의 나태함을
쓸어내고 낮은 생산성을 해소하기 위해서는 각 생산 집단에 과도한 생산
량을 부과하는 방법이 동원될 수밖에 없음. 즉, 국가는 매우 높은 목표생
산량을 할당함으로써, 각 생산 집단으로부터 최대한의 열성과 노력을 촉
구하고 끌어내고자 함.
- 국가가 부과하는 목표생산량은 현존하는 자원을 고려할 때 현실적으로 달
성 불가능한 목표이고 또 경제 내부논리상으로도 일관성을 가질 수 없음.
결국, 국가의 과도한 생산목표 할당계획은 각 생산단위와 주체들에게 비
현실적인 생산목표량을 부과하고 이에 기반을 둔 경제운용계획을 수립함
으로써 북한 경제에 또 다른 병목(bottleneck)과 부족(shortage)을 야기할 수
밖에 없음.

○ 북한 사회주의 경제가 내포하고 있는 '부족의 재생산(reproduction of shortage)'
문제는 국가가 재화의 부존 및 분포 현황과 생산과정 전반에 걸쳐 총체적이
고 완벽한 정보를 갖고 있다면 치유되고 교정될 수 있으나, 매우 초보적이고
원시적인 경제가 아닌 한 이는 불가능한 희망 사항임.
- 산업화로 인해 복잡하고 다양해진 현대 경제에 있어서 국가가 가격 기제
의 도움 없이 경제 전반에 대해 총체적이고 완벽한 정보를 보유한다는 것
은 현실적으로 가능하지 않음. 결국, 국가는 하부조직과 생산담당자들로

부터 올라오는 정보에 의존할 수밖에 없음.

- 북한 또한 일정 수준의 산업화가 이루어진 경제를 가진 국가라고 전제할 때, 북한 당국 또는 경제 총괄책임자가 북한 경제를 계획, 운영, 지휘하기 위해서는 국가의 하급기관과 여타의 생산주체들이 전달하는 정보에 의존할 수밖에 없음.

- 북한 사회주의 경제에서 정보는 상당 부분 은폐되거나 왜곡되고 있음. '정보의 은폐와 왜곡(withholding and distortion of infor-mation)'은 하급기관 또는 생산담당자가 원자재의 배분과 할당량의 부과를 둘러싸고 국가와 협상을 벌일 때 매우 중요한 협상무기가 되기 때문임. 즉, 하급기관과 생산담당자는 정보를 은폐하고 왜곡하여 가능한 한 원자재를 최대로 확보하는 한편 자기들에게 부과되는 생산목표 할당량은 최소화함으로써 쉽사리 목표량을 초과 달성하고자 함. 도덕적 해이와 실적 부풀리기는 만연할 수밖에 없음.

- 결국, 정보의 은폐와 왜곡은 북한 계획경제의 운영과 효과성에 중대한 결함을 초래하면서, 기존의 재화 부족 상황을 악화시키며, 경제 전반의 비효율성을 증대시킴.

다. 배급과 협상, 그리고 부패의 정치경제

○ 북한 경제에서 재화의 배분은 시장이 아니라 국가가 주도하기에 북한 경제는 논리적으로 배급의 경제임. 또한, 북한경제는 정치적으로 중립적이고 독립적으로 작동하는 재화분배 시스템이 없기에, 배급의 결과는 정치적이고 자의적인 협상에 의해 결정됨. 북한 사회주의 경제는 이처럼 부족(shortage), 배급(rationing), 협상(bargaining)을 특징으로 하기 때문에 북한사회 전반에 걸쳐 '후견인과 피후견인 간의 사적연계구조(patron-client relationship)'가 형성 및 확산되고 이에 따른 부패가 만연하게 되는 것은 필연적임.

- 북한 경제에서 재화의 확보는 배급을 담당하는 기관 또는 책임자와의 사

적 네트워크 구축 여부에 달렸음. 즉, 배급 담당기관 또는 담당자와 사적인 연계가 구축되어 있을 경우 배급은 보다 용이하게 이루어지며, 그렇지 못할 경우 배급은 매우 힘들고 어려운 과정을 거쳐야 하거나 또는 아예 배급이 이루어지지 않을 수 있음.

- 후견인과 피후견인 또는 배급자와 피배급자 간의 사적 네트워크에서는 상호 간의 뇌물 주고받기가 네트워크 유지의 토대가 되며, 이 과정에서 공공의 목표보다는 사적 이익을 추구하는 것이 예외적 사례가 아니라 보편적인 현상으로 대두됨. 재화의 배분은 기업과 공장의 효율성이 아니라 상급기관의 재화배분 담당자에 대한 사적 충성도에 달려 있게 되며 재화배분의 기준은 자의적으로 정해지고 정해진 기준 또한 수시로 변경되고 왜곡됨. 이러한 상황에서 국가 하급기관 및 지방행정 기관의 자의적 행정 행태는 증가하고 확산됨.

- 북한의 배급경제는 또한 현재의 배급 시스템을 온존시키는 것에 깊은 이해관계를 갖는 수많은 이익집단을 창출하고 양산함. 이들 이익집단은 비록 현재의 배급 시스템이 매우 비효율적이지만 그만큼 사적 이익을 추구할 공간은 크고 넓기 때문에, 현재의 체제를 유지하고 지속시키는 것을 지지하며 현상의 변경에 대해서는 저항세력으로 기능함.

○ 정보의 은폐와 왜곡, 사적연계구조의 확산과 부패의 만연, 자의적인 배급시스템, 이익집단의 기득권 유지 행태 등은 북한 당국의 경제기획 및 관리능력을 크게 약화시키게 되며, 종국에 가서는 경제 전반에 대한 중앙정부의 통제 능력 상실로 이어질 수밖에 없음. 결국 북한정치경제의 최종 종착지는 '총체적 부패(total corruption)'와 '심각한 비효율성(high inefficiency)'이 될 수밖에 없음.

라. 자기회복 메커니즘의 결여

○ 북한 정치경제의 부패와 비효율성은 자체적으로 치유하거나 교정하기가 매우 어려움. 이는 북한 체제 자체가 부패와 비효율성을 야기하고 있을 뿐만 아니라 '자기회복 메커니즘(mechanism of self-recuperation)'의 생성기반을 근원적으로 파괴하고 잘라냈기 때문임.

○ 경제적인 측면에서 볼 때, 북한 사회주의는 기업과 공장, 생산라인, 투자계획 등이 얼마나 효율적인지 또는 얼마나 비효율적인지를 판별할 수 있는 메커니즘을 결여하고 있음.
- 즉, 시장과 가격 메커니즘의 파괴와 부재는 효율성과 비효율성의 구분 기준과 수단을 말살하는 결과를 가져왔음.

○ 사회·정치적인 측면에서 볼 때, 북한 사회주의는 체제의 단점을 지적하고 그 해결을 요청하는 '목소리(voice)'를 결여하고 있음.
- 건설적 비판의 역할을 할 수 있는 목소리가 나오기 위해서는 '정치적 사회(political society)'가 선행적으로 존재해야 함. 그러나 북한은 제도적으로 정치적 사회를 뿌리부터 솎아내고 그 자리에 관제 사회를 심어 놓았음.
- 북한 사회주의는 유일하게 수령만이 당과 국가의 이름을 빌려 정치적 진리(political truth)를 해석할 수 있는 권한을 가질 수 있음. 북한의 영도론에 따르면 수령은 '사회역사발전의 유일한 동력'으로 되어 있고 '주체사상의 유일한 해석권자'로 표기되어 있음. 북한은 수령 그리고 당과 국가의 해석에 대한 그 어떠한 비판도 법·제도적으로 탄압하고 사회적으로는 반동(reactionary)으로 낙인찍고 있음. 이러한 체제에서 정치적 사회는 존재할 수 없으며 체제의 자기회복을 위한 비판의 목소리는 더더욱 나올 수가 없음.
- 정치적 사회의 자리에 대신 들어선 관제 사회는 외형적으로는 당과 국가에의 절대적인 충성과 추종을 보이지만 내용적으로는 당료 및 관료들과의

암묵적 동맹(tacit alliance)을 맺고 이들과 더불어 북한 사회 전반에 사적연계(clientelism)와 부패(corruption)의 내부 시스템을 구축하고 있음.

○ 북한 정치경제의 지속성과 자기 회복성을 위한 마지막 보루는 당과 당원이나, 이들 또한 수령 절대주의하에서 자율성이 결여되고 부패와 비효율의 사슬을 벗어날 수 없음.

- 북한 사회주의 체제의 주체이자 지도계급은 조선노동당과 당원임. 따라서 당과 당원의 청렴성과 기강 유지는 북한 체제를 지탱하는 데에 있어 불가결한 요소임.

- 일반적으로 혁명 초기 그리고 당의 최고 권력자가 당과 당료들을 강력하게 장악하고 있을 경우, 당의 기율은 어느 정도 그리고 일정 기간 확보되고 지속될 수 있음. 그러나 시간이 경과되어 혁명의 열기가 사라지고 경제난과 외교적 고립 등 여타의 사정으로 최고권력자의 지도력에 대한 믿음과 충성도가 저하될 경우, 당과 당원들의 행태는 사회의 다른 계급들과 마찬가지로 '집단행동의 논리(logic of collective action)'에서 자유로울 수 없음.

- 오늘날 북한의 당과 당원들도 이러한 경향에서 예외일 수는 없음. 북한의 당과 당원들은 경제관료, 고위군부와 더불어 북한의 특권계급(nomenklatura)으로 변모하였으며, 부패를 유발하는 사적연계구조의 최상층부에 자리 잡으면서 현 체제의 존속과 유지에 깊은 이해관계를 갖는 가장 강력한 이익집단 중의 하나로 기능하고 있음. 당과 당원들은 자원배분에 있어 자신들의 영향력이 무제한적으로 보장되는 현 체제를 선호 및 고수하면서 자신들의 영향력이 조금이라도 침해될 소지가 있는 정책변경이나 정책수정에 대해서는 비록 그것이 북한사회 전체의 이익이고 북한 경제의 회생에 도움이 될지라도 직간접적으로 이를 거부하고 저항함. 즉, 이제 북한의 당과 당원들이 대변하는 이익은 북한 사회 전체의 이익이 아니라 그들 자신만의 이익임.

마. 북한 사회주의 체제의 경로: 성장과 쇠퇴, 그리고 몰락

○ 북한은 앞에서 살펴보았듯이 정치경제 체제의 본질적 속성으로 인해 필연
적으로 쇠락하고 몰락할 수밖에 없음. 그렇다면 북한이 1950년대와 60년
대에 보여준 경제성장, 그리고 1980년대 이후 드러나기 시작한 급격한 쇠
퇴와 몰락은 어떻게 설명할 수 있는가? 즉, 북한 사회주의 체제의 과거와
현재 그리고 미래의 경로는 무엇인가?

○ 북한 사회주의 체제의 경로를 이해하기 위해서는 Peter Murrell과 Mancur
Olson이 제기한 '역진화론적 또는 쇠퇴론적 시각(a devolutionist perspective)'
이 유용한 분석 틀이 될 수 있음.[2] Murrell과 Olson에 따르면 사회주의 국가
의 역진화 또는 쇠퇴는 '전체적 이익(encompassing interest)'과 '협소적 이익
(parochial interest)' 간의 충돌, 전자의 후자에 대한 일시적 지배, 그리고 후
자의 전자에 대한 궁극적인 승리로 설명할 수 있음.

- 사회주의 국가의 건설 초기에는 국가 전체의 이익과 개인의 이익이 동일
할 수밖에 없는 혁명지도자가 하부의 조직을 강력하게 장악하고 이끌게
됨. 이에 따라 하부 조직 구성원들의 개인적·지엽적·부분적 이해관계는 억
눌려지면서 전체적 이익이 협소적 이익을 지배하게 됨. 아울러 이 시기는
사회 전체가 혁명의 열기와 신사회 건설의 희망으로 가득 차 있어 혁명
지도자의 강력한 지도력이 발휘되기가 용이한 환경을 제공함.
- 사회주의 국가의 제도화가 어느 정도 이루어지고 혁명 초기의 열기가 사
라지게 되면, 조직 하부의 협소적 이익들이 점차 발흥하면서 종국적으로
는 전체적 이익을 누르고 국가와 사회 전체에 주도적 영향력을 확보하게
됨. 이제 국가와 사회는 협소적 이익의 네트워크에 함몰되어 사회 전체가
'제도적인 동맹경화증(institutional sclerosis)'을 앓으면서 경제에서는 정체

---

2) Peter Murrell and Mancur Olson(1991), "The Devolution of Centrally Planned Economies," *Journal of Comparative Economics* 15: 239-265.

와 쇠퇴가, 정치에서는 연고주의와 부패가 만연해짐. 동맹경화증의 최종 종착지는 사회주의 국가의 쇠락과 해체, 그리고 붕괴 또는 체제변환임.

○ 북한 사회주의 체제의 성장과 쇠퇴 그리고 몰락의 경로 또한 상기의 분석 틀에서 이해할 수 있음.

- 북한은 '조선민주주의인민공화국' 수립 그리고 이어진 한국전쟁과 전후 복구기를 거치면서 김일성을 정점으로 하는 조선노동당이 북한 사회 전체를 장악하면서 급속한 경제성장을 이루어냈음. 김일성은 사회주의 공화국의 건설과 북한 경제와 산업의 재건이라는 전체적 이익(encompassing interest)을 내세우면서 북한사회의 모든 노동력에 대한 총동원령을 내렸으며, 혁명 열기와 전후복구 의지로 가득 찬 북한 사회는 이에 호응하였음. 북한의 계획경제가 앞서 논의했듯이 정보의 왜곡과 인센티브의 결여 등 수많은 문제점을 안고 있었지만 김일성은 강력한 지도력, 당 기율 강화, 주기적인 숙청, 부처 간·생산집단 간 경쟁심 고취와 상호 견제, 천리마 운동 전개, 노력영웅 만들기 등의 여러 수단을 발판으로 계획경제의 모순을 어느 정도 극복해 나가면서 북한 경제를 단기간 내에 회복시키고 성장을 이끌어 냈음.

- 물론, 김일성이 내세운 북한의 발전이라는 전체적 이익은 김일성 개인의 입장에서는 개인적 이익과 동일하다고 할 수 있음. 북한의 최고책임자로서 북한 경제의 발전은 김일성 개인의 안정적이고도 장기적인 집권을 가능케 하며 북한 경제의 몰락은 김일성 개인의 몰락과 숙청을 의미하기 때문임.

- 이러한 상황에서 하부 조직의 협소적 이익(parochial interest)은 눌려질 수밖에 없었으며 그만큼 사적연계구조와 부패사슬은 모습을 드러내기가 어려웠음.

○ 자본주의와 사회주의 등 경제체제를 불문하고, 어느 사회든 경제발전 또는

산업화 초기에는 급속한 성장을 이루어내는 경향을 보임. 즉, **Paul Krugman**
이 지적했듯이 사회의 유휴인력(여자, 노인, 실업자)과 미개발된 자원을
적극적으로 활용할 경우 단기간 내에 압축적인 성장을 이룰 수 있음.3) 그
러나 경제성장이 지속되기 위해서는 인력과 자원이라는 물적 투입요소의
증가 외에 과학기술(science & technology), 경영기법(management skill), 효
율성(efficiency) 등의 2차적 요소가 함께 투입되어야 함. 이러한 요소들은
사회주의 체제에서는 확보하기가 어려움. 소련 등 동구권의 국가들이 사
회주의 국가 건설 초기에는 급속한 경제성장을 보이다가 곧이어 정체 및
쇠퇴했던 것은 이러한 맥락에서 이해할 수 있음. 북한 또한 초기의 경제성
장은 상당 부분 유휴인력과 미개발자원의 활용이라는 투입요소의 증대에
의한 것으로 설명할 수 있음.
- 북한 체제가 안정화됨에 따라 그동안 억눌려 있던 편협적 이익들이 하부
조직과 일선 생산집단들로부터 분출되는 것은 필연적임. **Mancur Olson**은
어느 사회이든 체제와 환경이 안정화됨에 따라 전체적 이익을 제치고 자
신들의 편협적 이익을 달성코자 하는 담합과 공모, 그리고 여타의 집단행
동들이 사회 곳곳에서 필연적으로 증대한다고 지적하였음.4) 결탁과 공모,
그리고 여타의 집단행동들은 시장경제의 자본주의 국가보다는 사회주의
국가에서 훨씬 용이하고 훨씬 만연함. 이는 사회주의 계획경제하에서는
시장과 가격이라는 정보의 유통장치가 부재하기에 일선 행정 및 생산단위
에서의 정보의 은폐, 독점, 왜곡이 보다 손쉽게 이루어질 수 있기 때문임.
- 북한 또한 당의 하부조직과 각급 단체의 구성원들이 상호 결탁과 공모를
통해 국가 전체의 이익보다는 자신들의 개별적 이익을 확보하고 관철시키
고자 하는 행태를 드러내고 있음. 물론, 정보의 은폐, 독점, 왜곡이 결탁과
공모의 주요 수단으로 기능하였음. 북한 사회에서 편협적 이익의 창궐과
만연은 당 최고지도부가 전체적 이익을 구현하는 데에 있어 커다란 장애

3) Paul Krugman(1994), "The Myth of Asia's Miracle," *Foreign Affairs* 73(6): 62-78.
4) Mancur Olson(1982), *The Rise and Decline of Nations* (New Haven: Yale University Press).

로 대두되었음.

- 북한 당국은 인민보안성과 국가보위부의 검열·감시 기능 강화, 당 기율 강화, 수시 숙청과 공개 총살, 수용소 감금, 김일성·김정일의 현지지도 등을 통해 이러한 문제점에 대처코자 하고 있으나, 앞서 논의한 북한 정치 경제 체제의 속성상 북한 사회에 구조적으로 자리 잡은 사적연계와 부패 의 네트워크를 청산하는 것은 불가능함.

- 북한은 이미 1970년대 후반 들어 내부적으로는 편협적 이익이 전체적 이 익을 포획하였으며, 북한 경제는 각 부패 네트워크의 사적 이익이 공공의 이익을 지배하면서 총체적인 쇠퇴와 몰락의 길로 접어들기 시작하였음. 북한의 주요 교역·지원 국가들인 동구권 사회주의 국가들이 건재하고 북 한의 핵개발에 따른 국제적 제재가 본격적으로 가해지기 이전인 1980년대 초중반에 북한경제가 이미 정체상태를 보이기 시작한 것은 북한의 내부적 모순만으로도 북한은 쇠퇴하고 몰락할 수밖에 없음을 의미함.

○ 북한은 사회주의 체제를 포기하지 않는 한 향후의 경제성장은 물론이고 지금의 경제도 유지할 수 없음. '사회주의 조국 건설'에 대한 북한 인민들 의 열의와 자발적 노력은 사라지기 시작했고, 인민들의 일상생활에 대한 북한 당국의 배급능력은 크게 약화되었음. 오늘날 북한이 체제를 유지하 는 수단은 북한 인민들에 대한 통제와 순응성 강요를 위한 공포정치·선 군정치와 중국의 경제적 지원임. 이제 북한은 체제 내부적 요인만으로도 파산(bankruptcy)과 붕괴(collapse)를 피할 수 없는 상황에 도달했음.

- 북한 당국은 최근 들어 화폐개혁 실시와 장마당 통제 등을 통해 계획경제 의 강화와 국가배급시스템의 복원을 도모하고 있음. 즉, 느슨해진 사회 기 강을 바로잡고 국가의 통제기능을 강화하겠다는 것이 목적임. 그러나 이 는 '과거로의 회귀'이자 '구조적 모순의 연장과 증폭'에 다름 아님. 북한이 과거로 돌아가 기존의 체제에 매달릴수록 북한의 미래는 그만큼 암울할 수밖에 없음.

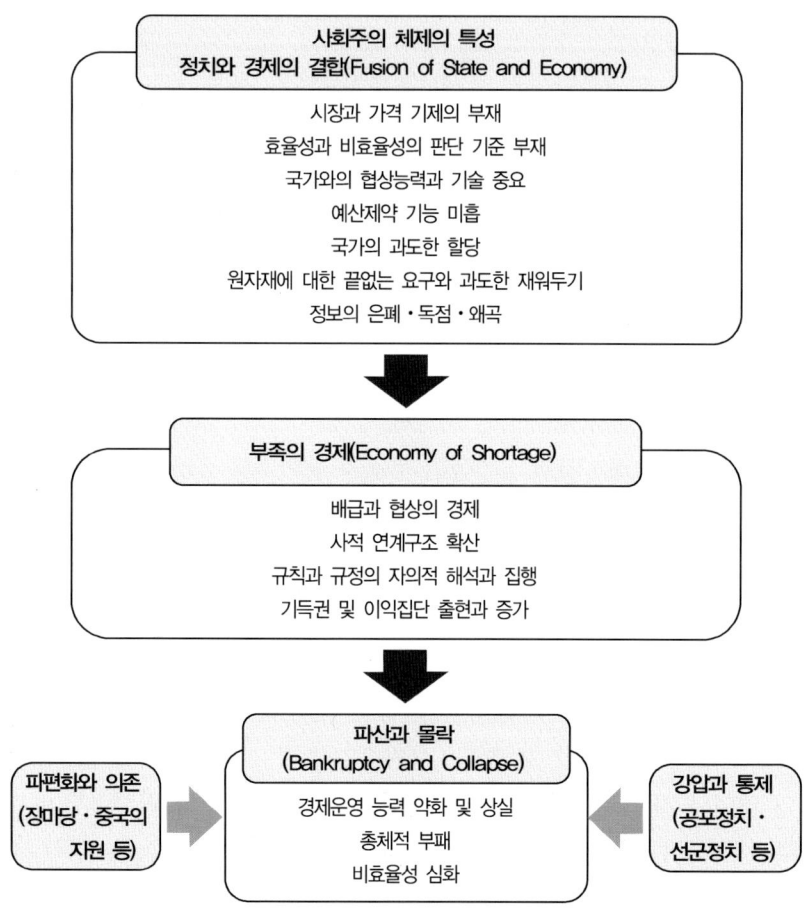

사회주의 체제의 특성
정치와 경제의 결합(Fusion of State and Economy)

시장과 가격 기제의 부재
효율성과 비효율성의 판단 기준 부재
국가와의 협상능력과 기술 중요
예산제약 기능 미흡
국가의 과도한 할당
원자재에 대한 끝없는 요구와 과도한 재워두기
정보의 은폐·독점·왜곡

부족의 경제(Economy of Shortage)

배급과 협상의 경제
사적 연계구조 확산
규칙과 규정의 자의적 해석과 집행
기득권 및 이익집단 출현과 증가

파편화와 의존
(장마당·중국의
지원 등)

파산과 몰락
(Bankruptcy and Collapse)

경제운영 능력 약화 및 상실
총체적 부패
비효율성 심화

강압과 통제
(공포정치·
선군정치 등)

[그림 1] 북한 정치경제 체제의 본질

⠿ 3. 북한 개혁·개방 전망

○ 북한은 당면한 경제난을 극복하고 현재의 생존과 미래의 발전을 위해서는 기존의 폐쇄적 사회주의 체제를 포기하고 개혁과 개방을 통해 시장경제의 도입과 국제경제로의 편입을 적극 추진해야 함. 북한은 아울러 한국의 존재를 인정하고 남과 북의 평화적 공존과 공동번영을 추구해야 함.

– 북한이 현 체제를 유지하는 한 미래는 없다는 인식은 북한 내부적으로도 확산되고 있으며, 개혁·개방의 필요성에 대해서는 상당수의 북한 경제 관료와 지식인들이 동의하고 있음.

○ 지난 60여 년간의 국가목표와 통치논리, 그리고 남·북 경쟁 관계와 한국의 존재로 인해 북한 정권 스스로가 개혁·개방을 통해 체제 변환을 추진하는 것은 기대하기 어려움.

○ 북한은 한반도 전역의 공산화가 국가목표이며 지금도 그 목표는 유효함. 북한은 한반도 공산화라는 국가목표를 명분으로 북한 주민의 복종과 희생을 강요해 왔음. 북한이 이 목표를 포기할 경우 북한 정권의 존립근거와 통치기반은 사라짐.

– 한국과의 공존은 북한의 한반도 통일 역량회복을 위한 전술적 지연일 뿐이며, 북한은 또 그렇게 내세울 수밖에 없음. 북한은 2000년의 6·15 남·북 정상회담도 남·북 평화공존이 아니라 '우리민족끼리'에 방점을 두고 북한 주민에게 홍보하였음. 즉, 남·북은 통일의 과정에 있다는 것임. 북한은 한국과 북한이 별개의 국가로 공존할 수 있다는 것을 북한 주민 앞에서는 공식적으로 인정할 수 없음.

○ 북한은 또한 일부 특정지역을 제외하고는 전면적인 개혁·개방이 불가능

한 국가임.

- 개혁·개방은 외부세계의 실상과 북한의 현실을 대비시키면서 북한이 '지
상낙원(heaven's paradise)'이 아니라 '빈곤국가(poor state)'임을 모든 주민에
게 알리는 계기가 될 것임. 특히, 한국 사회에 대한 가감 없는 정보 유입은
북한 전체의 국민적 사기와 북한정권에 대한 주민의 충성심을 송두리째
날려버릴 것임.

- 북한은 현 사회주의 경제체제를 유지하는 한 경제발전이 매우 어려운 국
가임. 계획경제의 구조적 모순은 소련과 동구권의 붕괴, 중국과 베트남의
선회, 쿠바의 고백으로 이미 잘 알려진 사실임. 그러나 시장경제로의 전환
은 개혁·개방과 맞물리기에 북한의 입장에서는 본격적으로 시도할 수 없
는 정책방향임. 결국 북한은 폐쇄경제 하의 극심한 경제난 속에서 에너지
와 식량을 중국, 한국 및 국제기구의 원조와 지원에 의존하면서 한해 한해
를 버티어 내는 상황에 처해 있을 수밖에 없음.

○ 북한이 중국과 베트남 등 다른 사회주의 국가들처럼 개혁·개방 정책을
추진할 수 없는 이유는 계획경제에 대한 신봉 때문이 아니라 바로 한국의
존재 때문임.

- 북한이 개혁·개방을 하는 순간 북한 주민들은 자신의 반쪽이자 구원대상
이라고 믿어왔던 한국을 만나게 될 수밖에 없으며, 이는 곧 북한 체제붕괴
의 시작일 것임. 그러나 북한이 개혁·개방을 포기하면 경제회생은 불가
능함.

- 이제 북한은 한국을 별개의 국가로 선언할 수도 또 안할 수도 없는 딜레마
에 처해 있음. 한국을 별개의 국가로 선언하는 경우, 북한정권은 주민 복
종과 희생을 강요하던 통치기제와 존립근거를 상실함. 그러나 한국을 별
개의 국가로 인정하지 않는다면, 그래서 한반도는 반드시 통일되어 남·
북한이 합쳐져야 한다면, 북한은 한국에 의한 흡수통합이라는 운명에 처
하게 됨. 소위 '남·북의 평화공존'은 북한의 국가존재 이유와 남·북의

현격한 경제력 격차 때문에 논리적으로, 그리고 현실적으로 성립이 불가
능하게 되었음.

- 실제로 북한의 체제와 정권에 대한 가장 큰 위협은 한국의 존재 그 자체임.
휴전선 남쪽에 같은 민족으로서 두 배 이상의 인구와 세계경제 15위권의
부유한 나라가 존재한다는 것은 그 자체만으로도 북한에게는 가장 강력한
위협요인이자 공포가 아닐 수 없음. 북한은 한국과의 경쟁에서 패배했을
뿐만 아니라 체제 내부의 모순과 비효율로 스스로의 생존도 장담할 수 없
는 상황에 처해졌음. 결국 한국의 북한 흡수통일은 시간의 문제일 뿐 점차
필연성을 더해가고 있으며 북한 스스로도 이 점을 가장 두려워하고 있음.

- 이러한 상황에서 북한이 취할 수 있는 생존전략은 첫째, 핵무기 보유와
'벼랑 끝 전술(brinkmanship)'을 바탕으로 국가생존을 도모하는 것이고 둘
째, 한국사회의 남남갈등을 조장하고 확대함으로써 한국이 내부적 이념분
쟁을 통해 자체적으로 붕괴하기를 기대하는 것이고 셋째, 중국 등 우방 국
가들에 기대어 연명하면서 국제정세의 우호적 변화를 기다리는 것임.

- 한국이 당면한 가장 큰 문제는 북한이 체제와 정권의 절대적 위기에 처했
을 때 무리수를 감행함으로써 한반도에서 파국적 상황이 초래될 수도 있
다는 것임.

4. 남·북교류협력사업 방향

가. 북한 정치경제의 구조적 모순에 대한 명확한 인식

○ 북한의 정치경제 체제는 본질적으로 부족과 결핍, 그리고 비효율과 부패
의 경제를 야기할 수밖에 없음. 따라서 현재의 체제가 유지되는 한, 외부
의 지원이 투입되더라도 북한 경제의 회생과 성장은 기대할 수 없음.

- 북한에 대한 대대적인 지원을 통해 북한 경제를 회생시킬 수 있다는 주장
은 북한 정치경제 체제의 본질을 감안할 때 실현성과 지속성을 결여하고
있음. 대대적인 지원은 투입요소의 증대라는 차원에서 북한 경제에 일시
적인 도움은 될 수 있으나, 북한 정치경제 체제의 본질이 바뀌지 않는 한
북한의 중장기적 경제발전은 구조적으로 불가능하며 외부의 대대적 지원
은 결국에 가서는 '밑 빠진 독에 물 붓기'에 불과할 것임.

○ 북한과의 전면적인 경제협력도 현실적으로는 가능하지 않음. 자본주의 국
가들의 시장논리와 북한의 계획경제 논리는 상충될 수밖에 없으며, 이에
따라 쌍방 모두가 합의하거나 만족할 수 있는 경제협력 결과가 도출되기
가 어려움. 경제논리, 법, 제도, 관행, 운영 시스템의 상이성으로 인해 전면
적인 경제협력은 중도에 중단되거나 보류될 수밖에 없음.
- 북한 노동력을 활용한 단순 임가공 교역(예: 개성공단), 북한 지하자원과
원자재의 수입, 관광지 운영(예: 금강산, 개성) 등의 분야에서는 경제협력
이 가능함. 그러나 이러한 분야들은 북한 내부경제와의 산업 연관성이 크
게 떨어지며, 이에 따라 북한 체제 변환을 위한 촉진 기능도 제한적일 수
밖에 없음.

○ 북한의 특정 지역을 대상으로 하는 남·북교류협력사업도 역외 파급성과
자체 지속성을 기대하기 어려움.
- 한국의 일부 지방자치단체와 민간에서 추진해온 지역개발 사업, 농어촌
현대화 사업, 생산시설 설립지원 사업 등은 해당 지역에서는 상당한 호응
을 받고 있음. 그러나 이들 사업은 기술과 운영방법 등 무형의 재화를 제
외하고는 사업의 성과가 타 지역으로 파급되지 못할뿐더러 외부로부터의
지속적인 원자재(유리, 비닐, 농기구 부품, 비료, 종묘, 공장 설비부품, 공
장 자재와 원료, 에너지 등) 공급 없이는 자체적으로도 지속될 수 없음.
- 즉, 이들 사업의 대상지역들은 북한 경제와 사회에서 '쇼 케이스(show cases)'

의 역할을 하지 못하고 '고립된 섬(isolated islands)'에 머무르고 있으며, 그나마 한국으로부터의 지속적인 영양분 공급이라는 탯줄 없이는 사업성과의 지속성과 자체적 재생산도 기대할 수 없음. 탯줄이 제거되는 순간 이들 지역은 자기들이 처해 있는 부족과 결핍, 그리고 비효율의 북한 정치경제 구조에 다시 매몰될 수밖에 없음.

○ 북한 정치경제 체제의 전면적인 변환 없이는 북한 경제의 회생은 불가능하며 남·북교류협력사업의 성과도 미미할 수밖에 없음. 따라서 앞으로의 남·북교류협력사업은 북한 경제의 복구와 성장 지원이라는 요원하면서도 비현실적인 목표 대신 북한의 체제 전환을 유도 및 촉진하는 한편 남·북통합 및 통일한국의 기반을 조성하는 방향으로 전개되어야 함.

나. 북한 내부의 개혁·개방 지지세력 육성

○ 북한의 체제 전환을 위해서는 북한 내부에 개혁·개방에 동조하고 지지하는 세력을 육성해야 함. 북한의 현 정권은 정권의 태생과 속성상 스스로는 개혁·개방을 추진할 수 없음. 따라서 북한 사회 내부의 압박을 통한 체제 변환이 전략적 대안이 될 수밖에 없음.

○ 북한 내부의 개혁·개방 지지세력 육성을 위해서는 남·북교류협력사업이 사업의 외형적·물질적·가시적 성과보다는 사업에 참여하는 북한 인력(담당 당료와 관료, 농장 및 공장의 책임자와 실무진, 북한 주민과 노동자 등)의 정신과 사고를 바꾸어 놓는 것에 중점을 두어야 함.

– 가능한 한 다수의 참여와 다수의 회동을 유도하여 이들 참여자들이 해당 사업에 따르는 선진 기술과 운영기법의 습득 외에 시장경제와 효율성, 민주주의와 인권, 국제 정세와 한국의 발전상 등의 가치와 주제에 자연스럽게 노출되고 또 스스로 생각할 수 있는 기회를 가질 수 있도록 해야 함.

- 남·북교류협력사업의 지속과 성공에 자신들의 경력과 일자리, 그리고 개인적 미래를 거는 중상위층의 북한 당료와 관료들을 두텁게 하고 이들이 북한 내의 개혁·개방 지지세력으로 변모 및 응집될 수 있도록 지속적으로 지원 및 관리해야 함.

○ 남·북교류협력사업은 북한 엘리트층과 주민의 사고 전환과 개혁·개방 세력으로의 유도 및 육성이라는 내면적 성과가 사업 추진과 평가의 중요기준이 되어야 할 것임.

다. 북한 주민에 대한 포용 및 한국사회 동경 유도

○ 북한의 성공적인 체제 전환과 한반도의 통일을 위해서는 북한 주민의 지지와 동의가 필수적임. 특히 한반도 통일과정에서 가장 중요한 것은 한국에 대한 북한 주민의 마음을 얻는 것임. 한반도 통일은 독일 통일의 경우에서 볼 수 있듯이 최종적으로는 북한 주민이 선택할 문제임. 북한 주민이 원하지 않는 통일은 가능하지도 않고 또 시도할 수도 없음.

○ 남·북교류협력사업은 북한 주민에 대한 포용 및 한국사회에 대한 동경심 유발을 주요 기능 중의 하나로 설정해야 함. 즉, 북한 주민에 대한 인도적 지원을 지속적으로 전개하는 한편, 정보의 적극적 유통을 통한 한국사회 알리기를 추진해야 함.
- 영양결핍 영·유아 등 북한 소외 주민에 대한 직접적인 인도적 지원은 남·북한의 정치적·군사적 당면관계에 종속됨이 없이 보다 독립적으로 이루어질 필요가 있음. 북한 정권에 대한 봉쇄와 압박이 필요한 상황에서도 북한 사회에 대한 인도적 지원을 지속함으로써, 한국의 대북 공세가 북한 주민이 아닌 북한의 현 정권을 목표로 하고 있음을 북한 주민에게 명확히 주지시켜야 함.

- 북한 사회에 대한 인도적 지원은 국제사회의 관례인 강력한 모니터링을 반드시 수반해야 함. 즉, 북한 주민에 대한 인도적 지원이 북한 군대 또는 여타의 집단으로 넘어가거나 다른 용도로 전용되지 않도록 현장에서의 감시·감독과 사후 확인 보장을 인도적 지원의 강제적·필수적 요건으로 삼아야 함. 아울러 인도적 지원의 주체가 한국임을 명확히 알 수 있도록 모든 지원 물품은 대한민국 또는 한국사회가 공급자임을 알릴 수 있는 마크가 부착되어야 함.
- '북한 정보자유화 사업' 등을 전개하여 북한의 일반 주민에게 한국 및 국제사회에 대한 정보와 소식을 전할 수 있는 통로를 적극적으로 개발하고 확대해야 함. 학술 교류, 문화·예술 교류, 스포츠 교류, 청소년 교류 등의 인적 교류를 지속적으로 요청 및 확대하는 한편, 북한 TV·라디오의 송수신 방식(PAL)에 맞추어 방송물을 제작·송신하며 비디오테이프와 CD 등의 대량 보급을 통해 한국 사회의 문화와 모습을 전파해야 함.

라. 남·북통합 및 통일한국의 기반 조성

○ 남·북교류협력사업의 궁극적인 목표는 한반도의 분단 관리가 아니라 남·북통합과 통일한국의 기반 조성임. 따라서 남·북한 양 사회의 이질성에 대한 분석과 그 해결방안에 대한 연구와 대책 마련이 남·북교류협력사업의 중요 사업 분야로 설정되어야 함.
- 한국과 북한은 서로 다른 체제하에 60여 년 이상 별개의 국가로 존재해 왔기에 정치, 경제, 사회, 문화, 교육 등 제반 분야에서 상호 이질적 요소가 매우 높음. 남·북 간의 이질성 해소와 사회 통합은 한반도 통일과정에서의 핵심적 과제임. 그러나 한국과 북한 간의 현격한 국력 격차를 감안할 때, 한반도의 통일은 표면상으로는 합의에 의한 통일 형식을 취하더라도 내용상으로는 한국에 의한 북한 흡수 통일일 수밖에 없음. 따라서 북한 사회의 이질적 요소들을 찾아내어 이를 한국 사회 기준에 부합하도록 고치

고 개선할 수 있는 방안을 사전에 마련해두는 것이 필요함.

- 남·북교류협력사업은 북한과의 접촉기회를 활용하여 북한 사회의 제 분야에 대한 현황과 실태 그리고 현장에서의 상황 등에 대해 최대한 많은 정보와 지식을 확보하고 이를 바탕으로 이질성 해소와 남·북통합 방안을 강구해야 함.

- 통일 한국의 시대에 대비하여 우리 사회의 운영시스템에 대한 면밀한 검토를 통해 법과 제도의 개선 및 보완 방안을 수립해 두어야 함.

한반도 통일: 비전과 전략

김 병 로(서울대학교 통일평화연구소 연구교수)

통일문제는 21세기 대한민국의 운명을 좌우할 중대한 국가적 어젠다이며 평화와 도약을 위한 미래전략이다. 통일준비를 위해 분단비용을 줄이려는 비전과 변화된 남·북 관계 및 동북아 정세를 고려하는 지혜가 필요하다.

통일에 필요한 조건으로 엔진(남·북 협력 메커니즘)과 기사(전략과 리더십), 도로(외교), 연료(통일 열망)를 들 수 있으며, 특히 북한 주민의 한국 선호 열망은 통일에 필요한 핵심 요소다.

북한 주민의 한국 선호 열망을 고취하기 위해 대규모 생필품 지원 등 대북지원, 북한의 개혁·개방 인력 양성을 위한 대북지식협력, 한반도의 재해·재난 공동대처, 탈북자의 성공적 정착, 문화적 통일 준비 등의 정책을 추진할 필요가 있다.

1. 통일, 대한민국 미래전략

가. 시대적 과제

○ 21세기 한반도는 국가건설과 산업화, 민주화를 이룬 다음 어떤 비전을 갖고 앞으로의 백 년을 준비할 것인가를 진지하게 고민해야 하는 시대에 들어서 있음.

○ 한국사회는 21세기 선진국으로 발전하기 위해 해결해야 할 여러 문제, 즉 지속적 성장 동력의 확보, 실업문제의 해결, 고령화 사회에 대한 대비, 기후변화와 에너지 위기에의 대처, 다문화 상황에 대한 준비, 교육문제 등 많은 문제를 안고 있으며, 이러한 문제들을 종합적으로 사고하고 미래의 방향을 설정하는 전망적 사고와 큰 전략적 지혜가 필요한 시점임.

○ 21세기에 대한민국의 미래를 위해 중요하게 풀어야 할 시대적 과제는 무엇이며, 향후 백 년을 의미 있게 만들 대한민국의 비전과 전략적 가치는 무엇일까?

○ 남·북분단으로 인해 야기되는 '분단비용'을 극복하지 않고서는 대한민국의 발전과 번영을 기약하기 어려움. 그 이유는 분단으로 인해 대한민국이 치르고 있는 유형무형의 비용이 너무 크기 때문임.

나. 분단비용 해소를 위한 3차원적 통일비전

○ 한반도의 분단은 1945년 지리적 분단, 1948년 체제적 분단, 1950년 심리적 분단 등 3중적 분단으로 진행되었으며, 이 3중적 분단이 초래하고 있는 분

단비용은 천문학적임. 분단이 너무 오래 지속됨으로써 분단체제에 익숙해졌고, 분단구조에 함몰된 나머지 분단이 가져다주는 폐해를 자각하지 못하고 있음. 그러나 남·북분단으로 대한민국이 치르고 있는 분단비용은 실로 엄청난 것임.

○ 첫째, 분단이 초래한 지리적 폐쇄성으로 겪고 있는 비용임. 대한민국의 지리적인 밀폐성은 우리의 경제와 사회에 막대한 피해를 주고 있으며 의식과 가치관에도 막대한 영향을 주고 있음. 지리적 폐쇄성을 극복하기 위해 대륙으로의 진출로인 동서해안 전용고속도로를 건설하고 중국·러시아와 통행협상을 단행함으로써 중국, 러시아, 유럽으로 통하는 길을 열어야 함.

○ 둘째, 분단이 빚어낸 경제적 손실도 막대함. 분단대결 상황에서 군사비와 병력을 유지하는 비용이 막대하며, 남한경제는 북한의 '위협'에 결정적으로 영향을 받는 불안정한 상황임. 이러한 군사적 대결구조를 그대로 두고 남한이 탄탄한 경제기반을 구축할 수는 없음. 비효율적 분단체제를 과감히 구조조정을 함으로써 경제성장과 인적 계발(啓發)의 계기를 마련해야 함.

○ 셋째, 분단으로 남·북한이 서로에 대한 신뢰를 완전히 상실한 것은 분단이 초래한 최대의 폐해임. 극도의 대립과 배타적 상호관계의 외적 환경은 남·북 간 사회 내부에 분단구조를 내재화하여 그 속에 살고 있는 사회구성원들은 적대적 대립과 흑백논리, 극한 대결을 일상화, 내면화하였음. 신뢰(trust)가 사회적 자본(social capital)으로 국가발전의 가장 중요한 자산이 되고 있는 21세기에 분단극복은 사회적 자본 형성을 위한 필수 과제임.

다. 통일과 평화는 대한민국의 미래가치

○ 통일은 남·북한의 서로 다른 두 체제가 하나로 결합되는 과정으로, 정

치·경제·군사·외교·사회문화 다양한 영역에서의 통합과정임. 근래의 역사적 경험은 통일방식이 합의로 이루어진 경우는 없고, 실제로는 무력통일(베트남), 흡수통일(독일), 합의통일 후 무력통일(예멘)로 이루어졌으며, 중국 – 홍콩은 일국양제 형태를 유지하고 있음.

○ 한반도 통일은 남·북한의 민족통일 또는 국가통일만으로 진행될 수 없는 복합적인 구조를 형성하고 있는바, 동아시아공동체의 진전과 함께 병행될 것이며, 정치·군사·경제·사회·문화 각 영역에서 복합적 네트워크로 진행될 것임. 남·북 관계는 대칭적 분단체제에서 비대칭적 분단국체제로 발전해 왔으며, 정치적으로는 연합단계 또는 연방단계를 거쳐 국가통일로 진전될 것으로 예상됨.

○ 서울대 통일평화연구소는 남·북통일을 통합과정으로 보고, 통합과정을 간단한 수치로 이해할 수 있는 '남·북통합지수'를 개발하여 사용하고 있음. 이에 따르면 남·북통합수준은 2007년 27.1%, 2008년 21.0%. 2009년 19.9%로 평가됨.

○ 통일과정에서 한국과 북한의 빈부격차, 이념대립, 적대의식, 이질적 제도와 가치관 등으로 인해 갈등이 발생할 가능성이 높으며, 실업문제, 대규모 인구이동, 사회보장 등으로 혼란이 야기될 것으로 예상됨. 통일과정에서 직면할 이러한 도전들을 복합적 기획력으로 준비함으로써 평화와 도약의 기회로 삼아야 함.

○ 이런 점에서 통일과 평화는 대한민국이 21세기에 추구해야 할 미래가치이자 미래전략임.

2. 통일 환경의 도전

가. 북한의 불안정성 증대

○ 북한의 경제침체와 식량난은 북한체제의 심각한 불안정 요인으로 꼽히고
  있음. 북한의 1인당 국민소득은 500달러 이하로 세계의 최빈국에 속하며
  시장화(2002년 7월)와 화폐개혁(2009년 11월) 이후 생산양식의 변화와 빈
  부격차가 심화되고 있음.
- 국가주도의 경제활동이 제대로 이루어지지 않고 있는 상황에서 개인에게
  경영권을 위탁하여 운영하는 비율이 제조업의 20%, 무역의 40%, 서비스
  의 50%에 달하고 있음.

○ 경제활동을 위한 주민이동의 증대와 그로 인한 문화접촉의 속도도 빨라지
  고 있으며, 대도시를 중심으로 남한의 CD, 드라마, 영화, 음악 등 '한류'를
  접해 본 사람이 50%를 넘는 수준임.

○ 2010년 9월 3차 당대표자회에서 김정은을 당 중앙군사위원회 부위원장에
  임명함으로써 김정은 후계체제의 구축을 서둘러 추진하고 있으나, 향후
  김정일의 건강 여부에 따라 정치적 불안정이 잠재하고 있음.

○ 경제침체와 인플레이션 심화, 주민생활의 어려움 등으로 2008년 3월과
  2010년 3월에 청진과 원산에서 각각 주민의 집단시위가 발생했으며, 이러
  한 빈곤과 부패의 문제로 인한 사회경제적 불안정성이 커지고 있음.

나. 동북아 정세의 불안정

○ 2008년 북 핵 불능화 진전과 북한 적성국교역법 해제(2008년 6월) 및 테러
지원국 해제(2008년 10월) 등으로 6자회담에 진전이 있었으나, 북한의 2차
핵실험 감행(2009년 5월)으로 유엔 안보리 제재 결의안 1874호가 발효되
어 6자회담은 교착상태에 놓여 있음.

○ 남·북한 통일문제는 한반도에서 미국과 중국 간 패권 경쟁이라는 관점에
서 조명할 필요가 있음. 탈냉전 이후 미국의 세계전략은 중동과 중국에 집
중되어 있으며, 한반도 문제는 미·중 간 패권전략의 최전선임.

○ 최근 중국의 부상에 따라 한반도 문제에 대해 중국의 영향력이 크게 확대
되고 있음. 국제위기그룹(ICG)은 중국정부가 북한의 비핵화를 우선시하는
'전략파'와 전통우호관계를 중시하는 '동맹파' 간의 토론을 거쳐 '경제·
군사적 안정화를 통한 북한 비핵화'라는 한반도 정책을 확정하였다고 발
표한 바 있음.[1]

○ 중국이 한반도 문제에 대한 입장을 명확히 정리한 2009년 7월 이후 북·중
간 경제교류와 군사협력을 가속화하고 있음. 최근 최태복 당비서(9월 30
일), 김계관 제1부상(10월 12 ~ 16일), 문경덕 평양시당 책임비서(10월 16
일), 변인선 인민무력부 부부장(10월 14일), 최영림 총리(11월 1 ~ 8일) 등
의 인사들이 중국을 잇달아 방문함.

○ 중국이 북한에 대한 경제적·군사적 개입정책을 적극화함으로써 북한의
대중 의존도가 심화되고 있으며, 한반도의 비핵화와 한국주도의 통일에

---

[1] International Crisis Group, *The Shades of Red: China's Debate on North Korea*(2009.11.2).

불리한 환경이 조성되고 있음.

다. 남·북 관계의 위기

○ 남·북 관계는 2008년 이후 금강산 관광객 피격 사건(2008년 7월), 개성근
로자 억류사건(2009년 3월), 2차 핵실험(2009년 5월), 천안함 사건(2010년
3월), 연평도 사건(2010년 11월) 등으로 위기를 맞고 있음.

○ 남한과 북한의 국가성 강화와 비대칭성 증대로 인해 남·북 관계의 발전
과 통합과정에 점점 어려움이 커지고 있음.

○ 지난 20년의 경험은 교류협력의 증대 그 자체가 통일을 보장해 주지 않는
다는 점을 보여주었으며, 남·북 관계의 발전과 통일을 위해서는 교류협
력이라는 단선적 정책에서 북한변화와 통합역량 강화라는 복합적 정책으
로 전환해야 할 필요성이 대두되고 있음.

3. 한반도 통일의 조건

○ 통일실현에 필요한 조건을 독일통일의 경험에 비추어 살펴보면 다음과 같
은 네 가지로 정리할 수 있음. 즉 통일 프로세스를 자동차에 비유하면, 통
일자동차가 굴러가기 위해서 필요한 조건을 엔진, 기사, 도로, 연료의 4가
지로 볼 수 있음.

가. 엔진: 남·북 협력 메커니즘

○ 통일자동차가 잘 달리기 위해서는 먼저 성능 좋은 강력한 엔진이 필요함. 통일엔진은 남·북한의 협력 메커니즘을 의미하며 남·북한의 협력을 제도화하는 것을 의미함. 이러한 남·북협력 메커니즘을 확대하고 제도화하면 결국 통일이 이루어지는 것임.

○ 통일엔진은 지난 8·15경축사에서 대통령이 언급한 '3대 공동체' 같은 것을 의미함. 한반도 평화체제와 평화공동체, 개성공단 등의 경제협력이나 경제공동체, 정치적 대화기구, 인도주의·인권 대화 등이 통일엔진에 해당됨. 현재 남·북 간에는 정치적 대화기구가 없으며 회담체로서 대화가 제도화되어 있는데, 현 정부는 '남·북대화 상설기구 설치'를 북한에 요구하고 있음.

나. 기사: 통일전략과 추진리더십

○ 통일의 방향을 전체적으로 조정해 나가는 기사의 역할이 정치적 리더십임. 리더십의 역할은 집단과 개인들의 사정, 국가의 경제형편을 감안하여 통일정책의 방향을 설정하고 속도를 조절하며 타협과 협상을 통해 통일을 추진해 나가는 역할임. 통일비전과 전략을 수립하고 정서적 설득을 해내는 리더십이 필요함.

○ 통일리더십은 대통령이나 통일부 장관 한두 사람만으로 되는 것이 아니며, 통일의 목표와 정책을 이해하고 지도자와 함께 통일을 만들어가는 통일지지세력이 있어야 발휘될 수 있음. 이런 점에서 통일리더십을 육성하기 위한 통일교육을 체계적으로 실시할 필요가 있음.

다. 도로: 통일외교

○ 자동차가 안정적으로 달리기 위해서는 도로사정이 중요하며, 이는 통일에 필요한 국제환경을 의미함. 미국, 일본, 중국, 러시아의 주변 4국은 공식적으로는 한반도 통일을 반대하지 않으나, 현실적으로는 현상유지를 바라고 있음. 따라서 남·북한이 통일을 성취하려면 주변국의 외교적 지지를 확보해야 함.

○ 한국의 경우에는 독일과는 달리 외교적 상황을 유리하게 만들어 갈 수 있는 명분이 있음. 독일은 2차 세계대전 패전국으로서 전범국가에 대한 응징 차원에서 분단되었기 때문에 주변국으로부터 공식적으로 통일반대에 부딪혔으나, 한국은 적어도 주변국이 공개적으로 반대하는 상황은 아님. 한국은 전범국가가 아니며 강대국이 남·북한을 분할한 명분이 약하여 통일에 대한 도덕적 명분이 있음. 이러한 도덕적 명분을 십분 활용하면서 실질적인 통일외교를 추진한다면 주변국의 협력과 지지 확보는 가능함.

라. 연료: 통일 열망, 특히 북한 주민의 한국 선호 열망

○ 위의 모든 조건이 갖추어졌더라도 연료가 없으면 자동차가 굴러가지 못하며, 따라서 통일자동차가 작동하기 위해서는 마지막으로 충분한 연료가 공급되어야 함. 연료란 통일을 추구하는 남·북한 주민의 열망을 의미함. 이는 통일엔진을 추동하는 동력으로서 한국인의 통일의식과 통일열의도 중요하지만, 북한 주민이 한국으로 편입되기를 원하는 의식이 결정적으로 중요함.

○ 한국인의 통일의식을 보면 '통일이 필요하다'는 의식이 53.3%(2007년)→

45.6%(2008년) → 55.8%(2009년) → 59.1%(2010년)로 60%가 공감하고 있음. 그러나 대부분 점진적 통일을 원하며 '대가 지불하더라도 가능한 한 빨리 통일'을 원하는 사람은 약 9%에 불과함.

○ 통일은 독일통일 과정에서 보았듯이 궁극적으로 북한 주민이 남한을 선택하는 과정이 될 것이므로, 통일 열망이란 북한 주민의 한국 선호 열망으로 판단할 수 있음. 이러한 기준으로 보면, 북한은 현재 '남조선'은 알고 있으나 '대한민국'에 대해서는 제대로 알지 못하고 있는 상황으로 통일자동차를 움직일 수 있는 연료는 거의 없다고 할 수 있음.

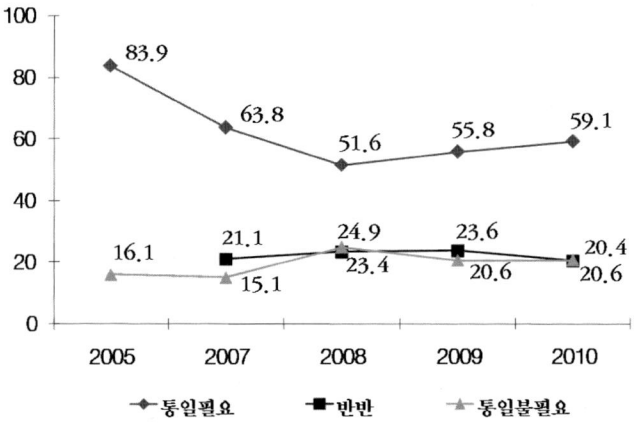

[그림 1] 남·북한 통일의 필요성

∴ 4. 통일엔진 제작을 위한 리더십과 외교

가. '3대 공동체' 통일엔진

○ 통일엔진으로 평화공동체, 경제공동체, 민족공동체의 3대 공동체를 상정
해 볼 수 있음. 리더십은 우선순위를 결정하고 운영하는 방법과 전략을 선
택하는 역할을 함.

○ 평화공동체, 경제공동체, 민족공동체라는 측면에서 보면, 가장 먼저 경제
공동체 형성이 필요함. 현 정부는 북 핵 문제 해결에 우선순위를 두고 있
어서 평화공동체 형성을 가장 중시하고 있으나, 평화, 경제, 민족 공동체
간에 상호 보완적으로 추진할 필요가 있음.

○ 헬싱키 프로세스(Helsinki Process)를 참고한다면 남·북한의 경우에도 안
보문제와 경제협력, 사회문화협력을 통합패키지로 만들어 영역 간의 문제
를 상호보완적으로 풀어나가야 할 것임. 헬싱키협정에서는 제1부 안보문
제, 제2부 경제·과학·기술협력문제, 제3부 인적접촉·정보·문화·교
육 문제를 상호 간의 패키지딜로 해결하였음. 한반도 통일과정에서도 핵
문제와 경제협력, 사회문화 문제를 복합적 패키지딜로 해결하는 방식을
구상할 필요가 있음.

○ 종전선언, 평화체제 등을 포함한 평화공동체가 형성되기 위해서는 북한이
필요로 하는 경제지원과 인도주의 지원을 인센티브로 활용해야 함. 그러
나 핵보유국 선언을 한 북한이 안보문제에 관해 쉽게 협상에 응하지는 않
을 것으로 예상되어, 이를 해결하려면 결국 평화체제가 완전히 수립되지
않은 상황에서라도 북한이 시급히 필요로 하는 경제지원과 협력을 상당한

수준으로 진행하는 전략적 선택이 필요할 것으로 보임.

나. 방향 설정과 속도 조절의 리더십

○ 리더십의 중요성은 통일자동차의 방향을 제대로 설정하는 것임. 이는 정책의 목표를 어떻게 설정하고 추진하느냐 하는 것으로 정책의 목표, 통일의 방향은 북한의 대남친화력을 향상하는 것이며 북한 주민의 민심을 친한국 정서로 변화시키는 것임.

○ 통일자동차를 운전하려면 원칙과 포용 사이에서 속도 조절이 필요함. 원칙견지를 위해 속도를 줄이기도 하고 포용을 위해 속도를 높이기도 하는 유연한 리더십을 발휘해야 함. 김대중·노무현 정부는 포용을 강조하며 속도를 높이다가, 이명박 정부 들어 원칙견지를 명분으로 브레이크를 지나치게 밟고 있는 상황임.

다. 중국의 한반도 개입에 대한 선제적 대응

○ 중국은 2009년 7월, 북한과 기존의 동맹관계를 발전시켜 비핵화를 실현한다는 방침을 결정한 것으로 보이며, 이런 기조에서 북·중 경제 및 군사협력을 적극화하고 있음. 특히 '창지투 프로젝트'의 진행으로 북·중 교역의 비중이 2007년 42.7%에서 2008년과 2009년에 각각 49.5%, 52.6%로 급증하고 있음.

○ 이에 대한 한국과 미국의 경제협력 방안을 마련해야 할 것으로 보임. 통일이후를 대비하여 한국과 미국의 대북 경제영향력을 제고하는 정책을 추진해야 함. 유럽연합(EU)의 경험을 참고하면, 경제공동체 형성을 통해 안

보·평화 체제를 유도하는 전략을 구상해 볼 수도 있음. 즉 남·북경제공
동체 형성을 가장 우선적으로 추진하고, 이를 바탕으로 정치·군사적 협력
체제를 유인하며, 남·북연합과 정치통합으로 이행해 나갈 수 있을 것임.

○ 북 핵 문제와 군사적 문제들을 국제협력과 남·북대화를 통해 지속적으로
해결해 나가는 가운데, 경제공동체 형성을 위한 경제협력 전략을 본격적
으로 추진함으로써 중국의 정책변화에 선제적으로 대응할 필요가 있음.
개성공단을 활성화하고 남포, 신의주, 청진, 원산 등의 지역을 경제특별구
역으로 지정하도록 협상하고 한국과 미국의 경제적 진출을 확대해야 함.

5. 통일연료 충전을 위한 대북정책

가. 생필품 등 대북지원

○ 독일의 통일과정에서 보았듯이 통일은 궁극적으로 남·북한 주민의 선택
에 의해 이루어지며, 특히 북한 주민의 결단으로 이루어질 것이므로 북한
주민의 대남선호도를 높이기 위한 통일전략이 필요함.

○ 이런 측면에서 비누, 치약, 수건, 샴푸 등 생필품을 대량으로 지원함으로써
북한의 중산층에 대한 민심잡기를 시도할 필요가 있음. 이를 통해 통일에
대한 기대감과 한국 호감도를 높여야 함.

○ 한국은 공적개발원조(ODA)의 개념을 차용하여 북한지역에 제공함으로써
북한 주민의 대남선호도를 높일 뿐 아니라 국제적으로 한국의 국가이미지
와 소프트파워를 높일 필요가 있음. 북한의 취약계층 보호, 인권향상, 이

산가족 상봉 등 남·북 간 인도적 협력을 위해 공적개발원조 성격의 지원을 적극 제공하는 것은 한국의 국가브랜드 위상을 높이고 소프트파워를 증진하는 중요한 수단이 될 것임.

나. 대북 지식협력 확대

○ 북한의 변화를 추진할 수 있는 북한의 내부자원을 양성하기 위한 지식협력 사업을 적극 추진할 필요가 있음. 시장경제로의 개혁과 특구개방 전략, 정보산업 개발은 적극적으로 추진할 의지가 강하나, IT산업과 같은 첨단과학 분야와 달리 경제·금융 분야는 북한 내에서 이를 추진할 전문인력이 없음. 지도부가 개혁·개방 의지를 갖고 특구를 만들고 경제제도를 개혁하려고 해도 이를 구체적으로 실행할 수 있는 전문인력이 없는 상황에서는 정책이 성과를 거둘 수 없음.

○ 이런 점에서 시장개혁에 필요한 무역, 금융 등 전문적인 인적 자원과 노하우를 지원하는 정책을 적극적으로 실시해야 함.

다. 인도주의 협력의 제도화

○ 북한의 경제상황이 점점 악화되고 관리능력이 약화됨에 따라 천재지변이나 인공재난, 전염병 확산 등으로 인한 위험도가 높아지고 있으며, 북한지역에서의 재난은 남한에 직접 영향을 미치고 있어서 이에 대한 보다 적극적인 대책과 남·북협력이 필요함.

○ 최근 국제적으로도 기후변화와 신종플루 같은 전염병 등에 대처하기 위해 글로벌협력체제가 강화되고 있는 만큼, 남·북한 간에도 이러한 재난과

위험, 생태·기후 문제를 공동으로 해결하기 위한 남·북 간 인도적 협력 증진이 매우 필요한 시점임.

○ 이를 위해 남·북한의 자연재해와 인공재난에 공동대처하기 위한 남·북 공동 재해대책 기구를 구성함. 최근 백두산 화산폭발에 대비한 남·북 TF 구성을 제안한 것은 이런 측면에서 매우 의미가 큼. 남·북 공동 재해·재난 대책기구가 원활하게 작동한다면, 정치사회적 긴급사태 발생 시에도 유용한 협력기구로 활용될 수 있을 것임.

라. 탈북자의 성공적 정착

○ 북한 주민의 대남태도를 변화시키는 중요한 방법 가운데 하나는 바로 탈북자의 성공적인 남한사회의 정착임. 통일은 궁극적으로 북한 주민이 남한을 선택하는 과정이 될 것이기 때문에 북한 주민의 민심을 얻는 것은 통일을 위해 매우 중요한 과정임. 탈북자들을 통해 남한사회의 좋은 소식이 북한에 전해지면 북한사람들의 대남의식과 태도가 결정적으로 변화될 수 있을 것임.

○ 현재 탈북자들이 느끼는 한국생활 만족도는 60% 정도로 높은 편이며 적응하지 못하고 있다는 생각하는 사람이 45.5%에 불과하나, 탈북자의 정착을 가까이서 지켜보는 자원봉사자나 정부의 보호담당관은 각각 52.9%와 66.0%의 탈북자들이 적응하지 못하는 것으로 평가하고 있음.

○ 이런 점에서 북한 주민의 일부분인 탈북자들이 한국을 제대로 이해하고 성공적으로 정착함으로써 북한 내부의 주민에게 한국에 대한 좋은 소식이 전해질 수 있도록 적극 노력해야 할 것임.

마. 문화적 통일 추진 적극화

○ 북한을 제외한 세계의 모든 한민족, 즉 조선족과 고려인, 재일동포와 재미 동포는 이제 남한의 문화와 가치를 대부분 이해하고 받아들이는 추세인 바, 문화적 통일에 대한 인식을 새롭게 해 나가야 할 때임.

○ 이런 맥락에서 북한과의 문화적 접촉이 상대적으로 자유로운 연변 조선 족, 연해주 고려인, 재일교포들과 함께 문화교류의 장을 마련하고 북한과 문화교류를 증대하는 것은 한민족의 문화적 통일을 촉진하는 지름길이 될 것임.

○ 이와 같이 북한 주민의 남한 선호 열망을 높이는 것을 목표로 하여 이 목표 를 실현할 수 있는 통일엔진을 만들고 리더십과 외교력을 발휘한다면 통일 은 21세기 대한민국의 미래에 평화와 도약의 기회가 될 것으로 확신함.

독일 통일 교훈과 한반도 평화통일 비전

양창석(통일부 상근회담대표)

같은 분단국인 독일이 통일한 지 20년이 지났다. 동독 주민의 대규모 탈출과 월요 데모로 촉발된 동독 공산정권의 붕괴, 동ㆍ서 냉전구도의 해체, 서독 정치지도자의 역량과 경제적 능력 등 3가지 조건이 충족되었기 때문에 독일의 통일이 가능했다. 베를린 장벽이 붕괴되어 탈출민이 급속히 증가하고, 동독 경제가 붕괴 위기에 처하고 시민혁명에서 '통일'을 요구하게 되자 서독의 콜 수상은 조기 통일을 추진하게 되었다. 독일 통일이 성공하게 된 요인을 구체적으로 살펴보면 미국을 비롯한 서방세계의 지지, 경제적 능력, 정치지도자들의 통일 의지와 외교적 역량, 원칙에 바탕을 둔 실질적인 교류협력 정책, 고르바초프의 등장, 자결권 원칙 행사 등을 들 수 있다.

독일의 통일을 보고 우리도 통일을 달성할 수 있다는 희망을 갖게 되었다. 독일 통일의 성공 요인에서 얻은 교훈을 바탕으로 우리도 한반도의 평화적 통일을 위해 다각도로 준비해야 할 것이다. 우리가 해야 할 일은 민족 자결권의 명문화, 경제력 확충, 국제적 친분과 신뢰 구축, 북한 주민의 마음을 사로잡는 정책 추진, 남ㆍ북 간 대화의 끈 유지, 분야별 통일 준비 구체화 등이다. 통일은 우리 민족에게 선진국으로 웅비하기 위한 필요조건이다. 따라서 우리의 정치지도자들은 통일에 대한 강한 의지와 비전을 갖고 경제적ㆍ외교적 역량을 키워 나가야 할 것이다.

1. 서론: 독일 통일 과정

○ 우리와 같은 분단국이던 독일은 구동독 지역의 5개주를 서독의 기본법 관할 영역에 가입(beitritt)시킴으로써 통일을 달성했음.
- 서독은 동독 주민의 대규모 탈출과 월요 데모로 촉발된 통일의 기회를 잘 활용하여, 자유민주체제에 의한 평화적 통일을 달성했음.

○ 독일의 통일은 세 가지 중요한 조건이 충족되었기 때문에 달성될 수 있었음.
- 동독 시민혁명과 공산정권의 붕괴.
  · '89.5. 헝가리와 오스트리아 국경 일부 개방으로 동독 주민의 대규모 탈출 촉발, 10월부터는 하루 평균 2,000여 명이 탈출, 심각한 젊은 기능 인력 유출 초래.
  · 동독 내부에서 5월 지방선거 부정을 계기로 저항운동 시작. 10월 초부터 월요 데모 확산. 시위구호도 초기 여행자유화·민주화에서 '통일'(11.20.)로 발전.
  · 10.18. 호네커 서기장 실각, 동독 지도부의 개혁 추진 지연으로 내부 상황 악화. 12월 초 '원탁회의' 구성. 모드로 수상은 고르바초프에게 동독의 국가 붕괴를 인정하고 통일을 추진하겠다고 선언(1.30. 모스크바).
- 고르바초프의 등장과 동·서 냉전구조의 해체.
  · 동독 지도부에 대한 고르바초프의 공개 개혁 촉구, 소련군의 동독 시위 불개입 및 유혈 진압 반대, 브레즈네프 독트린 폐기 등으로 동독 내 시위 확산.
  · 나토 런던 정상회담('90.7.5.~6.)을 통해 바르샤바 조약기구와 공동선언 제안, 소련의 안보 우려 해소. 그 결과 고르바초프가 통일 독일의

■
* 이 글은 전적으로 필자 개인의 의견이며, 필자의 저서 「브란덴부르크 비망록: 독일통일 주역들의 증언」(늘품플러스, 2011)을 토대로 작성한 것임.

　　　　나토 잔류를 수용, 통일의 대외적 장애 해소.
- 서독의 경제적 능력과 정치 엘리트들의 통일 의지와 외교적 수완.
  - 콜 수상은 동독 주민의 탈출 증가, 동독 정치·경제 상황의 악화, 동독 주민의 통일 요구 등으로 단계적 통일에서 조기 통일로 정책 전환, 통일의 이니셔티브(initiative) 장악.
  - '90.3.18. 동독 최초 자유 총선거에서 '조기 통일'을 공약으로 내세운 '독일동맹'이 승리. 동독 인민의회가 동독 지역주의 서독 연방 가입 결정.
  - 콜 수상은 기민한 외교로 부시 미국 대통령의 전폭적 지지를 확보. 통일에 반대하던 영국과 프랑스를 설득하는 한편, 대소 경제지원 및 안보 우려 해소를 통한 고르바초프의 통일 수용을 유도하는 데 성공.

○ 독일 통일은 동독 산업의 붕괴 및 실업자 증가, 통일비용 부담 등의 후유증에도 불구하고, 성공적인 것으로 평가되어야 함.
- 무엇보다도 통일이 평화적으로 달성되었으며 동독 주민에게 자유를 안겨준 역사는 그 어떤 실수나 비난으로도 평가 절하될 수 없는 최고의 절대가치이기 때문임(『독일통일백서 2010』).

○ 독일의 통일을 가능하게 했던 성공 요인들을 구체적으로 분석해 보고, 이를 토대로 한반도 통일에 대한 시사점과 준비 사항을 도출하고자 함.

2. 독일 통일을 가능하게 했던 성공 요인

가. 서독 정부의 서구 편입 정책과 미국의 강력한 지지

○ 초대 아데나워 수상은 적극적인 서구 편입을 통한 '힘의 우위 정책'을 표

방함.
- 서독과 서방 제국의 정치적·경제적 우월성이 소련을 지치게 만들고 동독의 억압체제를 붕괴시키게 될 것이라고 판단(자석이론), 스탈린의 중립화 제안(1952년) 거부.

○ 소련의 신형미사일 SS-20 배치에 대응한 1979년 나토의 '이중결정(소련과 중거리 미사일 철거 협상을 진행하되 퍼싱 II 미사일도 배치)'에 동의, 미사일 서독 배치(1983년~) 등 서방 동맹체 강화 및 서독의 신뢰를 제고함.
- 콜 수상은 회고록에서 나토의 이중결정과 퍼싱 II 미사일 배치 때문에 군비경쟁 촉진을 통해 서방 동맹체를 와해시키려는 소련의 시도가 좌절되고 고르바초프의 개혁과 개방으로 정책을 전환하는 계기가 되었다고 평가.

○ 1989년 서독은 자유민주주의 공동체인 EC와 나토의 일원으로 불변하며 독일 통일은 유럽의 통일 구도 속에서 추진하겠다고 약속, 서구 우방국의 우려를 해소함.
- '통일 독일의 나토 잔류' 약속을 통해서 나토 회원국들, 특히 미국의 강력한 지지 확보.
- 부시 미국 대통령은 폴란드, 헝가리, 동독 등에서 일어난 사태발전에 대응하여 유럽을 평화와 자유 속에 통일시키려는 전략적 목표를 가지고 독일 통일 문제에 접근(특히, 통일을 향한 독일 국민의 열망을 외교적 동력으로 활용).

○ '2+4 회담' 등 통일 관련 핵심적 사안에서 부시 미국 대통령의 적극적인 지원을 확보함.
- 부시 대통령과 콜 수상을 비롯한 미국과 서독 정치 엘리트들 간의 긴밀한 협의를 통해 영국, 프랑스 등 우방국의 의구심을 해소하고, 소련이 통일을 수용하도록 설득.

- 미국은 소련의 우려를 만족시킬 수 있는 여러 방안을 정리, 서독과 긴밀히 협의하여 '2+4 회담'을 성공적으로 진행.

나. 경제력을 바탕으로 한 우월한 서독 체제의 강한 흡인력

○ 서독은 의회 민주주의와 다원주의를 바탕으로 한 자유민주주의와 시장경제 체제로 지속적인 경제 성장과 모범적인 복지국가를 실현함.

○ 서독의 튼튼한 경제력은 콜 수상이 조기 통일을 결정할 수 있는 절대적 토대가 됨.
- '88년 3.8%, '89년 4.5% GNP 성장, '88년 GNP 대비 정부 재정적자 0%, '85~'89년간 매년 1,000억 마르크 이상 무역 흑자, '89년 120만 명 추가 고용 창출(프리스니츠 전 내독성 차관, 통일 후 내무성 차관).
- '90년 1월 서독 연방재무성 장관 주재 비밀회의에서 서독 마르크화의 동독 도입을 통한 조기 통일 추진이 재정적으로 가능하다고 결론.
  - "서독의 경제력과 재정 상태가 역사상 유일무이하게 통일에 가장 좋은 조건을 갖추고 있었다(프리스니츠 차관)."

○ 서독의 튼튼한 경제력은 고르바초프의 독일 통일 지지와 통일 독일의 나토 잔류 수용을 이끌어 내는 지렛대 역할을 함.
- 콜 수상은 경제난으로 어려움에 처한 고르바초프의 개혁에 힘을 실어주기 위해 각종 경제적 지원('90년 초 10억 마르크 상당 식량, '90년 6월 50억 마르크 차관, 소련군 철수 관련 150억 마르크 재정 지원 등)을 제공.
- 서독은 통일의 대외적 문제 해결의 최대 쟁점인 통일 독일의 나토 잔류에 대한 고르바초프의 동의('90.7.14.~16. 독·소 정상회담)를 얻어내고 소련군 철수 문제도 해결.
  - 서독 측은 소련과의 협상 시, '대소 경제적 지원은 독일 통일 문제의

해결에 기여할 일괄타결의 일부분'이라는 점을 강조.
- 고르바초프도 "소련에 대한 지원금은 소련뿐만 아니라 독일 통일을 돕는 것"이라고 언급.

다. 콜 수상을 비롯한 서독 정치 엘리트들의 통일 의지와 외교적 역량

○ 콜 수상은 동독 주민 탈출과 베를린 장벽 개방 등 사태 진전을 통일의 기회로 인식하고 탁월한 정치적 감각과 외교적 능력으로 통일에 성공함.
- 콜 수상은 베를린 장벽 개방 환영식 연설에서 '미래를 위해 중요한 것은 독일이고, 통일이고 권리와 자유'라고 강조.
  - 같은 행사에서 사민당 정치인들은 독일 통일에 대해 별 반응을 보이지 않았으며, 몸퍼 베를린 시장(사민당)은 "우리의 관심사는 재회이지 재통일이 아니다"라고 강조.
- 월요 데모(11.20.)에서 통일 구호가 등장하고, 독일 문제가 미·소 몰타 정상회담(12.2.), 브뤼셀 나토 정상회담(12.3.) 등에서 국제적 의제로 대두되자, 콜 수상은 독일 통일을 위한 이니셔티브 필요성을 인식하게 됨.
- '89.11.28. '독일과 유럽 분단 극복을 위한 10단계 방안'을 발표, 유럽 통합에 맞춰 '국가 연합적 구조'를 통한 단계적 통일 추진 의사 표명.
  - 10단계 방안 중 주요 내용은 조약공동체 형성 고려(4단계), 국가 연합적 구조 발전(5단계), 동독의 EC 공동시장 가입(7단계), 유럽 평화 속에 자결권에 의한 재통일 실현(10단계)임.

○ 동독 최초 자유 총선거('90.3.18.) 직전에 1:1 화폐교환을 통한 조기통일 추진을 결정, 기민당이 주축이 된 독일동맹의 압승에 기여함.
- 총선거를 통해 구성된 드메지어 민주정부와 화폐통합 및 통일조약 협상.

○ '89년 헝가리 및 체코 주재 서독 대사관 체류 동독 탈출민의 인도를 위한

외교 교섭에 성공, 동독 평화 혁명을 촉발시킴.
- 헝가리와 비밀 정상회담('89.8.25.)을 통해 동독과의 '여행협정' 파기, 탈출민의 동독 송환 중단 약속 확보.

○ 콜 수상, 겐셔 외상 등 서독 정치 지도자들은 미국, 소련의 counterpart와 긴밀한 협의를 통해 통일의 대외적 장애를 해소함.
- 콜 수상과 부시 미국 대통령은 좋은 인간적 관계와 신뢰를 바탕으로 정상회담과 전화, 서신을 통해 의견을 교환, 공동 전략을 모색.
- 콜 수상은 부시 대통령의 지원으로 나토 런던 선언을 통해 소련의 안보 우려를 해소함으로써, 통일 독일의 나토 잔류에 대한 고르바초프의 동의 유도.
  • 런던 선언은 나토-바르샤바 공동 선언 제안, 유럽 재래식 무기 감축, 핵 무기를 최후 수단으로 사용한다는 새로운 전략 채택 등 포함.

라. 원칙에 바탕을 둔 효과적이고 실질적인 교류협력 정책 추진

○ 동·서독 간의 꾸준한 인적·물적 교류와 협력은 주민 간의 소통을 증진시키고 동독 주민에게 서독의 풍요와 자유를 알게 되는 기회를 제공함.
- 사민당 브란트·슈미트 수상 정부가 추진한 '작은 걸음 정책'이 호네커 정권의 연명을 돕고 통일을 지연시켰다는 비판도 존재.

○ 콜 수상은 대동독 경제지원('82~'83년 19억 5천만 마르크 차관 등)과 호네커의 서독 방문 등을 계기로 동독 주민의 여행 자유화와 인권개선 등을 요구함.
- 호네커의 여행제한 완화로 '80년대 중반부터 '89년간 동독 성인 4명 중 1명이 서독이나 서베를린을 방문, 서독의 자유와 풍요에 동경심을 갖게 됨.

○ 서독 기민당 정부의 '유일대표권' 원칙 고수로 대규모 동독 탈출민의 신속

한 수용과 정착 가능, 통일의 단초를 마련함.
- 호네커는 동독의 고유 국적 인정을 지속적으로 요구. 야당인 사민당과 일부 언론도 동독의 별개 시민권을 인정해야 한다고 주장.
  • 콜 수상은 '동독의 국적인정 요구를 받아들였다면 동독 탈출민은 외국인 신분으로 정치적 망명을 신청해야 하는 어처구니없는 일이 벌어졌을 것'이라고 회고.

마. 고르바초프의 등장과 소련의 대동구 정책 변화

○ 고르바초프는 브레즈네프 독트린을 폐기, 동독 주민의 탈출과 평화적 시민혁명을 촉진시킴.
- '89.6. 독·소 정상회담 후 공동성명에서 "모든 국가는 그 스스로 정치 사회 체제를 선택할 수 있는 권리를 갖게 된다"라고 명시.
- '89.7. 스트라스부르 유럽회의에서 고르바초프는 유럽 국가들의 정치적·사회적 질서는 "전적으로 그 인민 자체의 문제요, 그들이 선택할 문제"라고 선언.
  • '89.10. 바르샤바 조약기구 외무장관 회의에서 브레즈네프 독트린을 공식 폐기.
- 고르바초프의 '신사고 외교'는 헝가리와 폴란드 정부에 행동의 자유를 제공, 동독 주민의 대규모 탈출 촉발.
  • 고르바초프는 '89.9.11. 헝가리의 오스트리아 국경 전면 개방을 허용.
- 고르바초프는 동독 내 월요 데모에 대한 소련군의 개입과 동독 정부의 무력 진압에 반대, 동독의 시민혁명이 평화적으로 진행, 동독 공산정권의 붕괴 초래.

○ 고르바초프의 공개적 동독 개혁 요구('89.10.7. 동독 정권 수립 40주년 기념식)는 개혁을 요구하는 동독 시민에게 큰 용기를 주어 시민혁명의 기폭

제로 작용함.

바. 자결권 원칙의 고수

○ 서독 기본법 전문은 '전체 독일 민족은 독일의 통일과 자유를 자유로운 자
   결권 행사를 통해 완성하여야 한다'라고 규정함.
- 콜 수상은 독일 통일이라는 목표를 한 번도 포기한 적이 없다고 회고하면
  서, 자유 체제하의 독일 통일의 전제는 항시 자결권의 자유로운 행사라고
  강조.

○ 콜 수상은 소련을 비롯한 전승국들의 우려를 고려, 동독인들의 자결권을
   강조함.
- 베를린 장벽 개방 후 11월 11일 고르바초프와의 통화에서 "우리는 동독
  동포들이 스스로 결정하는 것이면 그것이 어떤 것이든 당연히 존중할 것"
  이라고 설명.
- 11월 18일 파리 유럽공동체 정상회담에서도 동독인의 자결권을 재차 언급.
- 실제로 독일 통일은 동독 최초 자유선거를 통해 탄생한 동독 인민의회의
  자발적 결정에 따라 달성됨.
  ▪ '90.3.22. 인민의회는 서독 기본법 제23조에 의거하여 동독이 기본법의
    관할지역(독일연방공화국)에 가입하는 방식에 의한 통일을 추진하기로
    공식 결정.

○ 콜 수상은 자결권 행사와 관련 부시 대통령의 강력한 지지와 고르바초프
   대통령의 동의를 확보함.
- 부시 대통령은 '89년 9월 18일 워싱턴 포스트 인터뷰에서 "통일은 독일인
  들이 스스로 결정할 문제이며, 독일 통일에 대해 결코 우려하지 않는다"라
  고 밝힘.

- 고르바초프도 "독일인들이 자결권 행사를 원한다면 소련으로서는 반대할 이유가 없다"라고 언급.

⠿ 3. 한반도 평화통일 준비와 비전

가. 민족 자결권의 명문화

○ 유엔 헌장과 1975년 헬싱키 최종의정서 등에서는 민족의 자결권 원칙을 규정하고 있음.

○ 북한의 민주화 및 우리의 통일 과정에서 중국 등 주변국의 개입을 차단하기 위해서는 우선 헌법에 '자결권'을 명시할 필요가 있음.

- 헌법 제4조 '대한민국은 통일을 지향하며, 자유민주적 기본질서에 입각한 평화적 통일 정책을 수립하고 이를 추진한다'를 '대한민국은 <u>자결권을 바탕으로</u> 통일을 지향하며…'로 수정.

- 국제법적으로 북한이 주권국가로 인정되고 있기 때문에 북한 주민의 자결권 존중 필요.

  · 독일 통일의 대외적 걸림돌을 해결할 수 있었던 가장 중요한 외교적 동력은 동독 주민의 통일 열망이었음(Robert Zoellick).

- 북한의 민주화를 통해 자유·비밀 선거 보장을 우선적으로 관철시킴으로써 북한 주민이 남한과의 통일을 스스로 결정하도록 유도해 나가야 할 것임.

나. 경제적 능력 확충

○ 통일의 기회가 올 때 이를 재정적으로 뒷받침할 수 있는 튼튼한 경제적 역

량을 확충해야 함.
- 서독의 경제력은 동독 주민의 동경심 유발, 소련의 통일 수용을 유도하기 위한 지렛대 역할, 조기 통일을 위한 재정 여건 등을 충족, 통일 달성에 기여.

○ 통일 비용의 재원 조달 방안에 대한 국민적 공감대를 형성함.
- 계층 간, 세대 간, 지역 간(중앙정부와 지방자치단체) 통일 비용 분담 검토를 토대로 재정차입, 세금 부과 등 재원 조달 방안 마련.

○ 통일을 염두에 둔 재정건전성 확보 노력이 필요함.
- 사회복지 대중영합주의(populism)는 막대한 통일 비용을 초래할 위험 내포.
  ▪ 독일의 경우 세계 최고의 서독 사회복지 수준을 동독에 그대로 이전한 결과 20년간 전체 통일 비용(2조 1,000억 유로)의 52%(1조 1,000억 유로)를 사회복지 분야에 사용.

○ 통일 비용이 부담이나 소모가 아니라 편익과 투자라는 인식 확산을 통해 통일 기피증을 차단할 필요가 있음.
- 국방비, 외교적 대결, 긴장 고조, 이산가족 등 분단 비용이나 고통 해소.
- 인구 1억의 '규모의 경제' 기대, 철도·도로로 중국·러시아와 유럽대륙과 연결함으로써 물류비용 절감.
- 북한 지역을 첨단 산업 기지로 개발, 새로운 성장 동력으로 활용.
  ▪ 제2차 세계대전 후 '마셜 플랜'을 통해 서독의 산업 경쟁력을 제고시킴으로써 유럽의 강국으로 부상. 독일 통일 이후 신규 투자 덕분에 구동독 지역의 켐니츠와 드레스덴이 첨단 산업의 메카로 발전.

다. 국제적 친분과 신뢰 구축을 위한 장기적 통일 외교 전개

○ 우리의 통일 과정에서 중국, 미국 등 주변 강대국이 개입할 가능성에 대비

할 필요가 있음.
- 주변국과의 관계 개선뿐만 아니라 정계·경제계·학계 등 전 분야에 걸쳐 네트워크 구축 긴요.
- 정치지도자, 관료(외교관 포함)들 간의 좋은 인간적 친분과 신뢰 형성을 위해 지속적인 노력을 경주(성공적인 외교는 장기적인 행동의 과정과 축적).

○ 미국과의 동맹 관계 강화를 통해 외교적 장애를 해소해야 함.
- 미국과는 자유와 민주주의 확산이라는 목표를 공유.
- 미국과 긴밀한 협의를 통해 통일 과정에서 대두되는 외교적 문제(중국의 개입 포함)에 대한 해결책을 모색.

○ 중국과의 전략적·경제적 파트너십을 강화, 상호 이익에 대한 공감대를 확산시킴.
- 한반도 통일이 중국의 안보 불안을 야기하지 않고 평화 정착을 통해 경제적 이익을 극대화할 수 있도록 '윈-윈' 전략을 구체적으로 마련.
- 탈북자의 강제 송환이 보편적 인권 규범에 맞지 않음을 지속적으로 설득.

라. 북한 주민의 마음을 사로잡는 정책 추진

○ 북한의 미래와 한반도 통일을 결정할 북한 주민의 생각을 바꾸는 노력이 필요함.
- 북한 주민의 생활 수준과 인권 개선, 외부 정보 접근성 강화, 북한의 개혁·개방 유도 등.
  • 독일 통일은 동독 주민의 평화 혁명(대규모 탈출·월요 데모)과 민주적 절차에 따른 조기 통일 선택이 없었으면 불가능.
- 인도적 지원을 비롯한 교류·협력을 통해 북한 주민의 고통 해소 및 대남 적개심 완화, 남한의 자유와 풍요에 대한 동경심을 유도.

- 대규모 지원은 이에 상응하는 북한 측의 양보(이산가족, 납북자 문제 등)
  와 철저한 모니터링을 전제로 해야 할 것임.

○ 북한 주민에게 자결권에 따른 선택의 기회가 주어질 때 자유민주주의와
  시장경제 체제하의 통일을 선택하도록 정책적 노력이 필요함.
- 북한 주민이 원하는 것은 '북한식의 새로운 사회주의 실험'이 아니라 '남
  한과 같은 자유와 번영'이라고 대답할 수 있도록 만들어 나가야 함.

마. 남·북 간 대화의 끈을 유지

○ 동·서독 정부는 대화와 협상을 통해 대규모 탈출 사태와 시위 등 긴급 상
  황을 평화적으로 관리함.
- '89년 여름까지 동·서독 간에는 경제, 교통, 통행, 사법 공조 등 22개 분
  야의 공동위원회나 전문위원회 회담이 진행.
- 콜 수상은 동독의 호네커 서기장·크렌츠 서기장·모드로 수상과 직·간
  접 접촉을 통해 동독의 안정화 및 개혁 문제를 논의.

○ 북한 위기 상황 발생 시 남·북 간 대화를 통한 해결 노력이 중요함.
- 북한의 사태 발전을 정확하고 실질적으로 판단하는 데 도움이 되며, 상호
  간 오해와 불신을 방지함으로써 상황을 평화적으로 관리가 가능.
- 대북 긴급 지원 제공과 함께 민주화 개혁과 시장경제 체제 도입을 촉구.
- '민족 자결권'을 내세워 주변국의 개입을 차단하기 위해서라도 남·북한
  간 대화를 통한 해결 노력을 과시할 필요.

바. 분야별 통일 준비 구체화

○ 북한에 대한 구체적 정보 수집 및 체계화 작업이 필요함.
- 산업·인문지리·인물 등 북한의 분야별 실태에 대한 정보를 데이터베이스화.

○ 분야별 북한 전문가 양성

○ 다양한 상황에 따른 분야별 통합 준비 구체화
- 통합의 속도(단계적 vs. 일시적), 법적 통합 방법, 군사통합, 심리적 통합 문제 등.
- 재산권 처리, 화폐 교환율, 부실기업 청산, 실업자 대책, 북한 지역 투자유인책, 정권협조자 사면 여부, 반인권적 범죄 처리 등.

○ 통합 과정을 총괄·조정할 정부기구 필요성 검토

4. 결론

○ 독일과 한반도의 통일 사이에는 유사점도 있지만 큰 차이점이 있음.
- 6·25전쟁으로 남·북 간 적대의식과 불신 상존, 북한 주민의 외부 정보 차단, 북한 군부와 보위부 등 체제 보위세력의 호전성 등이 통일의 큰 장애 요인으로 작용할 가능성이 있음.
- 동독 지도부가 '별개 국가', '별개 민족'을 강조한 반면, 북한 정권이 '통일을 민족적 과제'로 지속 선전해 온 것은 긍정적 측면임.

○ 우리 민족이 선진국으로 웅비하기 위한 중요한 필요조건은 바로 통일임.
- 이미 우월성이 입증된 자유민주주의·시장경제 체제로 제대로 통일이 돼야 선진 통일국가로 발전할 수 있음.
- 독일 통일 과정에서도 제기된 적이 있는 소위 '제3의 길'은 밝은 미래를 보장해 줄 수 없을 것임.
- 통일의 기회는 언젠가 찾아올 것이기 때문에 미리 철저히 준비해 둠으로써 편익을 최대화하는 평화통일을 달성해야 할 것임.

○ '89년부터 대한민국 정부가 표방하고 있는 '민족공동체 통일방안'에 따른 단계적 통일방안 추진과 함께, 갑자기 다가올 통일의 기회에도 대비해야 할 것임.
- 남·북한 간의 교류협력을 통해 북한 주민의 생활 수준을 개선하는 한편, 북한의 개혁·개방을 유도해 나가야 할 것임.
- 동시에 여러 가지 시나리오를 가정하여 통합 방안을 구체화할 필요가 있음.
- 무엇보다 중요한 것은 우리 정치 지도자들의 통일 의지와 비전이며, 통일을 뒷받침할 수 있는 경제적·재정적 역량일 것임.

○ 평화 통일을 성공적으로 달성하기 위해서는 주변국의 협조뿐만 아니라 국내적 여론 통합이 매우 중요함.
- 정부·민간 차원에서 통일 외교 노력을 강화함으로써 주변국의 신뢰를 쌓아나가는 한편, 개별국가의 이해관계를 정확하게 파악해야 할 것임.
- 국내적으로 대북정책과 통일문제에 대한 남남 갈등을 해소하고 국론을 통합해 나가는 일이 큰 도전 요인일 것임.
- 주변국과 남·북한 주민을 대상으로 한 통일 홍보 전략도 미리 수립해 둘 필요가 있음.

참고문헌

국내문헌

〈단행본〉

김주일 옮김. 헬무트 콜 저. 「나는 조국의 통일을 원했다」. 서울: 해냄. 1998.

염돈재. 「독일통일의 과정과 교훈」. 서울: 평화문제연구소. 2010.

오정환 옮김. 엘리자베스 폰드 저. 「장벽을 넘어서」. 서울: (주)한국논단. 1994.

윤여덕 옮김. 호르스트 텔칙 저. 「329일: 독일 통일의 기적을 만든 결정적 순간들」. 서울: (주)한독산학협동단지. 2007.

한우창 역. 볼프강 쇼이블레 저. 「나는 어떻게 통일을 흥정했나」. 서울: 동아일보사. 1992.

허선 옮김. 호르스트 지버트 저. 「통일 그리고 경제의 모험」. 서울: 을유문화사. 1993.

〈정부간행물 및 기타 자료〉

국토통일원. 「독일 통일의 전개과정」. 국토통일원. 1990.

법제처. 「독일 통일관계법 연구」. 법제처. 1991.

_____. 「독일 통일관계법 연구 Ⅱ」. 법제처. 1992.

유복근 번역. "2+4: 독일 통일의 교훈." Robert B. Zoellick 저. "Two Plus Four: The Lessons of German Unification." 외교통상부 조약국. 「국제법 동향과 실무」. 통권 제11호. 2005.

주독 한국대사관. 「독일 분단으로부터 통일까지 약사」. 주독 한국대사관. 1991.

_____. 「동·서독 교류협력 사례집」. 주독 한국대사관. 1993.

_____. 「동·서독 화폐통합」. 주독 한국대사관. 1993.

_____. 「독일 통일백서」. 주독 한국대사관. 1994.

통일원. 「동독붕괴와 서독 정부의 조치」. 통일원. 1994.

국외문헌

〈영문〉

Ash, Timothy Garton. *In Europe's Name: Germany and the Divided Continent.* London: Jonathan Cape. 1993.

Bush, George and Brent Scowcroft. *A World Transformed.* New York: Alfred A. Knopf. 1998.

Hancock, M. Donald and Helga A. Welsch. Ed.. *German Unification: Process & Outcomes.* Boulder:

Westview Press. 1994.

McAdams, A. James. *Germany Divided: From the Wall to Reunification*. New Jersey: Princeton University Press. 1993.

Merkl, Peter H.. *German Unification in the European Context*. University Park, Pa.: Pennsylvania State University Press. 1993.

Szabo, Stephen F.. *The Diplomacy of German Unification*. New York: St. Martin's Press. 1992.

Zelikow, Philip and Condoleezza Rice. *Germany Unified and Europe Transformed: A Study in Statecraft*. Cambridge, MA: Harvard University Press. 1995.

〈독문〉

Kiessler, Richard und Frank Elbe. *Ein runder Tisch mit scharfen Ecken: Der diplomatische Weg zur deutschen Einheit*. Baden-Baden: Nomos Verlagsgesellschaft. 1993.

Schaeuble, Wolfgang. *Der Vertrag: Wie ich ueber die deutsche Einheit verhandelte*. Bonn: Deutsche Verlags-Anstalt. 1991.

Teltschik, Horst. *329 Tage: Innenansichten der Einigung*. Berlin: Siedler Verlag GmbH. 1991.

Waigel, Theo und Manfred Schell. *Tage, die Deutschland und die Welt veraenderten: Vom Mauerfall zum Kaukasus, Die deutsche Waehrungsunion*. Muenchen: Ferenczy bei Bruckmann. 1994.

Weidenfeld, Werner und Karl-Rudolf Korte (Hrsg.). *Handwoerterbuch zur deutschen Einheit*. Frankfurt: Bundeszerntrale fuer politische Bildung. 1993.

〈독문 정부간행물 및 기타 자료〉

Bundesministerium des Innern. *Jahresbericht der Bundesregierung zum Stand der Deutschen Einheit 2010*. Berlin. 2010.

Bundesministerium fuer innerdeutsche Beziehungen. *Texte zur Deutschlandpolitik*. Reihe III/Band 7-1989.

Bundesministerium fuer innerdeutsche Beziehungen. *Texte zur Deutschlandpolitik*. Reihe III/Band 8a-1990.

Bundesministerium fuer innerdeutsche Beziehungen. *Texte zur Deutschlandpolitik*. Reihe III/Band 8b-1990.

Deutscher Bundestag. *Materialien zur Deutschen Einheit und zum Aufbau in den neuen Bundeslaendern*. 12 Wahlperiode. Drucksache 12/6854. 1994. 2.8.

Press- und Informationsamt der Bundesregierung, Deutschland: *Von der Teilung zur Einheit*, 1994.

북한의 변화와 남·북통일전망

정지웅(통일미래사회연구소 소장)

　　우리가 다양한 시나리오를 상정할 수 있지만 통일을 이룩한 나라들을 살펴볼 때 정체성의 확립 없는 통일은 사상누각이라는 것, 내면적인 융합 없는 정치적·군사적 통합은 완전하지 않아 자칫 전쟁으로 치달을 수 있다는 사실을 깨닫게 해준다. 그러므로 한반도에서는 문화적·사회적·경제적 통합이 자연스럽게 이루어져서 내전 또는 한쪽의 소외 없는, 말 그대로 녹아서 하나가 된다는 의미로 융해되어 화합하는 통일이 바람직하다.

　　그러한 통일을 이룩하기 위해서는 우선 남·북한의 대화를 좀 더 진지하게 시작하여 서로 이익이 되는 부문부터 실질적으로 진전을 이룩하여 점차 어려운 문제로 나아가야 한다. 모든 것을 상대방의 탓으로 돌리고 무조건 안 된다는 사고방식을 정책에 반영해서는 진보가 있을 수 없다.

　　평화적 통일을 위해서는 양측이 각 부문의 상호보완적 교류를 통해 신뢰가 깊어지고 이것을 바탕으로 더욱 상호의존적으로 되어 분리가 오히려 양측에 치명적인 손실을 가져올 것이라는 확신을 갖게 되는 과정이 필요하다. 이 과정에서는 물론 상호이익을 주는 물질적 측면의 교류 내지 통합뿐만 아니라 정신적·문화적 방면의 서로의 이질감을 극복하기 위한 총체적인 부문에서의 노력과 의지가 반드시 뒤따라야 한다.

　　동시에 한국전을 법적으로 종식시키고 한반도에 군비 축소를 가져올 수 있는 협상을 추진할 필요가 있다. 이때 미국은 틀림없이 개입할 것인바, 중국을 참여시키는 것이 안정에 도움이 될 것이다. 장기적으로는 일본과 러시아를 참여시켜 동북아 지역 안보를 위해 쌍무적인 동맹관계나 잠정적인 지역결속에 의존하기보다 더욱 항구적인 다자간 안보장치를 모색하는 것이 바람직할 것이다.

1. 북한의 현실

○ 어려운 경제 여건으로 대규모의 군대와 군수공업을 유지하고 있음.
- 군사비 지출 및 군수공업은 북한 GDP 중 15~30% 차지함.
- 군대규모는 아시아에서 중국 다음이며 인도와 비슷함.

○ 북한경제는 '지대추구형(rent-seeking)' 경제체제를 보유함.
- 일종의 공급 독점을 통하여 이익을 추구함.

○ 미사일 등 각종 무기 수출과 수단을 가리지 않는 경화 확보를 노력함.
- 경제활동을 통해 확보된 경화(hard currency)는 김정일이 관리하여 군부 및 관료 엘리트들의 충성을 얻고, 이들을 지원하며 체제를 유지하기 위해 사용함.
- 충성을 바치게 되는 엘리트들은 2,200만 인민들을 억압과 공포, 그리고 가끔의 혜택을 통해 지배함.

○ 1994년 김일성의 사망은 북한정권의 붕괴가 임박했다는 추측을 낳았지만, 후에 이러한 추측은 사라짐.
- 1994년 이후 북한정권이 안정적이라는 점이 드러나게 되었음.
- 북한정권 붕괴 여부에 대한 관심이 북한 핵개발 문제에 의해 대체되었기 때문임.

○ 붕괴를 예측했던 관찰자들이 붕괴의 조짐이 보이지 않아 주기적으로 놀랐는데, 최근 김정일의 건강 이상으로 다시 북한 붕괴론이 등장함.
- 여러 정보에 의하면 김정일의 북한 장악은 아직 건재하며, 최근 3남 김정은으로 권력승계가 이루어지고 있음. 필자는 권력승계 그 자체는 성공하

리라 예상하지만 그 이후는 장담할 수 없음. 하지만 북한체제의 특성상 오래 유지될 가능성도 배제하지 못함.

2. 현 단계 동북아 정세 전망

현 단계 동아시아 국제정치 지형에서 가장 중요한 키는 북핵 문제임.

가. 북한 핵 문제 해결 시

○ 북한에 대한 미국의 테러지원국은 해제되고 적성국 교역법 해제가 이루어짐. 이후 핵 문제가 확실하게 풀릴 경우 북·미 관계 해소와 나아가 북·일 관계가 해소됨. 이후 북·미 평화협정이나 북·일 협정 체결 가능성이 있으며 북한의 정상국가화를 유도할 수 있음.

1) 단기적 전망
○ 남·북 관계 해소 시 남·북 경협이나 북한 개발을 위한 지원 추진될 것임.
– 북한 개발과 동아시아의 공동번영 추구 가능함.

○ 북한이 의도적으로 남·북 대립각을 세울 경우 남·북 관계 경색될 것임.
– 북한은 주변국과 친선관계를 유지하나 남한에 대해서는 정치적 의도로 통미봉남정책을 지속할 것임. 이것이 여의치 않을 경우, 표면적 화해 제스처를 통한 대북 지원 요구 가능성이 있음. 그러나 현 정부 동안 화해는 쉽지 않을 것으로 예상됨.

2) 장기적 전망

○ 제1시나리오

- 핵 문제의 원활한 타결과 대일수교의 성취로 거액의 경제원조(전후 보상액)에 힘입어 경제난을 극복하고 주민의 인내와 노력으로 사회 안정을 회복하면서 북한의 현 정권과 통일노선이 유지되는 경우임. 이러한 조건으로는 북한의 냉전체제가 그대로 지속될 경우 이른바 소강 국면에 접어들어 통일의 가능성은 점점 어렵고 복잡해진다는 예측임.

○ 제2시나리오

- 미 행정부의 대북한 연착륙 정책 기조로 북한정권은 경제적 현상유지를 하면서 점진적인 개혁개방으로 국력을 회복시킬 것이라는 예측임.

나. 북한 핵 문제 미해결 시

1) 단기적 가능성

○ 남·북 관계는 현재와 같은 지지부진한 상황이 지속될 것임.

○ 북한의 식량난이나 경제난이 지속될 것임.

○ 북한의 고립화가 지속되어 북한은 중국과 러시아로의 돌파구를 마련할 것임.

○ 미국과 일본의 북한에 대한 압박 등으로 긴장 관계가 형성될 가능성이 있음.

2) 장기적 가능성

○ 제1시나리오

- 북한은 중국과 러시아의 지원을 받으며 현재와 같은 지지부진한 상태를 유지함.

○ 제2시나리오

- 경제파탄에 의한 김정일의 지도력 상실, 권력 분열, 귀순자의 급증, 주민소요, 대대적인 숙청으로 점진적인 붕괴의 길을 걷는다는 예측임. 여기에는 과도정부가 탄생할 수 있음.

○ 제3시나리오

- 국내외적인 극한상황에 빠진 북한의 권력층은 군부 주도의 강경노선으로 지탱, 고난의 행군 지속, 무모한 국지전 도발, 전쟁 확대 가능성이 상존하게 됨.

○ 제4시나리오

- 식량난으로 인한 내부 폭동과 대량의 난민 발생으로 북한정권이 갑자기 붕괴하며 결국은 남한 주도의 흡수통일의 형태로 발전됨.

3. 이론상의 북한변화 시나리오 양상

유형＼변수	시간			행위			(변화내용) 성공한 경우
	단기	중기	장기	목적	조직규모와 성격	수단	
쿠데타	+			정권탈취	소(소수정예, 비밀, 행위의 신속성 필수, 중앙정부수뇌부 혁파, 장악)	무력	정치 수뇌부 교체
혁명		+		기존정권 및 체제 대체	소, 중, 대(새로운 대체이념, 새 이념 추종 세력·조직 필수)	무력포함 여러 가지 수단	정권 및 체제 대체
개혁	+	+	+	기존정권 및 체제 유지를 위한 개혁	소(소수 기존 집권세력의 새 정책·전략개발 필수)	평화적·점진적 새 정책 개방·집행	정권·체제 개선 및 활성화
시민 전쟁		+	+	기존정권 정통성에의 도전·항전	대(기존 중앙정부에 중·장기간 도전·항전할 수 있는 지역·지방 지지기반 필수)	무력행위	기존정권· 체제의 붕괴

개혁	목적	수단	추진 가능성
시나리오1a	현 체제·정권 유지·고수	부분적·제한적 개방·개혁	높다
시나리오1b	현 체제·정권 부분적·제한적 개혁 (현 체제 유지를 위해서)	부분적·제한적 개방·개혁	높다
시나리오2	현 체제·정권 점진적 개혁 (현 체제 개혁을 위해서)	부분적·제한적 개방·개혁	낮다
시나리오3	현 체제·정권 대체/전환(구동구 소련과 같이 정치적 민주화와 경제적 시장경제 도입 시도)	부분적·포괄적 개방·개혁	아주 낮다
시민전쟁	가능성 상존		

4. 다양한 통일 유형 가능성 변수

가. 경험을 기초로 한 통일 유형 도출

1) 흡수통일 가능성

○ 첫 번째는 베트남이나 예멘의 2차 통일과 같은 무력 흡수통일로, 이것은 전쟁 결과 힘이 우세한 측이 승리하여 자신의 체제로 통합하는 것임.

- 지금 상황에서 어떤 형태로든 전쟁이 발생하면 미국과 한국군의 연합군이 결국은 승리할 것이라는 전망이 지배적임. 그러나 현대전의 가공할 파괴력은 민족의 존망을 위협할 가능성이 많기에 전쟁을 통한 통일은 결코 추진되어서는 안 됨.

○ 두 번째는 독일과 같은 평화적 통일유형 변수임.

- 북한에 의한 남한의 흡수통일 가능성은 희박함. 왜냐하면 사회주의의 몰락과 남·북 간의 국력에서 북한이 뒤지고 일당체제로의 통합을 통일의 주역이 될 남한의 중산층이 결코 선호하지 않기 때문임.

- 남한에 의한 북한의 흡수통일 변수는 북한체제의 붕괴로 갑작스럽게 이루어지는 경우와 시간이 흐른 뒤 점진적으로 이루어지는 경우로 나누어 생각할 수 있음. 그런데 후유증의 측면에서 볼 때 후자가 보다 바람직하다고 볼 수 있음. 이는 기능주의적 방식에 의해 북한사회를 민주적인 시장경제 체제로 변화시키고 남한도 동시에 힘을 길러 준비를 하자는 입장을 반영하고 있음.

- 남한이 추구하는 기능주의적 방식은 자동적으로 정치적 통합을 이끄는 것은 아님. 또한 그 과정에서 적대감을 낳을 수도 있기에 한반도 통일의 경우 신기능주의적1) 접근은 시사점이 크다고 하겠음.

2) 북한이 주장하는 연방제 통일 유형 모델

○ 하나의 국가 속에 이념과 체제를 달리하는 두 체제가 공존하는 모형임. 그러나 단일국가 아래 상이한 이념을 지향하는 두 체제가 장기적으로 존립할 가능성은 현실적으로 볼 때 희박하며, 내전의 가능성이나 다시 분단되어 원상태로 돌아갈 가능성이 있다는 한계가 있음.

○ 북한이 주장하는 연방주의는 정치적 분야에서의 일괄적 타결이 선행하게 되면 다른 모든 분야의 문제는 자동적으로 해결된다는 논리를 전개하고 있음. 연방은 폭력 수단에 대한 효과적인 통제와 자원의 배분 결정에 관한 권력을 위임받음으로써, 각 개체가 무임승차(free-rider)의 길을 가는 것을 제재하고 통일이라는 공동선으로 가게끔 강제할 수 있는 것임. 그러므로 연방주의적 접근에서는 연방제 문제에 관해 자치권을 포기하는 정치적 협약의 과정을 중시하고 있음.

---

1) 신기능주의에서는 어떤 기능적 분야에 있어서 초국가적인 중앙 기구가 결성되어 이것이 각 회원국 내 여러 집단의 통합에 대한 기대나 요구를 일으키는 정책을 추구한다면 이 집단들은 충성심이 점차로 민족 국가를 초월한 주체로 이전하게 되며 제도적·정치적 측면에서의 통합이 일정한 단계에 이르면 필연적으로 사회·심리적 측면으로 확대되어 정치적 통합을 달성하게 된다고 본다. 그러므로 서로 다른 남·북한 통일정책의 한계는 절충 내지 대안으로 신기능주의의 의미를 강화시키고 있다.

- 연방주의의 문제는 어떻게 초국가적 권위를 형성하느냐에 있음. 왜냐하면 분단국가들이 자발적으로 폭력 수단을 연방에 위임한다는 것은 참으로 어려운 선택이기 때문임. 따라서 북한이 주장하는 연방주의적 방안의 한계는 군사적 긴장이 계속되는 현실에서는 더욱 두드러지게 드러나고 있음.

3) 예멘의 1차 통일과 같은 비례대표 유형
○ 예멘의 1차 통일에서 통치기구의 직책은 남·북예멘 지도자 사이에서 공정하게 배분되었음. 예멘 통일은 예멘의 지정학적 정치환경인 행정을 남과 북이 1 : 1의 평등원칙에 의한 대등한 관계에서 이루어졌다고 볼 수 있음. 이 같은 통일예멘의 권력구조 배분은 두 정부 지도자들이 양측의 전반적인 국력을 바탕으로 비례 배분한 것으로 보임. 북예멘이 통일정부를 주도하되 남예멘도 무시하지 못할 견제세력의 직위를 보장받았던 것임.
- 정치와 경제체제에서는 북예멘의 자유 민주와 시장경제원리에 의해 통합되었는데, 정치는 복수정당제도로, 경제는 사유권 인정과 자유시장경제에 바탕을 둠.
- 외교노선에서는 남·북예멘이 함께 아랍국가로서 원칙적으로 추구하고 있던 비동맹 중립노선을 고수하기로 하였음.

○ 이처럼 남·북한 간에도 예멘의 1차 통일의 경우처럼 주도권을 가지는 측(남한이 될 가능성이 높다)에 의해 한쪽의 이념으로 통일의 가닥이 잡히고, 비례식으로 권력 배분을 하는 방법도 있음. 그러나 이는 예멘의 경우에서 보듯이 갈등과 내전의 복선을 내포하고 있기에 준비를 철저히 하는 것이 반드시 필요함.

4) 제3의 대안으로 수렴통일 모델
○ 두 체제가 각자의 부정적 측면을 버리고 수정을 통해 하나로 수렴됨으로써 동일한 체제를 갖는 통일방안임. 즉 남·북한 쌍방이 각각 변화를 추구하

고, 이를 전제로 두 체제가 접근·수렴하여 합의통일을 이루려는 방안임.

- 이는 체제상으로는 사회적 민주주의로부터 서구적 사회민주주의까지 다양한 스펙트럼을 가질 수 있음.

- 수렴론과 절충주의는 도덕적 관점에서는 단순 흡수론보다 더 설득력이 있으나 선언을 넘어 현실화되는 데는 많은 어려움이 있음.

- 이 모델은 서구 복지국가의 위기와 신보수주의의 대두가 보여 주듯 물적 토대의 위기에 따라 실패할 가능성도 있음.

○ 오히려 이것을 교훈으로 삼아 한반도에서는 좀 더 발전된 형태를 모색해 볼 만한 충분한 가치는 있음.

- 두 제도가 가진 장단점을 가려 자주적으로 취사선택하되 그 근간을 개방적 민족주의로 삼아 통일된 민족국가 형성에서 가치와 이상을 살려 나가는 것을 이념적 기조로 삼아야 할 것임.

5) '흡수'도 '수렴'도 아닌 '발전적 통합모델'

○ 남과 북이 지금까지 집착해 온 가치들에서 벗어나 새로운 민족공동체의 삶에 필요한 가치체계를 다시 창조하여 적용하는 모델임. 변혁기인 현시점에서 통일을 앞당기기 위해서뿐만 아니라 바로 미래를 위한 선택을 할 때 택할 수 있는 새로운 좌표가 필요하기 때문임.[2]

- 평화적 통일을 달성하기 위해 우선 남·북한의 우리 한민족은 그 상극성과 대결성을 초월해야 함. 그 초월이 없이 평화적 통일은 불가능함. 두 체제와 두 이데올로기의 초월, 곧 변증법적 지양이 있어야 함. 그 초월이 곧 변증법적 지양의 기본정신이 바로 민족적 화합이요, 민족적 대단결임.

- 한민족의 경우에도 체제에서의 발전적 통합모델뿐만 아니라, 이념에서도 바로 민족주의라는 상위의 개념으로서 체제와 이데올로기의 차이를 초월

---

2) 안청시, "북한 주민까지 포용할 새로운 통합모델," 『2000년에 열리는 통일시대』(서울: 동아일보사, 1993), p.145.

해야 할 필요가 있음.3)

○ 이상의 다양한 모델들은 북한의 변화가능성에 따라, 그리고 남·북한의 관계, 국제적 변수들, 우리의 의지 등 다양한 요인에 의해 결정될 것임. 평화적이기는 했지만 독일식의 흡수통일은 한쪽의 소외를 가져왔고, 예멘식의 어설픈 비례대표는 내전을 초래했음.

○ 한반도의 통일은 이들의 과오를 밟지 않는 좀 더 발전된 형태의 통일을 이룩해야 함. 통일은 한민족 전체의 자유·평등·복지를 향상시켜 나가는 과정으로 한민족 전체가 평화와 번영을 누리기 위한 방향으로 나아가야 함.

나. 'SRI 시나리오기법'4)을 기초로 한 통일유형 도출

중국, 러시아, 일본 등의 주변 국가도 변수로 작용하고 있으나 기본적인 통일과정과 통일형태를 결정적으로 규정하는 기본 요소는 북한 리더십(강경노선, 연성노선)과 한미 대북정책(지원정책, 봉쇄정책) 변수임. 이 변수 2개를 추출하여 그것을 시나리오 구성의 축으로 설정할 경우 다음과 같은 표가 형성됨.

---

3) 김학준, 『한국 민족주의의 통일논리』(서울: 집문당 1983), pp.18-19.
이러한 관점에서 볼 때 해방 직후 남·북의 집권세력이 스스로의 권력 구축을 위해 민족주의 세력을 질식시키고 도태시켰다는 사실은 반드시 지적되어야 할 과오이다. 그 같은 민족주의 지도자나 세력이 근절 당하다시피 되어 오늘날 남·북 간의 상극이나 분열은 더욱 골이 깊어졌고 통일에의 한을 가중시켰으며 허무주의적이고 파괴적인 민족 성격을 형성시키기도 했던 것이다. 이러한 상황을 극복하기 위해 남은 개방화, 자유화, 개인화에서 절제 있게 민족화로 가치지향을 하고, 북은 폐쇄화, 통제화, 사회화에서 개방화, 국제화로 가치 지향을 함으로써 보다 높은 가치실현을 위해 서로의 관용과 유연성을 발휘해야 한다.

4) SRI(Stanford Research Institute) 「시나리오기법」은 아래와 같이 총 6개 단계로 구성된다.
  ● 제1단계: 意思決定(decision making)
  ● 제2단계: 主要決定要素(key decision factor) 파악
  ● 제3단계: 주요 결정요소의 미래에 영향을 미치는 내적·외적 요인 도출
  ● 제4단계: 시나리오 축 개발
  ● 제5단계: 시나리오 기본 축을 토대로 하여 시나리오를 작성·서술
  ● 제6단계: 시나리오에 따른 시사점 및 대응책 도출

〈표 1〉 4개의 통일유형도출

한미대북정책 \ 북한리더십	연 성	강 성
지 원	유도적 통일	합의적 통일
봉 쇄	자멸적 통일	충돌적 통일

○ 한미 대북정책이 지원이냐 봉쇄냐에 따라 표처럼 통일시나리오가 달라질
수 있음.

○ 북·미 관계가 정상화되면 한반도 평화체제를 추진하는 탄력을 받을 수
있고, 미국의 북한봉쇄정책은 사실상 가능성이 희박해진다고 볼 수 있음.
따라서 주변국들의 지원을 받으면서 북한정부가 어떻게 경제를 안정화시
키고 체제를 유지하느냐에 따라 향후 북한정권의 존립 여부, 남·북 경협
활성화 여부 등도 결정된다고 하겠음(물론 중국, 러시아 변수는 가장 큰
외적 요인이기 때문에 논의의 과정에서 다루고자 함).

1) 유도적·합의적 통일 시나리오
○ 북한정부가 한국과 미국, 일본의 지원을 받음.
- 중국식 모델을 채택함.
- 경제시스템을 점차 자유화함.
- 국제교역과 자본거래를 개방함.
- 중앙집권적인 경제 통제를 약화시킴.
- 경제활동의 탈중앙화와 시장화를 추진함.

○ 남·북한의 경제는 중국-대만의 경제와 같이 좀 더 서로 어울리게 됨.
- 대만과 중국경제는 재화 및 자본의 거래가 증가했을 뿐만 아니라 서로 어
울리게 되었음.

○ 이러한 상황에도 북한정부가 연성이라서 주민 통제가 불가능하다면 남한 체제 중심으로 자연스럽게 통일을 추진할 수 있는 유도적 통일이 가능할 것임. 그러나 북한체제의 정체성이 강하고 통제가 확실할 경우 오히려 남한과의 통일 가능성이 낮을 수 있지만 통일을 포기할 수는 없으므로 이때는 합의적 통일로 특정한 형태의 정치적 연방제를 생각해 볼 수 있고 과정으로서의 통일개념에 입각하여 장기적 통일 입장을 견지해 나가야 함.

2) 자멸적 통일 시나리오
○ 북한정권은 생각보다 경제적 난관 속에서 잘 버텨왔음.

○ 이렇게 버텨오게 된 가장 큰 힘은 외부로부터 '경제적 지대(經濟的 地代, economic rent)'와 다른 지지의 원천들(sources of support)을 확보하는 북한정권의 수완과 효과성임.

○ 이렇게 확보한 경제적 자원들은 북한 주민의 기아(飢餓)와 이에 따른 아사(餓死), 그리고 국내적 저항의 조짐에 맞서는 데 있어 북한정권의 중앙집권적 통제력을 강화시키는 데 이용함.
- 이런 일이 계속될 수 있을지는 의문이라는 의견이 다수임.

○ 다시 경제적 어려움을 겪게 되는 상황에서, 북한정권이 더 이상 외부적 자원을 확보하여 막대한 군사비 지출을 감당할 수 없게 되는 경우, 상황은 과거와 달라질 것임.

○ 이러한 경우, 당 지도부 내부에서 균열이 발생할 것이며, 김정일, 김정은의 권위는 훼손될 것임.

○ 김정일 사망 이후 김정은의 능력 부족이나 분열로 급격한 권력 누수가 발

생할 경우, 가능성은 높지 않으나 북한체제는 흔들릴 수도 있음.

○ 남·북한 교류가 미리 있었던 상황인 경우, 남·북한 간 일종의 이해와 협
  력체제가 만들어질 수 있음.
－ 적절한 경제적 유인(誘引)에 의해, 북한의(핵을 포함한) 무장해제를 유도
  할 수 있게 됨.
－ 북한정권의 남한으로의 흡수통합으로 이어질 수도 있음.

○ 북한의 붕괴에 따라 여러 세력 간의 투쟁이 가시화될 가능성과 중국의 직
  접적 개입을 배제 못 함.

3) 충돌형 통일 시나리오
○ 남·북한(무력) 충돌은 다음의 원인에 의해 발생할 수 있음.
－ 북한의 국지전 혹은 전면적 남침.
－ 미국의 핵 제거 위한 폭격에 대응하기 위해 혹은 여기에 남한이 연루되어
  있는 도발로 해석함.
－ 북한 내부의 무력충돌이 남한으로까지 번지게 됨.
－ '충돌의 번짐'을 사전에 막기 위한 남한 측의 '예방적' 무력 개입.

○ 어떠한 경우라도, 미국과 중국은 암묵적, 명시적으로 상호협력함.
－ 질서를 회복 유지시키기 위해, 또는 상황악화를 막기 위해, 자국의 이익을
  위할 것임.
－ 양국 모두 무력개입을 하게 될 것임.

○ 이러한 과정에서 무력충돌로 인해 남한의 자본재가 훼손당하게 될 위험이
  있음.
－ 이것은 통일비용에 남한 재건비용 덧붙이게 될 것임.

○ 북한 내에 반란이 발생하게 된다면, 통일에 따른 경제적 부담은 더욱 커질 것임.

○ 미국과 중국의 충분한 협조를 가정하는 경우
- 남·북한 통일은 시간이 오래 걸릴 것이며, 일종의 남·북한 연방제 형태를 취하게 될 가능성이 높으며, 통일연방정부는 중국의 용인으로 남한식의 체제를 가지게 될 가능성이 높으나, 정치적으로는 미국뿐만 아니라 중국과도 우호적 관계가 되거나 중립적 입장을 취하게 될 것임.
- 통일에 따라 주한미군은 철수하게 되거나 상당히 감축될 수도 있음.

다. 경제적 측면에서 본 시나리오

1) 시나리오 I
○ 북한이 통제력을 보유한 중앙집권적체제(centralized government)를 그대로 유지한 채 점진적으로 그러나 제한적으로 개방화로 나아가고 국지적으로 시장경제체제를 받아들이는 경우에는 이때 상황이 안정되면 언제든 과거로 회귀(set back)도 할 수 있음.

○ 북한정부의 의도대로 상황이 전개된다면 북한 체제는 당장은 현상유지가 가능하겠지만 이 경우 장기적으로는 개방 요구의 하중을 견디지 못하고 심각한 체제 위협에 직면할 가능성이 있음. 더욱이 북한정부의 의도대로 진행되지 않는다면 혼란은 더욱 빨리 도래할 가능성이 있음.
- 북한 측이 이와 같은 방안을 선택했을 때, 남한 측으로서는 그에 대해 뚜렷이 대응할 만한 방안들이 별로 없음.

○ 단기적으로는 지속될 수 있을지 몰라도 장기적으로는 하이에크의 지적처럼 인센티브 제도의 부재, 시장 메커니즘의 부재 등으로 성공하기가 쉽지

않음. 아무리 군부로부터 강력한 지지를 받는 정권이라 하더라도 점차 주민에 대한 통제력을 상실하게 되면 결국 그 체제는 유지하기가 어려워질 것임. 그럼에도 불구하고 단기적 실현가능성에 대한 매력으로 인해 현재의 북한 지배세력으로서는 이 시나리오를 선택할 가능성이 가장 높아 보임.

2) 시나리오 II

○ 북한이 통제력을 보유한 중앙집권적체제(centralized government)를 그대로 유지한 채 전면적이고 광범위하게 개방하는 시나리오임.

○ 현 북한의 정권 속성으로 볼 때 그 실현 가능성이 그리 높아 보이지는 않음. 다만 북한이 이 시나리오를 택한다면 장기적으로는 성공할 가능성, 즉 연착륙할 가능성은 높다고 하겠음. 이때 개방 과정에서 북한 내부의 갈등이 표출될 가능성이 높지만 성공한다면, 그리고 이때 남한과의 관계가 좋지 않다면 분단이 고착화될 가능성도 있다 하겠음.

3) 시나리오 III

○ 북한에 통제력을 상실한 정부가 들어서고, 결국은 남한에 흡수 통합되는 시나리오나 중국의 개입이 강화되는 시나리오임.

○ 전개과정

- 북한 집권세력의 실패로 인한 북한 내의 정변으로, 새로운 지배세력이 등장하고 그들이 전면적으로 개방화에 나서는 경우.
- 다음으로 정변에 의한 새로운 집권세력의 등장이 아니라 김정일의 자연사로 인해 김정은으로 자연스럽게 권력이 넘어갔지만 통제력을 상실할 경우를 가정할 수 있음.

○ 문제점
- 북한 내 반발세력의 대두.
- 대량 실업자 문제.
- 실향민들의 재산권 문제.
- 통일비용의 급격한 증가.
- 사회혼란과 갈등 발생.
- 중국의 개입 가능성이 아주 높음.

4) 평가
○ 북한 사회가 남한에 흡수되는 경우는 유도형 통일 또는 자멸형 통일로 분류될 수 있을 것임. 물론 이때 자멸형보다는 유도형 통일이 통일로 인한 부담도 최소화할 수 있고, 실현 가능성도 있기에 이상적임.

○ 한민족의 끈질긴 특성, 동독 주민과 달리 자존심 강하고 명분에 집착하는 태도, 주체사상의 종교화와 반서구의식의 내재화 등을 감안할 때 동독이 무너지는 것만큼 쉽게 북한이 무너지리라 예상하는 것은 섣부른 판단일 수 있음. 여기에서 남한의 유연한 통일정책과 지속적인 남·북 경협의 중요성이 대두된다고 하겠음.

5) 정리
○ 현시점에서 가장 가능성이 높은 것은 시나리오 I임. 시나리오 I에서 북한이 강조하는 개혁개방이란, 정치는 유일적 지배체제, 경제는 사회주의 계획경제라는 기존의 체제운영 방식을 그대로 유지·강화하지만, 몇 개로 한정된 개방 지역에서 자본주의 시장경제 방식을 도입하는 이원적 경제운영방식을 의미함.

○ 이것과 중국, 베트남, 구소련 등의 개혁방식과의 차이는 아래 표와 같음.

〈표 2〉 공산권 국가들의 개혁개방 방식 비교

		북한	중국	베트남	구소련
개혁	정치	공산주의 고수 (유일적 지배)	공산주의 고수 (당 우위)	공산주의 고수 (당 우위)	자유민주 주의전환
	경제	개방지역에만 시장 경제방식 제한도입	시장경제방식 점진도입	시장경제방식 전면도입	시장경제방식 전면도입
개방		점(點)개방지역확대	점(點) → 선(線) → 면(面) 개방지역 확대	전면동시개방	전면동시개방

○ 〈표 2〉처럼 중국과 베트남이 미국과의 관계 개선을 통해 개혁 개방을 성공적으로 추진하고 있는 것은 북한에는 좋은 사례가 될 것임.

⠿ 5. 융합통일의 제기 및 정책 제안

가. 융합통일의 제기

○ 우리가 이상과 같은 다양한 시나리오를 상정할 수 있지만 통일을 이룩한 나라들을 살펴볼 때 정체성의 확립 없는 통일은 사상누각임. 내면적인 융합 없는 정치적·군사적 통합은 완전하지 않아 자칫 전쟁으로 치달을 수 있다는 사실을 깨닫게 해 줌. 그러므로 한반도에서는 문화적·사회적·경제적 통합이 자연스럽게 이루어져서 내전 또는 한쪽의 소외 없는, 말 그대로 녹아서 하나가 된다는 의미로 융해되어 화합하는 통일이 바람직함.[5]

---

5) 이를 '융합통일'이라고 명명할 수 있을 것 같다(융합: 녹아서 하나로 합침. 융해하여 화합함).

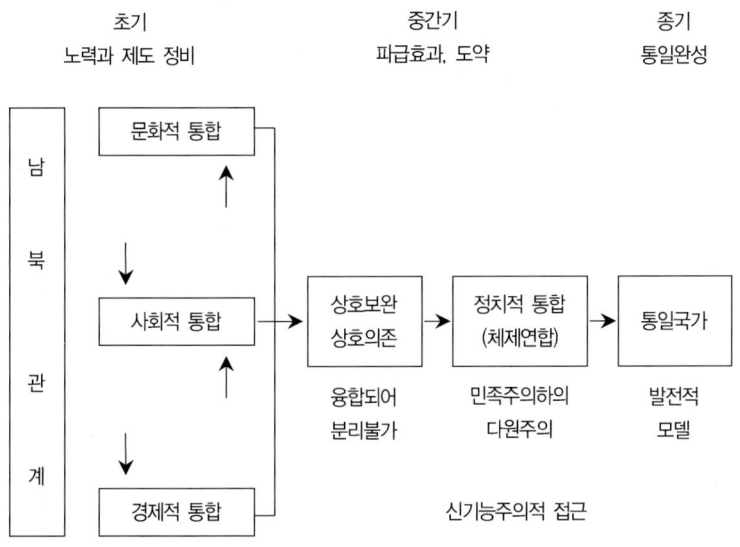

[그림 1] 남·북의 융합 통일 과정

○ 가치관의 문제를 떠나 현재 남한의 우위는 인정되고 있음. 그리하여 한반
  도 통일은 남한의 힘의 우위를 의도적으로 무시하면서까지 인위적인 방향
  으로 몰고 갈 것이 아니라 오히려 현실과의 접목을 통한 자연스러운 결과
  를 유도하는 것이 바람직하다고 볼 수 있음. 따라서 적대적 공존→중립
  적 공존→협조적 공존으로 바뀌어 가는 과정이 필요하다고 하겠음.

○ 평화적 통일을 위해서는 양측이 각 부문의 상호보완적 교류를 통해 신뢰
  가 깊어지고 이것을 바탕으로 더욱 상호의존적으로 되어 개성공단의 경우
  처럼 분리가 오히려 양측에 치명적인 손실을 가져올 것이라는 확신을 갖
  게 되는 과정이 필요함. 이 과정에서는 물론 상호이익을 주는 물질적 측면
  의 교류 내지 통합뿐만 아니라 정신적·문화적 방면의 서로의 이질감을
  극복하기 위한 총체적인 부문에서의 노력과 의지가 반드시 뒤따라야 함.

나. 정책 제안

북한의 변화 과정에는 여러 가지 변수들이 작용하게 될 것이므로 우리는 어느 때 어떤 경우에도 적절하게 대응해야 함. 이런 대응정책은 대내정책·대북정책·대외정책의 세 가지 차원에서 고려될 수 있음.

1) 대내정책

○ 첫째는 국론의 규합임. 통일정책을 수행할 때 여론을 수렴하고 사회 세력과의 협의과정을 거쳐 국민의 공감을 얻도록 해야 함. 지금까지 북한은 보다 조속하고 포괄적인 통일방안을 제기한 반면, 남한은 점진적이고 보다 기능적인 방안을 내놓음. 그러나 구체적 정책과 관련해서는 남한 내에서조차 첨예한 의견대립이 있음.

○ 둘째는 경제력 강화임. 통일에는 많은 비용이 듦. 경제력이 충분히 준비되지 않으면 통일의 기회가 와도 통일을 성취하지 못할 수가 있음.

○ 셋째는 유사시 북한동포가 남한을 선호하여 남한 주도 통일을 받아들일 수 있도록 우리의 제도와 정책을 정비·발전시켜야 함.

○ 넷째는 위기 관리능력을 제고해야 함.

○ 한국은 시민사회의 자율성 회복과 국가와 시민 간의 균형을 목표로 하여, 전체로서의 민족이익과 개체로서의 개인 및 집단이익이 상호 조정될 수 있는 내부적 협상의 틀을 조성해야 함. 나아가 부와 권력의 재분배에 의해서 실질적 민주주의와 복지국가가 실현되도록 노력해야 함.

2) 대북정책

○ 첫째, 한국이 평화통일·자주통일의 원칙을 추구한다는 기본입장이 흔들림 없이 유지돼야 함.

○ 둘째, 북한에 대한 충분한 정보의 제공과 홍보의 강화가 필요함.

○ 셋째, 지금부터라도 북한이 통일한국의 이익을 해칠 수 있을 정도로 중대한 이익을 장기적으로 중국에 공여하지 않도록 대북교섭 등 대책을 강구해야 할 것임.

○ 넷째, 다양한 형태의 북한 내 연고권 확보가 필요함.

○ 다섯째, 북한 주민이 남한으로의 통일을 원하도록 하는 대북정책을 추진함.

○ 남한의 대북한 정책은 남·북한 이해관계의 상황에 따라 적절히 대처해야 함. 긴장 국면에 들어서서 철저한 냉전사고가 지배적일 때는 오로지 탈냉전을 꾸준히 추진해야 하고, 전쟁방지와 군축 등의 문제를 다룰 때는 직접대화를 통한 주도적이고 양보적인 신뢰구축 정책을 추구해야 하며, 상호교류가 어느 정도 정착된 이후에는 집단안전보장체제, 민간인 접촉 등을 포함한 여러 차원의 장기적이고 정기적인 접촉이 필요함.

3) 대외정책

○ 첫째, 한·미, 한·중 공조체제의 강화임. 통일에 있어서 미국의 힘은 강력하고 그 역할은 중요함. 미국의 대북정책은 한국과의 사전협의를 거쳐 한미공조로 이루어지되, 한국의 의사와 이익이 올바르게 반영되어야 함. 또한 한·중 공조체제도 중요함. 지금 한·중 관계는 경제 분야에만 치우쳐 있음. 중국이 북한에 대한 원조를 확대하여 오히려 대남 적대적인 북한리

더십을 강화하여 남·북 관계를 악화시키거나 통일을 지연시키는 일이 없
도록 대중 외교를 강화시켜야 함.

○ 둘째, 한국 주도통일을 지지하는 국제적 보장체제의 형성을 추진함. 통일
분위기가 성숙되거나 돌발 사태의 발생으로 한국이 남한 주도 통일을 달
성할 때 미국·중국·일본·러시아가 이를 방해하지 않고 적극 지원하도
록 미리 장치를 마련해야 함. 특히 통일에 대한 거부권을 행사할 능력과
가능성이 있는 중국과의 외교가 중요함. 러시아에 대해서도 같은 방식으
로 접근하여 중국 설득과 통일지원을 요청하고 러시아가 호의적으로 호응
하여 남·북한 통일에서 미·러 공조체제가 형성되도록 해야 함. 한국은
일본에 대해서도 난민문제 해결과 동북아 평화를 제의하면서 통일을 지원
해줄 것을 요구해야 함.

○ 한국전을 법적으로 종식시키고 한반도에 평화를 가져올 수 있는 협상을
추진할 필요가 있음. 이때 미국과 중국, 일본과 러시아를 참여시켜 동북아
지역 안보를 위해 쌍무적인 동맹관계나 잠정적인 지역결속에 의존하기보
다 더욱 항구적인 다자간 안보장치를 모색하는 것이 바람직함.

○ 북한정세가 계속 악화되어 가능성이 높지는 않지만 체제붕괴의 상태가 사
실화되고 북한 주민이 남한으로의 통일을 원한다면, 쉽지는 않겠지만 미
국, 중국, 일본, 러시아 등과의 협력과 설득을 통해 정부는 북한지역을 특
별구역으로 설정하고 긴급원조를 펴면서 급격한 통일이 주는 혼란에도 불
구하고 남한주도의 정치통합을 단행해야만 할 것임.

○ 다양한 통일 가능성에 대한 대책과 세부적 전략을 짜고 이를 실행할 수 있
는 능력 확보를 위해 지금부터 철저한 준비가 반드시 필요함.

북한에 부는 '한류 열풍'의 진단과 전망

박영정(한국문화관광연구원 연구위원)

지금 '전 세계적'으로 '한류' 열풍이 뜨겁다. 북한도 예외가 아니다. 북한에 부는 '한류 열풍'은 남·북한의 체제 대결 속에서 비공식적 루트를 통해 이루어지고 있기 때문에 문화시장에서 이루어지는 일반적인 '한류'와는 성격과 의미가 다르다. '한류'가 공급되는 동기의 정치성 여부를 떠나 그 효과의 정치성이 크기 때문이다.

북한 주민의 남한 영상물 향유는 북한 당국의 통제와 단속을 피해 가며 비공식 문화로 향유되고 있다. 그럼에도 일부 계층에 제한되어 있긴 하지만 전국적 현상으로 확산되고 있고, 또한 유입 주기가 짧아지는 등 그 흐름에 가속화하는 양상을 보이고 있다. 남한 영상물이 북한으로 유입되는 구체적 경로를 보면 북·중 국경지역에서 활동하는 밀수꾼들에 의해 '돈벌이'의 일환으로 이루어지고 있다. 정치적 동기가 아닌 상업적 목적에 의해 유입이 이루어지기 때문에 북한 당국의 단속에도 불구하고 오히려 지속적 확산이 이루어지고 있는 것으로 보인다. 북한 주민의 남한 영상물 수용 역시 정치적 동기보다는 문화수용 욕구에 기반하고 있으므로 단기적으로 '체제 위기'로 연결될 가능성은 약하지만, '되돌릴 수 없는 문화적 흐름'을 형성하면서 장기적으로 북한 사회의 자유화에 크게 기여할 것으로 전망된다.

남한 영상매체를 통한 외부 정보의 유입은 북한 주민의 의식 변화를 이끄는 촉매제의 역할을 수행하고 있으며, 또한 남한 문화와 생활을 미리 경험하게 됨으로써 남·북한 사회문화통합에 긍정적 영향을 미치고 있는 것으로 평가된다. 북한 주민의 일상에서 점점 비중을 높여가고 있는 남한 문화의 수용을 어떻게 분석하고 대응해 나갈 것인가, 본격적인 대비가 필요한 시점이다.

∷ 1. '한류'의 개념과 기능

가. '한류'의 개념

○ 일반적으로 '한류(韓流, Korean Wave)'란 '대한민국의 대중문화가 주로 동
   아시아를 중심으로 대한민국 이외에서 대중적 인기를 얻게 되는 것을 총
   칭'함.[1]

 - 1990년대 중반 이후 한국 텔레비전 드라마와 가요가 중국이나 일본, 대만
   등을 중심으로 대중의 인기를 얻으면서 한류가 형성되었음.

 - 중국에서의 <사랑이 뭐길래>를 시작으로 일본에서 <겨울연가>로 절정에
   이름[2].

 - 최근에는 한국의 아이돌 그룹을 중심으로 한 K-Pop이 열풍이 동아시아는
   물론, 전 세계로 확산되면서 제2의 한류, 즉 '신한류(新韓流)'가 등장함.

○ '한류' 현상은 텔레비전 드라마와 대중가요 등 우리나라 대중문화가 주도
   하고 있으며, 그 외에 한식(韓食), 한글 등으로 다양화되는 양상을 보이고
   있음.

○ 일본을 비롯한 동아시아 지역에서는 한국 스타들이 해당 국가 대중문화
   시장 진출에 성공하고 있으나, 유럽이나 아메리카 지역에서는 K-Pop의 수
   용자층이 형성되는 정도이고 시장 진출에서의 성과는 미흡한 상황임.

■
1) 인터넷 위키백과 한국판(2011.11.24)
2) 1997년 텔레비전 드라마 〈사랑이 뭐길래〉가 중국 중앙TV 8채널에서 방영되어 커다란 반향을 불러일으키면서 시작
   되어 〈가을동화〉, 〈인어아가씨〉, 〈목욕탕집 남자들〉 등을 거쳐 2005년 〈대장금〉 방영으로 절정에 이름. 일본에서
   는 2003년 드라마 〈겨울연가〉가 NHK 위성 제2방송에 방영되면서 시작되어 '온사마 열풍'을 만들어내었고, 이후
   〈올인〉, 〈대장금〉, 〈태왕사신기〉 등 한국 드라마 열풍이 지속되었음.

나. '한류'의 영향과 의미

○ 일부 국가에서 '반한류'나 '혐한류'의 역풍을 야기한 부정적 기능도 있으나 대부분의 지역에서 우리나라에 대한 인지도를 향상시키고 긍정적 이미지를 형성해 주는 등 국가 브랜드 강화에 기여하고 있음.

○ '한류'는 해외에서의 기업활동이나 외교활동에도 긍정적 영향을 주고 있으며, 그에 따라 해외 한국문화원에 대한 외국인의 수요가 증가하고 있음.

○ K-Pop의 파급효과 중 하나로 추정되는 미용, 의료(성형), 화장품 산업의 경우 인바운드 관광의 핵심 자원으로 기능하고 있음.

○ '한류'의 확산은 우리나라에 대한 긍정적 이미지를 가진 외국인(親韓派)을 만들어내는 데 기여하는 것으로 볼 수 있음.[3]

⋮⋮⋮ 2. 북한에서 '한류' 현상의 전개 양상

가. 북한에서의 '한류' 현상

○ 북한에서의 '한류'란 '북한 지역에서 수용되고 있는 남한의 대중문화'를 지칭하는 의미로 사용되고 있음.

○ 같은 한민족(韓民族), 심지어는 헌법상 우리 영토 안에서 유행하는 남한 대중문화에 대해 일반적인 '한류'의 개념을 적용하는 데 무리가 있을 수

---

3) 채지영, 『신한류 발전을 위한 정책방안 연구』, 한국문화관광연구원, 2011.

도 있으나 남한의 문화와 북한의 문화가 다르고, 폐쇄 국가인 북한지역에 '남한의 문화'가 수용되고 있다면 '남한 이외의 지역에서 유행되는 남한 대중문화'라는 의미에서 '한류'라 명명할 수 있음.

- '유행'이라 할 정도로 남한의 대중문화가 북한 사회 전역에 확산되어 있는 것인지 여부에 대해서는 의문이 제기될 수 있음.

- 북한은 폐쇄적 통제국가이기 때문에 대중의 자발적 문화 향유가 어려운 조건이라는 점을 감안하면, 북한에서의 '한류'는 그 양적인 확산 정도를 떠나서 존재 자체만으로도 주목할 필요가 있는 현상이라 할 수 있음.

○ 북한에서의 '한류'는 처음에는 북·중 국경지역을 중심으로 '가만히' 시작되었으나, 최근에는 '열풍'이라 할 정도로 넓은 지역에서 지속적으로 수용되고 있는 것으로 추정됨.

○ 초기에는 대중가요와 드라마 등 남한 대중문화의 수용으로 시작하여 최근에는 미용이나 말투 등 일상의 생활문화로까지 확산되는 양상도 나타나고 있음.

나. 북한 '한류'의 주요 콘텐츠

○ 최근 몇 년간 북한 주민은 <블루>, <친구>, <조폭 마누라 1-3>, <투캅스>, <장군의 아들> 등의 남한 영화, <올인>, <경찰특공대>, <사랑이 뭐길래>, <노란 손수건>, <가을동화>, <겨울연가>, <천국의 계단>, <줄리엣의 남자>, <야인시대> 등 남한 텔레비전 드라마를 많이 시청하고 있는 것으로 알려짐.4)

- 영화나 드라마에서는 최신 콘텐츠가 많이 유통되는 데 비해, 가요 분야에

---

4) 통계청, 『북한의 주요통계지표 2010』, 2011, 139~140쪽.

서는 트로트가 주류를 이루고 있어 주현미의 <또 만났네>, <비 내리는 영
동교>, <신사동 그 사람>이나 송대관의 <해뜰날>, <네 박자>, 김연자의
<홀로 아리랑> 등을 주로 수용하고 있다고 함.
- K-Pop이 주도하는 '신한류'와는 다소 다른 양상이라고 볼 수 있음.5)

○ 대체로 말해 초창기에는 <겨울연가>(2002), <남자의 향기>(1998) 등 멜로
물이 인기였고, 2000년대 후반에는 <말죽거리 잔혹사>(2004), <목포는 항
구다>(2004) 등의 액션영화나 <대장금>(2003~2004), <해신>(2004~2005)
과 같은 역사 드라마가 인기를 끌었다고 함.6)

○ 이에 반해 남·북한 주민 사이의 유머감각의 차이 때문인지 코미디 영화
나 시트콤 드라마는 이렇다 할 인기물이 없음.
- 국내 입국한 탈북자들이 텔레비전 예능 프로그램인 <개그 콘서트>를 즐기
게 되면 비로소 자신이 진짜 '남한 사람'이 되었다고 생각하는 것과도 같
은 이치에 의한 것으로 보임.

○ 북한에서 '한류' 붐을 일으킨 주요 콘텐츠는 남한의 중장년층 취향에 어울
릴 만한 콘텐츠가 주를 이루었는데, 특히 대중가요의 경우에는 트로트가
주류를 형성하고 있음.
- 송대관의 <해뜰날>과 <네 박자>, 주현미의 <비 내리는 영동교>, <신사동 그
사람>, 김연자의 <홀로 아리랑> 등은 모든 연령층에서 인기를 끌고 있고,
노사연의 <만남>, 김종환의 <사랑을 위하여>, 김광석의 <이등병의 편지>
등 1980~1990년대 발라드풍의 가요는 일부 대학생들 사이에서 제한적으
로 유행하고 있음.

■
5) 스토리가 있는 드라마나 영화가 전 계층에게 고루 수용되는 반면, 세대 간 감각 차이가 큰 가요의 경우 수용에 있
어서 일정한 한계가 작용하는 것으로 보임.
6) 오양열, 앞의 글, 17쪽.

○ 최근 들어 북한의 일부 젊은이들은 남한의 10대 문화를 곧바로 수용하고, 확산시키는 형세를 보이고 있음.7)

- 대도시의 고위층이나 부유층 자녀 중 십대 후반에서 이십대 초반 젊은이들, 특히 중학교 5~6학년 학생들이나 이른바 '직통생(중학교 졸업 후 입대하지 않고 곧바로 대학에 입학한 학생을 일컫는 말)'을 중심으로 남한의 뮤직비디오가 인기를 끌고 있음.

- 최근 소식에 의하면 이들은 뮤직비디오로 남한의 아이돌 그룹이 부른 랩, 힙합, 록 등을 들으면서 옷차림이나 몸짓을 흉내 내기도 한다고 함.

- 북한 젊은이들 사이에서는 스토리가 뻔한 남한 영화나 드라마보다 <람보 4>(2008), <007 카지노 로얄>(2006), <슈퍼맨 리턴즈>(2006), <아마겟돈>(1998) 등의 미국 액션영화나 <프리즌 브레이크> 등의 미국 드라마에 더 열광한다고 함.

- 이들은 남한 영화나 드라마는 깡패 이야기 아니면 사랑 타령 이야기뿐이라며, 특히 입씨름 말장난이나 협잡이 너무 많아 이제는 식상하다는 반응까지 보인다고 함.

○ 북한의 일부 젊은이들 사이에서는 남한의 생활문화를 직접 수용, 확산시키는 양상도 보이고 있음.

- 현재 북한의 장마당에서는 각종 전자제품(LG TV, 애니콜 '손전화기', 믹서기 등)과 생활용품(한국도자기, 식기, 장갑 등), 식료품(다시다 등), 기호식품(커피믹스 등), 과자류(초코파이 등), 의류(빽때바지라고 부르는 스키니 진 등)에 이르기까지 온갖 남한 제품이 팔리고 있으며, 남한산 고가제품은 뇌물이나 혼수용품으로도 큰 인기를 끌고 있다고 전함.8)

- 최근에는 드라마 <시크릿 가든>에서 유행한 현빈의 의상, <역전의 여왕>의 김남주 패션 등을 따라 하려는 북한 청년들도 있는 것으로 알려짐.

---

7) 오양열, 앞의 글, 17쪽.
8) 오양열, "북한 내 한류현상과 민족음식 육성", 민주평화통일자문회의 · 한국음식관광협회 주최 세미나 자료집, 2011.4, 10쪽.

○ 2010년도 실시된 한 탈북자 조사에 의하면, 국내 입국한 탈북자들을 통해 확인된 북한 내 '한류' 콘텐츠는 다음과 같음.[9]

- 드라마: <가을동화>, <천국의 계단>, <올인>, <겨울연가>, <첫사랑>, <인어 아가씨>, <낭랑 18세>, <유리 구두>, <풀하우스>, <목욕탕집 남자들>, <귀여운 여인>, <노란 손수건>, <야인시대>, <대장금>, <옛날의 금잔디>, <귀공자>, <100만 송이 장미>, <쾌걸 춘향>, <내 이름은 김삼순>, <꽃보다 남자>, <환상의 커플>, <제5공화국>, <형수님은 열아홉>, <보고 또 보고>, <별난 남자 별난 여자>, <열아홉 순정>, <하늘만큼 땅만큼>, <히트>, <주몽>, <대조영>, <아이리스>, <호텔리어>, <마이 걸>, <조강지처 클럽>, <개와 늑대의 시간>, <그대 그리고 나>, <장밋빛 인생>, <바람 불어 좋은 날>, <욕망의 바다>, <오 필승 봉순영>, <남자 이야기>, <진실>, <사랑이 뭐길래>, <여자 만세>, <카인과 아벨>, <눈물이 보일까 봐>, <바람은 불어도>, <연인>, <달빛가족>, <죽일 놈의 사랑>, <명랑소녀 성공기>.

- 다큐멘터리: <인간극장>.

- 예능 버라이어티: <해피 선데이>, <전국 노래자랑>.

- 시트콤: <순풍 산부인과>.

- 영화: <장군의 아들>, <올가미>, <조폭 마누라>, <공공의 적>, <화려한 휴가>, <키스도 못하는 남자>, <아래층 여자 위층 남자>, <풀잎사랑>, <투캅스>, <깡패>, <결혼은 미친 짓이다>, <쉬리>, <미녀는 괴로워>, <어린 신부>, <깡패수업>, <변강쇠>, <무사>, <가위>.

- 가수: 김연자, 태진아, 송대관, 나훈아, 주현미, 설운도, 현철, 김난영, 핑클, H.O.T, 이효리, 심수봉, 조용필.

- 배우: 최수종, 송해, 최지우, 배용준, 이병헌, 송혜교, 장동건, 이영애, 이다해, 권상우, 고현정, 신은경, 강호동.

---

9) 강동완·박정란, 『한류 북한을 흔든다』, 늘품플러스, 2001, 32~33쪽.

다. 북한 '한류'의 유통구조

○ 북한 '한류'의 유통 구조는 시장(장마당)을 통한 유통과 인적 네트워크를 통한 유통으로 나누어 볼 수 있음.

1) 시장을 통한 유통
○ 북한 내에서 '한류'의 유통에는 북한 내 '시장의 활성화'와 긴밀한 관련이 있음.

○ 북·중 밀무역을 통해 녹화기, 중고 컴퓨터, CD, DVD 등이 북한에 유입되고 있음.
- 시장에서 녹화기 등은 공식적으로 판매 및 구입이 가능하고, CD는 겉으로는 북한 CD를 팔면서 남한 대중문화 CD는 숨겨놓은 채 비공식적으로 판매됨.

○ 북·중 국경의 밀수꾼을 통해 남한 대중문화를 담은 CDR이 북한 내 유입되는 과정을 살펴보면 다음과 같음.[10]

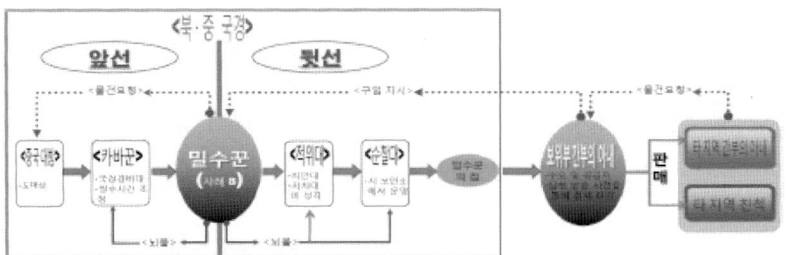

* 출처: 강동완·박정란, 『한류 북한을 흔들다』, 늘품플러스, 2001, 54쪽.

[그림 1] 북한에서 남한 CDR의 밀수 및 유통경로

10) 이하의 내용은 강동완, 박정란의 탈북자 심층면접을 토대로 연구한 『한류 북한을 흔들다』(늘품플러스, 2001)의 내용을 중심으로 재정리한 것임.

- 북한에서 CDR 밀수과정은 북중 국경선을 경계로 '앞선'과 '뒷선'으로 구분됨.
- 앞선은 국경을 지키는 경비대들로 1개 소대가 30명 정도 되는데 그중에 가장 계급이 높은 사람을 뇌물로 매수하여 일명 '카바꾼'으로 활용됨.
- 북한 측 밀수꾼은 많은 데 비해 중국 측 '대방'과 국경의 '카바꾼'은 한정된 소수이기 때문에 여러 밀수꾼이 같은 '대방'과 '카바꾼'과 동시에 거래하는 경우 한꺼번에 물건이 들어오기도 함.
- 북·중 국경을 벗어나 밀수꾼의 집까지 물건을 가지고 오는 '뒷선'의 경우를 살펴보면, 순찰대에게 뇌물(짐 한 짝당 2,000원 정도)을 주고 본인의 집 근처만 봐달라고 미리 약속을 한 후 가능함.
- 이들에게는 거래 시 주는 뇌물뿐만 아니라 명절 같은 때 특별히 고급술을 선물하는 등 평소에 관리를 하고 있다고 함.
- 남한 CDR 밀수꾼은 이와 같이 앞선과 뒷선을 거치는 과정에서 발생하는 초소비와 순찰대비 등의 뇌물을 제하고도 하룻밤에 약 8~10만 원 정도의 수입을 얻을 수 있다고 함.

○ CDR을 판매하는 상인 이외에 대여료만 받고 전문적으로 CDR을 대여해주는 상인도 있는데, 전국적으로 이러한 대여점이 성업 중이라고 함.[11]
- 탈북자 면담에 따르면, 대여료는 시기와 지역에 따라 다르나, 한 편당 대략 1,000~3,000원 정도이며, 반납이 늦어지는 경우 연체료도 있다고 함.
- 본인이 5,000~10,000원에 산 CDR을 3,000원에 다른 사람에게 되파는 중고거래도 있음.

○ 북한 한류가 활성화됨에 따라 한류 유통에서 필수적인 미디어 기기들의 유통도 활성화되고 있음.[12]

11) 강동완·박정란, 『한류, 북한을 흔든다』, 서울: 늘품플러스, 2011, 61쪽.
12) 노컷뉴스, 2010.7.6.

- 함경북도 청진시 수남시장에서 중기(IT 가전제품) 장사를 하는 주민에 따르면 장마당에서 유통되는 대표적인 IT기기들은 MP3, MP4, PMP, 4GB 이상의 USB, 중고 노트북, 디지털카메라 등인 것으로 알려짐.

2) 인적 네트워크를 통한 유통
○ 시장에서 구입하거나 대여한 남한 영상물들은 혼자 보기도 하고 가족이나 친구들이 모여서 시청하거나 돌려보는 등 인적 네트워크를 통해 확산이 이루어지는 것으로 나타남.

○ 단속을 담당한 간부 등이 단속과정에서 압수한 남한 대중문화 영상매체를 시청하거나 재판매하는 경우도 있다고 함.

라. 북한 '한류'의 전개 양상

○ 북한 '한류'는 주민 사이에 음성적으로 남한 대중문화(가요, 드라마, 영화 등)를 담은 영상매체를 유통하는 방식으로 이루어지고 있음.

○ 주요 매체는 1990년대에서 2000년대 초반에는 카세트테이프와 비디오테이프가 주를 이루었고, 2000년대 중반 이후에는 CD와 DVD, USB가 주를 이루고 있음.
- 이러한 매체의 경우 플레이어만 있으면 인적 네트워크를 통해서 비밀리에 유통될 수 있는 특징이 있음.
- 평양 등 일부 지역에서는 직접 한국 라디오나 TV 방송을 시청하는 경우도 있음.[13]

■
13) 아날로그 텔레비전에서 사용되는 인코딩 방식으로는 팔(PAL)과 NTSC 방식이 있는데, 남한은 NTSC를, 북한은 팔(PAL) 방식을 사용하고 있다. 팔(PAL)은 주로 625라인/50㎐로 주로 유럽지역에서 사용되는 방식이다. NTSC는 525라인/60㎐로 주로 한국, 일본, 북·중·미 지역에서 사용하고 있다. 다만 근래 중국에서 수입되는 1990년대 이후 중고 컬러 TV에는 상호 전환 기능이 있기 때문에 남한 방송을 시청할 수 있다.

○ 1990년대 이후 북한 일부 간부계층, 북·중 접경지역을 중심으로 시작된
북한 한류는 최근에는 전 계층, 전 지역(평양, 평성, 청진, 함흥, 원산, 신의
주, 혜산 등)으로 확산되는 양상을 보이고 있음.[14]

○ 북한 청소년층에서는 대중문화의 수용만이 아니라 전자제품, 패션, 음식
등과 같은 남한 생활문화 전반의 수용 현상이 나타나고 있음.

○ 2010년 남한의 대안학교에 재학하는 탈북 청소년을 대상으로 실시된 설문
조사에서는 북한에서 한국 미디어를 시청한 경험이 57%에 이르렀으며, 시
청 빈도 또한 상당히 잦은 것으로 나타남.[15]

〈표 1〉 북한에서 남한 미디어 시청 경험

내용	인원수
출신지	평양시(3명), 나선시(3명), 평안남도(2명), 평안북도(2명), 양강도(13명), 황해도(2명), 함경남도(14명), 함경북도(98명), 강원도(4명) 총 141명
북한에서 남한 미디어 시청 경험 여부	있다: 79명(56.0%), 없다: 61명(43.3%)
시청 미디어(중복선택)	TV: 15명, 영화: 57명, 비디오: 43명
시청 빈도	한 번: 7명 일 년에 한 번: 6명 한 달에 한 번: 21명 매일: 5명 보고 싶을 때마다: 40명

14) 오양열, "북한 내 외래문화 유입으로 인한 영향과 전망", 『플랫폼』, 2011.3,4호, 16쪽.
15) 윤선희, "북한 청소년의 한류 읽기: 미디어 수용에 나타난 문화정체성과 사회변화", 『한국언어연구』, 제55권 제1
호, 2011년 2월, 443쪽.

*출처: 강동완·박정란, 『한류 북한을 흔들다』, 늘품플러스, 2001, 43쪽.

[그림 2] 남한 영상매체의 지역 간 확산 경로

○ 남한 문화의 지역적 확산 과정은 북·중 국경이 맞닿아 있는 함경북도, 양
  강도, 자강도 지역을 출발점으로 하여 평안도, 강원도, 황해도 등의 내륙
  (안쪽)지역으로 유통되고 있음.

○ 남한 대중문화 콘텐츠의 북한 유입 속도는 과거에는 3개월 내지 6개월 정
  도의 시간 차이가 있었으나, 요즘에는 한국의 지상파 TV 등에서 방영되는
  남한 드라마가 방영 다음날 CD로 복사되어 유통될 만큼 북한 내 전파속
  도가 매우 빨라진 것으로 알려짐.16)

- 최근에는 위성 안테나로 남한 방송을 볼 수 있는 평양의 고위간부 자녀가
  드라마나 영화를 녹화한 뒤 CD로 만들어 파는 경우도 있다고 함.

■
16) 『데일리안』, 2010.10.21.

○ 북한에서 한류가 확산되는 원인을 살펴보면 다음과 같음.

- 첫째, 외부 요인으로는 중국 동북지방까지 '한류'가 확산되어 중국에서 남한 대중문화 영상물이 싼값으로 제작됨으로써 북한에까지 대량 공급이 이루어질 수 있었던 점.

- 둘째, 북한 사회 내부적으로는 배급체제가 붕괴되면서 국경지방의 밀수꾼과 전국에 장마당이 형성되어 이를 통해 상업적 목적에 의한 남한 영상매체의 유통이 이루어질 수 있었다고 하는 점.

- 셋째, 한글 자막이 없는 중국이나 홍콩 영상물에 비해 같은 언어를 사용하고 있는 남한 영상물이 북한 주민이 수용하기에 용이했다는 점.

- 넷째, 북한 사회 내부에 컴퓨터, DVD 등 미디어의 발달 및 보급이 어느 정도 이루어져 있어 남한 영상물이 유통되고 수용될 수 있는 사회적 조건을 갖추고 있었던 점.

- 다섯째, 북한 영상물에 비해 남한 영상물이 북한 주민의 문화적 욕구를 충족시켜 주는 재미가 있어서 반복적으로 보게 되는 등 인적 네트워크에 의한 확산이 이루어지고 있다는 점.

3. 한류가 북한 주민에 미치는 영향 [17)]

가. 남한 영상물 시청 소감 공유의 범위 및 내용

○ '한류, 북한을 흔들다'에 의하면, 북한 주민의 남한 대중문화 영상물 시청소감의 공유 범위는 주로 가족, 친구, 직장 동료 등 1, 2차 집단으로 한정되고 있는 것으로 나타남.

---

17) 박정란, "북한에 부는 한류 열풍 – 그 현상과 전망"(통일문화정책포럼 발제문, 2011.7.19.)에서 부분 발췌.

○ 시청 소감의 공유 내용을 보면, 단순히 내용이 흥미롭다거나 재미있다는 소감 외에 남한의 실상 이해, 남한에 대한 동경, 북한 지도부에 대한 비난 및 불만, 남·북한 비교에 이르기까지 반체제적인 내용도 다수 포함되어 있는 것을 볼 수 있음.

- 시청 소감을 애기하는 과정에서 북한 주민은 '우리도 저런 데(남한) 가서 살았으면 좋겠다.', '한국 생활이(저 장면처럼 정말) 그럴 것이다.', '남편이 … 자본주의 연구하고, 독점자본을 했으면 좋겠다(라고 했다).', '한국이 이렇게 발전했다.', '한국 것이면 개똥도 좋냐', '남조선이 우리와 천지 차이' 등의 말들이 오간 것으로 나타남.

나. 북한 주민 의식변화의 주요 내용

○ 남한 영상물 시청 과정에서 북한 주민이 의식변화를 보인 주요 내용은 다음과 같음.

○ 첫째, 남한에 대한 의식변화는 남·북한 '대조'에 의한 남한 '동경' 심화, 남한 체제에 대한 경계심 이완, 남·북한 사람에 대한 동질감 형성, 남한 '스타일'의 모방-단순한 '선호'에서 '저항' 표현을 위한 모방까지 나타남-으로 구분해 볼 수 있음.

○ 둘째, 북한 지배구조에 대한 의식변화는 체제, 지도자, 종교 인식 등의 변화로 요약될 수 있음.

- 국가보다 내가 우선이라는 집단주의에 대비되는 의식 변화, 전쟁이 나면 '김정일에게 훈장 받은 사람들이 나가서 싸우라'는 식의 전쟁 시 군 복무 회피 의사 등이 나타나고 있음.

- 지도부가 교체되었으면 한다는 인식이 싹트기도 했으며, 지도부에 대한 불신도 불거져 북한 체제가 결국 '너네(지도부)를 위한 세상'이라는 생각

도 하게 됨.
- 종교에 대한 인식 변화도 볼 수 있었는데, 종교를 배제한 채 절대적 충성을 요구하는 북한 정권에 대한 불만이 주된 의식 변화의 내용이었음.

○ 셋째, 남한 영상물 시청이 탈북에 미치는 영향도 일부 확인되었음.
- 사례에 따라서는 남한 영상물 시청이 직접적인 탈북의 동기로 이어지기도 하나 대다수의 경우 북한 내외부의 유인요인과 남한 영상물 내용에 대한 동화의 과정이 복합적으로 작동되면서 탈북을 희망하거나 직접 결행하게 되는 것으로 정리해볼 수 있음.
- '남한에 가면 알게 모르게(탈북자를) 없애버린다.'는 북한 당국의 선전 내용을 믿고 있다가 <카인과 아벨>이라는 드라마에 등장하는 남한 내 탈북자들의 삶을 보면서 탈북에 대한 두려움을 어느 정도 불식시킬 수 있었다는 사례도 확인됨.

○ 남한 영상물을 보면서 역으로 남한에서는 살기 어렵다는 생각을 더욱 굳히면서 북한에 남는 것이 더 낫다는 생각을 하게 되는 사례도 발견됨.
- 예를 들어 남한에 가면 내가 갖춘 능력으로 일할 것은 아무것도 없을 것, 남한은 '깡패'가 '돈' 때문에 사람을 죽이는 곳, '왕따'가 있는 교육 현장, 성인물이 범람하는 곳 등이라는 인식은 남한에서 자녀를 어떻게 양육할 수 있을지에 대한 걱정으로 연결됨.
- '너무 자유로워서 질서가 없는 곳'이라는 무질서한 남한, '통제 없이 자기가 하고 싶은 것은 다 하는 곳'이라는 방종의 이미지도 남한 영상물을 통해 형성하게 되는 남한의 모습 가운데 하나임.

○ 이와 더불어 남한 영상물을 통해 형성하게 된 남한 사회에 대한 분홍빛 환상은 탈북 후 남한에 입국해 직접 현실에 부딪히게 되면서 때로는 실망이나 절망으로 연결되기도 함.

⸭ 4. 한류에 대한 북한 당국의 대응

○ 북한 당국은 '제국주의 사상과 문화'의 유입을 차단하기 위해 최근 CDR, DVD를 통칭하는 '알판'과 라디오 등에 대한 단속을 강화하라는 방침을 내렸으며, 각 도에 '중앙당검열대'를 파견하여 집중 검열하는 작업을 벌이고 있음.

- 비사회주의 행위 검열을 전담하는 조직체로 '비사회주의 그루빠(Group)'가 있는데, 이들은 통칭 '비사그루빠'나 '타격대'라고 불리고 있으며, 2006년에는 일명 '109타격대'라고도 부르는 '109그루빠'가 조직되기도 하였음.

- 남한 영화 및 드라마를 단속하는 기관인 '130상무'가 2010년 1월 30일에 조직되었으며, 현재 평안남도 개천교화소에는 이를 통해 적발된 북한 주민이 1,200여 명에 달한다는 보도도 나왔음.18)

○ 보통은 중앙당, 군당 및 시당이 주도하고 인민보안부 주관으로 중앙당, 검찰, 보위부, 각 근로단체 등에서 인원을 차출하여 검열 전담조직인 '비사그루빠'를 구성하는데, 이들이 단속하는 '비사회주의' 행위에는 서구식 복장, 남한가요 부르기 등 '자본주의 황색바람'에 해당하는 경우는 물론이고, 도박, 사기, 매춘을 비롯해 관상, 사주 등 미신행위까지 광범위하게 포함되어 있음.

- '비사회주의그루빠'는 가택 수색과 TV, 녹화기, 녹화테이프, CD 등을 임의로 처리할 수 있는 '몰수 권한'이 있으며, 수십 명이 몰려다니며 활동을 전개함.

○ 북한 당국은 남한의 TV, 라디오 방송 청취를 막기 위해 도마다 설치되어 있는 과학기술총국과 국가안전보위부 27국을 통해 채널이나 주파수를 땜

---

18) 노컷뉴스, 2010.12.6.

질로 고정시키고 은박지로 리모컨 센서를 막아놓는 등 다양한 술책을 부리고 있으나 그 효과는 미미한 것으로 알려짐.[19]

○ 북한에서 '한류'를 단속할 수 있는 법률적 근거는 '형법(2004년 4월 개정)' 제6장 제193~195조임.

제6장 사회주의문화를 침해한 범죄

제193조 (퇴폐적인 문화반입, 류포죄) 퇴폐적이고 색정적이며 추잡한 내용을 반영한 음악, 춤, 그림, 사진, 도서, 록화물과 유연성자기원판, 씨디-롬 같은 기억매체를 허가 없이 다른 나라에서 들여왔거나 만들었거나 류포한 자는 2년 이하의 로동단련형에 처한다. 정상이 무거운 경우에는 4년 이하의 로동교화형에 처한다.

제194조 (퇴폐적인 행위를 한 죄) 퇴폐적이고 색정적이며 추잡한 내용을 반영한 음악, 춤, 그림, 사진, 도서, 록화물과 씨디-롬 같은 기억매체를 여러 번 보았거나 들었거나 그러한 행위를 한 자는 2년 이하의 로동단련형에 처한다. 정상이 무거운 경우에는 5년 이하의 로동교화형에 처한다.

제195조 (적대방송청취, 인쇄물, 유인물, 수집, 보관, 류포죄) 반국가목적이 없이 공화국을 반대하는 방송을 체계적으로 들었거나 삐라, 사진, 록화물, 인쇄물, 유인물을 수집, 보관하였거나 류포한 자는 2년 이하의 로동단련형에 처한다. 정상이 무거운 경우에는 5년 이하의 로동교화형에 처한다.

○ 남한 영상물 단속에서 걸리게 되면 노동단련형이나 종신형까지도 받는 경우가 있다고 하나 상당수는 뇌물(돈, 고양이담배 등)을 주고 풀려나는 경우가 있음.
- 북한 당국에서는 일찍부터 '모기장'을 쳐서 '자본주의 황색바람'을 차단하려고 하고 있으나 남한 대중문화가 북한 주민 사이에 퍼지면서 한계에 봉착하고 있는 것으로 보임.

19) 오양열, 앞의 글, 11쪽.

5. 결론 및 전망

○ 현재 남·북 교류사업이 전반적으로 침체되어 있는 반면, 북·중 국경지
  역을 통한 비공식적인 물류 반입이 활성화되고 있음.

○ 북한 '한류'는 경제난 속에서 북한의 통제체제가 이완되는 '사회적 틈'을
  통해 남한 영상물이 유입되면서 확산되는 것으로 볼 수 있음.

○ 남한 영상물이 북한으로 유입되는 구체적 경로를 보면 북·중 국경지역에
  활동하는 밀수꾼들에 의해 '돈벌이'의 일환으로 남한 영상물이 유입되고 있
  으며, 정치적 동기가 아닌 상업적 목적의 유입이 이루어지기 때문에 북한
  당국의 단속에도 불구하고 지속적 확산이 이루어지고 있는 것으로 보임.

○ 남한 영상매체를 통한 외부 정보의 유입은 북한 주민의 의식 변화를 이끄
  는 촉매제의 역할을 수행하고 있으며, 또한 남한 문화와 생활을 미리 경험
  하게 됨으로써 남·북한 사회문화통합에 긍정적 영향을 미치고 있는 것으
  로 평가됨.

○ 북한 주민의 일상에서 점점 비중을 높여가고 있는 남한 문화의 수용을 어
  떻게 분석하고 대응해 나갈 것인가가 본격적인 대비가 필요한 시점임.
 - 북한의 '한류' 현상을 성급하게 북한 사회의 '아래로부터의 붕괴' 조짐으
  로 확대하여 해석하기보다는 현재 남한과 북한을 이어주는 이 연결망을
  통하여 실제로 북한 주민의 의식 수준을 높일 수 있도록 하는 다양한 모
  색이 요구됨.

○ 북한 주민의 남한 영상물 수용이 정치적 행위라기보다는 문화수용 욕구에

기반한 것이므로 단기적으로 '체제 위기'로 연결될 가능성은 약하지만, '되돌릴 수 없는 문화적 흐름'을 형성하면서 장기적으로 북한 사회의 자유화에 크게 기여할 것으로 전망됨.

참고문헌

강동완·박정란, 『한류 북한을 흔들다』, 늘품플러스, 2001, 32~33쪽.

박영정, 『북한 문화예술 현황분석 연구』, 한국문화관광연구원, 2011.

박정란, "북한에 부는 한류 열풍 – 그 현상과 전망", 통일문화정책포럼 발제문, 2011. 7.19.

오양열, "북한 내 외래문화 유입으로 인한 영향과 전망", 『플랫폼』, 2011.3.4호.

_____, "북한 내 한류현상과 민족음식 육성", 민주평화통일자문회의·한국음식관광협회 주최 세미나 자료집, 2011.4.

윤선희, "북한 청소년의 한류 읽기: 미디어 수용에 나타난 문화정체성과 사회변화", 『한국언어연구』, 제55권 제1호, 2011년 2월.

채지영, 『신한류 발전을 위한 정책방안 연구』, 한국문화관광연구원, 2011.

통계청, 『북한의 주요통계지표 2010』, 2011.

양안(兩岸) 교류협력의 특징과 남·북한관계에 대한 시사점

신종호(경기개발연구원 통일동북아센터 연구위원)

수십 년간 지속되어 온 정치·군사적 대립에도 불구하고 양안(兩岸) 간 인적교류와 사회·문화교류 및 경제교류는 점진적으로 심화·확대되었다. 특히 해기회(海基會)와 해협회(海協會)로 대표되는 반관반민(半官半民) 형태의 대화 채널이 항상 유지되었으며, 양측이 체결한 합의서에 기반하여 교류협력이 이루어지고 있다. 이와 달리 남·북한관계는 정치관계의 변화에 따라 경제·사회분야에서의 교류협력도 부침(浮沈)을 거듭하는 경향성이 반복·지속됨으로써, 교류협력과 관련된 높은 수준의 '합의'에도 불구하고 '실천'과정에서는 여전히 정체 내지는 후퇴하고 있다.

현재와 같은 남·북한 간 장기 경색국면에서 교류협력의 활성화 및 제도화를 위한 방안 마련이 쉽지는 않지만, 향후 남·북 관계가 화해 국면으로 전환될 가능성에 대비하기 위해서는 중국과 대만이 축적해 온 '정경분리'를 통한 지속적이고 제도화된 교류협력의 경험은 우리에게 많은 시사점을 제공한다. 즉, 중국과 대만은 지속적인 정치·군사적 갈등구조 속에서도 경제·사회 분야의 교류협력은 지속했으며, 특히 경제교류의 확대는 상호갈등 국면에서 대화와 협력 국면으로 전환하는 결정적인 모멘텀으로 작용했다. 이 밖에도 양측은 교류협력 관련 합의서를 상호 준수했고, 지방정부와 접경지역 차원의 교류협력 역시 매우 활발하게 진행되었다.

남·북한 교류협력의 활성화 및 제도화를 위한 정책 방안은 다음과 같다. ① 남·북고위급 회담 재개 및 정례화를 통한 기존 교류협력 관련 합의를 '실천', ② 반관반민의 협의기구 운영을 통한 정부 간 교섭의 단점 극복 및 장기적인 '정경분리' 원칙 실현, ③ '남·북경제협력위원회' 설치 및 '남·북사회문화공동위원회' 가동을 통한 교류협력의 제도화, ④ 한·중협력을 통한 대북 경제교류 확대 및 '통일경제특구' 설치를 통한 남·북한 접경지역 개발, ⑤ 남·북한 교류협력 법제 완비를 통한 남·북한 합의사항 이행 강제 및 안정적인 남·북화해협력 추진 여건 마련 등이 있다.

1. 머리말: 양안관계와 남·북한관계

○ 양안(兩岸)관계[1]와 남·북한관계는 구조적 요인(국력 격차, 국제무대에서
의 지위와 영향력, 발전 단계의 차이 등)으로 인해 단순비교가 쉽지 않지
만 유사성도 존재함.[2]

- 중국과 대만은 '하나의 중국' 원칙이 국제적으로 승인되어 있는 반면에,
남·북한은 각기 독립적으로 유엔(UN)에 가입한 정치단위체임.

- 중국과 대만은 국공내전(國共內戰)을 통해 분단되어 각기 자발적으로 체
제를 선택했고, 남·북한 역시 양측이 자발적으로 서로 다른 체제(자유민
주주의와 사회주의)를 선택했다는 점에서 유사함.

- 중국·대만과 남·북한은 각각 이념적·체제적 대립을 경험했다는 공통
점이 있고, 또한 정도의 차이는 있지만 궁극적으로 장기간의 교류와 협력
의 확대를 통해 통일을 지향하고 있다는 점에서 유사함.

○ 1949년 이후 양안관계는 장기간의 정치적 대립에도 불구하고 민간 차원의
인적교류와 경제·사회교류는 점진적으로 심화·확대되었고, 정부 간 공
식적인 접촉의 부재에도 불구하고, 해협회(海峽會)와 해기회(海基會)로 대
표되는 반관반민(半官半民)의 대화 채널은 기본적으로 유지됨.

- 2008년 마잉주(馬英九) 정권 출범 이후 3통(通商, 通航, 通郵)의 전면적 실
현(2008.11)과 경제협력기본협정(ECFA) 체결(2010.6) 및 안정적인 양안관
계 유지를 강조하는 마잉주의 재선 성공(2012.1) 등을 계기로 양안관계는

---

* 본 글은 신종호, 『중국 - 대만 간 교류협력의 특징 및 남·북 관계에 대한 시사점』(경기개발연구원, 2010)의 내용을
기반으로 하여 최근 자료를 참고하여 수정·보완한 것임.
1) '양안관계'란 대만해협을 사이에 둔 중국 - 대만관계를 지칭함. 양안관계는 淸日전쟁(1894.6~1895.4)과 1940년대의
'國共內戰, 그리고 1949년 중화인민공화국 수립 과정을 거치면서 본격화되기 시작함.
2) 남·북한관계와 양안관계의 비교와 관련해서는 오승렬·신상진·문흥호, 『남·북교류·협력과 북한의 변화: 중국과
대만의 경험을 중심으로』(통일부 통일교육원, 2003); 박영호·김병로·김영윤·조한범·최의철, "동서독 및 중·대
만 교류협력 비교", 『세계지역연구논총』, 제21집(2003); 전병곤, "양안 교류협력이 남·북 관계에 주는 함의", 『韓中
社會科學硏究』, 제6권 제1호(2008) 등을 참조.

한 단계 높은 수준의 교류협력 단계에 진입함.

○ 남·북한관계 역시 장기간의 대결국면이 지속되어 왔으나, 양안관계와는 달리 남·북한관계는 정권 교체를 포함한 정치관계의 변화가 비(非)정치 (경제·사회·인적교류) 분야의 교류협력에 직접적인 영향을 미침.

- 1992년 '남·북기본합의서' 체결 이후 남·북한의 정치·군사적 갈등에도 불구하고 경제·사회분야의 교류협력은 점차 확대되었고, 특히 두 차례의 정상회담을 통해 정치·군사관계에서도 진전을 이룸.

- 남·북 관계는 교류협력에 관한 '합의'의 수준은 높지만 '실천'과정에서는 '정경분리(政經分離)'가 제대로 이루어지지 않아 남·북한 교류협력은 정체상태를 면치 못했음.

- 최근 발생한 천안함(2010.3)·연평도(2010.11) 사건 및 김정일 사망 (2011.12)과 같은 정치·군사관계의 급격한 변화로 인해 비정치적인 분야의 교류협력은 정체되거나 오히려 후퇴한 것으로 평가됨.

○ 남·북한관계가 현재의 장기 경색국면에서 향후 대화·협력국면으로 전환될 가능성에 대비하기 위해 그동안 양안관계에서 축적된 지속적이고 제도화된 교류협력 경험에 대한 분석을 통해 남·북한관계에서 참고할 수 있는 시사점을 도출할 필요성이 있음.

2. 양안관계의 역사적 변천

○ 정치·군사적 대치 시기(1949~1978)
- 중국은 무력을 통한 대만문제 해결을 시도했고, 대만은 중국과의 대화를 거부함.

- 한국전쟁(1950년)과 '미국 - 대만 공동방위조약' 체결(1954년)을 거치면서 중국의 무력을 통한 대만 해방정책은 점차 불가능해짐.
- 중국의 UN 복귀(1971.10)와 덩샤오핑(鄧小平)의 개혁·개방 추진(1978.12) 등으로 인해 양안관계는 변화의 조짐을 보임.

○ 평화적 대치 시기(1979~1987)
- 개혁개방(1978.12) 및 미·중 수교(1979.1) 이후 중국의 대만문제 해결 방식이 기존의 무력을 통한 해결방식에서 평화적 수단에 의한 통일추진으로 수정됨.
- 중국은 1979년 1월 대만과의 '3통4류(三通四流)'[3]를 제의했고, 1983년 '1국가 2체제(一國兩制)' 방식의 통일 방침을 대만에 제의함.
- 대만은 중국의 '일국양제' 원칙 제의를 평화를 위장한 통일전선의 일환으로 인식하고 '3不정책(불접촉, 불담판, 불타협)'으로 대응함.
- 대만은 1987년 계엄령 해제와 함께 현역 군인과 공무원을 제외한 대륙에 친척을 둔 대만인의 대륙 방문을 허용함.

○ 제한적·점진적 개방 시기(1988~2008.2)
- 1991년 대만과 중국은 반관반민 성격의 해기회(海峽交流基金會)와 해협회(海峽兩岸關係協會)를 각각 설립하고, 민간차원의 인적·물적 교류를 점진적·단계적으로 확대함으로써 교류협력의 제도화 추진 및 각종 채널을 통한 정치적 관계 개선을 시도함.
- 대만은 '국가통일강령' 제정을 통해(1991.3), 3단계(교류와 호혜 단계, 상호 신뢰구축과 협력 단계, 통일협상 단계)의 통일과정을 제시함.
- 대만 총통 선거(1996.3) 직전 중국의 미사일 발사 훈련, 대만총통(李登輝)의 미국방문(1996.6) 강행과 '양국론(兩國論)' 발언(1999.7), 민진당 천수이벤(陳

---

3) '삼통'(三通)이란 중국과 대만과의 직접 교역을 의미하는 통상(通商), 우편물 교환을 의미하는 통우(通郵), 항공기와 선박의 직항을 의미하는 통항(通航)을 지칭. '사류'(四流)는 경제 교류·문화 교류·과학기술 교류·체육 교류를 지칭함.

水扁) 총통(2000~2007)의 대만독립노선 추구, 중국의 '반국가분열법(反國家
分裂法)' 제정(2005.3) 등을 거치면서 양안관계는 긴장과 갈등관계를 지속함.

○ 경제통합 촉진 시기(2008년 3월 이후)
- 경제부흥과 양안관계 개선을 선거공약으로 제시한 마잉주(馬英九) 총통의
  당선 이후 양안관계는 교류와 협력 및 평화와 안정을 중시하는 분위기로
  급선회함.
- 중국 역시 대만과의 인적·물적 교류 확대를 통한 대만경제의 중국경제에
  대한 편입 내지는 양안 단일경제권 형성에 대한 기대감으로 대만과의 적
  극적인 교류협력 의지를 표명함.
- 2008년 이후 총 7차례의 고위급 회담 개최를 통해 중국과 대만은 양안 간
  대화 재개와 경제협력의 심화·확대를 위해 노력함.
- 2012년 1월 대만 총통선거에서도 현(現) 마잉주 총통은 안정적인 양안관
  계의 유지를 통한 대만경제의 부흥을 강조함으로써 재선에 성공함.
- 향후 마잉주 '집권 2기'에도 양안관계는 '경제'를 우선으로 하고 '정치'는
  추후에 논의하는 점진적 발전을 추진할 것으로 전망됨.

〈표 1〉 2008년 이후 양안 간 고위급 회담 추진 경과

시기		주요 협의내용
제1차	2008.6	● 양안 항공 직항(전세기) 개설(주말 36편) ● 중국인의 대만 단체관광 조건부 허용
제2차	2008.11	● '대삼통(大三通)' 합의: 해운 및 항공 직항편 개설, 우편업무 협력 강화 ● 식품안전관련 상호 협의시스템 구축
제3차	2009.4	● 항공기 직항편 및 정기 운항편 확대 ● 공동 범죄퇴치 및 사법 공조, 금융 분야의 협력 강화
제4차	2009.12	● 농산품 검역 협력, 표준검사·인증 협력, 어선 선원 노무 협력
제5차	2010.6	● 중·대만 경제협력기본협정(ECFA) 체결 합의
제6차	2010.12	● 의약·위생 협력 ● 여행 자유화 문제 협의
제7차	2011.10	● 원자력 안전 협력 협의 ● 5대 신흥산업(LED 조명, TFT-LCD, 무선(無線)도시, 저온물류, 전기자동차) 분야 상호협력 강화

3. 양안 교류협력 현황과 특징

가. 인적교류와 사회·문화교류

○ 중국과 대만의 인적 교류는 1987년 10월 대만에 거주하는 대륙 출신자들
  의 대륙 친척 방문 허용 이후 본격화되기 시작함.
- 중국정부 역시 '대만 동포의 중국 방문에 관한 통지'(1987) 및 '중국인의
  대만지역 왕래 관리 규정'(1992) 등을 발표함.
- 중국정부는 1988년 11월에 부모, 배우자, 자녀의 문병·문상 목적의 대만
  방문을 허용, 1990년 8월에는 공산당원을 제외한 중국인의 대만 방문을
  허용함.

○ 2000년대 이후 양안 간 인적교류의 범위 확대와 수적 증대가 이루어짐.
- 2002년 2월 중국에 진출해 있는 대만 기업인의 명절 귀향을 위한 편의를
  제공함.
- 대만은 중국 과학기술전문가의 대만 체류기간을 3년에서 6년으로 연장하
  고 복수 여행허가증도 발급함.

○ 양안관계 개선과 함께 지난 2008년 7월 본토인의 전면적인 여행자유화가
  단행됨.
- 여행자유화 첫해(2009년) 동안 대만을 다녀간 중국관광객은 60만여 명임.
- 2010년 한 해 동안 여행 목적으로 대만을 방문한 중국인은 1,188,987명(전
  년대비 97.8% 급증), 중국을 방문한 대만인은 약 5,140,000명(전년대비
  14.6%증가)임.

○ 2011년부터 중국인이 개인자격으로 자유롭게 대만을 방문할 수 있고, 중

국 역시 2개 도시를 자유관광 시범지역으로 선정하기로 함으로써 개방의
폭이 확대될 전망임.

○ 학술교류: 1988년 7월 대만정부의 '현(現) 단계 대륙정책안'을 통해 양안의
사회·문화 교류 지침을 마련하면서 본격적으로 활성화됨.
- 학술교류 과정에서 정치적 영향을 우려한 대만의 소극적인 태도로 인해
잠시 정체되기도 했지만, 1990년대 중반 이후 양적 증가는 물론 범위와 내
용에서도 에너지와 농업 등으로 확대되기 시작함.

〈표 2〉 중국과 대만의 역대 인원 왕래 통계

연도	대만인의 대륙방문자수	증가율 (%)	대륙주민의 대만방문자수	증가율 (%)	연도	대만인의 대륙방문자수	증가율 (%)	대륙주민의 대만방문자수	증가율 (%)
1987	46,679	–	–	–	2000	3,108,643	20.27	102,933	−1.00
1988	446,000	855.46	–	–	2001	3,440,306	10.67	122,198	18.72
1989	551,800	23.72	–	–	2002	3,660,565	6.40	138,981	13.73
1990	890,500	61.38	8,545	–	2003	2,730,891	−25.40	124,616	−10.34
1991	946,632	6.30	9,005	5.38	2004	3,685,250	34.95	144,526	15.98
1992	1,317,770	39.21	10,904	21.09	2005	4,109,188	11.50	159,938	10.66
1993	1,526,969	15.88	14,615	34.03	2006	4,413,238	7.40	207,650	29.84
1994	1,390,215	−8.96	17,583	20.31	2007	4,627,881	4.86	229,877	10.70
1995	1,532,309	10.22	42,180	139.89	2008	4,367,594	−5.60	278,712	21.20
1996	1,733,897	13.16	65,205	54.59	2009	4,484,100	2.66	956,121	243.05
1997	2,117,576	22.13	56,570	−13.24	2010	5,140,600	14.64	1,580,099	65.26
1998	2,174,602	2.69	78,423	38.63					
1999	2,584,648	18.86	103,977	32.58					

자료: 대만 행정원 대륙위원회

○ 언론교류: 1980년대까지는 홍콩을 통한 간접적인 교류협력이었으나, 중국
의 평화통일 기조로의 전환 및 대만의 계엄령 해제 등으로 인해 양안 간
언론교류가 본격화됨.

○ 문화·체육 교류: 정치적 영향을 가장 적게 받으면 양안 주민의 상호이해
   증진과 이질감 해소라는 평화적인 목적을 달성하는 데 적합한 교류 분야임.
– 최근 중국은 경제협력기본협정 체결의 긍정적인 효과를 극대화하기 위해
  대만과의 문화교류 협정 체결을 추진함.

나. 경제교류

○ 양안 간 경제교류는 중국의 개혁·개방 추진 초기에는 매우 미미한 수준
   이었으나, 1987년 대만의 계엄령 해제 및 대만인의 중국방문 허용 이후 중
   국의 대만 기업 우대정책이 실시되면서 크게 확대되기 시작함.

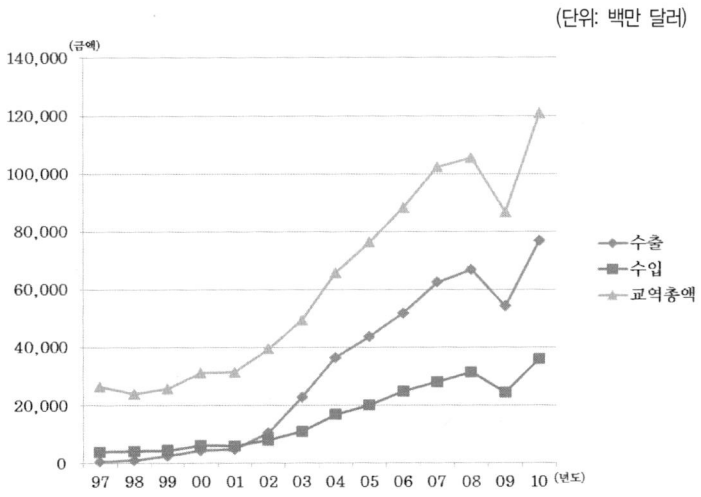

자료: 대만 행정원 대륙위원회

[그림 1] 대만의 대(對)중국 교역규모

〈표 3〉 대만의 대(對)중국 투자 현황

(단위: 백만 달러, %)

연도	대외투자 총액(A)	대중국 투자 총액(B)	대중국 투자 비중 (B/A*100)
1997	4,508	1,614	35.8
1998	4,815	1,519	31.5
1999	4,522	1,253	27.7
2000	7,684	2,607	33.9
2001	7,176	2,784	38.8
2002	10,093	6,723	66.6
2003	11,667	7,699	66.0
2004	10,323	6,941	67.2
2005	8,454	6,007	71.1
2006	11,958	7,642	63.9
2007	16,441	9,971	60.6
2008	15,158	10,691	70.5
2009	10,148	7,143	70.4
2010	17,441	14,618	83.8

자료: 대만 행정원 대륙위원회

○ 1990년대 중반 이후 양안 간 정치적 긴장 및 투자 규제 강화 등으로 인해 교역의 성장세가 둔화되었으나, 2001년 중국의 WTO 가입을 계기로 경제 교류는 심화·확대됨.

- 중국의 대만에 대한 수출입 총액 및 대만의 대(對)중국 투자가 급증함.

○ 이와 같은 양안 간 경제교류의 심화·확대는 중국에서 대만 투자를 허용 하는 일련의 조치들을 시행하고, 대만 역시 중국에 대한 투자 규제를 완화 한 결과임.

- 중국은 해외자본 유입 과정에서 외자도입, 화교 투자 및 대만기업을 우대함.
- 대만은 2001년에 소삼통(小三通)4)을 허가했고, 중국의 WTO 가입(2001년) 이

후 2002년 8월부터 대만기업의 중국에 대한 직접 투자를 허용하기 시작함.5)

○ 2008년 마잉주 정권의 등장 및 2010년 6월 양안 간 경제협력기본협정
(ECFA) 체결을 계기로 안정적인 경제교류 단계에 본격적으로 진입함.

- 양안 간 경제협력시스템 구축을 위해 체결된 ECFA는 대만의 경제적 실익
추구와 통일을 염두에 둔 중국의 영향력 확대라는 양측의 전략적 고려가
반영됨.

- 806개 품목을 2년 내, 3단계에 걸쳐 관세를 인하한 후, 최종적으로 상호 무관
세(단계적 관세 감면 포함)를 시행하는 조기자유화프로그램(Eearly Harvest
Program)의 도입에 따라 중국은 10가지 539개 품목을 개방하고, 대만은 4개
종류 267개 품목을 개방함(대만의 취약 산업, 농산품 개방 및 중국 인력
이동에 대한 부분을 협정에서 제외).

- ECFA 체결 이후 2010년 대만의 국내총생산(GDP) 규모는 전년대비 10.82%
증가함(1986년 이래 24년 만에 최고치).

다. 교류협력의 추진주체 및 법제6)

○ 중국과 대만의 당국자 간 공식적인 접촉 부재로 인해 공식적인 협상을 통
한 구속력 있는 단일한 양안관계법이나 협정체결은 전무함.

- 중국은 대만을 중국의 23개 성(省)의 하나로 인식하는 반면 대만은 중국과
상호대등한 정치적 실체로 인정할 것을 요구하고 있기 때문임.

○ 중국과 대만은 각자 자신의 입장에서 일방적으로 제정한 법규와 제도적
장치를 통하여 교류협력과 관련된 제반 문제를 해결하는 방식을 모색함.

4) 대만의 진먼(金門島), 마주(馬祖島), 펑후(澎湖列島)와 대륙 간 삼통의 허용을 지칭함.
5) 대만은 이전에는 홍콩, 마카오, 버지니아 군도 등 제3국을 경유한 간접 투자만 허용함.
6) 문흥호, "중국과 대만의 협상제도와 운영 사례 연구: 海峽兩岸關係協會와 海峽交流基金會를 중심으로", 『中國硏究』, 제48권(2008), pp.311-330; 법무부, 『중국과 대만의 교류협력 법제 연구』(서울: 법무부, 2008).

- 상대방 역시 가능한 범위 내에서 이를 인정하고 승인함으로써 교류협력 과정에서 발생한 법률적 문제들을 실질적으로 해결하고자 함.

○ 이를 위해 중국과 대만은 교류협력이 확대과정에서 필요한 업무 처리 및 통일정책 추진을 위한 체계화된 기구의 필요성을 인식하고 관련 조직을 확대·강화함.
- 중국: 당 중앙위원회 대(對)대만공작영도소조(領導小組), 국무원 대만사무 판공실.
- 대만: 총통부 직속의 국가통일위원회, 행정원 대륙위원회.

○ 중국과 대만 당국 간 공식적인 접촉은 없었지만, 경제·사회·문화 등 민간 분야에서 이루어진 방대한 규모의 교류협력에 대해서는 반관반민의 해협회와 해기회가 정부당국을 대리하도록 하여 구체적 사안에 대해 양측 합의에 의한 문제해결 방식을 모색함.
- 2010년의 ECFA 역시 해기회와 해협회 간 협의를 통해 체결됨.

〈표 4〉 중국과 대만 간 합의서 체결 현황

일시	합의서 명칭 및 내용
1990.9.	● 진먼협의(金門協議)
1993.4.	● 양안 공증서 사용 및 조사증명에 관한 협의(兩岸公證書使用查證協議) ● 양안 등기우편 조사·보상 사무 협의(兩岸掛號函件查詢補償事宜協議) ● 양회의 연계 및 회담의 제도화 관련 협의(兩會聯繫與會談制度協議) ● 왕꾸회담 공동 협의(辜汪會談共同協議)
1994.11.	● 우편으로 부칠 수 있는 공증서 복사본 종류 확대(擴大寄送公證書副本種類)
1997.5.	● 대만·홍콩 해상운송 상담 요록(台港海運商談紀要)
2008.6.	● 양안 전세기 회담 기요(海峽兩岸包機會談紀要) ● 양안 대륙주민의 대만여행에 관한 협의(海峽兩岸關於大陸居民赴台灣旅遊協議)
2008.11.	● 양안 항공운수 협의(海峽兩岸空運協議) ● 양안 해상운수 협의(海峽兩岸海運協議) ● 양안 우편 협의(海峽兩岸郵政協議) ● 양안 식품안전 협의(海峽兩岸食品安全協議)

2009.4.	• 양안 공동범죄소탕 및 사법공조 협의(海峽兩岸共同打击犯罪及司法互助协议) • 양안 항공운수 보충협의(海峽兩岸空运补充协议) • 양안 금융협력 협의(海峽兩岸金融合作协议)
2009.12.	• 양안 농산품 검역 검사 협력 협의(海峽兩岸农产品检疫检验合作协议) • 양안 표준 계량 검사 협력 협의(海峽兩岸标准计量检验认证合作协议) • 양안 어선 선원 노무 협력 협의(海峽兩岸渔船船员劳务合作协议)
2010.6.	• 양안 경제협력기본협정협의(海峽兩岸经济合作架构协议) • 양안 지적재산권 보호 협력 협의(海峽兩岸智慧财产权保护合作协议)
2010.12	• 양안 의약·위생 협력 협의(海峽兩岸醫藥衛生合作協議)
2011.10	• 양안 원자력안전 협력 협의(海峽兩岸核電安全合作協議)

주: 1990년의 '진먼협의'는 해협회 및 해기회가 설립되기 이전으로서 중국과 대만의 적십자회가 협상의 주체로 나섰으나, 이후부터는 중국과 대만간의 거의 모든 협상에 해협회와 해기회가 협상 주체로 나섰음.
자료: 국무원 대만사무판공실(http://www.gwytb.gov.cn/index.asp); 해협교류기금회(http:// www.sef.org.tw); 행정원 대륙 위원회(http://www.mac.gov.tw)등 참조.

라. 교류협력의 특징

○ 중국 - 대만 간 비대칭적 불균형 구조가 교류협력에도 반영됨.

- 중국과 대만은 제도 및 체제적 상이성이 엄연히 존재하고, 자국의 국제적 위상이나 영향력 역시 비대칭적인 불균형 구조임.

- 세계적인 강대국으로 부상한 중국과 대만의 현격한 국력차이 확대 등으로 인해 중국은 정치교류와 경제·사회·문화교류를 분리하는 정책을 통해 강한 자신감을 표출함.

- 대만은 정치교류의 한계를 명백하게 인식하고 경제교류의 활성화를 교류 협력의 핵심으로 인식함.

○ 교류협력의 추진을 통한 경제적 이익과 정치적·이념적 효과를 동시에 추구함.

- 중국은 대만과의 교류협력 확대를 통해 경제적 이익 확보 및 정치적 영향 력 확대 의도를 표출함.

- 대만은 대내외 경제 여건 악화 해결 및 경제 재도약(光富臺灣)을 위해 중

국과의 경제교류를 강화함. 그러나 중국에 대한 역사적인 불신과 국제무
대에서의 고립 등으로 인해 안보태세 유지를 지속적으로 강조함.

○ 지속적인 정치·군사적 갈등 구조에서도 경제·사회교류는 점진적으로 심
화·확대됨.
- 이러한 이유로 인해 양측 수뇌들의 공식적인 접촉 없이도 전면적인 삼통
실시 및 ECFA 체결과 같은 구체적이고 실질적인 성과가 가능함.
- 양안 간 인적교류의 활성화는 경제협력을 증대시키는 중요한 요인으로 작
용함.

○ 반관반민 성격의 기구(해협회, 해기회)가 교류협력을 주도함.
- 해기회와 해협회는 양안 교류협력의 주체로서 상징적인 기구에 불과한 것
이 아니라 양안 업무에 관해 실질적이고 강력한 권한을 행사할 수 있는 지
위를 부여함.
- 정치적으로 민감하거나 타협이 불가능한 사안에 대한 양보와 포용의 자세
(先易後難, 求同存異) 및 주민의 실익을 우선시하는 협상태도를 견지함.

○ 국력이 강한 중국이 교류협력에 적극적이지만, 교류협력의 속도와 범위는
대만이 주도함.
- '종합국력'에 자신감을 가진 중국이 교류협력의 주도권을 행사하는 현상
은 향후 중국과 대만의 국제적 위상과 영향력 및 '종합국력'의 격차가 확
대될수록 증대될 것.
- 대만은 중국에 대한 과도한 경제 의존과 흡수 통합을 우려하여 수세적이
고 소극적으로 대응함으로써 결국은 대만이 양안 간 교류협력의 속도와
범위를 주도함.

○ 양안 간 체결된 합의서에 근거하여 교류협력을 이행함.

– 양안 간 합의서는 비록 당국자 간 접촉이 아닌 반관반민 기구에 의한 협상
을 통해 이루어졌지만, 모든 합의서는 체결 이후 현재까지 순조롭게 이행
중임.

– 중국지도부의 교체 혹은 대만정권의 교체 등의 요인으로 인해 축소되거나
취소된 사례가 없음.

○ 상호갈등 국면에서 대화국면으로 전환하는 결정적인 모멘텀은 바로 경제
교류임.

– 양안 간 ECFA 체결 사례에서 나타나듯이 중국과 대만이 상호 갈등 국면
에서 결국 대화·협력국면으로 전환하게 되는 결정적인 모멘텀은 바로 경
제적인 요인임.

○ 중국과 대만의 접경지역 특구 개발을 통해 점진적으로 교류협력을 확대함.

– 중국은 푸젠성(福建省) 해협서안경제구(海峽西岸經濟區) 발전 전략을 수
립함(2009년).

– 대만은 '리도건설조례(離島建設條例)'를 제정(2000.4)하여 낙후된 진먼(金
門島), 마주(馬祖島)의 개발을 지원함

∴ 4. 시사점과 정책 제안

가. 남·북한관계에 대한 시사점

○ 정치·군사적 위기 상황에서 민간 교류는 지속적으로 필요함.

– 정치적 위기상황 속에서도 교류협력이 쉽게 단절되지 않고 민간 차원의

교류가 지속된다면, 이는 상호 간의 신뢰와 이해에 기반한 사회·문화적 교류로 이어지고 이는 다시 정치적 대화를 가능케 함.

○ '종합국력'에 우월적 지위를 가진 일방이 일정정도의 손해 감수가 필요
- '종합국력' 차원에서 상대적으로 우월한 지위에 있는 한국이 일정 수준의 손해를 감수하더라도 장기적인 관점에서 대북 교류협력 접근이 필요함.

○ 상대적으로 약한 일방(북한)의 제한적인 교류협력 운용 가능성
- 그동안 남한이 좀 더 적극적이고 공세적인 대북 지원정책을 이끌어 왔으나, 교류협력의 속도 조절은 오히려 북한이 주도해왔다는 점에서 향후에도 이 같은 현상이 반복될 가능성이 높음.

○ 쌍방 모두에게 이익이 되는 교류협력 구조 창출
- 남·북한 간에는 그동안의 교류협력이 남한에게 가져다주는 이익보다는 북한이 얻는 이익이 훨씬 큰 구조였다는 점에서 이에 대한 재검토가 필요함.
- 초기의 남·북 교류협력 단계에서는 남한 측의 대범한 양보가 가능하고 또 필요하겠지만, 중장기적으로는 남·북한 모두에게 이익이 되는 교류협력 구조의 모색이 필요함.

○ 정부 주도에서 민간 주도로 전환
- 정부 주도의 교류협력은 정치·군사적인 영향을 직접적으로 받을 가능성이 매우 높지만, 민간 주도형의 경우 정치적인 민감사안에 좀 덜 영향을 받을 것임.
- 향후 남·북 관계는 현재의 정부주도형의 교류협력에서 민간주도형으로의 전환 모색이 필요함. 남·북 경협 사업의 경우 한국의 대북 지원이 남·북 교역의 60%를 차지한다는 점에서 향후 민간 기업의 참여를 높이는 방안 모색이 필요함.

○ 중간지대의 설정 및 활용을 통한 안정적인 교류협력

- 중국과 대만이 홍콩, 마카오를 완충지대로 삼아 정치적 위험을 완화함.

- 현재 남·북한 간에 개설된 개성공단을 양안 간 홍콩과 같은 중간지대의 역할을 할 수 있도록 적극 확대하고 활용할 필요가 있음.

- 북·중 간 '창 - 지 - 투(長 - 吉 - 圖) 개발 계획'에 대한 적극적인 참여 및 한국과 중국의 자본협력을 통한 북한진출 방안 모색이 필요함.

○ 상호 간의 인식 차이 해소 및 신뢰 구축이 필요

- 체제 경쟁에서 우위에 있는 국가는 상대국 주민의 인식 및 여론을 움직일 수 있는 정책을 추진할 것이 필요함.

- 남·북 교류협력 확대 과정에서 남·북 주민의 상호 이해의 폭을 넓히고 민족 동질성을 회복할 수 있는 방안이 마련되어야 함.

○ 정치·군사적 신뢰 구축 노력 필요

- 남·북 관계가 장기적인 경색 국면이 지속되고 있는 상황에서 정상적인 교류협력이 다시 활성화되기 위해서는 정치적인 신뢰 회복과 함께 군사적 신뢰 구축을 위한 조치가 반드시 필요함.

- 이를 위해서는 국가수반·군부 지도자·지휘부 간 핫라인(hot line) 구축, 대량살상무기 사용 및 개발 금지에 대한 서약 이행, 서로를 표적으로 하는 군사훈련 수정, 군사훈련 사전 공지 등을 통한 투명성 회복 등이 필요함.

○ 지방정부 및 접경지역 차원에서의 교류협력 주도

- 중국과 대만 간 '해협서안경제구'의 경험을 참고하여 남·북한의 지방정부 차원에서의 대북 인도적 지원 사업을 지속적으로 실시함.

- 중앙정부와 지방자치단체의 역할 배분 및 분담을 통해 지방외교의 차원에서 지자체의 대북교류협력 권한 및 범위를 확대하고 특히 인도적 지원 사업의 경우 지자체에 대폭적인 권한 하방(下放)이 필요함.

○ 교류협력 관련 법률 체계 정비
- 남·북 교류협력의 활성화와 제도화를 위해서는 쌍방이 합의했던 기본합의서 준수가 가장 중요함.
- 과거에 체결했던 남·북한 간 합의서에 대한 준수는 물론 이를 한 단계 더 발전시킨 법령 제정을 고려함.
- '남·북교류협력기본법'(가칭)을 제정, 현행 '남·북교류협력에 관한 법'을 '남·북교류협력기본법'으로 개칭, 분야별(경제 교류, 인적 교류, 사회·문화 교류)로 단행 법규의 형태로 입법 추진 등이 있음.

○ 한국의 '종합국력'의 증대를 통한 장기적인 관점에서의 통일시대를 대비해야 함.
- 한국의 '종합국력' 증강은 향후 전개될 통일과정을 안정적으로 관리할 수 있는 핵심요소임.

○ 경제협력이나 사회·문화 분야 교류에서 '모멘텀' 유지가 중요함.
- 중국 - 대만 간 교류협력 과정에서 나타난 가장 큰 특징인 소위 '정경분리' 원칙은 남·북 관계에 매우 중요한 교훈을 제시함.
- 현재와 같은 남·북 관계의 장기 경색 국면을 해결하기 위해 경제협력이나 사회·문화 분야 교류에서 '모멘텀'을 잃지 않는 것이 중요함.
- 경제·사회분야와 정치·군사 분야를 분리하여 개성공단이나 금강산 관광과 같은 경제·사회 영역은 어떤 식으로든 지속적인 교류를 유지하기 위한 노력이 필요함.

나. 남·북교류 활성화와 제도화를 위한 정책 제안

○ 남·북 최고위급 회담 재개 및 이의 정례화
- 남·북한은 이미 최고지도자의 정책적 결단을 통해 두 차례의 남·북정상

회담과 수차례의 고위급회담을 진행함으로써 갈등국면을 대화국면으로
전환한 경험이 있음.
- 현재와 같은 고도의 남·북경색 국면에서는 실무 차원의 대화나 협상보다
는 최고위급 회담(정상회담과 특사교환 포함)이 재개되어야 하고 이 과정
에서 남·북 관계의 근본적 문제에 대한 논의와 함께 회담의 정례화 방안
에 대한 논의가 필요함.

○ 반관반민의 교류협력 협의기구 운영
- 남·북한 간 정부와 민간의 역할을 분담할 수 있는 반관반민 형태의 비영
리재단법인을 설립함으로써 정부 간 교섭에서 나타날 수 있는 비효율성과
예측 불가능성의 한계를 극복하고, 장기적으로 남·북 교류협력과정에서
'정경분리'의 원칙을 실현함.

○ '남·북경제협력위원회' 설치 및 '남·북사회문화공동위원회' 가동
- 향후 동북아 경제협력 과정에서 남·북한 에너지, 수송 등 인프라 개발을
진행할 경제협력위원회를 설치함으로써 한반도가 가진 지정학적 이점을
남·북한이 공동으로 이용할 필요가 있음.
- 남·북기본합의서에서 합의한 '사회문화공동위원회'를 가동하여 문화·예
술 분야에서의 교류를 통한 남·북의 동질성 회복 노력이 필요함.

○ 한·중 협력을 통한 북한과의 경제교류 확대
- 중국과 합작을 통한 대(對)북한 경제교류 활성화를 모색함으로써 향후 한
반도 위기 시 중국이 북한에 대한 설득자 내지는 완충지대 역할을 수행할
수 있고, 동시에 남·북한 직접교류의 취약성을 보완하는 효과를 기대할
수 있음(ex: '창지투 개발 계획'에 대한 적극적인 참여 및 한·중 자본협력
을 통한 북한진출 모색 등).

○ 가칭 '통일경제특구' 설치
- 최근 몇 년 동안 남·북 관계의 경색 국면에 따른 교류협력의 정체에도 불구하고 개성공단의 생산액과 근로자 수가 꾸준히 증가하고 있다는 점은 남·북 관계의 안전장치로서 개성공단을 통한 경제협력 방식이 유효함을 입증하는 사례임.
- 현재의 개성공단과 같은 경제특구를 장기적으로 남·북한 통일과정에서 접경지역에 설치할 필요성이 있음. 이를 위해 정부는 기반시설을 지원하고 민간 투자의 참여 확대를 도모할 필요성이 있음.

○ 교류협력 관련 법제의 정비
- 향후 남·북한 화해 국면을 대비한 입법 조치가 필요함. 남·북한 간 합의 사항의 이행을 강제하기 위해 국회 비준 절차를 거치거나 필요한 입법 조치를 추진함으로써 정권 교체와 관계없이 안정적으로 남·북 화해·협력을 추진할 수 있는 여건을 마련해야 함.
- 예를 들어, 현행 「남·북교류협력에 관한 법」을 「남·북교류협력기본법」으로 개정하고, 교류협력의 분야별(경제교류, 사회·문화교류, 인적교류 등)로 단행 법규의 형태로 입법 추진할 필요 있음.

2부

동아시아 다자협력

동아시아 경제통합과 거대기업의 역할:

EU사례의 함의와 적용

김두진(고려대학교 연구교수)

유럽통합 과정에서는 정치적·경제적 행위자로서 거대기업의 역할이 필요 불가결했던 것으로 인식되어 왔다. 이와 달리 동아시아 지역통합에 있어서는 통합의 주역으로서 주로 정부가 강조되어 왔기 때문에 유럽의 EU가 취해온 통합 방식과 다른 통합의 경로를 취해야 할 필요성이 대두되고 있다.

이런 맥락에서 본 연구는 유럽 통합과정에서 거대기업의 역할을 살펴보고, 유럽의 경험이 동아시아 경제통합에 있어서 동아시아 거대기업의 역할에 대해 던져 주는 함의를 찾고자 한다.

동아시아 경제통합의 접근방식을 제시함에 있어서 본 연구는, 유럽통합의 전례를 염두에 두되 신자유주의하에서 동아시아 거대기업의 역할에 대한 새로운 인식 전환을 통해 이들 집단이 불가피하게 동아시아 지역통합과정에 주요 행위자로 관여하지 않을 수 없다는 정책적 함의를 강조하고자 한다.

1. 문제제기: 동아시아 공동체의 인식의 차이 극복

○ 동아시아의 지역통합의 근간이 될 수 있는 경제통합에 있어서 유럽의 전
  례를 따를 수 있을 것인가에 대해 많은 문제제기가 있어 왔음.

○ 유럽의 경우처럼 단계적 경제통합, 즉 '자유무역 → 관세동맹 → 공동시장
  → 경제동맹 → 정치통합'의 수순을 밟아 가고, 동시에 유럽처럼 국가가
  중심이 된 기능적, 제도적 통합 및 구속적 협정을 근간으로 진행될 것인가
  에 대해 동아시아의 경우는 매우 회의적인 것으로 판단됨. 기본적으로 동
  아시아 공동체 구상에서 동아시아 3개국이 강성의 국가주의를 극복할 수
  있을 것인가라는 문제가 동아시아 통합의 관건이 되어 왔음.

○ 구체적인 예로 2009년 <동북아역사재단>에서 발간한 연구보고서 『동아시
  아 공동체 논의의 현황과 전망』에 의하면, 동아시아 주요 3국 간에 동아시
  아 공동체 형성에 있어서 여전히 커다란 인식의 차이가 있음을 드러내고
  있음.
- 중국은 동아시아의 지역을 지리적 개념에 기초하여 인식하고 있어 동아시
  아의 지리적 범위를 벗어나서 미국과 러시아 등이 포함되는 동아시아 영
  역 확대를 경계함. 또한 1997년 금융위기 이후 지역 주도권 확보라는 전략
  적 목표를 가지고 접근하고 있음.
- 일본은 동아시아를 '광역 동아시아'로 인식하여 구성국 확대를 꾀하여 21
  세기에 들어서면서 이른바 '동아시아공동체 구상'을 추진하는 과정에서
  오세아니아, 남아시아 국가의 일부를 포함하는 확대된 동아시아 지역 인
  식을 시작함. 이러한 인식의 이면에는 급부상하고 있는 중국을 견제하면
  서 지역의 균형을 유지하기 위해 광역화된 동아시아가 더 유효하고 보기
  때문임.

- 한국의 전략의 기조는 첫째, 주변국과의 다중 전략적 관계를 맺고, 둘째, 연성권력을 바탕으로 동아시아 질서의 근본적 변환과정에서 한국의 주도적 역할 예상함.

○ 동아시아 지역 통합을 논함에 있어서, 유럽의 EU가 걸어온 통합방식과 다른 경로를 취해야 한다는 논의가 있을 수 있음. 한편으로 유럽의 경우처럼 단일화폐가 통합의 결과인 것과는 달리, 동아시아의 경우에는 단일화폐를 먼저 도입할 수 있지 않은가, 혹은 다른 한편으로는 국가가 아닌 동아시아 거대기업의 네트워크 – 다국적이든, 다국가이든 – 이 경제통합에 큰 추진력이 될 가능성이 있지 않은가라는 쟁점을 중심으로 살펴보고자 함. 구체적 접근 방법을 살펴 볼 때, 동아시아 경제권 창설에 대한 구상이 제기되었다 할지라도, 그것은 여전히 정부 내지 국가 중심적 FTA 체결 정도이며, 거대기업이 주축이 되는 경제통합의 허브(hub) 내지 네트워크 창설하고는 거리가 매우 멀다고 봄.

- 일본의 경우 지역의 경제통합 추진을 목적으로 2003년 7월 간행된 일본 『통상백서』에서 동아시아 비즈니스권 창설 구상을 제기하고 있는데, 구체적인 과제로 아세안 전체, 한국, 중국, 타이완 및 중국과 FTA를 체결하는 데 초점을 맞추고 있음.

- 아이러니하게도 비즈니스권 창설에 관련한 일본의 구상 중 그 주역은 여전히 국가 내지 국가 간의 경제적 관계에 관한 것에 국한되어 있음. EU와 비교하여 제도화 과정에서 누가 주체가 될 것인가에 대해서, 거대기업 혹은 다국적기업이 관여할 수 있는 여지가 거의 전무한 것이 현실임.

- 전반적으로 <동북아역사재단> 보고서의 특징이 동아시아 통합의 주체가 여전히 '국가' 내지 '정부'였으며, 이것은 동아시아 통합 논의에 관한 주류적 흐름이 무엇인가를 반영하고 있음.

○ 본 연구에서는 이러한 동아시아 지역통합, 특히 경제통합에 있어서 동아

시아의 거대기업의 역할과 그 함의가 무엇인지를 살펴보고자 하며, 그 지
적 연원을 유럽통합 과정의 거대기업의 역할에서 찾고자 함.

○ 통합과정에서 경제적 행위자로서, 또 정치적 행위자로서도 주요한 역할을
담당한 유럽의 거대기업의 사례를 바탕으로, 동아시아 통합의 현실에 적
용시킬 수 있는 실천적 패러다임이 무엇인가를 도출해 내고자 함.

2. 지역(경제)통합 논의에 있어 거대기업(Big Business) 역할: 인식 전환

가. 세계화와 거대기업의 정치경제적 역할의 증대

○ 세계화는 다국적 기업 혹은 초국적 기업의 역할을 강화하는 현상을 가져
왔고, 시장의 세계화, 생산의 세계화, 정보의 세계화를 통해 다국적 기업
의 활동이 증가하게 됨. 헬드(1999)의 분석에 의하면 현재의 기업권력이
전지구적 생산네트워크(GPNs: global production networks), 무역, 그리고 기
술의 생산과 확산에 연계되어 있는 정도의 심대함을 지적함.
- 지구상의 100대 다국적 기업이 전세계 해외 자산의 20%를 통제함.
- 세계적으로 6백만 명의 노동자를 고용하며, 해외시장 매출의 30%를 차지함.
- 다국적 기업이 세계 무역의 약 2/3를 차지함.

○ 시장의 글로벌화에 따른 새로운 시장상황(market situation)에 대응하려는 다
국적 기업 거버넌스의 출현에 따라 불가피하게 정부 - 산업(혹은 국가 - 기
업) 간의 권위관계의 변화에 주목할 필요성이 등장함. 예를 들어, 서구에서
시장의 출현을 '정치성 산물'의 논리로 설명하려는 자이스만(Zysman, 1983)

과 같은 학자들의 논거를 중심으로 글로벌 시장을 목표로 삼은 다국적 기업이 국가 권위와의 관계에서 어떻게 새로운 영향력(leverage)을 행사하게 되었는가에 이론적 관심이 높아짐.

- 1990년대에 들어 에덴(Eden)이 국제정치경제(IPE) 분야에서 국가의 상대역으로 거대 기업 혹은 다국적 기업의 중요성을 강조하며 거대 기업에 대한 분석을 끌어들여야 한다(Bring the firm back in)고 주장하기 시작함. 세계적 수준에서 국내총생산의 4분의 1을, 또 1990년대 글로벌 기업 형태의 다국적 기업은 투자, 무역 및 기술의 다양한 흐름 속에서 미국 EU 및 일본을 포괄하는 트리아드(Triad) 경제 내 교역의 80%를 주도함.

- 샐리(Sally, 1994)의 경우는 포괄적이고 집단적인 의미의 다국적 기업에 관한 주목을 넘어서서, 경제적 주요 행위자로서 '개별(individual) 다국적 기업'의 중요성을 새롭게 인식해야할 필요성을 지적함.[1] 1994년에 샐리는 지난 25년간 정치경제적 연구분야에서 국가중심적인 패러다임하에 정부 혹은 국제기구라는 해묵은 의제에만 매달려 있었음을 지적하면서, 이제는 '개별 다국적 기업'에 관심을 돌려야 한다고 강조함.

- 라조닉(Lazonick, 1991)에 의하면 시장의 신비(myth of market)가 기업의 '보이는 손', 즉 제도적 시장 조정 기능에 의해 대체되는 현상에 주목하였고, 챈들러(Chandler, 1977) 역시 조직자본주의(managerical capitalism)와 관련하여 기업 거버넌스에 초점을 맞춰서 '보이는 손(visible hand)'이 아담 스미스의 '보이는 손'을 대신하기 시작했다고 지적함.

나. 경쟁국가(competition state)의 등장과 거대기업의 '시장권위' 강화

○ 제도주의 시각에서는 자본주의 발달 초기에는 시장의 형성 과정 자체가

---

1) 2007년 부즈 알렌(Booz Allen) 보고서에 의하면, 단일 그룹 삼성이 한국의 세금 수입의 8%, 전체 수출의 22%, 주식시장 자본화의 25% 정도를 차지하고 있음. 이런 점에서 '개별' 다국적기업의 중요성이 한국에서는 더욱 실감 있게 느껴지고 있음.

국가의 의도적 개입의 산물이며, 이런 의미에서 시장은 정치적 산물로 봄. 시장의 자연 발생적 기원을 부인하고, 자본주의가 등장하기 이전에 시장이라는 것은 국지적인 생활필수품의 교환, 귀금속, 향로 등 사치재의 제 교역 등의 영역을 제외하고는 별로 중요한 것이 아니었다고 생각함(장하준 1997).

○ 이런 맥락에서 시장 창출을 둘러싸고 다국적기업과 국가 사이, 즉 정치적 권위와 시장 권위 간의 긴장 상황이 나타나게 됨. 여기서 '시장권위(market authority)'는 시장창출력을 바탕으로 거대 기업이 행사하는 경제력으로부터 파생되는 정치력을 의미함. 거대기업은 더 이상 시장행위자(market-taker)가 아니라, 시장창출자(market-shaper)로 변화하게 됨(Kim & Kim, 2006).

- 국제무역레짐의 등장으로 엄격해진 무역규제 상황에서 한 국가의 부의 문제는 이제 기술 혹은 지식을 기반으로 창출하게 되어, 특정 산업 부문에 관한한 점차 다국적 기업의 국제 경쟁성에 의존하지 않을 수 없게 됨. 이처럼 지식기반 기술(산업)의 세계화는 다국적기업의 거버넌스의 새로운 인식의 장을 열어 줌.

- 점차적으로 국가 주도의 산업 정책하에서 규제 시장(governed market)의 혜택을 입었던 거대기업 – 한국의 경우 재벌그룹 – 이 헤게몬(hegemon) 국가의 일방적 통제에서 벗어나, 하나의 국가에 대한 대응세력(countervailing force)으로 등장하게 되는 현실을 부인할 수가 없게 됨. 한국의 재벌 거버넌스 역시 이러한 대응세력의 한 형태로 파악되어야 필요성이 증대됨(Kim, Kim & Kim, 2008).

○ 1990년대 중반부터, 코엔(Coen)과 코슨(Cawson, 1985; 1997)같은 학자는 경험적인 분석을 기초로, 유럽 정치에서 기업의 정치 활동을 새로운 현상으로 학문적으로 수용하기 시작함. 중요한 사실은 유럽에 있는 미국의 다국적 기업조차도 오히려 EU 내의 정부 – 기업 간의 힘의 역학 관계에 변화

를 가져올 수 있는 만큼 유럽의 공공정책에 깊이 관여했다는 점임. 따라서 EU의 제도권 내에서 이들 대기업들은 하나의 인사이더(insider)로 존재해 왔다는 점이 부인할 수 없는 현실임(김두진, 2004).

- 유럽집행위원회(EU Commission)는 대기업을 회원국에 대한 정치적 채널로 이용했고, 때에 따라서 이들 대기업은 정부 간 협상 과정에서 유럽집행위원회의 중간 매개체로 활동하기 시작했음(Coen, 1997; 1998; 1999).
- 한국의 대기업의 정치성이 문화적으로 터부시 되어 왔고, 정경분리의 원칙이 하나의 시대적 담론으로 고착화되어 온 한국 사회의 인식의 벽이 상상외로 높은 반면, 유럽 통합 과정에서 유럽의 거대기업은 정책결정과정에서 공식적으로 정치적 행위자로 받아들여지고 있음.
- 이것은 자본 혹은 기업의 영향력에 관한 그 이전의 한 연구의 유형은 슈미터(Schmitter)류의 코프라티즘, 즉 국가 - 자본 - 노동의 삼자협상파트너십에서 비롯되는 자본의 협상력 행사 이상을 의미하며, 정치적 로비스트로서의 거대기업 이상을 상정함. 이미 이들 자체가 정치적 행위자(political actor)로 인식되고 있음.

○ 서니의 경쟁국가의 개념과 연관하여 볼 때, 신자유주의하에서 국가의 주도하에 시장 확대에 주력할 필요성이 제기되는 경쟁국가의 능력이 요구되고 있음. 일종의 '국가의 상품화(commercialization)'가 강조되어 경쟁국가는 세계화의 심화 과정에 연루되면서, 개입주의 국가(interventionist state)와는 다른 측면에서 초국적적인 경쟁을 강조하게 됨. 국가가 기술과 다국적기업을 통한 '경쟁우위'를 부추기는 변형국가(transformative state)[2]의 면모를 띠면서 '거시 경제적 개입으로부터 미시 경제적 개입'으로 성격의 전환을 가져오게 됨(Cerny, 1995; 2000). 결국 '경쟁우위(competitive advantage)'

2) 바이스(Weiss)는 The Myth of the Powerless State에서 세계화에도 불구하고 국가의 변형 능력이 강하면 외부의 변화와 충격에 대해 적응 능력을 갖추게 되어서, 오히려 세계화의 희생자리기보다는 추동자가 될 수 있다고 주장했음. 따라서 환율 조정, 무역 분쟁에 직면하여 이들 국가가 대기업들과 협력하여 세계화 추진을 할 경우에 변형국가의 한 형태라고 볼 수 있음.

의 강조는 결국 국부 증진을 겨냥하여 국가에 대비하여 거대기업의 영향력
이 점차 증대되는 현상이 필수불가결한 사실로 인정되지 않을 수 없음.

3. 유럽통합과 거대기업의 역할: EU수준(European Level) 공공정책 결정자로

가. EU수준에서 거대기업의 존재

○ 초기의 유럽공동체 형성은 오히려 기업에 대해 무관심한 정치인들에 의해
주도되었음.

○ 유럽의 경우, 단일 시장의 등장과 EU 주요 제도들의 심화 확대 과정에서
유럽 내의 기업들이 산업 부문과 다양한 쟁점에 관해 정치적 행위를 하게
하는 정당성과 구실을 제공하게 됨.
- EU가 정부 간 관계를 증진시키기 위하여 회원국에 영향력을 줄 수 있는
채널이 필요했음. 유럽기업들이 공식적인 단체를 구성함으로써 개별 회원
국의 정치적 구성원으로서 자국을 대표하게 됨.
- 1970년대 산업 담당 커미셔너였던 에티엔트 다비뇽(Etienne Davignon)의
의해, 유럽의 거대기업들은 유럽통합 과정에서 유럽경제를 재건하기 위한
여러 프로그램이나 정책입안 과정에서 항상 큰 역할을 담당하기 시작함.
- 1987년 이후 단일유럽의정서(SEA) 이후 유럽 차원에서 EU 정책 과정에
영향력을 행사하기 위해 브뤼셀에 기반을 둔 이익집단의 수는 3,000여 개
에 이르렀고, 1만 5,000여 명의 인력이 관여하고 있었음.
- 유럽통합 과정에서 유럽 회원국의 국가와 산업(기업)간 밀접한 관계 형성.
EU는 산업 및 경제발전과 관련하여, 특히 전자산업(예: HDTV), 항공산업

(예: 에어버스)과 같은 산업 부문과 연관하여 EU의 공공정책의 일환으로 지원해 왔음.

- 예를 들어 유럽라운드 테이블(ERT)은 가장 영향력 있는 로비집단이었음. 특히 UNICE, 미국상공회의소 유럽위원회(AMCHAM-EU)가 유럽 내의 '트로이카' 체제를 구축함(김두진, 2006).

나. EU 공공정책의 사례: FP(Framework Programmes)

〈표 1〉 Framework Programmes 주요 프로젝트

산업부문	프로젝트명	주요 과제	참여국(업체)
정보산업	ESPRIT	고도정보기술, FA, OA, 소프트웨어	EC 12개국
	RACE	텔레콤, VAN	EC 12개국
	EUREKA	HDTV, 첨단방송장비	유럽 19개국
	JESSI	반도체	독일, 프랑스
산업기술	BRITE	중소기업설비	EC 12 개국
항공산업	Airbus	민간항공기 개발	프랑스, 독일, 영국, 스페인
	Eurofighter	차세대 전투기 개발	프랑스, 독일, 영국, 이탈리아
	Arian	위성 개발	프랑스, 독일
생명산업	FAST, BEP	유전자 연구	EC 12개국
기초과학	CERN	입자 물리학	유럽 14개국

출처: *EU Commission and Deutsche Airbus*, 이갑수(2007)

○ EU 공공정책 중 공동 R&D 정책은 프레임워크 프로그램(FP)로 집약됨.

- 1984년 제1차 FP가 시작되어 2006년 현재 6차 FP가 진행 중임. 제7차 FP 는 2007~2013년 7개년 계획으로 수립됨. IT부문의 공동기술정책은 유럽 단일화법에 시작된 것으로 미·일에 비해 열위에 있다고 인식하여 유럽의 IT산업 경쟁력 회복을 위한 것이 목적임.

- 차세대 반도체를 개발하는 JESSI 계획은 지멘스(독일), 필립스(네덜란드)

및 톰슨(프랑스)사의 합작과 각국 정부의 재정지원으로 형성된 것임.

- RACE(R&D in Advanced Communication Technology in Europe)는 통신산업의 개발로 Telecommunication, 부가가치통신망(VAN), LAN (Local Area Network)을 구축하는 사업으로 16억 유로 투자함.
- BRITE(Basic Research in Industrial Technology in Europe)는 제조업의 구조조정을 위한 사업으로 중소기업, 취약산업의 현대 프로젝트임.
- EUREKA(European Research Coordinator Agency)는 FP와는 별도로 거의 전 유럽국가가 참여하는 기술공동체이며, HDTV(고화질 TV) 등 첨단방송기술 개발하는 것이 주임무임.

다 '경쟁우위'와 '유럽챔피언'의 시도: HDTV와 에어버스

1) HDTV: 실패 사례

○ 유럽이 주도했던 HDTV 프로젝트는 실패한 사례인 반면에 에어버스는 매우 성공적인 유럽챔피언의 사례로 손꼽히고 있음

- EU의 HDTV 프로젝트는 미국의 FCC(연방통신위원회)가 주축이 된 디지털 HDTV 방식에 완패한 사례임. HDTV를 둘러싼 경쟁의 초미의 관심은 바로 전송방식이 아날로그냐 디지털이냐 하는 것이었음.
- 그 당시 선두주자였던 일본과 유럽이 아날로그 방식에 주력한 반면에, 미국은 미래를 겨냥한 디지털을 고집함. 결국 1993년 6월 유럽이 디지털로 전환하게 됨.

○ 유럽의 HDTV의 실패의 경험은 동아시아의 통합 과정에서 눈여겨보아야 할 교훈을 주고 있다. 지역통합 과정에서 어떤 특정 산업의 성공여부가 곧 그 지역 경제에 심대한 영향을 주게 된다는 점임.

2) 유럽 '에어버스(Airbus)': EU항공산업의 성공 사례

〈표 2〉 에어버스 참여국 및 기업

국가별	대표기업	참여지분	제품 모델
프랑스	Aerospatiale	37.9%	A300, A310
독일	Deutsche Airbus	37.9%	A320, A330
영국	British Aerospace	20.0%	A340
스페인	CASA	4.2%	

출처: *EU Commission and Deutsche Airbus*, 이갑수(2007)

○ 최근 가장 치열한 경쟁의 이슈로 떠오르고 있는 유럽 에어버스사와 미국 보잉사 간의 항공산업의 치열한 대결은 EU가 항공산업에서 유럽 산업의 국제경쟁력에 얼마나 심대한 노력을 기울였는가를 단적으로 보여주는 전향적인 사례이며, 동시에 가장 성공한 사례임을 보여주고 있음.

○ 에어버스는 제2차 세계대전 후 항공기 시장을 독점해 온 미국기업들(Boeing, Lockhedd, McDonnell Douglas)에 대항하기 위해 1970년 독일, 프랑스, 스페인, 영국이 항공우주산업을 합친 후 2001년 단일 기업으로 탈바꿈한 다국적기업임.

- 이 회사들은 에버버스라는 이름하에 국가주의적 색채를 탈피하고 상업용 항공기를 공동으로 생산하는데 협력하였음. 유럽항공기 산업의 재편에 따라 에어버스는 두 개의 기업이 소유하는 단일회사로 탈바꿈하였음. 즉 독일의 Daimler Chrysler Aerospace AG, 프랑스의 국영기업인 Aerospatiale Marta SA 및 스페인 국영기업 Construcciones Aeronauticas SA가 대주주인 EADS(European Aeronautic Defence and Space Company)와 영국의 BAE(British Aerospace)가 각각 80%와 20%의 지분을 소유하고 있음.

- 에어버스는 당시 미국 거대기업들과 전 세계 상업용 항공기 시장에 독점하고 있던 상황에서, 세계 상업용 항공기 시장을 에어버스와 보잉에 의한

양자 복점체제로 전환하는 데(록히드는 퇴출, 맥도널 더글라스는 보잉에 합병됨)까지 성공하게 됨. 1992년 30%에 불과했으나 2003년에는 처음으로 항공시장에 '이변'이 발생하여, 에어버스가 305대의 여객기를 납품해 281대의 보잉을 능가하였음. 88년간 전 세계 항공기 산업의 선두를 차지했던 보잉사에게 대단한 충격이었고, 2004년도에는 53%에 달하게 됨.

- 에어버스 A380은 오늘날 세계에서 존재하는 가장 큰 상업 항공기임. A380-900의 경우 일반석으로 좌석 배치를 할 경우 1,000석 이상 설치가 가능함. 이코노미 클래스에서도 승객들의 체형과 관계없이 다리를 쭉 펼 수 있는 정도의 넓은 공간을 확보해 주는 국제경쟁력을 가진 항공기임에 틀림이 없음. A380을 제작함으로써 '경쟁우위' 면에서 한 발짝 앞서려는 상황까지 펼쳐지게 됨.

4. 동아시아 지역주의 구상의 전략과 방법론: '거대기업' 주도 정책 네트워크(Big Business-centered policy network)

○ 크루그만(Krugman, 1992)은 지역블록 형성의 주요 동기를 시장 확장을 통한 규모의 경제(economies of scale)에서 찾음. 예를 들어, 최근 유럽은 미국 중심의 범세계적 항공자유화 네트워크를 상대하여 단일항공시장 형성을 이룩함.

○ 전략적으로 동아시아의 지역주의의 확대 전략으로는 '동북아 우선 통합' 이후 동남아 지역, 혹은 서남아 지역(인도 포함)으로 확대해 나가는 것이 바람직함.

○ 에어버스의 사례의 정책적 함의는 일국적 관점이 아니라 국제적인 관점,

즉 지역주의적 관점에서 접근한 것임.

- 에어버스의 성공적 세계시장 점유의 사례는 유럽의 주요국가들이 전략적 산업의 경쟁력을 높이기 위해 해당 산업 분야의 기술 개발과 첨단 인력의 확보를 통해 국제경쟁력을 확보하여 좀처럼 따라잡을 수 없는 '경쟁우위'를 획득한 사례임.

- 이것은 유럽의 특정국가의 '내셔널 챔피언'에 의해서 달성된 것이라기보다 다국가기업의 형태인 '유럽 챔피언'에 의해 달성된 쾌거로 봄(김두진, 2006).

○ 첫째, 동아시아 지역주의 형성을 하기 위한 전초로, <특정 기술>, <특정 산업부문>별 중심의 지역주의, 예를 들어, 항공산업 공동체(서정욱, 2004), 전자산업 공동체, 자동차 산업 공동체, IT 산업 공동체 등을 형성해 나가는 것이 새로운 접근 방식이 될 것임.

- 하나의 방법론으로서는 한·중·일 3국 간에 '다국가' 거대기업 컨소시엄을 형성하여 유럽 챔피언의 경우처럼 '아시아 챔피언'을 만드는 시도가 한 형태가 될 수 있음.

- 이렇게 될 경우에 하나의 기술개발(예: IT, 전기자동차 등)을 중심으로 형성되는 한국, 일본, 중국이 중심이 된 특정 산업중심(industry- centered) 지역주의를 상정할 수 있음.

- 이러한 시도로 각국을 대표하는 거대기업이 공정한 지분으로 참여하여 국제분업 및 협력 체제를 유지해 나갈 수 있으며, 국가 간 혹은 기업 간 윈 - 윈(win-win)게임으로 기술, 산업 연대를 구축하게 될 경우, 동아시아 경제통합의 새로운 모멘트가 될 수 있음.

- 예를 들어, 동북아 무역에서 '한국과 일본의 대중국 중간재 수출→중국의 가공→중국의 대미, 대 EU 최종재 수출'의 삼각무역패턴이 현저히 나타나고 있음(오영석 외, 2010).

○ 둘째, 범(汎) 동아시아 국가들이 공동으로 지원하는 과학기술프로젝트 - 유럽의 EUREKA, 혹은 ESPRIT처럼 - 를 시작하여 동아시아 전체의 산업을 지원하는 장기적인 프로그램 - 유럽의 FP처럼 - 을 추진함. 이를 통해 3국 간 기술의 표준화를 기하고 동시에 지식집약산업 부문에서 세계를 주도하는 '글로벌 스탠더드'를 개발할 수 있을 것임(예: EU의 HDTV 개발 사례처럼).

○ 셋째, 동아시아의 '다국가' 기업 컨소시엄이 주도가 되는 공동문화 콘텐츠 산업, 소프트 파워(soft power)를 향상시키는 프로젝트를 추진해 볼 수 있음. 이것은 동아시아 정체성 형성과 공유에 도움이 될 것임.
- 국가개입주의 형태의 상업성 문화 콘텐츠의 양상은 동아시아 국가 간에 문화충돌 혹은 문명충돌의 소지를 안고 있음.
- 방법론에서 할리우드 영화산업에 경쟁할 만한 공동의 영화제작(예: 해리 포터, 한·중의 영화 '만추'), 공동 역사 콘텐츠 영상 산업 - 독일 - 프랑스 공동역사 교과서 출간이 정부 주도인 데 비해, 민간 주도로 한 것처럼 - 을 초국적 문화사업의 형태로 추진하는 것을 상정할 수 있음.

○ 마지막으로, <범아시아 공동 시장>(Asian Common Market) 이전의 단계로 <동아시아 경제특구> 내지 <동아시아 경제자유지대>를 만들되, 이곳에서 동아시아 역내 다국가기업 간에 실험적인(달러가 아닌 아시아 역내의 지불 수단으로 고안된) '단일화폐' 혹은 특정 아시아 국가의 화폐(일정 기간 번갈아 가며 일본 엔화, 중국 위안화, 등)를 통화 수단으로 사용하는 제도를 제안하여 합의할 수 있음.

⠿ 5. 결론 및 정책적 함의

가. 연구결과의 요약

○ 동아시아 지역(경제)통합 논의에 있어서, 여전히 중국, 일본, 한국 간에 커다란 인식의 차이가 있음. 동아시아 공동체 구상에서 주요 3개국이 어떻게 강성의 국가주의를 극복할 것인가가 논의의 관건이 되어 왔음. 이런 맥락에서 유럽의 EU가 취해온 통합 방식과 불가피하게 다른 경로를 취할 필요성이 높아짐.

– 본 연구는 동아시아 경제통합에 있어서 거대기업의 역할과 그 함의가 무엇인가에 초점을 맞추고 있으며, 지적 기원을 유럽 통합 과정의 거대 기업의 역할에서 찾고자 함.

– 유럽통합 과정에서 정치 엘리트들뿐만 아니라, 주로 유럽의 학자군에 의해서 거대기업은 경제적 행위자로서 또한 정치적 행위자로 인식되어 거대기업의 역할이 필요불가결한 것으로 인식되고 있었음.

– 나아가서 학문적인 면에서 다국적기업이 세계경제에 미치는 영향이 심대해졌으며, 특히 이론적으로 '개별' 다국적 기업의 역할의 중요성이 점차 인식되기 시작하였음. 국부 및 시장창출과 연관하여 다국적기업이 '시장권위'를 획득하게 되었고, 점차 국가 권위에 대해 상대적으로 대응세력으로 등장하고 있음을 인정하지 않을 수 없게 됨.

○ 본 연구의 강조점은 동아시아 경제통합의 접근방식을 제시함에 있어서 유럽통합의 전례를 염두에 두되, 신자유주의하에서 거대기업의 역할에 대한 새로운 인식을 통해 이들 집단이 동아시아 지역통합에 불가피하게 중요한 행위자로 인정되고 받아들여질 수밖에 없다는 당위성을 주장하고자 함.

나. 정책적 시사점

○ 정책적인 차원에서 동아시아(혹은 동북아) 지역통합의 논의에 있어서 기
  능적으로 국가 혹은 정부 중심의 접근방법론을 벗어나서, 유럽의 경우처
  럼 거대 기업의 비즈니스 서클이 주축이 되는 부문이 공식적으로 인정되
  어야 할 필요성이 있음.

- 동아시아 지역 통합 논의와 함께 FTA와 같은 쌍방주의 통합 논의의 주도
  세력이 정부의 정책입안자로 구성되기 때문에, 1차적으로 정부 엘리트들
  이 주축이 되는 통합 논의가 주류를 형성하고 있음.

- 무엇보다 이처럼 거대기업의 역할이 빈번히 배제되는 경향을 낳지 않을
  수 없는 까닭은 동아시아 사회 내에서 기업이 여전히 국제기구 혹은 국가
  에 종속되는 존재라는 고답적 인식의 틀을 벗어나지 못하고 있기 때문임.

- 학문의 균형 면에서 대기업에 관한 긍정적, 부정적인 측면을 설명하려는
  시도는 흔히 한국 사회 내에 보수 - 개혁 간의 이데올로기 논쟁으로 연결
  될 소지가 높았음.

○ 이론적인 측면에서, 거대기업이 경제적 행위자일 뿐 아니라 현실적으로
  정치적 행위자임을 인정하는 학문적 인식이 공유되어야 필요가 있음.

- 이러한 인식 전환을 통해 <재벌 거버넌스>의 현실성을 훨씬 더 명확히 인
  지하고 대처할 수 있는 계기가 마련될 것이라고 봄.

- 동시에 정치경제부문에서 '시장 - 국가'의 이분법적 틀을 뛰어넘어 국가
  에 상대적 힘(leverage)을 미치는 '보이는 손(visible hand)'으로서 거대기업
  에 주목해야 할 학문적 필요성이 요구되고 있음.

다. 정책적 제언

○ 전략적으로 동아시아 국가 간에 전략적 동맹이 시급한 역내 '산업' 간 네

트워크(regional intra-industry network)로 출발하여 점차적으로 동아시아의 전반적 경제통합으로 발전해 나아갈 필요가 있음.

○ 경제통합 논의 및 추진에 거대기업 및 기업의 대표성이 있는 각국의 '전경련'에 해당하는 실체가 공식적으로 관여할 수 있도록 제도적 배려가 있어야 함. 이에 대해 거대그룹 거버넌스를 통해 정부 및 정책 입안자에 인식시키는 노력이 요구됨. 동아시아 3국 간에 에어버스에 준하는 항공우주산업 공동 프로젝트를 시도해 볼 수 있음(예: 최근 중국판 스텔스 개발에 비추어).

○ 경제통합과 연관하여 정부와 기업이 연계된 공동 프로젝트를 구상하여, 거대기업이 통합과 연관된 정책에 자연스럽게 관여 내지 연루되도록 함. APEC의 여러 정책 제시에 이런 프로젝트가 제안되고 시도되어, 동아시아 경제통합이 본격적으로 시도되기 이전에 학습효과를 가지는 것이 필요함.

○ EU와 NAFTA 등과 비교하여, 국가의 부에 큰 영향을 줄 수 있는 기술의 '패러다임의 전환(paradigmatic shift)'이 올 경우에, 제로 - 섬에 가까운 위험성(risk)을 낳을 가능성이 높은 기술 - 예를 들어, 반도체, 전기자동차, 태양열 발전소 등 - 개발 프로젝트에 3개국 거대기업군과 정부 간의 컨소시엄이 형성되도록 함.

라. 연구의 한계 및 향후 연구방향

○ 본 연구는 동아시아 경제통합에 관해 거대기업의 역할에 초점을 맞춰서 정치·경제적 분석을 꾀하였으나 몇 가지 연구의 한계가 있음.
- 거대기업이 현실적으로 얼마만큼 경제통합에 관심이 있는지 거대기업을 중심으로 엘리트 인터뷰를 할 필요성이 있음.

- 정부의 고위 관리들을 대상으로 동일하게 엘리트 인터뷰를 통해 동아시아 지역주의에 대한 관심을 점검해야 할 것임.

○ 향후 연구방향의 초점은 한국, 일본, 중국 3개국의 거대기업 및 정책 엘리트를 대상으로 3국 간에 동아시아 경제통합에 대한 정책과 인식의 유사성과 차이가 무엇인지 점검해야 함.

참고문헌

김두진(2004). 『EU의 무역레짐과 아시아 다국적 기업의 세계화』 아연출판부.

_____(2006). 『EU사례에서 본 동아시아 경제통합: 거대기업 역할론』 삼성경제연구소.

서정욱(2004). '유럽 단일항공시장 형성에 관한 지역주의적 접근'. 『대한지리학회지』 제39권 6호.

오영석 외(2010). '한중일 국제 분업 구조 분석과 협력증진방안', 산업연구원.

이갑수(2007). 'EU 공동 R&D정책의 경제이론과 실제: 3가지 사례연구를 중심으로', 『유럽연구』 제25권 2호.

장하준(1999). '제도주의적 경제학의 정립을 향하여'. 한국사회경제학회 편 『신자유주의와 국가의 재도전』. 풀빛.

Cawson, A. ed.(1985). *Organized Interests and the State: Studies in Meso- corporatism*, Beverley Hills, Sage.

Cawson, A. ed.(1997). 'Big Firms as Political Actors: Corporate Power and the Governance of the European Electronics Industry', in *Participation and Policy- Making in the European Union*, edited by H. Wallace and A. R. Young, Oxford, Clarendon Press.

Cerny, Philp G.(1995). 'Globalization and the Changing Logic of Collective Action', *International Organization*, 49:4.

_____.(2000). 'Structuring the political agenda: Public goods, states and governance in a globalizing world', in *Global Political Economy: Contemporary theories*, edited by Ronen Palan, London and New York, Routledge.

Chandler Jr., A. D.(1977). *The Visible Hand: The Managerial Revolution in American Business*, Cambridge, MA: Harvard University Press.

Coen, D.(1997). 'The Evolution of the large firm as a political actor in the European Union',

Journal of European Public Policy, 4:1, March, 91-108.

_____.(1998). 'The European Business Interest and the Nation State: Large-firm Lobbying in the European Union and Member States', *Journal of Public Policy,* 18:1, 75-100.

Eden, L.(1993). "Bring the Firm Back In: Multinationals in International Political Economy', in *Multinationals in the Global Political Economy,* edited by L. Eden and E. H. Potter, Basingsoke, Macmillan.

Held, D., McGrew, A., Goldblatt, D., and Perraton, J.(1999). *Global Transformation,* Cambridge, Polity Press.

Kim, Young-Chan, Kim, Doo-Jin & Kim, Young Jun(2008). *South Korea: Challenging Globalisation and the Post-Crisis Reforms,* edited by Chandos, Oxford.

Kim, Doo-Jin & Kim, Young-Chan(2006). *Newly Industrialising Economies and Inter- national Competitiveness,* London, Palgrave Macmillan.

Krugman, P.(1992). 'Does the new trade theory require a new trade policy', *World Economy,* 15: 423-41.

Lazonick, W.(1991). *Business Organization and the Myth of the Market Economy,* Cambridge, Cambridge University Press.

Sally, R.(1994). 'Multinational enterprises, political economy and institutional theory: domestic embeddedness in the context of internationalization', *Review of International Political Economy,* 1:1: 161-192.

Zysman, J.(1983). *Governments, Markets, and Growth,* Oxford, Robertson.

러·중 군사협력의 동향과 장래

이홍섭(국방대학교 교수)

2009년 수교 60주년을 맞은 중국과 러시아는 1996년 '러·중 전략적 협력 동반자' 관계를 수립한 이래 상호 소통과 이해의 폭을 넓혀왔다. 이는 지난 1989년 천안문 사태 이후 발효되고 있는 미국과 서구의 대 중국 무기수출제재에 힘입은 바 크다. 중국은 서방국가로부터 첨단무기 및 기술을 도입할 수 없게 되자 러시아와의 군사협력을 확대한 것이다.

그동안 러·중 양국은 일련의 주요 국제 문제에서 항상 동일하거나 접근된 입장을 보였고, 유엔 등 다자기구 차원에서도 효과적으로 협력해왔다. 또한, 양측은 기회가 있을 때마다 언제든지 국제 테러리즘의 분쇄와 예방을 위한 효과적인 협력을 할 수 있음을 확인해왔다. 양국은 상하이협력기구(SCO)의 틀 내에서 긴밀하게 협력했으며, 반테러 군사훈련의 규모를 확대해왔다. 2005년부터 실시되고 있는 SCO의 '평화사명' 연합군사훈련은 지금까지 4회 실시되었다. 이제 양국의 군사협력 수준은 인적교류 분야에서 무기와 기술 이전에 해당하는 군수·방산협력 분야를 넘어 작전·운영 분야까지 발전함으로써 그 수준과 강도가 한층 높아진 것이다.

이와 같이 양국의 군사협력관계가 심화되자 양국관계가 동맹관계로 발전하지 않을까 우려하는 시각이 있다. 그러나 양국은 서방과의 관계를 악화시키면서까지 함께하기에는 어려움이 있다. 즉 양국이 동맹이 되었을 때 전개될 국제관계의 양극화, 국제적 불안정 등을 감안하여 자신들의 관계를 '동맹' 관계로 진전시킬 의향은 크지 않은 것으로 보인다.

한편 우리나라는 한반도 주변정세가 다극화 추세로 연결되는 상황이 한국에 결코 부정적이지 않다. 이런 맥락에서 미·일의 MD체제 구축과 러·중의 군사협력 강화에 따라 고착화될 수도 있는 '미·일 vs. 러·중'이라는 이분법적인 접근을 경계하고 다국적 네트워크를 구축해야 할 것이다.

⁘ 1. 러·중 군사협력의 배경

가. 미국·EU의 무기금수 조치 및 중국의 현대기술 중요성 인식

○ 미국과 EU는 1989년 6월 천안문 사태 이후 인권탄압을 이유로 중국에 대한 무기금수 조치를 내림으로써 중국과 러시아의 군사협력이 강화됨.[1]
− 엠바고를 해제하더라도 인권탄압 국가에 무기 수출을 금하는 EU의 무기 수출에 대한 행동규범(code of conduct)을 중국에게 엄격하게 적용하겠다고 다짐.

○ 현대기술의 중요성 인식
− 걸프전(1991년 1~2월)은 국지전이었음에도 불구하고 무기와 장비의 총체적 과학기술 수준의 중요성을 보여준 전쟁임. 중국은 무기와 장비의 수준을 향상시키기 위해서는 첨단 하이테크 기술의 개발이 중요하다는 점을 절감함.
− 미국의 첨단군사력을 보여준 걸프전은 중국이 주장하는 '종합국력'의[2] 중요성을 다시금 일깨워 주었을 뿐만 아니라 향후 미국이 세계 유일의 군사 초강대국으로 남게 될 가능성을 예고함으로써 대러 협력강화의 촉매제가 됨.

나. 국방예산의 증가

○ 지속적인 국방예산의 증가로 1990년대 러시아의 첨단무기와 군사기술을 들여올 수 있었음. 1980년대 말까지만 해도 하향곡선을 그리던 중국의 국방예

---

1) 2005년부터 해제 논의가 지속되고 있는데 특히 프랑스와 독일은 앞으로 EU가 미국을 견제하기 위해서는 중국과 전략적 동반자 관계를 맺는 것이 유리하다고 계산하고 있음. 이미 일부 국가들(네덜란드, 스웨덴, 덴마크)은 방어위주 무기를 수출, 확대하고 있음.
2) 종합국력을 구성하는 부문은 다음의 9가지, 즉 영토 및 천연자원, 인구, 경제, 군사, 과학기술, 사회발전, 발전의 지속성, 국내 정치, 국제공헌 등이다. 이것에 따라 종합국력의 순위는 미국, 일본, 독일, 캐나다, 프랑스, 러시아, 중국, 영국, 인도, 이태리, 브라질 순으로 중국은 세계 7위에 불과하다.

산은 강택민이 군을 맡은 이후로 가파른 상승곡선으로 대전환함. 1990년 이후 중국의 국방예산은 매년 두 자리씩 증가함.

○ 국방비의 증가는 상당 부분 무기체계의 현대화와 러시아의 군사기술을 획득하는 데 사용됨으로써 양국 군사협력 확대.

다. 중국의 장기적인 군수산업 육성책

○ 중국의 장기적이고 궁극적인 목표는 대내 군수산업과 기술의 기반을 다지고 발전시킴으로써 최신의 첨단 군사시설과 무기를 직접 생산하고 유지하게 만드는 것임.

○ 중국의 전략가들은 외국의 첨단 무기와 기술을 선택적으로 획득하여, 그것을 이용함으로써 자신들의 기술혁신을 이루고 무기생산의 질을 높이려고 노력함.

○ 중국은 1960년대 초 중소분쟁으로 소련원조의 단절과 약 1,300여 명에 달하는 기술자의 퇴진, 그리고 대약진 운동과 문화대혁명은 무기생산을 퇴보시킴.

2. 러·중 군사협력의 원인

가. 중국군 현대화

○ 무기체계 현대화작업
− 1978년 이후 등소평이 제기했던 중국의 국정목표인 '4개 현대화(농업, 공

업, 과학기술, 국방)' 가운데 하나의 항목으로서 추진됨.
- 당시 중국의 당·정·군 지도부에서는 이 중에서도 국방현대화를 매우 시급한 문제로 여김.
- 지상군의 재래식 무기체계는 대부분 자체 생산이 가능했지만, 전투기, 잠수함 등 해·공군 무기체계의 핵심부품을 생산하기에는 기술 수준이 아직 미약한 상태였음.
- 중국의 방위산업이 가지고 있는 구조적 한계점으로 인해 더 이상 군사전략이 요구하는 성능의 무기체계를 생산할 수 없게 됨.
- 과거 소련의 원조로 무분별하게 군수공장이 설립되었던 군수산업의 구조적인 한계점으로 인하여 최신기술을 수용하여 첨단 무기체계를 곧바로 생산해내는 계획을 추진하기에도 어려운 상황, 이에 따라 1980년대에 이르러 대외 군사협력을 통한 무기체계의 현대화와 첨단기술의 도입을 적극적으로 추진하기 시작함.
- 미국의 걸프전 수행을 목도한 중국은 군사전략적으로 '첨단기술조건하의 제한국부전쟁전략'을 제시하면서, 이에 필요한 성능을 갖는 첨단무기체계를 요구하게 됨.
- 군비지출 세계 2위 국가(2009년 기준 천억 달러, 1위 미국은 6,610억 달러).

○ 중국군 현대화의 의미
- 전통적인 부국강병(富國强兵) 달성과 미국 수준의 초강대국을 지향하는 중국의 꿈을 이루는 핵심이 바로 현대화된 군사력 증강.
- 대외적으로 중국은 군 현대화의 유일한 목표가 국가의 안전 유지와 발전 이익의 보호, 국제적 안전시스템 구축에 있음을 역설해 옴. 따라서 대만문제 해결에 필요한 군사력 이상은 필요 없다는 것이 중국의 기존 주장이었음.
- 국방 분야 3대 중점사업이 항공모함 건조, 최신형 대함 탄도미사일 개발, 5세대 스텔스기 개발이라는 점을 보면 설득력이 떨어짐.
- 중국은 해양대국을 추구하면서 항공모함을 건조하고 있고, 항공모함 킬러

라는 둥펑 미사일 시리즈의 실전배치와 자체개발해 시험비행에 성공한 스텔스기 젠 - 20은 핵무기를 제외한 최고 군사력의 상징.

- 4대의 조기경보기도 운영 중이며, 공중급유기를 도입해 전투기 작전반경을 3천km까지 확대.

- 2007년에는 우주공간에 떠있는 인공위성을 요격하였고 세 번째 베이떠우(北斗) 항법위성을 발사해 우주무기 개발의지도 과시함.

- 중국의 이러한 무기체계는 기본적으로 본격적인 해양진출을 염두에 둔 포석으로서 일본 오키나와 열도와 베트남 동쪽의 남중국해 일대까지를 염두에 둔 제1도련(Island Chain)에서 일본 본토와 필리핀, 괌까지를 포함한 제2도련지역까지 활동범위를 확대하고 있음.

- 이는 불가피하게 미·중 양국의 방위선을 중첩해 한반도, 대만, 동중국해, 센카쿠 열도, 남중국해 문제 등의 분쟁을 지속적으로 일으킬 수밖에 없음.

나. 러시아의 경제, 외교적 필요성

○ 경제회복을 위한 필요성
- 경제회복에 중요: 러·중간 무역규모는 1990년대 수십억 달러 수준에서 2009년 600억 달러 수준으로 성장하였으며, 중국은 러시아의 4번째 무역상대.

- 극동지역개발에 중요한 노동력제공(러시아인들의 지역이탈로 인한 노동력 공백을 메워줌).

- 소연방 붕괴 이후 동유럽(바르샤바조약기구) 국가들의 무기조달 수요가 없어짐에 따라 군산복합체의 무기 수출에 적신호가 발생하였는데 1989년 198억 달러에서 1991년 66억 달러로 축소됨. 이에 따라 러시아의 대외 무기 수출은 중국 및 인도에 집중됨(70%).

○ 러시아 외교의 목적은 자국의 영향력 제고인데 이를 위해서는 중국의 협

력이 필요하게 되었고, 구공산권 국가들에서 연이어 컬러혁명이 발생하자 위기감을 공유하게 됨.

다. 국제정치 환경

○ 국제안보환경의 변화
- 중국과 러시아는 탈냉전 이후 세계패권을 주도하려는 미국을 일차적인 안보위협으로 인식함. 따라서 미국의 패권적 일방주의에 기초한 정책이 자국 세력권을 제한한다는 인식하에 공동으로 대응함.
- 1989년에 발발했던 천안문 사태는 미국과 서구국가들이 중국을 고립시키도록 만드는 결과 초래함.
- 러·중 관계 개선의 원인은 무엇보다도 탈냉전 이후 국제질서의 모습에 대한 불편한 심기를 가진 러·중의 동류의식에 기반한 것임.
- 영토 내 분리주의 문제(러시아의 체첸, 중국의 티베트 및 신강 등)와 국경 주변 비우호적 동맹세력 강화저지(러시아의 경우 NATO, 중국의 경우 미·일 방위협력)라는 영역에서 양국은 동병상련의 우의를 다져옴.
- 소련 붕괴 이후, 적어도 두 차례 국제적으로 러·중 연대감을 강화시키는 돌발변수가 있었음(1999년 NATO의 코소보공습, 2003년 미국의 이라크 개전).
- 러·중 전략적 협력이 지향하는 목표는 유라시아에서의 지전략적 균형과 안정을 달성하며, 적극적으로는 범세계적 다극질서를 달성하는 데 있음.
- 러시아는 NATO의 확대와 'Partnership for Peace'[3] 계획의 진행으로 서방으로부터 오는 심각한 압박을 느끼게 되었고, 이를 만회하기 위하여 중국과의 관계 개선을 적극적으로 모색해 옴.

---

3) NATO의 프로그램으로서 NATO와 유럽의 기타국가(아일랜드, 스위스, 오스트리아) 및 구소련국가들과 신뢰구축을 목적으로 함.

⁝⁝⁝ 3. 러·중 군사협력의 동향

가. 군사협력의 형태별 특징

○ 군사협력의 과정
- 인사교류.
- 군수, 방산분야(무기와 기술 이전).
- 작전, 운영분야.
- 동맹.

○ 군사협력의 형태

구분요소 협력형태	조약(의무) 관계	공동의 위협	협력의 수준(강도)
군사동맹	유	유	강함
군사협조	무	유	보통
군사교류	무	무	약함

○ 군사협력 형태별 협력내용

군사협력 형태	협력분야	협력내용
군사동맹	군사작전	■ 조약, 협의기구 운용 ■ 군사력 주둔, 군사정보교환, 공동위기 관리 ■ 연합군사훈련, 군사작전, 교리공동연구
군사협조	군사경제/과학기술	■ 비용분담, 군사차관 공여, GNP/군사비협상 ■ 군사원조, 군사무역(무기 이전) ■ 군사과학기술교류 및 공동연구개발 ■ 방산협력
군사교류	기능적 상호유대	■ 주요인사 상호방문, 무관교환 ■ 군사교육훈련 교류, 군사훈련 참관 ■ 군사사절단 교환방문, 국제군사 문화활동

나. 러·중 군사협력의 경향 및 전개

○ 러·중 군사협력의 경향
- 중국과 러시아의 군사협력의 쟁점은 양국 간의 국경선 협정문제와 인적교류를 바탕으로 한 무기 이전, 그리고 군수방산 분야 협력이 중요한 관심사항이 됨.
- 무기 이전이란 전쟁무기, 그 부품, 탄약, 지원 장비, 기타 군사목적의 상품들을 포함하는 재래식 무기의 공여, 신용, 바터 혹은 현금거래에 의한 국제적 이전을 의미함. 양국관계가 악화되었을 경우를 가정하면 결국 무기이전이라는 것은 자국의 국가안보를 위협한다는 점에서 한계가 있음.

○ 러·중 군사협력의 전개
- 1989년 5월 고르바초프가 중국을 방문하여 양국 동단 국경에 대해서만 합의.
- 1989년 6월 천안문 사태 이후 서방의 제재로 양국관계는 급속도로 가까워 짐.
- 1992년 중소 정상회담 이후 양국은 '정치적 상호신뢰'를 바탕으로 '기본적관계' 수립.
- 1994년 강택민의 러시아 방문 이후 양국관계는 '건설적 동반자관계'로 발전.
- 1996년 옐친의 중국 방문 이후 양국관계는 '전략적 협력동반자관계'로 격상.
- 1996년 상하이 회의 개최(중국, 러시아, 카자흐스탄, 키르기스스탄, 타지키스탄). 2001년, 상하이협력기구 설립으로 발전.
- 2001년 7월 16일 강택민 – 푸틴, '러·중 상호우호협력조약' 체결.
- 2006년에는 '중국의 해', 2007년에는 '러시아의 해'를 상대국에서 시행.
- 2009년 6월, 러시아에서 개최된 중, 러, 인도, 브라질 4개국이 참가한 제1차 브릭스(BRICs) 정상회의 개최, 향후 매년 돌아가면서 정상회의 개최.
- 다양한 영역에서 협력 추진, 유엔개혁문제에 있어서 러·중의 입장과 시각은 일치함. 북한 핵 문제에 대해서도 러·중은 모두 다자회담의 대화 방식과 평화적 해결을 주장하고 있음. 러·중은 2003년부터 시작된 북한 핵

　　문제 해결을 위한 6자회담의 방식을 지지하고 있음.
- 현재 양국 국가원수는 2년마다 정기적으로 상호방문, 정부수뇌 사이에도 정기적인 협상을 함. 메드베제프는 취임 후 첫 해외방문국(CIS 제외)으로 중국을 선택.

○ 1996년 '21세기를 향한 전략적 동반자관계' 선언한 이후 양국관계는 제3 국을 겨냥한 동맹관계가 아님을 지속적으로 강조함. 이에 대해 서방 분석 가들은 이것이 대서방 및 NATO를 견제할 목적은 아닌지 의심함.

○ 러ㆍ중 군사협력 강화
- 아나톨리 세르듀코프 러시아 국방장관은 러시아를 방문한 량광례(梁光烈) 중국 국방부장과 회담을 갖고 양국이 25차례의 연합훈련을 할 것이라고 밝힘(2009.4).
- 군사기술협력양자위원회 개최(2008.12, 2009.11).

○ 인사교류
- 1989년 5월 16일 중소 정상회담 이후, 소련은 중국 인민해방군 인사를 초 청하여 자신들의 군사훈련 참관하도록 제의.
- 1989년 11월 중국의 군사파견단이 국경주둔 병력감축에 대한 토의를 위해 모스크바를 방문.
- 이후 양국은 군 인사교류뿐만 아니라 양국 신뢰구축방안(CBM)이 논의됨.
- 1990년 6월 블라디미르 쿠즈코프(Vladimir Khuzhkov) 해군소장을 대표로 하는 소련의 군사방문단이 거의 30년 만에 북경 방문.

다. SCO를 통한 협력

○ 일반성격

- 중국과 러시아는 카자흐스탄, 우즈베키스탄, 키르기스스탄, 타지키스탄 등과 함께 SCO 창설멤버(1996년). SCO는 단순한 지역 협력기구 수준을 넘어 나토 (북대서양조약기구)에 맞서는 준(準)군사동맹체로 부상하고 있음. 핵 문제로 미국 등 서방과 대립하고 있는 이란도 SCO 옵서버로 참여하고 있음.
- 냉전시절 공산권 양대 세력이던 중국과 러시아는 국경분쟁을 해결한 뒤 2005년 첫 연합군사훈련을 실시하는 등 군사협력을 강화해 옴.
- 중국에는 중앙아시아에서 경제적으로 그리고 안보적 측면에서 활동할 수 있도록 제도화시켜주고 러시아에게는 구소련지역에서 영향력 유지할 수 있는 수단을 제공, 또한 이 지역에서 중국의 행동을 감시할 수 있는 도구 의 역할.
- 러시아는 SCO를 NATO에 대응하는 바르샤바조약기구의 대체기구로서 안 보적 측면을 강조하는 반면, 중국은 이슬람 극단주의에 대응하며 경제적 측면을 강조함으로써 SCO는 중앙아시아에서 러·중 경쟁 관계를 완화시 키는 역할.
- 러시아의 입장에서 SCO의 역할이 확대되는 데 있어서 중국의 역할이 과 도하게 강화되는 것을 우려함. 이에 러시아는 인도나 이란과 같은 국가들 의 참여를 통하여 SCO 내의 대 중국 균형성을 강화하는 동시에 유라시아 내에서 러시아가 주도하는 집단안보조약기구(CSTO)의[4] 강화를 통해 대 미 전략적 균형은 물론 대중견제력을 강화하는 정책도 동시에 추구함으로 써 전략적 안정과 균형화를 위한 이중적 전략을 구사하고 있음.

---

4) 2002년 러시아, 벨라루시, 아르메니아, 카자흐스탄, 타지키스탄, 키르키즈스탄 6개국으로 창설되었고, 이후 2006년 우즈베키스탄이 가입함.

○ 연합군사훈련
- 2005년부터 시작된 평화사명 연합훈련은 2007년, 2009년, 2010년 4차례 실시됨.
- '평화사명 - 2009' 연합군사훈련은 중국 심양군구 조남연합전술훈련센터에서 실시 됨. 실전연습에서 러·중 양국 군대는 2,600명의 병력을 투입했으며 탱크, 자주포 등 각종 장갑무장차량 백여 대와 전투폭격기, 공격기 등 각종 비행기 60여 대를 동원하여 '연합통제, 입체돌파, 기동저항, 반격·심층섬멸' 4가지 내용을 연습함.
- 중국인민해방군 총참모장 마효천 상장과 러시아연합육군 부총사령관 스투제니킨 중장, 상해협력기구 성원국 고위급 군사대표단 성원 및 상해협력기구 사무처 사무총장, 지역 반테러기구 주임 등이 현장에서 연습을 참관.
- 2010년에는 카자흐스탄에서 "평화사명 - 2010" 연합반테러군사훈련을 가짐.

라. 러·중 군사협력의 확대: 불가피한 협력?

○ 러시아의 대중 위협인식
- 중국의 성장이 러시아에 위협되는가? 예(44%), 아니오(39%)(2009. 10. 여론조사).
- 중국의 급부상에 따라 GDP 규모가 중국의 25~30% 수준임(중국: 4조 9,850억 달러, 러시아: 1조 2,290억 달러).
- 인구규모에서도 중국과 큰 격차.

〈표 1〉 중국의 외교관계 지수

조사일: 2008년 초

중·러 관계	중·불 관계	중·인도 관계	중·미 관계
8**	6.3	5.4	1.1

* 우호적(3~9), 비적대적 비우호적(-3~3), 적대적(-9~-3),
** 2005년: 5.5
출처: 淸華大學 국제문제연구소

4. 러·중 군사협력의 효과 및 한계

가. 효과

○ 중국과의 협력은 러시아에 ① 대(對) 미(EU) 외교력 배가, ② 경제회복, ③ 노동력 제공(극동지역)

○ 러시아의 무기와 기술은 중국의 군사력 현대화에 지대한 공헌을 함.

○ 러·중의 군사 분야의 합작은 세계가 주목하는 분야임.
- 러시아는 중국 첨단무기의 최대 공급 국가이고 쌍방의 군사협력은 여기에 그치지 않고 있음.
- 러·중 군부는 상호 간의 각종 차원의 연합군사훈련을 실시하고 있으며 여기에는 양국 국경을 넘나드는 대규모 군사훈련도 포함되어 있음.
- 러·중 군사합작은 '국제테러리즘, 민족분열주의자, 종교극단주의세력'에게 타격을 가하고 강력한 위협 기능을 하고 있음.

나. 한계

○ 러시아의 입장
- 러시아 사회의 일부 인사들은 심리적 불편함 때문에 러·중 우호관계를 곱지 않은 눈으로 보고 있는 것도 사실임. 즉 러시아의 일부 엘리트들은 중국을 잠재적 적으로 간주하고 중국의 국력 신장에 위기감.
- 에너지 분야 등 중국에 대한 수출 의존이 과도하게 커짐에 대하여 우려함.
- 중국의 군현대화가 러시아에는 양날의 검임. 러시아는 중국에 첨단무기를 판매하면서도 늘 자국의 안보와 관련된 최신의 무기체계에 대해서는 거

래와 이전을 꺼리면서 기술적인 갭을 유지함.
- 러시아는 미국과의 군축협정에 따라 핵무기비축을 줄이는 데 비해 중국은 핵무기를 비축확대함.
- 양국의 군사협력이 인사교류 분야에서 무기와 기술 이전에 해당되는 군수 방산협력분야로 발전했으며, 또한 최근 연합군사훈련으로 인해 작전·운영 분야까지 발전함으로써 그 수준과 강도가 한층 높아졌지만 향후 양국의 관계는 결코 과거의 동맹체제로까지 높아지지는 않을 것임.

○ 중국의 입장
- 중국이 오랫동안 추진해 온 '비동맹정책'은 복잡다단한 국제투쟁 속에서 중국이 주축이 될 수 있게 해 주었고, 평화적인 발전에 필수적인 국제 및 주변 환경을 조성하는데 긍정적인 작용을 했음.
- '비동맹정책'을 버리면 중국의 평화적 발전이란 국제적 이미지를 손상하고 미국 등 서방국가의 강렬한 반발을 초래할 수 있음. 또한 동맹결성의 길로 달리는 것은 일부 주권을 양도해야 하거나 일정 정도로 자신의 손발을 묶게 될 수도 있고 말려 들어가서는 안 될 국제분쟁에 휘말릴 가능성도 있음.
- '비동맹정책'을 계속 견지하면 세계의 많은 나라와 더욱 광범위하게 단결하고 종횡무진으로 국제관계 전략을 진행하는 데도 유리함.

○ 미국의 입장
- 미국은 SCO를 반(反) 서방클럽으로 간주하면서 2005년부터 실시된 SCO의 '평화사명' 훈련을 통한 러·중 연합훈련을 유라시아의 세력판도를 시도하는 움직임으로 주시.
- 러·중 군사협력이 미국의 압도적 우위까지 위협하지는 않겠지만 동북아, 넓게는 유라시아지역에서의 자국의 영향력을 떨어뜨릴 것으로 인식.
- 러·중이 함께 중앙아시아로부터 미군을 철수시키기 위해 한 목소리를 낸

다는 점에 주목.

5. 결론: 평가 및 제언

○ 중국의 군사력 증강과 무기 및 장비의 현대화는 대부분이 러시아로부터
  최신 무기체계와 첨단 기술의 도입을 통해 이루어졌음(2005~2009: 89%).
  특히 해군과 공군에 도입된 첨단 전투기와 잠수함, 구축함 등은 인민해방
  군의 기동력과 해상전투력의 향상에 많은 영향을 미침.

○ 중국 - 러시아의 군사밀월은 양국의 전략적 판단에 따른 것으로도 분석
  됨. 즉 미국이 동유럽에 미사일 방어망(MD)을 배치하려는 계획을 밝히자
  러시아는 중국, 인도와 함께 미국에 맞서려는 3각 전략 구도를 확정한 뒤
  중국과의 협력을 강화함. 중국 역시 태평양에서 군비를 증강하는 미국에
  맞서기 위해 러시아와의 협력을 추구함.

○ 오랜 세월 동안 서로 등을 돌리던 양 국가가 무기와 기술 이전이라는 끈끈
  한 유대관계를 형성하게 된 배경으로는 먼저 대내적으로는 중국 방위산업
  의 한계, 그리고 군사전략의 변화에 따른 요구 등을 손꼽을 수 있음. 대외
  적 요인으로는 공산권 국가들이 무너지는 국제적 안보환경의 변화와 이에
  따른 위협요인의 변화가 많은 영향을 미치게 됨. 즉 미국이라는 패권주의
  의 등장과 천안문 사태라는 국내변수가 불러온 국제적 영향 요인은 러시
  아와의 군사적 결속을 불러옴.

○ 그런데 무기체계를 판매하는 것은 바로 자국의 안보를 위협하는 행위라고
  볼 수 있음. 따라서 러시아는 중국에 첨단무기를 판매하면서도 늘 자국의

안보와 관련된 최신의 무기체계에 대해서는 거래와 이전을 꺼리면서 기술적인 갭을 유지함.

○ 러시아의 목적은 경제적인 실리를 챙기는 것이고 중국의 목적은 오직 자국의 군비증강을 이루는 것이기 때문에 동상이몽의 처지에 있었다고 평가할 수도 있으나, 양쪽은 충분히 각자의 몫을 챙기면서 목표 달성을 위해 협력관계를 지속하고 있음. 요컨대 양국의 군사협력이 인사교류 분야에서 무기와 기술 이전에 해당되는 군수·방산협력분야로 발전했으며, 또한 최근 연합군사훈련으로 인해 작전·운영분야까지 발전함으로써 그 수준과 강도가 한층 높아짐.

○ 서방과의 관계를 악화시키면서까지 러·중이 함께하지는 않을 것, 즉 양국관계가 동맹으로 발전하기에는 어려움이 있음.

○ 아르바토프 같은 학자는 미국에 대한 공유되고 있는 견해에도 불구하고, 러시아와 중국이 완전한 전략적 동맹관계를 맺게 될 가능성은 낮으며, 러시아는 그런 상황에 연루되는 것을 피해야 한다고 역설하였으며, 트레닌도 러시아의 전략가들은 중국을 잠재적인 군사 동맹국으로 고려하고 있지 않으며, 양국의 군사·기술 협력도 대단히 상업적인 성격을 띤 것으로 판단함.

○ 중국은 향후 도광양회 유소작위(韜光養晦 有所作爲)의 기조 아래 지속적인 군사력의 증강을 추구할 것. 아직은 천안문 사태 이후 서구의 금수제재가 풀리지 않고 있는 까닭에, 당분간은 러시아를 통해 첨단 군사장비와 기술획득에 전력을 기울일 것임. 만일 금수조치가 해제된다면 중국은 러시아에서 서구 선진국으로 시야를 넓혀 군사장비의 획득노선을 다변화시킬 것이 분명함.

○ 러·중 동맹 결성은 필연적으로 새로운 양극적 세계 판세를 초래하여 세계평화 및 안정을 파괴할 가능성이 매우 큼. 이런 양극적 판세 중에서 중국과 러시아가 몇 개, 혹은 몇십 개의 중소 국가를 다시 끌어들이더라도 겨우 허약한 한 극을 만들 수 있을 뿐임. 그러나 미국은 북대서양조약기구, 미·일 동맹 등 동맹관계에 의지하여 상대적으로 강대한 한 극을 쉽게 만들 수 있음.

○ 국가의 안전이 엄중한 위협에 직면하지 않게 하기 위하여 중국과 러시아는 군사정치동맹을 결성하지 않을 것이며, 상하이협력기구도 군사정치집단의 방향으로 발전하지 않을 것.

○ 한반도에 미치는 영향 및 우리의 태도
- 러·중은 미일동맹의 MD체제를 군사패권주의의 강화 시도로 해석하고 군사협력을 강화해야 함.
- 미국의 MD체제 구축에 따른 미일동맹 강화와 2010년 천안함 사태는 동북아에서 미·일과 러·중의 갈등이 고착화될 우려가 있음.
- 2005년 반기문 외무장관은 SCO 연합군사훈련이 특정한 제3국을 겨냥한 것이 아니라면서 지역안보 강화에 도움이 되길 바란다는 원론적 평가를 내린바 있음. 이는 적절한 평가로서 우리는 한반도 주변의 다극화 추세를 활용해야 함.
- 한반도 주변정세가 다극화 추세로 연결되면 한국에 결코 부정적이지 않다는 시각에서 한국은 '미·일 vs. 러·중'이라는 이분법적인 접근을 경계하고 다국적 네트워크를 구축해야 할 것임.

【자료】

〈표 2〉 주요 재래식 무기 5대 공급국, 2005~2009[5]

공급국가	세계무기 수출에서 차지하는 비중(%)	주요 수입국 (공급자의 전체 무기 이전에서 차지하는 비중)
미국	30	한국(14%), 이스라엘(11%), UAE(11%)
러시아	23	중국(35%), 인도(24%), 알제리(11%)
독일	11	터키(14%), 그리스(13%), 남아프리카공화국(12%)
프랑스	8	UAE(25%), 싱가포르(21%), 그리스(12%)
영국	4	USA(23%), 인도(15%), 사우디아라비아(10%)

출처: *SIPRI Yearbook, 2010*

〈표 3〉 주요 재래식 무기 5대 수입국, 2005~2009

수입국	세계무기 수입에서 차지하는 비율(%)	주요 공급국(비중)
중국	9	러시아(89%)
인도	7	러시아(77%)
한국	6	미국(66%)
UAE	6	미국(60%)
그리스	4	독일(35%)

출처: *SIPRI Yearbook, 2010*

■

5) 세계 5대 무기 수출국인 미국, 러시아, 독일, 프랑스, 영국이 전체 국제거래의 76% 차지. 2005 ~ 2009 연간 주요 재래무기 국제거래는 2000 ~ 2004 연간평균보다 22% 상승.

미 · 중 관계의 정상화와 대만

김중섭(제주대학교 교수)

  중국 내전으로 1949년부터 대륙의 공산당정권과 대만의 국민당정권은 대치국면에 들어갔다. 미국은 처음에는 반공의 기치 아래 대만을 지지했지만 소련을 억제하기 위해 1972년에는 중국과 관계정상화 하였고 1979년에 중국과 수교하였다. 미·중 간 관계정상화의 과정에서 대만문제는 항상 제일 큰 장애요인이 되었다.

  대만문제의 핵심은 중국이 견지하는 '하나의 중국' 원칙과 미국이 강조하는 '대만의 안전' 간의 충돌이라고 할 수 있다. 미국은 '하나의 중국' 원칙을 수용하여 대만과 단교하였지만, 「대만관계법」 등의 조치를 통하여 대만에게 일정한 안전보장을 제공하였다.

  미 – 중 수교의 결과로 대만은 외교적으로 고립된 비정상국가로 전락하였고 내부적으로는 통치 정당성 상실에 따른 민주화와 또 그에 따른 정체성의 변화 등의 영향이 있었다. 한반도 주변 상황과 미국의 전략구도 등을 볼 때 미국과 북한의 관계정상화가 이루어져도 한국에 대한 영향은 대만처럼 크지 않을 것이다. 다만 북 – 미 관계정상화 논의에서 한국이 제외되지 않도록 하는 것이 중요한 과제이다.

1. 대만문제의 형성

○ 1949년 국공내전에서 국민당의 패색이 짙어지자 미국은 국민당 정부를 포
  기할 준비가 되어 있었음.
- 1949년 10월 중화인민공화국 정부가 수립되자 미국 내에서 새 공산당정부
  와 대만으로 간 국민당 정부 간의 선택 문제를 두고 격렬한 논쟁.
- 반공성향의 국회의원과 군부는 대만의 전략적 중요성을 강조하며 대만이
  공산당 손에 넘어가는 것을 막아야 한다고 역설했고, 일각에서는 민심을
  잃은 국민당을 축출하고 다른 친미정권을 수립하는 방안도 제시함.
- 국무부는 공산당정부를 승인하자는 입장임. 당시 미국의 가장 중요한 전
  략적 관심사항은 소련 공산 세력의 확장을 막는 것인데 미 국무부는 중국
  공산당과 소련의 관계는 외부에서 생각하는 것처럼 긴밀하지 않은 것으로
  판단하고, 모택동이 중국의 티토(Tito)가 될 것을 기대.

○ 트루먼 대통령은 국무부의 의견을 받아들여 1950년 1월 5일 대만과 국민
  당 정권은 미국의 관심 밖이라는 성명을 발표하였고, 며칠 후인 1월 12일
  애치슨 국무장관은 미국의 서태평양 방어선은 "알류샨열도 – 일본 – 오
  키나와 – 필리핀"이라고 하여 대만을 배제시켰음(애치슨 라인).
- 1950년 2월 14일 공산 중국과 소련이 우호동맹조약을 체결하자 미 군부는
  다시 대만의 중요성을 주장하고 국민당에 대한 군사지원을 요청함. 국무
  원 동아시아 차관보 러스크(Dean Rusk)도 공산주의 확산을 억제하는 데에
  대만의 중요성을 강조하는 보고서를 5월 30일, 6월 17일 2차례 제출.
- 이때 한국전쟁이 발발하여 트루먼은 즉시 제7함대의 대만해협 진입을 명
  령하고, 이는 대만에 대한 모든 침공을 막는 동시에 국민당군의 대륙공격
  도 억제하는 것이라고 밝혔음(대만해협 중립화).

○ 한국전쟁에 중공군이 참전하자 맥아더는 국민당 군대를 이용하여 중국 남
  부를 공격하자는 주장을 폈지만, 트루먼 행정부가 반대하여 결국 맥아더
  의 해임까지 이어짐. 미 행정부의 조심스러운 태도로 중국공산당과의 전
  면전은 피했지만 한국전쟁으로 중국과의 적대관계는 불가피하게 되었음.
- 1952년 미 대선에서 공화당의 아이젠하워가 당선되고, 공산 중국에 대한
  여론도 악화되자 대만은 한국전쟁이 끝날 무렵부터 미국에 공동방위조약
  체결을 건의했지만 계속 거절당함.

○ 1954년부터 인도차이나반도 문제와 관련하여 국제협상장에서 미국과 중
  국 간의 마찰이 있었고, 중국이 대만의 통제하에 있는 연안 도서를 폭격하
  자 미국은 대만과의 공동방위조약을 고려하기 시작함.
- 1955년 1월 중국이 일부 연안 도서를 점령하게 되자 미 국회는 대통령에
  게 "필요시 무력으로 대만을 보호할 수 있는" 권한을 부여하였고(대만해
  협결의안), 2월 미 - 중(중화민국) 공동방어조약이 국회에서 통과되었음.
- 이로써 대만은 미국의 대 공산주의 방어선의 중요한 일원이 되었고, 또
  미 - 중 관계가 변화하는 1970년대 이전까지 적어도 자유진영에서는 "중
  국"의 합법적인 대표로 인정받게 되었음.

2. 미 - 중 관계 정상화

○ 1960년대에 중 - 소 간의 불화가 시작되었지만, 이때 중국은 급진적인 이
  데올로기를 따르고 있어, 자본주의국가를 적대시하여 미국과의 관계개선
  이 어려웠음. 미국도 유엔에서 '중화민국(대만)'의 '중국' 대표권을 계속
  지지함.

○ 미국은 결코 중국정권의 붕괴나 중국과의 충돌을 원하지 않았음.
- 1962년 중국은 '대약진' 등 실패한 급진정책으로 대규모 아사 사태가 발생하고 혼란이 가중되자, 장개석은 대륙수복의 좋은 시기라고 판단하여 군대를 집결하였지만 미국이 즉각 이를 억제하였음.

○ 미국 내의 여론도 중국과 관계개선의 필요성을 주목하기 시작
- 1964년 3월 상원 외교위원회 위원장 윌리엄 풀브라이트(James William Fulbright)는 '구신화와 신현실(Old Myths and New Realities)'이라는 연설을 발표하여 미국 정가와 사회여론에 많은 영향을 줌. 연설의 취지는 미국의 중국정책(대만을 중국대표로 인정하는 것)은 낡은 신화에 입각한 것에 불과하고 이제 현실을 직시해야 한다는 것.
- 1960년대 중반 미국의 관심은 베트남전쟁에 집중돼 있고, 중국은 국내의 문화대혁명으로 혼란스러운 상황이어서 양측 모두 관계개선을 추진할 여력이 없었음.

○ 1969년 국경분쟁으로 중국과 소련은 전쟁 일보 직전까지 갔고, 소련의 위협을 절실히 느낀 중국은 고립상태에서 벗어나기 위해 미국과의 관계개선을 추진하기 시작

○ 미국의 새로 출범한 닉슨 행정부도 우호적인 자세를 취함. 닉슨은 당선 이전인 1967년에 이미 「포린 어페어(Foreign Affairs)」지에 「베트남전 이후의 아세아」를 발표하여 "중국을 계속 고립시키는 것이 바람직하지 않다"라고 역설
- 닉슨 행정부 출범 후, 1970년 10월 국무부 동아시아 - 태평양 담당 차관이 국회에서 미국의 중국정책은 "현실을 인정하는 방향"으로 대폭 전환할 것이라고 증언함.
- 1971년 2월 닉슨은 국정보고에서 처음으로 중국의 공식 국호인 "중화인민

공화국"을 사용하였고, 같은 해 7월 키신저가 비밀리에 중국을 방문하여 양국 관계개선의 물꼬를 텄음. 키신저가 귀국 후, 닉슨 대통령은 중국 정부의 초청으로 이듬해 중국을 방문할 것이라고 공식 발표하여 미 - 중 관계개선의 신호를 전 세계에 공지함.

○ 이런 변화는 대만의 국제적 지위를 더욱 어렵게 만들었음. 직접적인 영향으로 1971년 유엔총회에서 '중화인민공화국'의 '중국' 대표권을 인정한다는 결의안이 통과되었음.

- 1971년 유엔총회 때 미국의 공식입장은 '중국'의 유엔안보리 상임이사국 의석은 '중화인민공화국'이 계승하되, '중화민국'의 유엔회원자격은 유지돼야 한다는 것(이중대표권). 이런 입장은 국무장관과 대통령에 의해 여러 차례 천명되었지만 유엔총회 개회기간 키신저가 다시 중국을 방문하여 전체 분위기는 대만에 불리한 방향으로 돌아감. 총회에서 '중국' 대표권 결의안이 통과될 것이 확실시되자 대만은 유엔 탈퇴를 선언함.

○ 1972년 2월 28일 미국의 닉슨 대통령은 중국을 방문하여 중국과 「상해 공동선언」을 발표하여 미·중 관계의 정상화는 모든 국가의 이익에 부합된다고 밝힘.

- 1973년 2월 중국과 미국은 서로 연락사무소의 설치에 합의하여 5월부터 실제 운영을 시작함. 중국의 주 워싱턴 연락사무소에는 중국의 국기가 게양되고 직원도 외교관 대우를 받게 되는 등 양국 관계는 준 외교관계로 격상됨.

3. 미-중 수교

○ 닉슨은 자신의 제2임기 내에 중국과 수교할 수 있기를 희망했지만 양측은 대만문제에 대해 여전히 이견을 좁히지 못하고, 1974년 키신저는 등소평과 만나는 자리에서 "미국은 하나의 중국 문제를 잘 해결할 수 있는 방안을 모색하고 있지만, 아직 생각해 내지 못했다"고 토로함. 중국이 지속적으로 요구하는 미군철수 문제에 대해 미국은 중국이 먼저 "대만문제의 평화적 해결"을 약속해야 가능하다 하여 합의점을 찾지 못함.

- 결국 닉슨은 워터게이트 사건으로 사임하여(1974) 임기 내 수교 계획은 무산되었음. 후임자 포드는 1975년 월남 공신화, 1976년 대선 등의 문제로 중국과의 수교를 추진할 수 없었고, 중국 내부도 사인방과 등소평의 정치투쟁, 주은래, 모택동의 사망 등으로 국내정세가 불안하여 수교에는 진전이 없었음.

○ 1977년 카터 행정부가 출범한 후 소련이 다시 확장세를 보였음(1978년 베트남과 동맹조약을 체결하여 깜란베이 군사기지 사용권을 획득, 아프간 침공 등). 따라서 카터는 중국과의 수교를 하나의 전략목표로 설정하고 추진하였음.

- 중국에서는 1978년 등소평이 다시 복권되어 실권을 장악한 후 역시 소련의 확장에 불안을 느끼고, 특히 베트남과의 관계가 악화되면서 미국에 대해 보다 온화한 입장을 취함.

- 결국 미국은 중국이 제시한 수교 3원칙인 미 - 대만 동맹조약폐기, 철군, 대만과의 단교를 수용하였고, 중국은 미국의 대만문제의 평화적 해결에 대한 관심표명을 받아들이는 선에서 타협함. 미·중 양측은 1978년 12월 26일 「수교공동선언」을 발표하였고, 미국은 1979년 1월 1일부터 "중화인민공화국"을 "중국"의 합법적인 정부로 승인하고 "중화민국(대만)"과의

모든 공식 외교관계를 중단한다고 발표함.

- 카터정부는 수교과정에서 국회의 양해를 전혀 구하지 않고 '날치기' 식으로 수교를 발표하여 국회의 강력한 반발에 직면함. 결국 대만문제에 관해 국회는 행정부가 제시한 안을 거부하고 별도로 「대만관계법」을 통과했음.

○ 1980년 레이건 대통령이 대선 선거운동기간에 자신이 당선되면 다시 대만과 외교관계를 회복하겠다는 친 대만 발언을 해서 중국을 불안하게 했지만 당선 후 중국과의 관계는 후퇴되지 않았고, 오히려 1982년대 대만 무기 판매를 점차 감소하겠다는 「8·17공동선언」을 발표하였음.

∷ 4. 미 – 중 수교와 대만의 국제적 지위 및 안전

○ 미국과 중국의 수교과정에서 가장 큰 장애물이 바로 '대만문제'이고, '대만문제'는 근본적으로 미 – 중 양측이 대만의 현재, 미래의 법적 지위 및 안전에 대한 의견대립에서 비롯된 것임.

○ 미국은 처음에 '이중승인' 방안을 시도했었지만 중국은 대만문제에 관해서는 한 치의 양보도 없었기 때문에 미국이 중국과 수교하기 위해 대만과의 관계를 정리해야 했는데 그 절충의 결과가 3개의 공동선언 및 「대만관계법」임.

가. 1972년 상하이 공동선언

○ 1972년 「상하이 공동성언」은 중국과 미국이 당시의 국제정세에 대해 각자의 입장을 표명하고 이를 나열한 형식의 문건이었음. 그 중 향후 대만문제

의 해결에 관한 부분은 다음과 같음.

- 중국은 다음과 같이 성명한다:

    대만은 중국의 일부분이고 대만을 해방하는 것은 중국의 내정이며 외국은 간섭할 권리가 없다. 미국의 군대와 군사시설은 대만에서 철수해야 한다. 중국정부는 '하나의 중국, 하나의 대만', '하나의 중국, 두 개의 정부', '두 개의 중국', '대만독립'을 추구하거나 '대만지위 미정'을 고취하는 행동을 단호히 반대한다.

- 미국은 다음과 같이 성명한다:

    미국은 대만해협 양안에 있는 모든 중국인(Chinese)이 중국은 하나뿐이고, 대만은 중국의 일부분이라고 주장하는 것을 인지(acknowledge)한다. 미국 정부는 이 입장에 대해 이의를 제기(challenge)하지 않는다. 미국 정부는 중국인에 의한 대만문제의 평화적 해결이 자신의 관심사안(interest)임을 재확인한다. 이런 전망에 유의하면서, 미국은 대만에서 미국군대와 군사시설을 철수하는 것이 최종목표임을 확인한다. 이 기간에 이 지역 긴장국면 완화에 따라 대만에 있는 군대와 군사시설을 점차 철수할 것이다.

○ 공동선언의 내용을 살펴보면 적어도 미국은 대만에 대한 입장에 관해서는 상당히 모호한 표현을 사용함.

- 중국식 '하나의 중국' 논리에 반대하는 사람들은 여기서 미국은 '하나의 중국' 혹은 대만문제에 대해 중국의 주장을 "인지"했을 뿐, 이 문제에 대한 미국의 입장을 밝히지 않았다고 주장함. 그리고 설사 미국은 여기서 '하나의 중국'을 반대하지 않았다고 하더라도 미국이 인지한 '하나의 중국'은 "대만해협 양안의 모든 중국인이 동의했다"는 전제를 두고 있음.

나. 1979년 수교공동선언

○ 1979년 미국은 중국과 공식 외교관계를 수립하고 대만과 단교하였음. 공식 수교된 만큼 미국의 대만문제에 관한 입장도 한층 더 중국을 고려하여 명확해짐.

○ 1979년 수교 공동성명 내용 중 대만문제와 관련된 부분은 다음과 같음.
- 미국은 중화인민공화국 정부가 중국의 유일한 합법정부임을 승인(recognize)한다.
- 미국 정부는 중국의 입장, 즉 중국은 하나뿐이고 대만은 중국의 일부분이라는 것을 인지(acknowledge)한다.

○ 이 수교 공동성명은 매우 짧고 간략하여 대만문제의 해결방식에 대한 더 많은 언급은 없었고, "1972년 「상하이 공동선언」에서 양측이 합의한 내용을 재확인한다"라고만 서술
- 상하이 공동선언의 중국어판에는 acknowledge를 "인지한다(認識到)"로 표현하였지만 수교공동성명의 중국어판은 acknowledge를 recognize와 같이 "승인(承認)"으로 표기했고, 미국은 이에 대해 이의를 제기하지 않았음. 이것은 또한 미국의 전략적 모호성 정책으로 볼 수 있음. 즉, 미국의 필요에 따라 acknowledge는 '인지'가 될 수도 있고 '승인'이 될 수도 있는 해석의 여지를 남겼음.

다. 대만관계법

○ 미·중 수교 이후 미국 국회는 곧바로 대만관계법(Taiwan Relations Act)을 제정, 통과하였음.

○ 「상하이 공동선언」 및 「수교 공동선언」 중의 대만문제에 대한 간략한 언급에 비해 「대만관계법」에는 대만문제의 평화적 해결에 대한 미국의 관심, 미국의 대만보호 의지, 대만의 지위 등에 대해서 훨씬 자세하게 기술하였음. 중요한 내용을 보면,

- 미국이 중화인민공화국과 수교하기로 한 결정은 대만의 미래에 관해 평화적으로 해결될 것이라는 기대에 기초를 두고 있다. (Sec.2.B.[2])

- 경제제재(boycott), 금수(embargo)를 포함한 비평화적인 방법으로 대만문제를 해결하려는 어떠한 시도도 서태평양 지역의 평화와 안정을 위협하는 행동으로 간주되고 이는 미국의 중대한 관심사항(grave concern)이다. (Sec.2.B.[3])

- 미국은 대만에게 방어용 무기를 제공한다. (Sec.2.B.[4])

- 무력이나 고압적인 방법으로 대만주민의 안전, 사회경제제도를 위협하는 행동에 대항(resist)할 수 있도록 미국의 능력을 유지한다. (Sec.2.B.[5])

- 미국법률에서 외국, 외국정부 혹은 유사한 실체를 언급할 때, 그 용어에 대만도 포함되고 그 법률은 대만에도 적용된다. (Sec.4.B.[1])

- 본 법률의 어떤 조항도 미국이 대만을 국제금융기구나 국제조직에서 배제하거나 축출하는 것을 찬성하는 것으로 해석할 수 없다. (SEC.4.D.)

○ 이 법률의 내용을 보면 대만을 사실상(de facto)의 독립적 정치 실체로 인정하는 것으로, 중국이 주장하는 '하나의 중국' 원칙에 위배함. 미국이 중국의 '하나의 중국' 입장을 인지한다고 하는 동시에 대만을 사실상의 정치 실체로 인정하고 안전보장을 제공함으로써 미국의 모호성 정책은 한층 강화되었음.

라. 1982년 8·17공동선언

○ 「대만관계법」에 대한 중국의 반발을 무마하기 위해 미국과 중국은 1982년

「8·17공동선언」을 발표함. 이 공동선언문에서 미국은 "대만에 대한 장기적인 무기판매 계획이 없고, 대만에 대한 무기판매는 질적으로든 양적으로든 중·미 수교 이후의 수준을 초과하지 않을 것이며, 앞으로 대만에 대한 무기판매를 점차 감축할 것"을 약속하였음.

- 9항밖에 안 되는 짧은 선언문에서 미국은 「수교 공동선언」에 있는 "중화인민공화국 정부가 중국의 유일한 합법정부임을 승인한다"를 다시 한 번 천명함. 그리고 제5항에는 "미국은 중국과의 관계를 매우 중시하고, 중국의 주권과 영토를 침범할 의도가 없고, 중국의 내정을 간섭할 의도가 없으며 '두 개의 중국' 혹은 '하나의 중국, 하나의 대만' 정책을 추구할 의도가 없다(no intention of pursuing)"는 것을 재천명함.

○ 미국은 그 후로도 "두 개의 중국", 혹은 대만독립과 관련된 문제에 대해서 계속 "추구할 의도가 없다"는 표현으로 일관하다가 1995~1996년 대만해협 위기 이후 "지지하지 않음"으로 바꿨고, 조지 W. 부시 때는 "일방적인 현상변경"을 "반대"한다는 표현을 사용하게 되었음.(2003년).

5. 대만의 대응과 영향

가. 국민당 정부 외교활동의 한계

○ 국민당은 1940년대 대일항전 때부터 송자문(宋子文), 송미령(宋美齡) 남매를 중심으로 미국의 정계, 언론계, 종교계에 많은 인맥을 구축하여 국민당에 우호적인 여론을 조성하도록 로비활동을 펼쳐 왔음.

- 중국이 공산화된 후에도 소위 "China Lobby"인 친 국민당 세력은 반공 여론을 조성하고, 패망 직전인 국민당을 지지하게 하였음. 주요 인물은 국회

의원 매카시(Joseph McCarthy), 쥬드(Walter Judd) 등이 있는데, 전자는 매카시즘 돌풍 때 중국공산당에게 우호적인 중국연구학자를 청문회에 출석시켜 조사했고, 후자는 "백만인 위원회(Committee of One Million)"를 조직하여 공산 중국의 유엔가입을 저지했음.
- 닉슨도 매카시, 쥬드와 같이 "China Lobby"의 중요멤버였고, 1960년 대선에서 닉슨이 공화당을 대표하여 케네디와 경쟁을 할 때 국민당은 화교를 동원하여 닉슨을 지지하도록 하였음.

○ 이런 닉슨이 국제 현실을 직시하고 중국과 수교하려고 했다는 것은 국민당 정부의 외교노력은 더 이상 소용이 없었다는 것을 의미함.
- 1973년 연락사무소가 설치된 후 중국 주미 연락사무소 대표가 닉슨 대통령이나 국무장관과 만난 횟수는 외교관계가 있는 "중화민국"의 대사보다 많았음.
- 1975년 장개석 사망 시 미국 정부는 격이 낮은 농업부 장관을 조문대표로 보내려다가 친 대만 국회의원의 항의로 부통령을 보냈음.

○ 1976년 미국 대선에서 민주당의 카터 대통령이 공화당의 포드를 누르고 당선되었고, 카터 행정부가 출범한 후 대통령을 비롯하여 부통령, 국무장관까지 수차례 대만 주미대사의 회견요청을 거부함.
- 미 – 중 공식 수교 전에 미국은 이미 대만을 상당히 외면했고, 기존의 친 대만 세력은 미 – 중 관계 정상화라는 큰 흐름을 바꿀 수 없었음.
- 친대만 국회의원 및 로비단체의 협조로 대만은 미 – 중 수교 전에 미국 내 "중화민국" 정부 명의로 되어 있는 재산을 민간 명의로 전환하여 중국으로 넘어가는 것을 막을 수 있었고, Barry Goldwater 상원의원은 미 – 대만 공동방어조약 폐기는 위헌이라며 카터 대통령을 상대로 소송을 제기하였음(1978년 12월). 이 소송은 근 1년간 지속되어 카터 대통령을 곤혹스럽게 만들었고, 또 「대만관계법」의 제정에도 많은 영향을 주었음.

나. 대만에 미친 영향

○ 미 - 중 수교가 대만에 미친 영향은 "국민당 통치 정당성의 상실, 대만의
민주화와 대만화"로 요약할 수 있음.

1) "중국 대표성"의 상실과 국민당 통치의 위기

○ 대만으로 온 국민당 정부는 여전히 자신이 중국을 대표하는 합법적 정부
라고 주장해 왔음. 이 주장을 뒷받침하기 위해 국가체제 및 정부기구는 전
중국을 대표하는 모양새를 갖춰야 했음. 1947~1948년 중국 대륙에서 선
출된 국회의원 격인 "입법원"과 "국민대회"의 대표는 형식적으로나마 전
중국의 인민을 대표한다고 할 수 있음. 하지만 이 제1대 국회의원의 임기
가 만료되어도 "공산 반란집단"이 대륙을 점령하고 있기 때문에 새 국회
의원을 선출할 수 없으니, 전 중국의 대표성을 유지하려면 국토를 수복할
때까지 국회 재선거를 무기한 연기할 수밖에 없음. 따라서 대만 국회는 소
위 "만년국회(萬年國會)"가 되어버렸고 국민당 독재의 상징이 되었음.

- 이런 체제는 불합리하고 비민주적이지만 1970년대까지는 나름 안정적으
로 유지되었음. 그것이 가능한 이유는 물론 국민당 정부의 고압 통치도 있
지만, "중화민국"이 아직 국제사회에서 "중국"의 대표로 인정받고 있는
동안 국민당의 통치논리는 대만 민중에게 도저히 말이 안 되는 허황된 얘
기가 아니고 상당한 설득력이 있었다는 것도 중요한 요인임.

○ 1971년 "중화민국"은 유엔에서의 중국대표권을 상실하였고, 1972년 미국
의 닉슨 대통령이 중국을 방문하는 등 일련의 사건을 계기로 국민당 정부
가 중국의 합법적 대표라는 국제적 승인은 점차 사라짐. 그리고 미국과 중
국이 공식 수교하면서 미국의 외교승인으로 미약하게나마 잔존한 "중국
대표성"의 신화는 더 이상 유지되기 어렵게 되었음.

2) 대만의 민주화와 "대만화"

○ 이와 동시에 대만의 경제성장으로 중산층이 점차 두터워지고 시민사회도 날로 발전함에 따라 민주화에 대한 요구도 갈수록 강력해짐. 이처럼 국민당 통치논리의 정당성이 상실되고 사회의 민주화 요구는 증폭되어 1970년대 후반부터 각종 정치운동이 격렬하게 전개되기 시작했음.

‒ 그 당시 반대세력의 요구는 "대만인의 참정권 보장", "국회 전면 재선거", "헌법 체제 재검토" 등 온화한 주장부터 "새 헌법 제정, 신국가 건설" 등 급진적인 독립주장까지 다양하지만 이런 주장의 근거는 모두 "중국대표성"의 허구성으로 귀결될 수 있음.

○ 장경국(蔣經國) 사망 후 대만출신의 이등휘(李登輝)가 정권을 장악하였고, 그는 이런 요구를 전면 수용하여 위에서 주도하는 민주화의 길로 나아갔음. 리덩휘의 임기 동안 대만은 총 6차례(1991, 1992, 1994, 1997, 1999, 2000) 개헌을 했는데 헌법 수정 내용을 보면, 그 궁극적인 목적은 대만지역 주민의 참정권 등 기본권의 실현, 즉 "민주화"이지만, 이와 동시에 "중화민국"의 주권 범위를 "자유지역"인 대만으로 국한시켜 결국은 "중화민국의 대만화"의 결과를 가져왔음.

○ 헌법적인 대만화 외에 이등휘와 그의 후임자 진수편(陳水扁)은 사회문화, 언어, 역사교육 등 분야에서 대만화 정책을 추진하여 대만주민의 정체성은 점차 "중국인"에서 "대만인"으로 변하게 됨.

6. 결론과 시사점

○ 이상에서 본 것처럼 미국은 대 소련 전략의 필요성과 국제현실에 대한 인

정 등의 이유로 대만과 단교하고 중국과 수교하였음. 이 과정에서 대만은 대세를 역전시킬 방법이 없었고 냉엄한 국제현실을 받아들여야 했음. 하지만 미국의 「대만관계법」으로 어느 정도 안전이 보장된 셈이고 눈부신 경제성장으로 국제사회에서 자신의 위치를 확보하였음.

○ 냉전 시대부터 대만과 한국은 전략적 지위, 경제발전 및 민주화의 진전 등 여러 면에서 비슷하여 늘 비교의 대상이었음. 미 − 중 관계정상화의 과정 및 대만에 미친 영향을 비교해 보면, 북 − 미 관계정상화의 가능성과 한국에 대한 영향 등의 문제에 관해 몇 가지 시사점을 정리해 볼 수 있음.

1) 미 − 중 관계정상화 과정을 보면 이것은 주로 미국의 "소련 억제"라는 전략적 필요에 의해서 추진되었음. 그것은 또 "중 − 소 분쟁"이라는 전제조건이 있기에 가능했음.
 − 현재로서 미국과 북한 사이에는 아직 그러한 전략적 요구가 없음. 비록 미국과 중국의 패권경쟁이 진행되고 있다고 하지만, 북한 − 중국 간의 갈등요소는 북 − 미의 협력으로 이어질 만큼 크지 않음.
 − 미국이 북한과 관계정상화를 추진할 경우, 그 목적은 전적으로 북한을 합리적인 대화상대, 책임 있는 국제사회의 일원으로 변화시키려는 것임.
 − 이런 경우 미국은 중국과 수교할 때에 비해 더 원칙과 이익을 고수할 것으로 예상됨. 미 − 중 수교 당시 미국은 중국의 단교, 철군 요구를 전적으로 수용했음. 북 − 미 관계정상화 과정에서 북한도 미군철수 등 문제를 제기할 가능성은 있지만, 미국이 이를 수용할 가능성은 적어 보임.
 − 물론 미 − 중 사이의 경쟁이 심화될 경우 미국이 전략적 목적으로 북한과 관계개선을 추진할 가능성은 배제할 수 없음. 다만 최근의 정세로 볼 때 단시일 내에 이런 가능성은 희박함.

2) 미 – 중 – 대만 삼각관계와 남 – 북 – 미국 삼각관계를 살펴보면 상당히 다르다는 것을 알 수 있음.

- 우선, 미 – 중 관계정상화 당시 중국과 대만은 "중국대표"라는 정통성의 싸움이 있었지만, 현재 남·북한은 동시에 유엔에 가입되어 있고, 많은 국가와 동시에 수교하고 있음.

- 다음으로, 과거의 대만과 현재의 한국은 국제적 위상이나 미국에 대한 중요성 등 여러 측면에서 상당한 차이가 있고, 반대로 미국에 중국과 북한의 전략적 가치도 큰 차이가 있음.

- 따라서 설사 북 – 미 관계정상화가 실현되더라도 한 – 미 관계의 후퇴나 한국의 국제적 위상에 영향을 주는 결과는 없을 것임.

3) 오히려 미 – 중 수교 후의 대만은 한 – 중 수교 후의 북한과 많이 비교됨.

- 1990년대 중반 이후 동아시아의 중국 – 대만 – 미국과 중국 – 북한 – 미국 두 개의 삼각관계가 흥미로운 비교 대상으로 대두됨.

- 북한과 대만은 모두 외교적으로 고립된 상태에 빠졌고, 활로를 찾는 과정에서 각각 "핵개발"과 "분리 독립"이라는 수단으로 자신을 위협하는 미국과 중국을 도발함. 미국과 중국은 상대방과의 정면충돌 우려 때문에 북한과 대만을 직접 응징하지 못함.

- 이런 의미에서 중국 – 대만 – 미국 및 중국 – 북한 – 미국 간의 전략적 역학관계는 아직 1950~60년대의 냉전 시대와 유사함.

- 즉, 비록 미국은 중국과 수교하고 대만과 단교하였지만 미 – 중 – 대만 간의 역학관계는 변하지 않았음.

- 마찬가지로 북한과 미국이 관계정상화 하더라도 북 – 중 관계의 후퇴를 기대하기 어려움.

4) 미 - 중 수교로 인해 대만은 국제사회에서 국가로 인정받지 못하는 비정
   상국가로 전락함. 그것이 대만의 민주화와 더불어 민족주의를 고취시키
   는 결과를 초래했고 대만인의 정체성에 큰 영향을 주었음.

- 남·북한의 민족주의는 모두 통일된 한반도를 상상의 대상으로 삼고 있
  고, 비록 국제사회에서 두 개의 "국가(nation)"로 인정받고 있지만 그것은
  아직 남·북한의 민족정체성에 영향을 주지 않았음.

- 북한과 미국의 관계정상화가 실현되더라도 남이든 북이든 한국인의 정체
  성에 큰 영향은 없을 것으로 전망됨.

- 다만, 남·북 모두 궁극적으로 통일을 지향하더라도 현실상 북이 남에 의
  해 흡수되는 통일의 가능성이 가장 크다면 북한은 최대한 이를 지연하려
  고 할 것임.

○ 미 - 중 관계정상화와 달리 북 - 미 관계정상화는 남쪽과의 단교라든가 미군
  철수 등 문제를 제기할 가능성은 희박함. 하지만 오히려 이 때문에 북 - 미
  관계정상화는 남한과 무관하게 진행될 수도 있음.

- 따라서 북 - 미 관계정상화 논의가 진행될 때 '관여'하고 한국의 이익을
  반영하는 것이 한국외교의 중요과제임.

대지진 이후의 일본 위상과 동북아질서

이면우(세종연구소 수석연구위원)

2011년 3월 11일에 발생한 일본의 대지진이 동북아 지역질서에 미치는 영향은, 일본의 경제적 회복이 불명확한 가운데 중국주도의 동북아질서가 당분간 이어질 것임을 우선 예상할 수 있다. 또 성장동력의 한계라는 측면에서 중국의 경제적 향방 또한 불투명하기 때문에 일·중 양국 간의 갈등이 불거질 수 있다. 한국의 입장에서 이 두 가능성에 대비하기 위해 무엇보다도 미국과의 관계를 더욱 돈독히 하는 것이 중요하다. 중국주도의 구도나 일·중 대립의 구도를 한국 단독으로나 한일협력만의 차원에서 대처하는 것은 한계가 있다. 불투명한 측면이 많은 중국과의 관계에서 나타날 갈등의 측면에 대비하기 위해서는 한일협력의 증진과 함께 한·미 관계의 증진이 필요하다. 따라서 한국은 대북 전략을 포함한 총체적인 외교안보전략이 요청된다.

최근 한국이 위치한 동북아지역의 정세가 급속히 변화하는 조짐을 보인다. 김정은으로의 정권교체를 추구하는 북한은 남한을 대상으로 천안함 폭침과 연평도 포격사건을 일으켜 한반도에 긴장상황을 조성했다. 2008년에 발생한 세계적 금융위기를 계기로 미국과 함께 G2를 형성한 중국은 일본과의 센카쿠열도를 둘러싼 분쟁에서 '희토류'의 수출금지라는 극단적 조치로 대응했다. 이런 가운데 일본은 사상 초유의 대지진과 쓰나미에 휩싸여 그렇지 않아도 곤경에 처한 경제적 여건이 더욱 어려워지는 상황에 직면했다.

본고는 이러한 동북아지역의 정세와 관련하여 대지진 피해가 일본의 위상에 어떤 변화를 가져올 것인지, 그리고 그런 위상변화가 동북아 질서에 어떤 변화를 가져올 것인지를 일·중 관계를 중심으로 검토했다.

2011-06-08

1. 대지진의 피해상황 및 경제적 영향

가. 대지진의 피해상황

○ 일본 정부는 피해 규모가 최대 25조 엔(3,090억 불)에 이를 것으로 예상함.

- 일본 경찰청은 4월 27일 현재 사망자가 총 14,508명, 행방불명자는 총 11,452명, 그리고 중경상자는 5,314명인 것으로 제시.[1] 또한 건물피해의 경우 전체가 파괴된 것이 76,780호, 부분파괴가 26,856호였고, 도로파괴가 3,741개소인 것으로 발표.

- 후쿠시마시의 노동국에 따르면 후쿠시마 제1원전 사고에 의해 반경 30km 이내의 사업소에서 일하는 약 58,000명 근로자 대부분이 실업에 처할 가능성이 높음.[2] 종업원 100명 이상의 사업소를 대상으로 조사한 결과 공장의 조업정지 등에 따른 영향으로 해서 휴업 된 곳이 68개사 6,046명이었고, 15개사의 24명이 대지진을 이유로 내정이 취소됨. 또한 공장의 조업정지가 장기화될 경우 실업 등과 같은 고용에의 영향은 더욱 커질 것으로 예상됨.

- 이러한 피해규모에 따라 일본의 중앙은행인 일본은행(BOJ)은 일본경제가 2011년 가을에 들어서야 서서히 정상궤도에 안착할 것이라고 예상됨. 시라카와 마사아키 일본은행 총재는 4월 22일 월스트리트저널(WSJ)과의 인터뷰에서 "대지진과 원전사태로 인해 상반기 경제성장률이 마이너스를 기록할 가능성이 크다"고 밝힘.[3]

○ 삼성경제연구소의 보고서에 따르면 2011년 3월 11일의 대지진과 쓰나미로

---

1) 일본 경찰청 홍보자료, www.npa.go.jp/archive/keibi/biki/higaijokyo.pdf, 2011년 4월 27일 검색.
2) 요미우리신문, 2011년 3월 29일, www.jiji.com/jc.c?...
3) "일본은행 총재, 마이너스 성장 가능성 공식 인정," 조선일보, 2011년 4월 25일, news.chosun.com/svc/news/www/printContent.html?type, 4월27일 검색.

인해 일본경제가 입을 피해는 최소 16조 엔에서 최대 25조 엔(약 336조 원)에 이를 것으로 추정됨.4)

- 동 보고서는 대지진에 의한 생산설비의 파손과 부품공급의 차질, 그리고 전력난 등으로 인하여 일본의 국내총생산(GDP)이 2011년에는 1.3%~1.5% 정도 감소할 것으로 전망됨.

- 대지진에 의해 추가된 원자력발전소의 붕괴 및 그에 따른 방사능 유출의 문제로 피해액의 추정이 불가능할 정도라고 지적함. 지진피해의 여파는 장기간 계속될 것으로 분석했는데, 이에 따라 지진피해가 일본의 성장 모 멘텀을 약화시켜 복구를 위한 투자가 종료되는 2015년 이후 일본의 경제 성장률은 1% 미만에 이를 것으로 예상.

○ 미의회조사국(CRS)이 4월에 발간한 「2011 일본 지진 및 쓰나미: 경제적 영향 및 미국에의 시사점」 보고서도 유사한 예상을 제시함5)

- 일본이 대지진 및 쓰나미로 인해 1,950억 불에서 3,050억 불에 이르는 경 제적 피해를 입었고, 17,000명의 인명손실과 202,000채 이상의 주택 및 건 물 파괴 등 집계.

- 이러한 피해에 따라 일본이 세계경제(GDP)의 8.7%를 차지하는 것을 고려 하면 세계의 경제성장률이 0.5% 포인트 감소하고, 엔화의 상승으로 인하 여 동아시아 국가들에도 추가적인 부담을 안길 것으로 예상.

나. 대지진 이후의 일본경제에 대한 두 가지 견해

○ 일본 및 일본경제의 미래에 대한 전망은 크게 낙관론과 비관론의 두 가지 로 나눠 볼 수 있음.

---

4) 삼성경제연구소, 「동일본 대지진의 경제적 영향과 전망」, 조선일보, 2011년 3월 30일에서 재인용.
5) "일본 지진·쓰나미 파급영향 우려: 한중일 통상장관, 일본 지진 경제대책 논의," 석간 내일신문, 2011년 4월 21일, www.naeil.com/news/pop_viewnews_print.asp?sid=E&tid=3&nnum=602640, 4월 27일 검색.

○ 낙관론은 두 가지를 주장하는데, 하나는 이제까지 선진경제가 큰 재난으로 무너진 경우가 없다는 주장으로, 세계은행의 2009년 보고서는 지진 발생 3년 뒤에 선진국은 0.19% 포인트 성장하고 신흥국의 경우에는 0.1% 포인트의 GDP 증가율을 보였다는 조사를 제시한 바 있음.[6]

○ 다른 하나는 '쇼크 독트린'으로, 대지진이라는 쇼크가 그동안 무기력에 빠졌던 일본경제를 일소하여 오히려 회생의 기회를 제공할 것이라는 주장임.
- 블룸버그의 윌리엄 페섹은 대지진이 "일본의 기업가 정신을 고취하고 경쟁을 증가시키는 계기"를 제공할 것이라고 전망.
- 국제적인 신용평가사 무디스는 3월 22일의 발표에서 "일본경제가 2분기 잠시 위축되겠지만, 2012년에는 2.3% 성장할 것"이라고 밝힘.[7]
- 하버드대 총장을 지낸 래리 서머스 교수나 워런 버핏 해서웨이 회장도 유사한 전망, 즉 "재해 복구 과정이 진행되면 역설적으로 국내총생산의 일시적 확대를 가져올 수 있다"는 견해 제시.
- 다케모리 게이오대 교수는 좀 더 장기적인 차원에서 낙관적 예측을 함.[8] 대지진이 그동안 일본경제에 있어서 가장 큰 문제였던 디플레이션 및 기업의 투자감소를 바꾸어 놓을 수 있는 기회를 제공할 것이고, 이에 따른 경제의 선순환 과정에 의해 일본경제가 새로운 도약을 맞이할 수 있다고 주장함. 이와 관련해서는 원전사고에 의한 전력부족이 가장 큰 장애인데, 이를 위해서는 전후에 시행된 '경사생산방식'과 같은 것을 추진할 수 있는 정치적 리더십이 요구된다고 지적.

○ 이에 반해 경기부양의 조치가 일시적인 성장률 상승에 도움이 될 수는 있겠지만 결국 '일시적'일 가능성이 높고 따라서 의미 없다는 주장도 제기됨.

---

6) "일 대재난의 역설," 조선일보, 2011년 3월 23일, biz.chosun.com/svc/news/printContent.html?type, 4월 27일 검색.
7) "무디스 '일 경제 2분기 위축, 하반기 성장'," biz.chosun.com/svc/news/printContent.html?type, 4월 27일 검색.
8) 竹森俊平, "新たなる戦後は日本経済の前途を拓く," 中央公論, 2011年 5月号, pp.32-41.

- 캐롤라인 바움 블룸버그 칼럼니스트는 "재난 이후 경기부양에 사용되는 자원은 재난이 없었을 경우 다른 곳에 효율적으로 사용될 수 있는 자원이 낭비되는 결과를 초래할 뿐"이라고 주장.9)

- 캐피털 이코노믹스의 데이비드 레아 이코노미스트 역시 소비지출이 감소할 것이라는 우려가 많은데 이것이 "임금감소, 고용축소로 이어지며 경제를 위축시킬 수 있다."고 전망.10) 미쓰비시 UFJ 모건스탠리 증권의 시카노 다쓰시 선임 이코노미스트는 "대지진 이전 수준으로 돌아가려면 상당한 시간이 걸릴 것으로 보인다."고 전망.

2. 일본정치의 현황과 일본경제의 회복 가능성

○ 이상에서 검토한 바와 같이 일본경제의 회복에 대한 예상은 비관론보다는 낙관론이 우세한 듯하지만, 낙관론의 경우에 있어서도 단서조항이 많다는 점을 알 수 있는데 그 중심에 정치리더십이 자리를 잡고 있음.

- 다케모리 게이오대 교수에 따르면, 대지진의 피해가 투자의 증대를 가져와 새로운 도약의 계기를 마련하겠지만, 이에는 원전사태를 조속히 수습하여 전력부족의 문제를 해결해야 함은 물론, 자원의 효율적인 배분을 위한 '경사생산방식'과 그것의 실행에 따른 갈등적 국면을 헤쳐나갈 수 있는 정치적 리더십이 긴요하다는 점을 제시.

○ 90년대 초에 발생한 버블경제의 붕괴 이후 일본은 지난 20여 년간 일부 기간을 제외하고는 극심한 저성장에 시달렸는데, 이와 관련해서는 다양한 요인들이 제시됨.

---

9) "일 대재난의 역설," 조선일보, 2011년 3월 23일, p.2, 상게서.
10) "일경제지표도 쓰나미... 마이너스 성장 불가피," 상게서.

- 96년 전후에 나타난 경기회복 추세에 대해 성급히 긴축정책을 실행한 것
  이 요인이라는 정책실패론, 새로운 성장동력을 찾는 데 실패했다는 성장
  동력부재론, 고령화 현상이나 그와 상반된 소자화(저출산) 현상에 따른 노
  동인구의 감소 등이 그것임.

○ 정치리더십의 부재는 이전부터 지적된 것이지만, 대지진 이후에는 특히 주
  요한 관건으로 제시됨.[11] 이는 기본적으로 대지진사태에 대한 간 나오토
  현 수상의 대처를 비판하는 것이 주류를 이룸.
- 대지진 직후에 현장을 방문하여 오히려 사태수습에 지장을 초래한 것은
  사태수습을 위한 체제 정비가 아니라 모든 것을 자신이 처리하려는 부적
  절한 조치의 예로서 지적됨.
- 원전사태와 관련하여 '동경전력'에 일차적으로 수습의 책임을 떠넘긴 것
  역시 사태파악의 안이함을 보여준 사례로 비판받음. 같은 맥락에서 사태
  수습을 위해 '담당 대신'을 지정하는 정도에 그친 것도 '포스트주의(主義)'
  로서 비판받음.
- 대지진이라는 난국과 관련하여 간 수상이 제시한 '대연립' 구상 또한 표면
  적으로는 그럴듯해 보였지만 난국을 해결하기 위한 진정한 노력이 아니라
  자신의 정치적 생명을 연장하기 위한 것으로 비판받음.

○ 일본의 정책결정에 있어서는 정치가보다 관료들의 영향력이 더 크다는 것
  이 통념인데, 이번 사태에 있어서는 관료의 역할 또한 크게 나타나지 않
  음. 오히려 이번의 대지진 사태와 관련하여 일본의 '매뉴얼 사회적' 측면
  이 많이 지적되어 '관료적' 측면이 비판의 대상이 됨.
- 피해 현지에서는 석유부족이 심각했는데 이를 해결하기 위한 석유드럼통
  의 운반 및 보관이 법적 규제에 묶여 활용되지 못한 것이나 자위대의 긴급

---

11) 橋本五郎, 後藤謙次, 長谷川幸洋, "座談會: 斷崖絶壁の日本人: 大地震が政治を問い質す," 『中央公論』, 2011년 5월, pp.60-69.

차량이 고속도로 요금소에 요금을 지불해야 하는 상황 등이 지적되었음.

- 고속도로의 사용에 있어서 자위대의 긴급차량을 우선적으로 통과하게 만
든 것이 지원물자를 실은 수많은 민간트럭의 운행을 어렵게 만들어 피해
지역에 긴요한 물자들이 제대로 전달되지 못한 상황들이 연출되었다는 비
판도 받음.

- 이번의 대지진 사태에 있어서는 소위 '상정외'라는 용어 및 개념에 대한
비판이 제기됨. '상정외'란 이번의 사태가 예상을 초월한 상황이었다는 것
을 의미하는데, 비판의 초점은 사상 초유의 규모이며 사태인 것은 확실하
지만 지진이 빈번한 일본에 있어서 예상한 범위가 너무 안이했고 그러한
측면을 지나치게 강조하여 책임을 회피하려는 것에 대한 비판인 셈임.

○ 현재 일본에서는 대지진과 같은 위기상황에 대처하는 리더십이 부족하다
는 것임. 이는 위에서 살펴본 대지진의 상황에서 간 수상의 퇴진과 관련해
서 공방을 벌이는 일본 정치권의 모습에서 유추되는 부분이기도 함.

- 이것은 일본경제의 회복에 대해서도 부정적인 예상을 가능하게 만드는 것
임. 앞서 언급한 것처럼 일본경제의 침체 또는 일본의 성장한계에는 많은
장애가 작용하지만, 이러한 장애 극복에 있어서 가장 핵심적인 부분은 정
치리더십이라고 할 수 있기 때문임.

⠿ 3. 대지진 이후의 동북아질서: 일·중 관계를 중심으로

○ 침체를 거듭하는 일본경제가 대지진에 의해 회복될 가능성이 그리 높지
않은 상황을 검토했는데, 이러한 측면이 향후 동북아지역의 국제질서에
어떤 영향을 미칠 것인가를 일·중 관계를 중심으로 검토함.

- 동북아질서의 향방과 관련해서는 일·중 관계만이 아니라, 미국의 아시아 정책이나 북한의 동향도 중요한 변수이지만 지면의 제약 및 논점의 집약을 위해 여기서는 일·중 관계의 향방에 초점을 맞춤.

○ 전후의 일·중 관계는 갈등양상이 점차 심화되는 과정을 밟아왔다고 할 수 있음.
- 전후 일·중 관계는 1970년대 초 국교정상화까지의 이념적 대립기, 그 후 천안문 사태가 발생한 89년까지의 협력증진기, 그리고 이후 최근까지의 협력조정기의 세 시기로 구분해 볼 수 있음. 이러한 전개과정은 일·중 간의 갈등이 심화되는 양상을 보이는 것임.
- 2010년에 발생한 센카쿠 분쟁은 갈등심화의 대표적인 예라고 할 수 있음. 센카쿠 분쟁의 핵심은 경제적인 측면임. 석유 및 천연가스의 매장 가능성이 발표된 것이 1960년대 후반이었음에도 불구하고 경제발전을 달성한 후 새로운 도약을 시도하려는 현시점에서 센카쿠 분쟁이 본격화됐기 때문임.

○ 이것은 향후 일·중 관계에 있어서도 양국이 각기 직면할 경제상황이 양국관계의 성격 및 양상을 결정하는 주요한 요인이 될 것임을 시사함. 이에 따라 일·중 관계의 향방을 경제적인 측면을 중심으로, 즉 일본경제나 중국경제가 향후 침체할 것인지 아니면 성장할 것인지의 두 축을 중심으로 해서 네 가지의 가능성을 상정해 볼 수 있음.
- 첫 번째는 중국 주도적 구도로서, 일본경제가 후퇴하는 가운데 중국경제는 지속적으로 성장하는 경우임. 2010년에 이미 세계 제2의 경제 대국을 달성한 중국이 앞으로도 지속적으로 성장한다면, 그리고 그러한 가운데 일본경제가 위축되는 상황이 지속된다면 양국관계는 중국이 주도하는 양상을 보일 수밖에 없을 것이라는 것은 불문가지임.
- 두 번째는 일·중 경쟁적 구도로서, 일본경제나 중국경제가 공히 견조한 성장세를 보이는 경우임. 이제까지의 경우를 볼 때 중국은 경제적으로 견

조할 때 좀 더 강한 자신의 목소리를 표출했는데, 이런 측면에서 볼 때 일·중 관계는 '협력적'이라기보다는 '경쟁적'이 될 것으로 보임.

- 세 번째는 일·중 협력적 구도로서, 일본경제가 회복되어 8·90년대의 위상을 되찾는 반면에, 중국경제가 국내적 요인 등으로 후퇴하게 되는 경우임. 이 경우는 두 번째의 경우와는 반대로 중국의 경제적 어려움이 일본에게는 중국위협 의식을 약화시키고, 중국에게는 유연한 대외자세를 취하게 만들어 '협력적'인 구도가 가능할 것으로 보임.

- 네 번째는 일·중 대립적 구도로서, 일본경제나 중국경제가 공히 어려움에 봉착한 경우임. 이 경우에 있어서는 경제적 어려움이 일본이나 중국에서 공히 민족주의적 정서를 자극하게 만들 가능성 때문에 '경쟁적'인 측면을 넘어서 '대립적'인 측면으로 발전될 가능성이 있음.

○ 현재의 일·중 관계 양상은 2010년에 일본을 제치고 세계 제2위의 경제대국으로 부상한 중국을 볼 때 첫 번째의 중국 주도적 구도라고 할 수 있는데, 이는 당분간 지속될 것으로 예상됨.

- 2011년 3월에 발생한 대지진과 그에 따른 원전피해에서 여전히 벗어나지 못하는 일본을 볼 때, 일본경제의 회복에 따른 일·중 경쟁적 구도나 일·중 협력적 구도를 상정하기 어렵다고 생각하기 때문임.

- 최근 들어서 중국경제의 향후 발전가능성에 대해서 부정적인 예상이 제기된다는 측면에서는 오히려 현재의 중국 주도적 구도에서 일·중 대립적 구도로 발전될 가능성이 좀 더 높다고 할 수 있을 것임.

- 중국경제의 미래에 대해서 소득분배의 불균형이나 성장동력의 한계 등을 이유로 부정적으로 보는 시각도 상당 정도 제시됨.[12]

---

12) 예를 들어, 대니얼 앨트먼, 『10년후 미래』, 고영태 옮김, (서울: 청림출판, 2011); 앨빈 토플러, 『부의 미래』, 김중웅 옮김, (서울: 청림출판, 2006).

4. 대지진 이후의 동북아 질서와 한국의 대응

○ 이상에서 2011년 3월 11일에 발생한 일본의 대지진이 동북아 지역질서에
  미칠 영향을 일·중 관계를 중심으로 검토했음.
- 첫째, 일본의 경제적 회복이 불명확한 가운데 중국주도의 동북아질서가
  당분간 이어질 것임을 예상할 수 있게 함.
- 둘째, 성장동력의 한계라는 측면에서는 중국의 경제적 향방 역시 불투명
  하기 때문에 일·중 양국 간의 갈등이 2010년의 센카쿠 분쟁의 경우에서
  보듯이 발생할 수 있다고 예상 가능함.

○ 한국의 입장에서 이러한 두 가지 가능성에 대비하기 위해서는 무엇보다도
  미국과의 관계를 더욱 돈독히 하는 것이 중요하다고 하겠음.
- 중국 주도적 구도나 일·중 대립적 구도를 한국 단독 또는 한일협력만의
  차원에서 다루는 것에는 한계가 있을 것이기 때문임.
- 물론 중국 주도적 구도에 대비한다는 차원에서는 중국과의 관계를 원활히
  하는 것이 중요함. 그러나 여전히 불투명한 측면이 많은 중국과의 관계에
  서 나타날 갈등의 측면에 대비하기 위해서는 한일협력의 증진과 함께
  한·미 관계의 증진이 필요하다고 하겠음.
- 이런 차원에서는 대북적인 측면만이 아닌 한국의 안보라는 전반적인 측면
  에서 한국의 총체적인 외교안보전략이 요구된다고 하겠음.

중국의 대북정책과 북·중 동맹의 동학

이기현(통일연구원 부연구위원)

　최근 북·중 고위급 인사들의 잦은 정치접촉, 경제협력의 확대와 더불어 북·중 우호협력조약에 대한 재평가 움직임까지 북·중 동맹 현상이 더욱 강화되는 형국을 보여주고 있다. 그렇다면, 왜 중국은 북한을 감싸 안으려고 하는 것일까? 이 글은 이 의문에 대한 답을 찾아가는 과정이다.

　역사적으로 북·중 관계는 이념적 관계라기보다는 실리적 관계의 성격이 짙었으며, 중국은 동아시아 지역구도 속에서 대북정책을 결정해왔다. 북·중 동맹의 농학은 중국의 부상이 본격화되면서도 큰 틀에서는 변화가 없었다. 이미 1990년대 후반부터 중국의 부상에 대한 미국의 견제 조짐이 증가하면서 이에 대한 대응으로 중국은 북한과의 동맹관계 개선을 고려해왔다. 이후 미국발 금융위기가 확대되면서 중국이 G2로 급부상하고, 동아시아 역내에서는 미국의 절대적 패권과 헤게모니(Hegemony)에 대한 우려가 등장할 정도로 영향력이 확대되었다. 더구나 중국이 군사혁신과 해·공군력 강화 등을 통해 역내 이익 강화를 도모하려는 의도들이 포착되었다. 미국은 관여정책과 동아시아 동맹국에 대한 재보장 전략을 통해 중국에 대한 견제를 확대해 갔다. 이러한 상황 속에서 2010년 미국과 중국 간의 갈등 양상이 확대되었고, 특히 천안함 사건 이후 한반도 문제뿐 아니라 일련의 중국과 갈등을 야기하는 사건이 발생하면서, 중국은 중국을 봉쇄하려는 미국 주도의 안보 프레임이 본격적으로 강화되고 있다고 인식하게 되었다. 이에 따라 중국은 북한의 전략적 가치를 환기시키고, 정치·경제적 재보장을 시도함으로써 세력균형을 맞추는 전략을 사용했다. 중국은 경제성장을 위한 주변 환경의 평화와 안정을 대외전략의 최대목표로 삼고 있기 때문에, 동아시아 지역구도의 현상유지가 지속되기를 원하고 있다.

　이 때문에 중국의 기본 대외전략의 변화가 있거나, 동북아에서 현재의 세력균형구도를 대체할 새로운 대안이 나오지 않는다면, 중국이 북한이라는 전략적 자산을 쉽게 포기하지는 않을 것으로 보인다. 그러나 중국이 실리적 이해에 따라 북한과의 관계를 설정해 왔다는 점에서 북·중 동맹의 견고성에는 분명한 한계가 존재한다. 이는 우리가 중국과의 전략적 관계를 확대하고, 새로운 대안을 도출하는 것이 절대 어렵지 않다는 것을 의미한다.

⠿ 1. 서론

○ 2011년 5월 북한 김정일 위원장은 지난해에 이어 3번째 방중을 하면서, 북·중 우호협력조약1) 체결 50주년과 북한과 중국 간 우의를 거듭 강조한 바 있음.

○ 북·중 우호협력조약 체결일(7.11)을 기념하기 위해 중국과 북한에서 다양한 행사가 진행되었음.
- 각 측 대사관저에서는 조약 체결 50주년 기념 연회가 열렸으며, 이 자리에 북한의 최영림 내각총리, 중국의 다이빙궈(戴秉國) 국무위원 등 양국 최고위급 관료들이 참석했음.
- 그에 더해 상호 대표단을 교환했는데, 중국에서는 장더장(張德江) 부총리가 중국 측 단장을 맡았고 북한은 양형섭 최고인민회의 상임위원회 부위원장이 북측 대표단 단장을 맡음.
- 조약 체결 분위기를 띄우기 위해 양국 차원 문화교류도 활발하게 진행되었는데, 북한의 3대 예술단 중 하나인 평양예술단이 방중공연을, 중국 간쑤성 예술단이 방북 공연을 상호 진행.

○ 북한과 중국 간의 우의를 강조하는 행사가 성대하게 치러지는 등 밀월적 행보가 계속되는 가운데 중국의 관영방송인 CCTV(China Central Television)에서 북·중 우호협력조약의 유효성이 2021년까지 연장되었다는 보도가 나왔고, 국내언론에서는 이 조약의 유효성에 대한 진실 공방이 가속화되었음.

○ 북·중 우호협력조약이 스포트라이트를 받는 이유는 이 조약이 북한과 중국 간 동맹을 규정하기 때문임. 물론 양국은 모두 공식적으로 동 조약을

---

1) 조선민주주의 인민공화국과 중화인민공화국 간의 우호협력 및 상호원조에 관한 조약이 정식명칭임.

동맹조약이라고 표현하지 않으나, 동 조약의 제2항에는 '어느 일방이 침략을 당할 경우, 즉각 군사적 지원을 해야 한다'는 이른바 자동개입의 내용을 포함하고 있기 때문에 동맹성격이 짙다고 평가됨.

○ 최근 북·중 고위급 인사들의 잦은 정치접촉, 경제협력의 확대와 더불어 북·중 우호협력조약에 대한 재평가 움직임까지 북·중 동맹이 더욱 강화되는 형국을 보여줌에 따라, 북·중 관계가 과거의 혈맹 수준으로 복귀하고 있다는 분석이 제기됨.

○ 중국이 2010년 천안함 사건 이후 한반도를 둘러싼 전략게임에서 미국과의 군사적 갈등에 따른 주변국에 대한 중국 위협론 재확산, 한·중 관계 악화라는 전략적 손실에도 불구하고, 동아시아에서 중요한 경제적 파트너인 한국의 입장에 대한 배려 없이 여전히 북한 감싸기의 행보를 지속하고 있다는 것임.

○ 왜 중국은 북한을 감싸 안으려고 하는 것일까? 북·중 동맹의 강화현상을 어떻게 바라봐야 하는 것일까라는 의문을 제기할 수 있음.

○ 역사적으로 북·중 관계는 이념적 관계라기보다는 실리적 관계의 성격이 짙기 때문에 관계의 역사에 대한 우선적 이해를 바탕으로 현 상황을 분석해 볼 필요가 있음.

○ 중국의 대북정책 변화는 북한과의 양자관계보다는 동아시아 국제질서의 주요 행위자인 강대국(냉전 시대에는 소련, 냉전 이후에는 미국)과의 외교관계(high politics)에 영향을 받은 측면이 강함. 이는 중국이 동아시아 국제질서의 구조 속에서 대북정책을 결정했다는 것을 의미함.

○ 본 분석은 상기한 두 가지 측면인 북·중 동맹의 역사적 실상과 동아시아 국제질서의 변화와 중국의 대외정책을 고려해서 기술토록 할 것임.

2. 동아시아 국제질서의 변화: 북·중 동맹관계의 동학

가. 중·소 갈등과 북·중 동맹의 동학

○ 냉전 시기에 중국은 사회주의라는 사상적 유대를 같이하는 동맹 파트너이 자 안보상의 전략적 자산으로 북한을 인식했으며, 이러한 인식의 바탕 속에서 중국은 한국전쟁에 개입하고 북·중 우호협력조약을 체결할 정도로 북한과의 혈맹관계를 과시함.

- 국공내전 시기 중국 공산당의 동북지역 장악에 있어 조선족들의 공헌과 중국 공산당과 북한의 사회주의 혁명 세력과의 유대관계는 북·중 관계를 더욱 밀접하게 했음.

- 소련, 미국, 일본 등 주변 강대국 간의 관계 사이에서 북한의 전략적 중요 성은 더욱 커졌으며, 중국은 1961년 북·중 우호협력조약을 체결함으로써 북한과의 혈맹관계를 더욱 실질적인 수준으로 향상시킴.

○ 냉전기 북·중 동맹 관계는 이념적 관계라기보다는 사회주의권 내부의 노 선갈등과 동아시아 강대국 구도의 변화 속에서 자국의 이해를 타진한 실 리적 결과임.

○ 실리적 관계라는 대표적 근거는 냉전기 북·중 관계가 1956년 8월 종파사 건, 소련에 대한 인식차이, 베트남 지원문제, 문화대혁명 시기의 이념 갈

등, 중국 개혁개방에 대한 입장 차이 등으로 인해 일정 정도의 갈등과 반목관계를 경험해왔기 때문임.

- 중국의 내정간섭을 우려한 북한은 1956년 8월 종파사건 이후 당·정·군 내 연안계를 숙청함으로써 중국의 국내 간섭을 배제하고, 주체노선을 표방했으며, 이 결과 1958년 북한 주둔 중국군이 철수하게 됨.

- 소련 브레즈네프 노선을 중국은 소련이 수정주의 노선을 고집할 것이라 본 반면, 북한은 전향적으로 평가했으며, 베트남 지원을 위한 사회주의권 공조에 대해서도 중국은 소련에 대한 신뢰 부족으로 비타협적 태도로 일관하면서 북한과 노선 갈등을 일으킴.

- 문화대혁명 시기 북한과 소련관계가 개선되면서, 중국과 북한은 상호비방전을 악화시켰으며, 중국의 개혁개방 노선의 결정에 대해서도 북한은 중국을 수정주의자, 변절자로 비방.

○ 중국은 북한과의 동맹관계 개선을 미국과 소련 등 강대국과의 관계를 조정하면서 북한의 강대국 편승을 방지하거나, 북한의 중국에 대한 지지를 확보하기 위한 수단으로 활용했음.

○ 북·중 우호협력조약은 1950년대 후반 미국과 소련 간 데탕트(détente)와 중국과 소련 간의 이념분쟁이 발생하면서, 중국이 미국의 군사적 위협에 단독으로 맞서야 할 뿐 아니라, 소련의 위협에까지 대비해야 하는 상황에 놓이게 되면서 체결된 것임.

- 미국은 한국전쟁 이후, 한국, 대만 등과의 상호방위조약을 통해 중국 주변부 국가들과의 동맹을 유지해왔고, 베트남 디엠정권에 대한 군사적 지원을 강화하고 있었기 때문에 중국에게 북한은 최소한의 완충지대로 그 전략적 자산가치가 높아졌다고 볼 수 있음.[2]

■
2) 북한의 입장에서도 1961년 5·16 쿠데타로 등극한 박정희 정권에 대한 미국의 인정, 한미동맹의 강화 유지에 대한 부담으로 후견국에 대한 필요성이 제기되었음. 박창희, "지정학적 이익변화와 북·중동맹관계: 기원, 발전, 그리고

- 중·소 갈등이 심화되는 가운데 소련의 북한에 대한 영향력이 확대되는 것 역시 중국의 안보위협이 될 수 있는 상황이었기 때문에 조약이라는 틀로 북한의 행보를 관리하려는 측면이 있었음.

○ 1960년대 후반 중·소 갈등이 국경무력 충돌로까지 악화되면서, 소련의 위협에 대한 대처로 중국은 미국과의 화해무드를 조성했고, 당시 악화되었던 북한과의 관계 개선을 모색함.
- 이는 미국과의 관계 개선으로 인한 북한이 소련 등 사회주의권 국가들의 연대로 자국을 고립시키는 것에 대한 관리 차원임.
- 중국은 북한에 대한 군사적 지원 등 실질적 안보보장을 통해 알바니아, 베트남 등 사회주의권 국가들이 중국을 비판한 것과는 달리 북한의 지지를 이끌어냄.

나. 탈냉전과 북·중 가상동맹

○ 문화혁명의 혼란을 극복한 중국은 경제발전을 최우선의 국가목표로 두고, 이를 위해 개혁개방을 통한 발전전략을 구사함. 이는 이데올로기보다 실리를 추구하는 실용주의 노선을 걷게 함.
- 덩샤오핑(鄧小平)을 위시한 중국 개혁그룹의 개혁개방 정책은 자력갱생과 계획경제의 모순을 인정하고, 대외개방과 시장의 기능을 더욱 강화시키는 것이었음.
- 덩샤오핑의 '흑묘백묘론', '선부론' 등은 중국이 향후 이데올로기에 집착하지 않고 실용을 중시하겠다는 상징적인 선언이었음.

○ 사회주의권의 몰락과 탈냉전이라는 대외환경의 변화는 중국의 실용주의

노선을 더욱 강화시켰으며 미국과의 관계개선, 소련과의 분쟁 종식을 견인함. 비록 1989년 천안문 사태로 인해 미국과의 관계에 있어 약간의 굴곡이 있었지만, 중국은 오히려 적극적인 시장개혁과 경제교류 확대를 통한 미국(서방국가)과의 외교관계 개선을 도모함.

○ 소련이라는 주변강대국의 위협지수 감소, 미국 및 서방국가들과의 관계개선이라는 환경변화는 중국에게 북한의 안보 전략적 자산가치를 하락시킴. 북한 역시 중국의 개혁개방노선에 대한 거리를 둔 접근을 함으로써 북·중 동맹의 균열이 야기됨.

○ 결정적으로 중국이 한국과의 수교 카드를 선택하면서 북·중 동맹은 사실상 무의미하다고 평가를 받음.
- 북한은 동구 사회주의권의 몰락을 위기로 판단하고, 중국과의 이념적 동질성을 강조하면서, 양국 간의 친선관계를 확대시키려 했으나 중국은 이념보다는 실리를 위해 한·중 수교를 선택함.
- 북·중 지도부의 상호방문이 사실상 중단되었으며, 북한은 일방적으로 정전위원회 중국 대표단 철수를 요구함.

○ 중국은 실용주의 노선을 북한과의 경제관계에도 적용시킴으로써 북한경제의 침체와 고난의 행군시기를 앞당겼음.
- 중국은 양국 무역에서 국제가격의 절반 이하로 물품을 공급하는 우호가격제와 구상무역을 철폐하고 현금결제 방식을 요구했으며, 거래단위도 중앙에서 지방으로 전환시켜 정상적 무역관계를 강조함.

○ 그 결과, 북한의 외교적 고립은 심화되었으며, 북한은 동맹에 기댄 안보대신 자주적 안보를 천명하면서 본격적 핵개발을 상황 돌파카드로 활용하기 시작함.

○ 북한의 핵개발 등 공세적 행보가 지속되자, 북·중 우호조약이 현실적으로 의미가 없으며 거의 사문화되었다는 주장이 제기됨.

- 조약의 제2조 자동군사개입 조항에 따르면, 북한 핵실험 등으로 미국 등이 군사행동을 나설 때, 중국이 조약의 규정에 따라 즉각 대북 군사지원을 나서야 하나, 미국과의 협력구도 속에서 전면전까지 감수해야 하는 상황을 야기하는 것은 중국의 실정과 현실에서 거의 불가능하다는 주장.

- 조약의 제4조 상호협의의무에 관한 규정에 따르면, 양국 공동이익과 관련된 중대한 국제문제에 관해 협의를 해야 하나, 핵개발처럼 중대한 사항에 대해 북한이 중국과 협의를 한 적이 없고, 중국 역시도 북한과의 협의 없이 1992년 한국과 전격 수교를 맺었음.[3]

○ 다수의 학자들은 북·중 관계가 혈맹관계로부터 벗어나 정상국가관계로 전환되었다고 평가함.

- 북·중 우호조약은 사실상 사문화되었고 북·중 동맹은 가상동맹(virtual alliance)에 불과함.[4]

- 북한이 2003년 1월 핵확산금지조약(NPT) 탈퇴 선언 이후 한반도 핵위기가 고조되자, 중국 내 일부 학자들이 북·중조약의 자동개입 조항 삭제 견해를 제기하기도 함.[5]

○ 역사적으로 중국은 북한과의 동맹관계를 동북아 국제질서의 구조로 판단했으며, 이념적 기준보다는 실리적 기준에 근거해 관계를 설정해 온 것을 알 수 있음. 이러한 북·중 동맹의 동학은 20세기 말 중국의 부상이 본격화되면서도 비슷한 패턴을 보이게 됨.

■

3) 당시 중국은 북한에게 사전 양해를 구하기 위해 대표단을 파견했으나 이는 협의차원이라기보다는 통보에 가까웠음.

4) Andrew Scobell, "China and North Korea: the Limits of Influence." *Current History*, Vol. 102, No. 665, Sep. 2003.

5) 대표적 학자로 중국사회과학원의 선쥐루(沈驥如) 교수가 있음. 沈驥如, "維护东北亚安全的当务之急: 制止朝核问题上的危险博弈." 『世界经济与政治』 2003年 9月; 실제 중국의 군사대표단이 동 조약의 상호원조조항을 수정할 것을 요구했으나 북한 측이 논의 시점이 적절치 않다고 거절한 것으로 알려짐. (국제위기감시기구, 『중국과 북한: 영원한 동지인가?』, 국제위기감시기구(International Crisis Group) 아시아 보고서 No. 112 (2006.2.1), p.24.

▓ 3. 미·중 전략게임과 북한의 재발견

○ 1990년대 후반 이후 중국의 부상에 대한 미국의 견제 조짐이 증가하면서
  중국은 북한과의 동맹관계 개선을 고려하게 됨.
- 1997년 미·일 양국이 동북아 유사시 양국 간 공동대처를 명시한 신방위
  지침(defense guideline)에 합의하고, 이듬해 미국 주도의 전역미사일방어체
  제(TMD)에 일본이 동의함으로써 대중국 견제 움직임이 명확해짐.
- 1999년 코소보 전쟁 과정에서 미군의 중국대사관 오폭과 미 의회가 제기
  한 중국의 핵기술 도난 의혹 등은 미국의 대중국 정책에 대한 우려를 야
  기함.

○ 설상가상으로 2001년 미국 부시 정부는 중국을 전략적 경쟁자로 인식하
  고, 북한을 이란, 이라크와 함께 악의 축으로 규정하면서 각 지역에 대해
  공세적인 외교를 단행, 중국의 안보위협이 증가되었음.
- 클린턴 정부 때는 미·일 동맹의 강화하면서도, 중국과 전략적 동반자관
  계를 설정하여 불안정하나마 동아시아에서의 균형이 잡혔으나. 부시 행정
  부는 불안한 균형을 완전히 깸.
- 9·11테러 이후 미국은 아프간전쟁 및 이라크전쟁을 치르면서 중동, 서남
  아, 중앙아, 동남아 등 전 세계적으로 군사적 영향력을 확대시킴으로써 미
  국 주도의 국제질서를 세계에 재확신시킴과 동시에, 중국의 잠재적 도전
  에 대한 봉쇄를 본격화함.

○ 이에 반해 중국은 지속적인 경제성장을 위한 주변부의 안정이 국가의 최
  상목표였기 때문에, 미국과의 협력적 관계를 유지하고, 불필요한 충돌을
  최소화하려 했음.
- 중국의 입장에서 경제적 군사적으로 우월한 미국과의 패권경쟁은 승산이 희

박할 뿐 아니라, 주변부 국가들에 대한 중국 위협론을 확대시킬 수 있었음.
- 중국은 미국을 지역 내 관리자로서 인정하고, 미국 주도의 질서를 존중하고 주변부 국가들에게는 선린우호정책을 통해 중국의 부상에 대한 견제를 최소화하려 함.
- 2002년 후진타오 정부는 평화로운 중국의 부상 혹은 평화를 존중하는 발전을 강조하는 '평화굴기', '평화발전론'을 내세움.

○ 중국은 미국의 견제에 대한 대응과 자신의 상대적 지위를 높이려는 노력으로 적극적인 다자 및 주변부외교를 진행함.
- 1990년대 중반 이후 국제질서의 다극화 추세가 가속화되면서 중국은 다자주의를 통해 국제정치에서 영향력을 확대할 수 있고, 특히 아시아 지역에서 미국의 군사동맹과 패권기제를 대항할 수 있다는 인식을 가지게 됨.
- 중국은 미국 외의 강대국인 러시아, 프랑스 등 개별 국가뿐 아니라 EU와의 관계강화에도 주의를 기울였으며, 주변부 국가들과의 관계 강화를 위해 동남아시아국가연합(ASEAN) 및 아시아·태평양경제협력체(APEC)에서의 역할 확대, 상하이협력기구(SCO)를 결성 등을 주도함.

○ 중국의 전략적 이해의 시각에서 볼 때, 중국의 다자 및 주변부 외교 강화는 한편으로는 아시아와 국제사회에 대한 재확신을 통해 중국 부상에 대한 불확실성을 감소시키고, 다른 한편으로는 미국의 대중국 견제를 약화시키려는 측면이 존재함.

○ 미국의 대중국 견제에 대한 대응차원에서 중국은 동아시아에서 북한의 전략적 가치를 재발견함.
- 당시 북한은 중국과의 관계 악화로 인한 외교적 고립상태에서 내부자원 고갈로 인해 경제위기를 겪고 있었기 때문에 경제발전을 위한 새로운 돌파구가 필요한 상황이었음.

- 2001년 김정일 위원장의 방중을 통해 북·중 관계가 공식적으로 회복되었고, 미국의 미사일 방어체제에 대한 공동 대응 등 이해의 일치를 봄.

○ 중국은 이후에 발생한 북 핵위기에 대해서도 미·중 협력구도에 대한 희망과 미국의 봉쇄에 대한 견제라는 양 측면에 대한 고려를 동시에 진행했으며, 미국의 강경한 대응과 개입을 차단하려는 의도에서 적극적 대응을 한 경향이 강함.6)

- 미국의 이라크 전쟁 개전 등으로 선제공격 우려가 높아진 상황에서 미국의 과도한 개입을 막으려고 중국이 북 핵 문제에 중재 역할을 한 측면이 존재.

- 중국이 미국과의 협조하에 북 핵 문제 해결을 위한 노력을 했다 하더라도 미국의 대북 무력 제제는 반대하는 입장을 취했고, 줄곧 대화를 통한 평화적 해결을 강조함.

○ 9·11테러 이후 미국이 세계 경찰국가로서의 역할을 강조하면서 하드파워의 극단적 사용을 통해 국제사회에서 인기를 실추시키는 동안 중국은 다자주의 확대와 평화강조, 개발도상국에 대한 원조지원 등으로 인정을 받기 시작함. 중국이 새로 떠오르고 있다는 사실이 널리 인정된 반면, 미국이 생각만큼 전지전능하지 않다는 인식이 확산되면서 중국과 미국 간의 힘의 균형추가 중국에 유리한 쪽으로 옮겨가기 시작함.

○ 2007년 미국의 신용경색으로 인해 금융위기가 확대되면서 미국의 절대적 패권과 헤게모니에 대한 우려가 등장했고, 세계 경제의 중심이 미국에서 중국으로 넘어가고 있다는 신호가 포착되면서, 세계 국제질서에서 중국이 G2로 급부상하게 됨.

---

6) 이러한 견해는 Daug Bandow, "Enlisting China to Stop a Nuclear North Korea." *The Korean Journal of Defense Analysis* 18(4), 2006, pp.73-93.

○ 미국의 경제력, 군사력, 과학 기술, 소프트파워 등 종합국력은 중국을 압도하고 있으며, 중국 역시 이러한 미국을 당분간 따라잡기 어렵다고 인식하고 있음. 그럼에도 불구하고 동아시아 지역 수준에서 G2 체제는 객관화되고 있으며, 중국 주변부에 대한 영향력 확대는 미국 헤게모니에 대한 위협이 되었음.

○ 중국은 상하이협력기구 국가들과의 연대를 통해 중앙아시아에서의 미군 철수를 주도하는 등 미국의 영향력을 후퇴시켰으며, 아세안 국가들에 대한 적극적인 접근으로 중국과 아세안과의 우호협력관계가 확대되었음. 또한 급증한 경제력을 바탕으로 동아시아 국가들의 중국경제에 대한 상호의존도가 급속하게 높아졌으며, 한국에서도 노무현 정부 때 한·미 관계가 소원해지면서 한·중 관계의 전방위적 확대 현상들이 포착되었음.

○ 중국이 해양이익 수호를 위한 군사혁신과 해·공군력 강화 등 종합국력 증강 목표를 통해 역내 이익 강화를 도모하려는 의도들이 포착되었음.
- 중국은 인도양, 서태평양 지역까지 군사전략 영역을 확대하고 있고, 중국과 대만 양안의 경제교류 증가에도 불구, 대만에 대한 군사력 우위를 지속적으로 강화하고 있는 등 급격한 군사 현대화를 추진.[7]
- 중국은 정밀유도 탄도미사일과 대함 탄도미사일(ASBM) 개발을 진행해오는 등 미국을 대상으로 한 반접근전략(anti-access strategy)에 기반한 군사적 혁신을 단행.[8]
- 미국은 중국이 자국의 해양 방어선을 동중국해와 남중국해로 확장하고 있다고 보고 있으며, 실제 중국은 남중국해의 해양 권익을 대만, 티베트에

7) 중국은 아직 미국과의 본격적인 군비경쟁을 피하고 있지만 최근 군의 현대화에 박차를 가하면서 특히 비대칭적 군사력 증가에 집중하고 있다고 함. 중국의 군사력 증강에 대한 우려는 "중국의 군사 안보 발전 평가 연례보고서"에 반영되어 있음. Office of the Secretary of Defense, "Military and Security Developments Involving the People's Republic of China," 2010.
8) 중국의 반접근 전략에 기반한 군사적 혁신에 대한 주장은 Thomas Mahnken, "China's Anti-Access Strategy in Historical and Theoretical Perspective," *Journal of Strategic Studies*, Vol.34, No.3, June 2011.

이어 '핵심 국가이익'이며 타협의 여지가 없다는 의도를 표출함(2010.3).

○ 중국의 부상과 미국의 경제위기에 따른 세력 약화는 동아시아 기존 국제
질서의 변화를 야기했고, 미국과 중국 간의 이익중첩(intersection) 영역이
확대 심화됨에 따라 미국의 동아시아에 대한 적극적인 재관리를 야기함.

○ 미국은 중국을 잠재적 도전국가로 간주하고 관여(engagement)정책과 동아
시아 동맹국에 대한 재보장(reassurance)전략의 확대를 통해 중국에 대한
견제를 본격화함.
- 미국은 중국을 국제경제로의 통합을 허용하고 협력적 관계를 유지하는 관
리정책을 통해 중국의 군사력 강화에 대한 욕구를 줄이려 함.
- 자국의 군사력과 군사기지 체제 강화, 전통적 동맹국인 한국, 일본 등과의
관계 재확인 및 군사적 보장 제공, 상대적으로 소원했던 동아시아 다자기
제에 대한 적극 참여 의지를 표방.
- 베트남, 인도네시아 등 ASEAN 국가들과의 관계 개선 및 군사교류를 통해
중국의 영향력 확대를 견제하고, 중앙아시아 지역에서도 상하이협력기구
회원국들의 반발로 철수했던 미군을 2009년 이후 재배치함.
- 2010년 미국의 이라크 주둔군 철수를 계기로, 미국의 해양 군사력을 강화
를 재모색.

○ 이러한 배경 속에서 2010년 미·중 관계는 상호갈등이 심화되었음.
- 2010년 초반부터 미·중 양국 간에는 대만 무기 수출 문제(1월), 달라이라
마의 백악관 면담(2.18), 무역마찰, 위안화 절상과 환율조작국 지정 문제
(9~11월) 등으로 갈등이 부각되었음.
- 중국이 대만, 티베트·신장 위구르 문제에 이어 남중국해를 3대 핵심이익
이라고 주장(3월)한 데 대해 미국이 비판(7.23)을 가하면서 양국관계는 급
랭함.

- 이란 핵 문제 및 천안함, 연평도 포격 사건에 대한 북한제재에 있어서도 중국은 비협조적 태도를 견지했고, 오히려 경제적으로 달러의 기축통화에 대한 이의제기, 군사적으로 한·미 연합 군사훈련에 대한 중국 인근 해역에서의 군사 훈련 맞대응 등 대결적 자세를 보여 주었음.

○ 천안함 사건 이후, 한미, 미일 군사동맹의 강화, 중국의 남중국해 확대에 대한 미국의 경고, 대만 군사장비 수출 승인, 일본과의 댜오위다오(釣魚島, 일본명 센카쿠열도) 갈등, 더 나아가 중국을 대상으로 한 환율전쟁, 류샤오보의 노벨평화상 수상 등 중국과 갈등을 야기하는 사건들이 연이어 발생하게 됨에 따라 일련의 사건들이 중국의 부상을 억제하고, 동북아에서 중국을 봉쇄하려는 미국 주도의 안보프레임이 강화되고 있다고 이해하게 됨.

○ 이에 따라 중국은 미국의 안보프레임 틀 속에서 문제를 접근하지 않겠다는 전략적 판단에 근거해 북한의 전략적 가치를 환기시키고, 정치·경제적 재보장(reassurance)을 시도하게 됨.
- 2010년 5월 이래 김정일의 전격적 방중이 3차례나 승인되었으며(2010년 5월과 8월, 2011년 5월), 이 밖에도 북한 노동당 창당 65주년, 한국전쟁 참전 60주년(2010), 중국 공산당 창건 70돌, 북·중 우호조약 50주년(2011) 등을 맞아 양국의 고위층 교류를 대폭 확대.
- 김정은이 포스트 김정일 체제의 유력한 계승자로 등장한 이후, 후진타오 등 중국 국가 지도자들은 "북한의 새 지도부와 적극적으로 협력할 것이다"라고 밝히는 등 양국 간의 우호 협력관계를 강조.
- 중국의 창지투개발계획과 라선개발의 연동, 황금평·위화도 개발, 신압록강대교 건설 등 북한과 중국 간의 경제협력 및 중국의 경제적 지원이 본격화됨.

○ 이번 북·중 우호협력조약 체결일을 전후에서 중국의 전략적 재보장 현상

이 재차 반복되었음.

- 중국의 CCTV(2011.7.11)를 통해 북·중 우호협력조약이 2021년까지 유효하다고 보도함에 따라 지난 20년가량 사문화된 것이 아니냐는 논란이 일었던 조약이 여전히 영향력이 존재한다는 것을 강조.9)

- 북·중 동맹 50주년을 기념하기 위해 중국해군훈련함대 소속 정허(鄭和)호와 뤄양(洛陽)호가 북한 원산항에 입항(2011.7.4)했으며, 이는 1996년 이후 15년 만에 이루어진 이벤트임.10)

∰ 4. 북·중 동맹은 과연 견고하게 유지될 것인가?

○ 중국의 국가전략의 최대 목표는 지속적인 경제성장이며, 그다음은 이를 위한 주변환경의 평화와 안정임. 이러한 목표를 달성하기 위해 중국은 동아시아 지역의 구도 역시 변화 없이 지속되는 것이 동북아의 평화와 안정이라고 인식하고 있으며, 한반도를 둘러싼 동아시아 국제질서의 구도가 한·미, 미·일의 동맹체제가 구축된 상황에서 더욱 강화되어 불균형화되는 것을 원치 않음.

○ 중국의 기본 대외전략의 변화가 있거나, 현재의 동북아에서 현재의 세력균형구도를 대체할 새로운 대안이 나오지 않는다면, 중국의 북·중 동맹체제에 대한 포기는 쉽지 않을 것임.

■

9) 2021년은 중국 공산당 창당 100주년의 해로 전면적 소강사회 건설의 목표가 달성되는 해이기 때문에 중국의 경제성장 전략이 어느 정도 완성되는 이때까지 북한을 안고 가겠다는 것을 명확히 한 것으로 이희옥 교수는 해석함. 이희옥, "북·중 우호협력조약 50년." 국민일보 칼럼(2011.7.12).

10) 미국 역시도 북·중 우호조약 체결 50주년 기념일 당일 동맹국인 한국 부산에 정박한 핵잠수함을 언론에 대대적으로 공개하면서, 중국에 대한 견제 메시지를 보냄. 북·중 동맹 강화에 대한 구체적인 무력시위로 해석될 수 있는 것은 핵추진 잠수함 텍사스호는 베이징, 평양까지 타격할 수 있는 토마호크 크루즈 미사일이 장착되었으며, 핵잠수함을 언론에 공개한 시점과 최신 전략 군함의 공개가 최초라는 점 때문임.

○ 중국이 실리적 이해에 따라 북한과의 관계를 설정해 왔다는 점에서 북·중 동맹의 견고성에는 일정 정도 한계가 있음.

○ 가장 우선시되는 것은 북한에 대한 중국의 군사적 지원이 확대되지 않는다는 것임.
- 김정일은 최근 3차례의 방중을 통해 경제적 지원 외에도 신형전투기 등 무기지원을 요구했으나, 소기의 성과를 얻지 못한 것으로 알려짐.
- 싱가포르에서 개최된 아시아 안보회의에 참석한 량광례(梁光烈) 중국 국방부장은 북한이 핵개발과 긴장조성을 하지 말 것을 촉구하는 등 중국은 북 핵개발에 대한 부정적 입장을 견지(2011.6).

○ 경제협력 역시 북한과 중국 간의 이해의 편차 때문에 크게 확대될 것으로 보이지 않음.
- 중국은 나선 개발을 통해 장길도개발과 연계와 항구의 확보를 선호하고 있지만, 북한은 황금평개발에 더 관심이 많은 것으로 알려짐.
- 중국 중앙정부 주도의 대규모 투자 역시 기대하기 힘든 상황이고, 중국은 북·중 경협에 있어 여전히 시장논리를 강조하고 있음.
- 더구나 광물자원 중심의 북·중 교역 확대는 북한의 귀중한 자원만을 유출시키는 비효율적 구도임.

○ 중국은 국제사회에서 책임대국의 이미지를 손상시키면서까지, 북한을 보호하기로 결정한 상황에 대한 부담이 존재하고, 이러한 손해를 회복하기 위해서는 대북한 영향력을 강화시켜 6자회담을 재개시키고, 궁극적으로는 북한의 핵 포기를 유도하여야 함.[11]

■
11) 중국 지도부는 북·중 정상회담에서 북한이 중국의 지원을 기대한다면, 북한이 국내외적으로 더 많은 일을 해야 한다는 메시지를 지속적으로 보냈다고 함. Zhu Feng, "The Dear Leader's China Trip: Rift Failed to Cover." *Asia Security Initiative*, May 11, 2010.

○ 북한은 안보 딜레마와 후계구축이라는 불안정한 상황에서 유일한 전략카드인 핵을 쉽게 포기하지 않을 것이고, 중국식 개혁개방도 체제 위기를 유발할 가능성 때문에 받아들이기 힘든 상황임.

- 김정일 위원장의 1차 방중(2010.5.5) 이후, 북한은 노동신문(5.12)을 통해 '자체기술로 핵융합 반응에 성공했다'고 대내외에 발표함으로써, 핵 문제에 관한 중국의 영향력 강화 의도를 견제.

- 리비아에 대한 군사작전은 핵 포기 국가에 대한 미국 및 서방의 용이한 군사개입을 야기했다는 점에서 북한에게 반면교사가 되어 핵보유 야욕을 지속시킬 것으로 판단됨.

- 세습승계 자체가 변화보다는 안정에 무게중심을 두고 있다고 볼 때, 김정은 등장 이후 북한의 정책과 노선에서 전면적이고 본질적인 변화를 기대하기는 힘들며, 북한의 개혁개방에 대한 의지가 불확실한 상황에서 중국이 적극적인 대북 투자와 경제협력을 진행하기는 힘든 상황.

○ 중국은 포스트 김정일 체제의 북한에 대해 더욱 적극적인 관여 정책으로 북한의 개혁개방 유도, 나아가 비핵화 달성을 목표로 하고 있으나, 북한은 자신들의 체제안정과 중국의 내정간섭을 극도로 경계하면서 관계를 유지하고자 하기 때문에 북한이 일시적으로 중국의 이해에 부합하는 제스처를 보일지는 몰라도, 과거의 양국관계의 경험과 북한체제의 속성상 중국의 궁극적인 이해가 달성될지는 미지수임.

○ 중국이 한반도 문제를 미·중 관계의 하위 문제로 인식하는 바, 미국과 중국 간의 협력구도가 갈등구도보다 확대된다면, 북·중 동맹이 견고하게 유지되지 않을 가능성이 있음.

- 중국 내부에서도 미국과의 갈등과 중국 위협론 확산에 대한 부담론이 제기되었음.

- 12·5 경제계획의 추진 등 경제 전략의 대전환 과정에서 외부와의 불필요

한 갈등은 경제발전에 득이 없다는 반성이 있었음.

- 중국 외교부도 '평화로운 발전 추구의 길'과 협력외교의 입장을 강조함(중국 외교의 수장인 다이빙궈 국무위원의 중국 대외정책에 대한 입장 표명; 추이톈카이 외교부부장 란팅포럼 발언 등).[12]

- 중국은 2010년 미국과의 대립구도 지속에 따른 부담으로 협력관계 복원을 기대했으며, 미·중정상회담(2011.1.20)을 통해 협력적 파트너십 구축에 공감대 형성.

∷ 5. 정책제언

○ 동아시아 국제질서의 게임에서 중국에게 북한의 전략적 가치가 높아진 상황은 우리에게 유리한 상황은 절대 아님. 북·중 동맹 관계의 강화는 한국의 대북한 레버리지를 약화시킬 것이고, 남·북 관계 개선과 통일 진행에 장애요인으로 작용할 것임.

○ 북·중 동맹관계의 전략적 편차가 존재하고, 균열점이 분명히 존재하기 때문에 이 부분에서 중국과의 협력 가능성을 찾을 수 있음.

- 중국의 북한 제재와 강압책은 북한 불안정과 혼란문제로 부담이 존재하지만, 비핵화 문제에 대해서는 공통된 이해를 구축할 수 있음.

- 북 핵 문제에 집중, 대북제재와 국제공조를 유지하고, 6자 회담 재개카드를 통해 중국이 북한 핵실험 자제와 비핵화를 위한 전향적 조치 유도를 설득.

■
12) 戴秉国, "坚持走和平发展道路." http://www.chinanews.com/gn/2010/12-07/2704984.shtml; 蓝厅论坛 崔天凯就新时期中美关系发表主旨演讲, http://www.tianjinwe.com/tianjin/tbbd/201101/t20110114_3178777.html

○ 고무적인 상황은 중국이 2010년의 경험으로 한·중 관계 악화에 대한 부
담을 느끼고 있으며, 이러한 부담의 결과로 연평도 포격 이후 갈등 확산
방지를 위한 북한에 영향력 행사, 올해 김정일 방중에 대한 이례적인 사전
설명, 한·중 국방전략 대화확대(2011.7.27) 등이 나타남.

○ 우선적으로 연미통중(聯美通中)을 실현하고 단계적으로 연미협중(聯美協
中)을 달성해야 함과 동시에, 한미동맹과 한·중 협력관계를 조화시킬 방
법을 강구해야 함.

- 한·미동맹의 가치는 매우 중요하나, 중국에 한국이 미국의 대중국 봉쇄
전략에 편승한다는 인식을 불식시키기 위한 노력이 필요하며, 불필요하게
미국을 우리가 끌어들이는 듯한 인상을 주는 것은 자제해야 함.

- 북·중 경협 확대 등 중국의 대북한 영향력 확대는 단기적으로는 북한의
변화 유도를 촉진할 수 있기 때문에 과도한 배타심을 가질 필요는 없으며,
동북 4성론의 확대 해석이나 중국과의 불필요한 민족 감정 갈등은 지양하
고, 북한의 변화를 유도하기 위한 중국 기회론 혹은 이용론으로 활용할 전
략 구축 필요.

○ 중국이 북한과의 동맹관계를 동아시아 국제질서의 구도에서 판단해왔다
는 점에서 우리가 어쩔 수 없는 것들이 많지만 동아시아 세력 균형의 전
반적 틀을 바꾸는 상상력을 발휘할 필요가 있음.

- 남·북 관계 개선도 이러한 틀을 바꾸는 하나의 방법이기는 하나, 섣부른
접근은 과거의 경험을 반복하면서 현상타파보다는 균형유지의 틀을 지속
시키는 결과를 초래할 수 있기 때문에 신중할 필요가 있음.

- 동아시아 다자안보 협력기제의 확대를 통해 중국에는 미국의 안보위협 축소,
주변국들에 중국 위협에 대한 상호 견제를 가능케 하는 노력 지속 필요.

- 동아시아 경제 공동체의 적극 추진 등 동아시아 국가 간의 상호경제 의존
성을 더욱 확대시켜, 역내에서 북한의 모험주의 노선에 따른 공동의 위험

비용부담을 제고시킴.
- 아세안, 중앙아시아, 러시아 등 중국 주변국들과의 외교협력 강화를 통해
  중국에 대한 공동 견제전략도 동시에 개발할 필요 있음.

○ 러시아에 대한 전략적 이용을 검토할 필요가 있음.
- 러시아는 한국과의 수교 직후 북한과의 군사동맹을 사실상 파기하면서 남
  한 쪽에 공을 들이고 있으며, 러시아의 극동개발에 한국의 자본을 희망하
  고 있음.
- 중국과 러시아 간의 협력관계가 강화되고 있지만, 전통적인 양국 간의 갈
  등의 역사가 깊기 때문에 전략적 신뢰관계의 균열은 언제든지 불거질 수
  있음.
- 중국의 대북영향력 강화에 대한 견제가 필요하다면 러시아는 확실히 유용
  한 카드임.

북·중 경협의 현황과 전망

임수호(삼성경제연구소 수석연구원)

최근 북한과 중국 간 경제 밀착현상이 심화되고 있다. 2010년 북한의 대외무역(남·북 경협 포함)에서 한국의 비중은 31%에 불과하지만 중국은 57%를 기록했다. 중국의 대북투자 역시 자원과 인프라 개발을 중심으로 급증하고 있다. 확인된 투자계획만 살펴보더라도, 자원분야에 4.6억 달러, 교통망 연결에 23.7억 달러, 특구개발에 35억 달러가 계획되어 있다.

그러나 아직은 북·중 경제 밀착을 경제적 종속으로 바라볼 필요는 없을 듯하다. 중국이 대북 경협을 확대하는 것은 물류, 자원, 노동력 확보라는 경제적 동인에 기인하는 것이며, 세간의 우려와 달리 북한 역시 중국 종속형 발전전략을 채택할 가능성은 높지 않다.

물론 북·중 경제 밀착은 핵 문제 등 현안의 해결이나 통일과정에서 한국의 영향력을 약화시킬 소지가 있다. 그러나 이와 함께 북한의 개혁·개방 유도라는 긍정적 효과 역시 가져올 것으로 기대된다. 따라서 북·중 경협과 남·북 경협을 '제로섬 게임(zero-sum game)'으로 보기보다는 상호 보완적인 '포지티브섬 게임(positive-sum game)'으로 바라보는 열린 접근이 필요하다. 이를 위해서는 무엇보다 한·중 관계의 긴밀화가 필수적일 것이다.

∷ 1. 북 · 중 경협 현황

가. 무역[1]

○ 중국의 동북 3성 개발이 본격화된 2000년대 중반부터 북·중 무역 규모가
  급성장하여, 2010년에는 사상 처음으로 30억 달러를 돌파함(34.7억 달러).
- 2010년 상반기 무역액이 12.9억 달러였는데, 2011년 동기 무역액은 25억
  달러로 2배 증가했고 올해 전체로는 50억~70억 달러로 전망됨.

○ 북한의 대(對)중국 무역은 수입이 주도하고 있어, 무역 적자 폭이 급속히
  확대되어 1991년부터 2010년까지 누적 적자액이 100억 달러에 달하며, 특
  히 2008년부터는 매년 10억 달러 이상의 무역적자를 기록함.
- 2011년 상반기에는 작년 동기 대비 수출이 200%로 급증(3.5억 달러→10.6

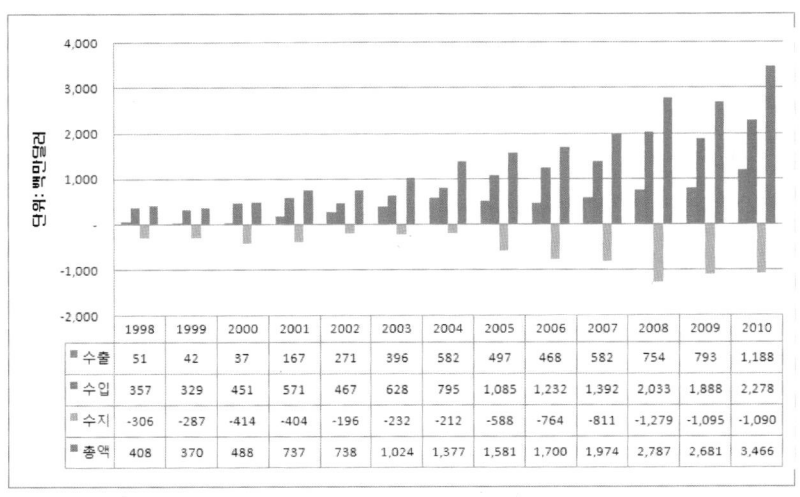

	1998	1999	2000	2001	2002	2003	2004	2005	2006	2007	2008	2009	2010
■ 수출	51	42	37	167	271	396	582	497	468	582	754	793	1,188
■ 수입	357	329	451	571	467	628	795	1,085	1,232	1,392	2,033	1,888	2,278
■ 수지	-306	-287	-414	-404	-196	-232	-212	-588	-764	-811	-1,279	-1,095	-1,090
■ 총액	408	370	488	737	738	1,024	1,377	1,581	1,700	1,974	2,787	2,681	3,466

[그림 1] 북한의 대중국 무역 추이

■
1) 이하 북·중 무역, 북한의 대외무역, 남·북 경협 통계는 각기 KITA 중국무역통계, KOTRA 〈북한의 대외무역동향〉
   (각 년도), 통일부 〈월간남·북교류협력동향〉(각 월호)을 참조.

억 달러)한 반면, 수입은 54% 증가(9.4억 달러 → 14.5억 달러)에 그쳐 적자 폭이 다소 감소(5.9억 달러 → 3.9억 달러).
- 석탄을 포함한 광물의 대중국 수출이 가파르게 증가하고 있기 때문인데, 앞으로 북·중교역의 수지 변화가 주목.

○ 대(對)중국 무역적자가 빠르게 증가함에도 경화가 부족한 북한이 수입을 계속 늘리고 있는 것은 미스터리함. 이와 관련하여 2가지 가설이 가능함.
- 첫째, 북·중교역의 상당 부분이 구상무역 방식으로 이루어지기 때문임. 구상무역도 당시 시세나 협정가격에 따라 세관에 기록되므로 외부에서 볼 때는 경화 결제로 착각함. 현재 북·중 변경무역에 종사하는 중국 업체는 수출대금의 80%만 경화로, 20%는 현물로 결제를 받고 있음.
- 둘째, 남·북 경협이나 기타 통계에 잡히지 않는 비정상적 교역에서 벌어들인 경화가 대중국 수입을 지탱하는 버팀목 역할.

○ 2010년을 기준으로 북한의 대(對)중국 수출품은 무연탄(4억 달러) → 광물(2.5억 달러) → 의류제품(1.9억 달러) → 철강(1.6억 달러) → 수산물(0.7억 달러) 순서이고, 수입품은 원유 등 연료(4.8억 달러) → 기계류(2.5억 달러) → 전기기기(1.9억 달러) → 차량(1.6억 달러) → 플라스틱제품(0.84억 달러) 순서임.
- 2000년대 초반까지만 해도 수출에서 수산물, 목재의 비중이 높았으나, 2000년대 중반부터 무연탄·광물·철강 등의 비중이 급증.
- 의류제품은 북한의 값싼 인건비를 활용한 임가공품이 대부분임. 중국 인건비가 상승하면서(현재 북한의 2배 수준) 임가공이 증가해왔는데, 2010년 '5.24조치'로 남·북 간 의류 임가공이 중단된 이후 더 빠르게 증가.

○ 2010년 남·북 경협을 포함한 북한의 대외 무역액은 60.9억 달러인데, 이 중 중국이 57%, 한국이 31%를 차지함.
- 2007년~2010년 북한 대외무역에서 중국의 비중은 42.7% → 57%로 커진

반면, 한국의 비중은 38.9%→31%로 감소하는 추세임. 남·북 관계에서 특별한 반전이 없는 한 이러한 추세는 더욱 확대될 전망.
- 북한 대외무역이 일국에 50% 이상 의존한 것은 1990년 소련 이후 처음.

나. 투자

○ 2000년대 중반 이후 중국의 대북투자도 급증하는 추세임. 투자 실행액을 기준으로 할 때, 2003년 110만 달러에서 2008년 4,100만 달러로 40배가량 증가함. 2009년은 핵실험 여파로 586만 달러를 기록함.[2]
- 2003년~2009년 중국의 순누적투자액은 1.25억 달러.

○ 실제 투자 실행액은 공식통계를 상회할 것으로 추정됨. 예컨대 공식통계 상 2003년까지 중국의 대북 순누적투자액은 120만 달러이나, 1993년~2003년까지 나진선봉특구 투자금액만도 4,500만 달러에 달함.[3]

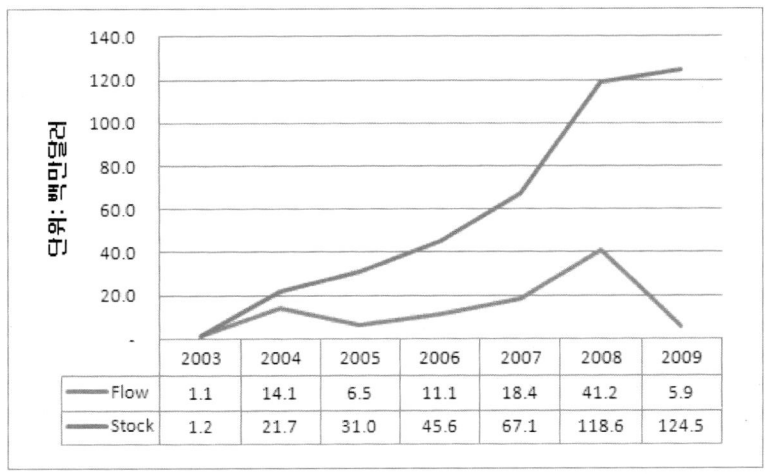

	2003	2004	2005	2006	2007	2008	2009
Flow	1.1	14.1	6.5	11.1	18.4	41.2	5.9
Stock	1.2	21.7	31.0	45.6	67.1	118.6	124.5

[그림 2] 중국의 대북투자 실행액 추이

■
2) *2009 Statistical Bulletin of China's Outward Foreign Direct Investment*, p.33.
3) 배종렬, "북한의 외자도입 현황과 과제," 『수은북한경제』(2005년 겨울호), p.46.

○ 투자 계약액은 실행액을 크게 상회하고 있음. 예컨대 2004년~2008년 중국의 대북 직접 투자 실행액은 9,100만 달러이지만, 동 기간 광물자원 개발 분야 투자 계약액 중 확인된 것만도 약 4.6억 달러에 달함.4)

- 향후 북한이 핵 문제나 개혁·개방문제에서 긍정적 조치를 취할 경우 중국의 대북투자 실행액이 폭증할 수 있음을 의미.

- 중국정부는 대북투자의 본격적 실행을 핵 문제나 개혁·개방문제에서 북한의 태도변화와 연계시키고 있는 상황.

○ 현재까지 중국의 대북 투자금액의 70%가 자원개발 및 관련 인프라 건설 부문에 투입되었음.

- 외국자본에 의한 북한 광물자원 개발사업 25건 가운데 20건이 중국 측의 투자이며, 그중에서 금액이 확인된 12건의 투자 계약금액만도 5,390억 원(약 4.6억 달러)에 달함.

○ 중국은 대(對)북한 연계 개발전략에 따라 랴오닝 성(遼寧省) '연해경제벨트'와 신의주 일대, 지린 성(吉林省) '창지투(長吉圖) 선도구'와 나진선봉 특구를 연계 개발하는 차원에서 대대적인 투자를 계획함.

〈표 1〉 2004~2008년 중국의 북한 광물자원 투자개발 및 채굴권 확보 현황

지역		광산	체결시기	종류	투자금액
함경북도	온성군	강안탄광	2005. 7	갈탄	
	회령시	오룡광산	2006. 5	철	543억 원 (3.16억 위안)
	무산군	무산광산	2006. 11	철	172억 원 (1억 위안)
함경남도	덕성군	덕성광산	2004. 3	철	1,165억 원 (1억 달러)
	장진군	장진광산	2004. 5	몰리브덴	20억 원 (240만 유로)
	허천군	상농광산	2004. 8	금, 동	

4) 김상훈, "최근 북중경제협력 현황," 『KDI 북한경제리뷰』(2010년 8월호), p.78

양강도	보천군	보천탄광	2006. 9	금	344억 원 (2,000만 위안)
	혜산시	혜산청년광산	2008. 11	동	756억 원 (4,400만 위안)
	갑산군	8월광산	2006. 9	동	17억 원 (1,000만 위안)
	갑산군	문락평광산	2006. 4	철	172억 원 (1억 위안)
평안북도	의주군	덕현광산	2007. 3	철	1,032억 원 (6억 위안)
	구장군	룡등탄광	2005. 10	무연탄	
	구장군	룡문탄광	2005. 10	무연탄	
	의주군	덕현탄광	2007. 3	철	
	신천군	신천탄광	2006. 4	금, 은	
평안남도	순천시	2.8직동청년탄광	2005. 4	무연탄	
	은산군	천성청년탄광	2005. 4	무연탄	
	성천군	룡흥탄광	2007. 9	몰리브덴	51억 원 (443만 달러)
황해남도	옹진군	옹진광산	2008. 6	철	516억 원 (3,000만 유로)
황해북도	은파군	은파광산	2006. 3	연, 아연	602억 원 (3.5억 위안)
	수안군	수안광산	2007. 1	금	
계					5,390억 원 (4.6억 달러)

::: 2. 중국의 대북 연계 개발전략과 북한의 대북방 전략

가. 중국의 대북 연계 개발전략

○ 2005년 6월 중국 국무원은 동북 3성 개발의 본격화를 선언한 '36호 문건'을 통해 대(對)북 도로·항만·구역(특구) 연계개발 의사를 공식 표명함.
- 랴오닝 성(遼寧省)은 '연해경제벨트 발전계획'에 단둥-신의주 연계개발계획을, 지린 성(吉林省)은 '창지투 선도구 개발계획'에 훈춘-나진선봉 연계개발계획을 포함.
- 2009년 중국 국무원이 '연해경제벨트 발전계획'(7월 1일) 및 '창지투 선도

구 개발계획'(8월 30일)을 국가전략으로 정식 비준함에 따라, 관련 대북
연계개발 사업들도 힘을 받고 있는 상황임. 즉, 지방정부와 개별기업에 맡
겨졌던 과거와 달리 2010년 이후 중국의 대북투자는 중앙정부에 의해 추동.

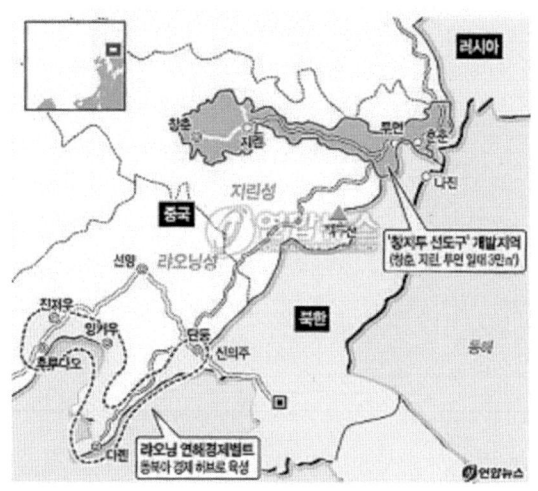

[그림 3] '연해경제벨트'와 '창지투'

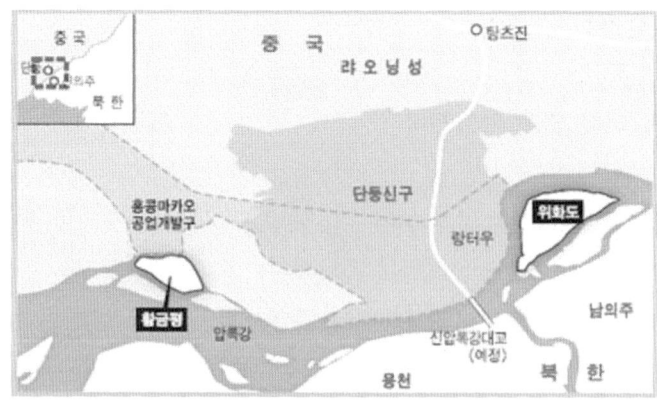

[그림 4] 신(新) 압록강대교 · 위화도 · 황금평

○ 랴오닝 성은 단둥-신의주 교통물류 인프라를 대대적으로 개건함과 동시
　에 황금평특구를 개발함.

- 2010년 12월 단둥-신의주 간 신(新) 압록강 대교(폭 33m, 길이 6km)가 착
　공됐으며, 소요비용 전액(17억 위안, 약 2,900억 원)은 중국이 부담.

- 신의주-평양 고속도로 건설도 협의 중이나 아직 대북차관 제공방식 등에
　서 이견이 있는 상태로 알려지고 있음.

- <라선 경제무역지대와 황금평 경제지대 공동개발 총 계획 요강>(2011)에
　따르면, 황금평에 약 500만 평의 특구를 개발하여 정보산업, 관광문화산
　업, 현대시설농업, 경공업을 육성할 계획임(2011.6 착공식). 중국은 황금평
　을 100년 임차하는 대가로 매년 5억 달러어치 물품을 제공.

- 황금평 인프라 구축 차원에서 ① 황금평-신의주 간 여객·화물 부두를 건
　설하고 단둥 대동항과 연계, ② 황금평내 그물망 방식 도로망을 신설하고
　신(新) 압록강대교 이외에 황금평-단둥 간 2개 출입도로를 신설, ③ 단둥에
　서 송전선을 연결하여 배전망을 건설하고 인터넷 및 유무선 통신망 건설.

- 위화도는 개발건설의 안전성에 대한 이견이 있어 아직 시행단계에 접어들
　지 못하고 있음.5)

○ 지린 성은 태평양 출구 확보를 위해 나진항 사용권을 확보하고 현대화하
　는 동시에, 훈춘(중)-취안허(중)-원정(북)-나진항(북)을 잇는 도로를 신
　설하고 현대화하여 동북 3성과 나진항을 잇는 물류 인프라를 완성함. 동시
　에 라선특구 개발을 본격화함.

- <라선 경제무역지대와 황금평 경제지대 공동개발 총 계획 요강>(2011)에
　따르면, 라선에 원자재공업(원유·화학·야금·건재), 장비공업(조선·자
　동차), 첨단기술공업(컴퓨터·통신설비제조·가정용 전기제품), 경공업(농
　수산물가공·일용품·피복), 서비스업(창고보관·물류·관광), 현대고효
　율농업 등 6대 산업을 육성할 계획(2011.6 착공식).

- <1중추, 3방향, 5통로>의 교통망 구축: 나진-선봉-웅상항을 중추로 중국·

5) 〈조중 라선경제무역지대와 황금평경제지대 공동개발총계획요강〉, pp.8-9.

러시아(北)와 연결되고 청진(南)과 접하며, 동해(東)로 향하도록 훈춘, 도
문, 핫산, 청진과 통하는 육·해상 통로 구축.6)
- 창지투 선도구 관련 <12개 연계교통망 프로젝트>(2009.12 발표)에 따르면,
2020년까지 중·북·러 교통망 연결·개선을 위해 25.6억 달러가 투자될
계획이며, 그중 9개 프로젝트(23.7억 달러)가 북한과 관련.7)
- 중국 국영기업인 상지관군투자유한공사와 조선합영위원회가 20억 달러
투자계약 체결(2011.3.29). 라선특구에 화력발전소, 도로, 부두, 석유정제공
장, 제철소를 건설하고 여타 지하광물 자원개발에도 투자할 계획(2010년
12월 조선합영투자위원회와 중국 상무부 간 체결된 라선특구 및 황금평에
대한 35억 달러 규모 투자 양해각서의 일환).8)

〈표 2〉 창지투 선도구 관련 12개 대외통로 프로젝트

프로젝트명	총투자금액	건설기한	비고
팔도–삼합–청진 고속도로 경내구간(47Km)	28억 위안	2015년	북한 관련
훈춘–권하–나진 고속도로 경내구간(39Km)	23억 위안	2015년	
화룡–남평–청진 고속도로 경내구간(50Km)	30억 위안	2015년	
도문–남양–두만강–핫산 철도 합작개조(126Km)	24.3억 위안	2020년	
도문–청진 철도합작개조(청진항사용)(171.1Km)	20억 위안	2020년	
화룡–남평–무산 철도(53.5Km)	16억 위안	2015년	
도문–나진 철도 합작개조(158.8Km)	12.7억 위안	2020년	
룡정, 개산툰 철도통상구 건설(2.5Km)	1.5억 위안	2020년	
권하, 도문, 사타자, 개산툰, 삼합, 남평 통상구 다리 건설(2,152Km)	5억 위안	–	
북한 관련 프로젝트 총투자액 합계	160.5억 위안(23.7억 달러)		
훈춘 춘화분수령 통상구 건설	2억 위안	2020년	북한 비관련
훈춘–장령자–블라디보스토크 고속도로(14Km)	8억 위안	2015년	
중·러 인접지역 교통기초시설합작 (훈춘 철도통상구 확건)	3억 위안	–	
프로젝트 투자액 총계	173.5억 위안(25.6억 달러)		

6) 〈조중 라선경제무역지대와 황금평경제지대 공동개발총계획요강〉, pp.4-8.
7) 배종렬, "라선특별시 지정배경과 개발과제," 『수은북한경제』(2010년 여름호), p.5
8) 김치관, "북, 라선시에 20억 달러 투자유치 계약 체결," 〈통일뉴스〉(2011.4.24).

나. 북한의 신(新) 북방 전략

○ 중국의 대(對)북한 연계 개발전략에 편승하여 북한은 북방특구를 확대할 조짐임.

- 지린 성 창지투 선도구 개발에 편승하여 나진선봉특구 개발을 재개함. 2009년 원자바오 총리가 방북하여 경제기술협력협정을 맺은 직후 김정일 위원장이 동(同) 특구를 전격 방문하여 관심을 표명.

- 북한은 1991년 12월 나진선봉특구를 지정하고 2010년까지 45.4억 달러 (1995년 기준)를 유치하여 싱가포르 모델을 지향하는 화물중계기지, 수출 가공기지, 국제관광기지를 건설할 계획이었으나 핵 문제, 동아시아금융위기 등으로 실제 개발은 미미(2003년 말까지 계약기준 9.3억 달러, 집행기준 1.6억 달러 투자유치에 그침).9)

- 2007년 현재 외국투자기업 98개, 가공무역기업 36개, 외국상주대표사무소 14개, 여타 북한기업 80여 개가 조업 중임(나선시 인민위원회 채송학 부위원장 설명). 외국투자기업의 80%가 중국계임.

- 랴오닝 성 연해경제벨트 개발에 편승하여 황금평 특구개발에 착수함. 장기적으로는 황금평을 시작으로 신의주를 개발하는 것이 북한의 목표.

- 2002년 야심 차게 추진했던 신의주특구 개발계획이 중국의 반대로 무산된 이후 북한은 금강산 및 개성공단 등 대남특구를 중시함. 그러나 최근 랴오닝 성의 대북 연계개발사업이 본격화되고 남·북 관계도 장기간 경색됨에 따라 신의주 인근 특구개발에 다시 관심이 고조.

○ 북한이 대풍그룹을 통해 외자를 유치하여 재건하려고 하는 8대 도시는 평양, 남포, 함흥, 원산, 김책, 청진, 신의주, 나진선봉 등으로 수도인 평양과 인근의 남포를 제외하면 모두 북부지역에 집중됨.

---

9) 배종렬, "북한의 외자도입 현황과 과제," 『수은북한경제』(2005년 겨울호).

○ '중국 밀착형 발전전략'으로 선회

- 2000년대 들어 남·북 관계와 북·중 관계가 동시에 개선되면서 북한은
  경제적 생존의 상당 부분을 한국과 중국의 대북 경협·지원에 의존해왔으
  나, 어느 한 쪽에 경도되기보다는 양국 사이에서 균형을 추구.

- 2008년 이후 남·북 관계가 장기간 경색되고, 2009년부터는 중국의 대북
  경제적 관여가 새로운 단계로 진입하면서 중국으로의 경제적 밀착이 불가
  피한 선택으로 부각.

- 2010년과 2011년 김정일 위원장의 세 차례 중국방문은 '중국 밀착형 경제
  전략'으로의 선회를 알리는 신호탄.

○ '중국 밀착형 경제전략'이 반드시 '한국배제(Korea Passing)'를 의미하는 것
  은 아님.

- 북한은 일방적인 경제적 의존은 필연적으로 정치적 종속 및 체제위협을
  초래한다고 보기 때문에, 의존정도가 일정 수위를 넘어서면 반드시 제3의
  대상을 통해 균형을 추구.

- 냉전 시기 중·소분쟁을 틈타 소련과 중국 사이에서 이러한 소위 '자주외
  교'를 수십 년간 전개한 경험.

- 북한 '자주외교'는 대(對)중·소 시계추외교(1960년대~1980년대) → 대(對)
  한·미·일 남방외교 모색(1990년대) → 대(對)한·중 등거리외교(2000년
  대)로 변화.

○ 북한은 한국의 대북정책 변화 및 한·중 관계의 전개양상에 따라 한국과
  중국 사이에서 '등거리 외교'나 '시계추 외교'를 재연할 전망임.

- 한·중 관계가 악화될 경우 시계추 외교를, 호전되는 경우 등거리 외교를
  추진할 가능성이 높음.

○ 현실적으로도 북방특구는 아직 성공 가능성이 미지수이며, 북방특구에 대

한 중국의 독점을 견제하기 위해서라도 한국과 서방세계와의 협력이 필수
적임.

- 북한은 2010년 1월 나진선봉특구법 개정을 통해 그간 막혀 있던 한국기업
의 특구 진출을 허용.

- 나진항 및 청진항 불하와 관련하여 중국과 러시아 간 경쟁을 조장하는 전
략을 구사.

〈표 3〉 2010년 나진선봉특구법 개정 주요내용

구분	내용
지방정부 자율성 확대	• '내각의 통일적 지도' 조항 삭제(구법 3조) • 주요부문을 제외한 투자승인 권한을 지방정부로 이관(10조, 13조) • 예산 편성집행권, 토지건물 임대 양도권을 지방정부로 이관(13조) • 지방정부에 투자유치권한 부여(10조, 13조) • 지방정부의 외환관리권한 확대(33조, 34조, 36조)
인센티브 강화	• 투자장려부문에 대한 세제혜택 강화(39조)
개방 확대	• 한국기업의 나선특구 진출을 법률적으로 허용(8조) • 특구 내 기업과 특구 밖 북한 기업·단체 간 거래 허용(21조) • 투자형식 확대 및 이에 대한 국가보장 규정 신설(4조) • 물자 반·출입에 대한 통제 완화(16조) • 공단설립 허용(20조) • 북한 인력의 해외연수 허용 조항 신설(16조) • 상품가격 결정에서 국가의 개입을 축소(25조) • 특구의 관광기능 확대(2조)
개방 확대에 대비한 사회통제강화	• 특구 내에 '공화국의 주권'이 행사된다는 조항 신설(2조) • 각종 불법적, 비사회주의적 거래에 대한 통제 강화 (5조, 14조) • 외국인 출입 및 채용 관련 검증장치 강화(23조, 44조) • 달러 사용 금지를 시사(33조)

○ 중국 등 해외자본 유치를 위해 '제2의 7.1조치'가 나올 가능성도 있음.

- 2002년~2003년 <7.1 경제관리 개선조치> 및 <시장합법화조치> 등 개혁
조치와 함께 신의주 및 개성을 경제특구로 추가 개방한 경험.

- '2012년 경제 강국 건설'을 앞두고 중국을 비롯한 국제사회의 대북투자를 유도하기 위해 새로운 개혁·개방조치가 나올 가능성이 있음. 화폐개혁 실패 이후 박남기 계획재정부장이 숙청되고, 박봉주 전 총리가 복권.
- 중국은 북한의 점진적 개혁·개방과 본격적 대북투자를 연계시켜 북한의 변화를 유도하고 있는바, 북한도 어느 정도 이에 호응할 필요.
- <나진선봉특구법> 개정(2010.1.27) 역시 개혁·개방의 확대에 초점. 특히 특구 내 외국기업과 특구 밖 북한 기업·단체 간 거래를 허용하는 등 기존 '모기장식 개방' 정책에 반하는 내용이 있어 주목.

3. 시사점

○ 북·중 경제밀착이 강화되고 있는 것은 분명한 사실임.
- 현재 북한 대외무역(남·북 경협 포함)에서 중국이 차지하는 비중은 냉전 말 소련이 차지한 비중과 동일하며, 향후 더 높아질 가능성이 농후.
- 북·중 경협은 남·북 경협에 비해 핵 문제 등 국제정세에 상대적으로 덜 민감하게 반응함. 대북 경제적 관여는 북 핵 문제의 '해결'이 아니라 '관리'에 연계시킨다는 것이 중국정부의 기본방침.

○ 동북 3성과 북한 간 '자본·기술-자원·노동'의 분업현상이 고착화될 가능성도 충분함.
- 북한 내 자원·인프라 개발에 대한 중국 독식현상이 강화되는 추세.
- 중국의 인건비가 상승하고 있어 인프라 개발이 완료되면 북한의 저렴한 노동력을 활용하기 위한 중국기업들의 북한 진출이 활성화될 전망.

○ 북·중 경제 밀착이 곧 대(對)중국 경제 종속을 의미하는 것은 아님.

- 중국의 대(對)북한 연계 개발전략의 목적이 북한의 '동북 4성화'에 있다고 보는 것은 다소 과장된 해석.
- 중국의 대북 연계 개발전략은 기본적으로 물류 인프라 구축, 자원 및 노동력 확보 등 경제적 동인에 의해 추진. 대북 영향력 확대라는 정치적 목적이 게재되어 있기는 하지만, 그것은 '동북 4성화'라기보다는 북한변수의 안정적 관리 및 변화 유도에 방점.

○ '경제 종속은 곧 정치 종속'으로 이해하는 북한이 '동북 4성화'에 동의할 가능성은 낮아 보이며, 대(對)중국 경제의존이 심화될수록 한국과의 경협 확대를 통해 균형을 잡으려는 경향도 커질 전망됨.
- 2009년 북한의 무역의존도(GDP에서 수출입이 차지하는 비중, 남·북 경협 포함)는 22.7%에 불과한바, '경제종속론'은 시기상조.
- 북한의 무역 의존도는 브라질(18.2%), 미국(18.7%), 일본(22.3%)에 이어 세계에서 4번째로 낮은 상황(2009년 기준).

○ 북·중 경협 확대 및 남·북 경협 위축은 핵 문제를 비롯한 남·북한 간 현안 해결에서 한국이 북한에 행사할 수 있는 영향력 약화를 초래할 수 있음.
- 중국이 북한문제와 북 핵 문제를 분리시키고 대북 경제관여를 강화하고 있어 향후 이러한 우려가 보다 현실적인 문제로 다가올 전망.
- 중국의 발언권이 커짐에 따라 한국 주도의 통일에 장애가 초래될 가능성도 존재함. 현재 한반도 통일은 '남·북(南北)주도-미·중(美中)보증' 구도로 진행되어야 한다는데 대체적 합의가 존재하나, 향후 북한에 대한 중국의 경제적 권익이 커질수록 보다 큰 발언권을 요구할 가능성이 충분.

○ 북한의 개혁·개방 유도에는 유리하게 작용함.
- 북·중교역은 북한의 시장과 직접 연계되어 있어, 북·중교역이 확대될수

록 북한의 시장도 활성화되는 효과가 있음. 반면 남·북 경협은 북한 정부 기관을 매개로 이루어지고 있어 시장 활성화에 기여하는 효과가 불확실.
- 중국은 북한의 점진적 개혁·개방과 본격적 대북 경협을 연계시키고 있어 북한의 정책변화를 유도하는 효과도 기대 가능.

○ 한국과 중국의 대북관계를 '제로섬 게임'에서 '포지티브섬 게임'으로 변화 시킬 필요성이 있음.
- 북·중 경협 확대는 부정적 측면 못지않게 긍정적 측면도 있는바, 부정적 측면을 줄이고 긍정적 측면을 키운다는 관점에서 접근할 필요.
- 북·중 경협의 부정적 측면만 강조하게 되면, 북·중 경협을 견제하기 위해 남·북 경협을 확대하자는 주장으로 귀결. 남·북 경협을 북·중 경협 견제용으로 바라보게 되면, 남·북 경협의 건전한 발전에 지장이 초래될 뿐 아니라, 북한의 대남, 대중 '시계추 외교'에 휘말릴 공산이 농후.

○ 한·중 관계의 긴밀화가 관건임.
- 북·중 경협이 북한의 변화와 한반도 통일에 기여하도록 하기 위해서는 한·중 관계의 긴밀화가 관건.
- 북한문제에 대해 한·중 간 전략대화의 틀을 마련하고, 대북 경제접근을 조율하는 한편, 공동 경협 프로젝트도 적극 발굴할 필요.

중국의 부상과 러시아의 극동정책

홍현익 (세종연구소 안보전략연구실장)

중국은 최근 세계 금융위기에도 불구하고 경제적·군사적 초강대국으로 급속 부상하고 있는 한편 동북 3성 개발에도 박차를 가하고 있고 나진, 청진 등을 통한 동해 출구도 확보하고 있다. 이러한 와중에 북한의 대중 의존도도 급증하고 있다.

러시아 정부는 국토의 균형발전, 국가 정체성 유지, 경제이익의 증대 등을 이유로 2007년부터 극동 시베리아지역 개발에 노력을 기울여 왔다. 최근 중국이 공세적으로 동진정책을 추진하자 러시아는 극동 개발 노력에 한층 더 박차를 가하고 있다. 러시아는 특히 에너지 수출과 철도연결을 통해 극동지역을 개발하고 2012년 9월 블라디보스토크에서 열리는 APEC 정상회담을 성공적으로 개최하여 국위를 선양하고 극동지역을 아·태경제권에 순조롭게 편입시키려고 하고 있다.

이러한 동북아지역 전략 구도 변화에 대비하려면 한국정부 역시 중국이나 일본처럼 보다 전향적으로 극동지역 개발에 참여하고, 미래 에너지 안보와 한반도 물류기지화 및 북 핵 문제 해결을 위해 가스관 건설 사업이나 철도연결 사업을 적극적으로 검토하며, 나진항 개발을 비롯한 북한 변경지역 개발 사업에도 다자 협력 등 창의적인 방법을 동원하여 진출하는 것이 요망된다. 또한 한미동맹을 대외정책의 주축으로 삼되 중국과 러시아와의 실용적인 협력도 증진하여 이들 양국이 북한의 추가 도발 억지 및 북 핵 문제의 평화적 해결 등 한반도 평화 회복에 보다 적극적으로 기여하도록 유도하여야 한다.

⠿ 1. 서론

○ 1970년대 말부터 초고속성장을 이루어온 중국 경제가 2008년 세계 금융위기에도 불구하고 성장세를 이어가고 외환보유고는 최근 2년 만에 1조 달러가 증가한 3조 2,000억 달러를 기록하고 있으며, 군사력도 빠른 속도로 증강하고 있어 중국의 초강대국화가 시간문제로 여겨지고 있음.

○ 세계 금융위기의 진원지이자 반테러전쟁으로 매년 1조 달러가 넘는 재정적자와 제조업의 경쟁력 저하 및 실업 증가 등 경제 위기 상황에 처한 이 시대 유일의 초강대국 미국의 패권은 최고점을 넘어 쇠퇴 쪽으로 전환되고 있다는 평가가 제기되고 있음. 특히 2010년 미국의 재정적자는 1조 2,300억 달러로 GDP의 8%에 달해 유럽 내 재정불량국인 스페인과 비슷한 수준임.

○ 2000년 푸틴 대통령 집권 이후 고속성장으로 소련 붕괴 이후 추락한 경제 복원에 성공해온 러시아도 세계 금융위기와 유가 하락으로 심각한 경제적 타격을 받았으나, 2010년부터 유가 상승 등으로 다시 경제를 회복하고 있음. 러시아는 1996년부터 미국의 세계질서 주도를 견제하고 국제질서의 다극화를 추구하기 위해 중국과 전략적 동반자 관계를 맺어왔음. 그러나 중국의 국력 상승세가 매우 빠르고 수천 km의 국경을 맞댄 접경국이므로 중국과의 협력을 편승·활용하면서도 다른 한편으로는 중국의 초강대국화에 사전 대비하는 중·장기 전략을 취하여왔음. 특히 중국이 동북 3성을 적극적으로 개발하고 창지투 계획을 추진하면서 나진을 통해 동해로 진출하는 것을 우려하지 않을 수 없는 상황임.

○ 러시아는 중국과의 접경지역이고 낙후지역인 극동지역을 보다 적극적으

로 개발하고 아·태경제권에 편입시켜 국가 균형발전과 국가 경제 진흥을
이루는 동시에 중국의 초강대국화에 적절히 대응하며, 아·태국가로서의
러시아의 위상과 영향력을 회복·강화하려는 정책을 펴고 있음. 2011년 8
월 24일 울란우데에서 열린 메드베데프 대통령과 김정일 위원장의 정상회
담은 북·러 양국이 서로의 전략적 위상을 제고하고 경협을 진흥시키면서
중국을 견제하고자 하는 의도를 보여준 것임.

○ 이런 맥락에서 중국의 강대국으로의 부상 현황과 러시아의 극동정책을 분
석해 본 뒤, 한국의 대외정책에 대한 함의를 제시함.

⁘ 2. 중국의 강대국 부상 현황 및 대외정책[1]

○ 세계 1위의 인구 대국, 4위의 영토 대국, 고대문명의 전통을 자랑하는 중
국이 덩샤오핑이 제창한 실용주의적 사회주의 시장경제 노선을 성공적으
로 적용하여 1978년 개혁·개방 이후 30년간 경이로운 경제 성장을 기록
하면서 초강대국으로 질주하고 있음.

○ 이처럼 중국의 부상은 경제 부문에서 단연 두드러지지만 이는 군사력 증
강에서도 나타나고 있어 주변국들에 우려를 주고 있음.

가. 중국 경제의 부상과 경제외교

○ 중국 경제는 개혁기(1979~2008)에 연평균 9.9%의 초고속 성장을 이루었
음. 일본의 최전성기 30년 평균성장률이 8%였고, 1960~1995년 아시아의

---

1) 이 장의 상당부문은 홍현익(2010), pp.1-4를 수정·보완한 것임.

호랑이로 불린 홍콩, 한국, 싱가포르, 대만의 경제성장률이 각기 **7.8%, 8.3%, 8.4%, 8.9%**였다는 기록과 비교할 때, 역사상 가장 **빠른** 경제성장으로 평가됨(서진영, 1).

○ 그 결과 중국은 **GDP** 기준으로 2008년 말 미·일에 이어 세계 3위의 경제 대국이 되었고, 2010년 2/4분기에 일본을 추월, 세계 2위의 경제 대국이 되었음. 1990년 중국의 **GDP**가 미국의 6.7%에 불과했는데, 2008년에는 30.9%가 됨(조영남, 43~44). 골드만삭스는 2003년 장기전망에서 중국의 경제규모가 2041년 미국을 추월할 것으로 예상했는데 2009년에는 그 시기를 2027년으로 앞당김(이남주, 5).

○ 국가 재정 능력을 보여주는 재정수입/GDP와 중앙재정수입/재정수입 두 지표가 1993년에는 12.3%와 22.0%로 매우 낮아 국가분열이 우려되었으나, 2009년 각각 20.4%와 52.4%로 증가하여 중국 정부가 대내외적으로 적극적인 입장을 취할 조건이 형성되었음을 보여줌(이남주, 5).

○ 중국의 외환보유고도 단연 세계 1위임. 2011년 상반기 중국의 외환보유고는 3조 2,000억 달러를 기록하였음. 그중 거의 절반인 1조 1,541억 달러는 미 국채를 사들였음(미국채의 8.2%에 해당. 조선일보, 2011.4.20). 중국은 막대한 외환보유고를 이용하여 제3세계 지역에 해외직접투자와 공적개발원조(ODA)를 확대하면서 영향력을 키우고 있음. 위안화 무역 결제 규모도 2010년 1분기 184억 위안이던 것이 2011년 1분기 3,603억 위안으로 1년 만에 19.6배 폭증함. HSBC 은행은 향후 3~5년 사이 연간 13조 위안으로 늘어나 달러와 유로에 이은 세계 3대 무역결제 통화가 될 것이라 전망하고 있음(조선일보, 2011.4.25).

○ 중국은 '세계의 시장'과 '세계의 투자자'에 더해 '세계의 규칙제정자'로도

등장하고 있음. 세계 금융위기 이후 **IMF** 의결권 재분배, 새로운 기축통화 도입, 금융자본 통제 강화, 개도국 지원 등 국제 금융질서 개편에 목소리를 높이고 있음(조영남, 46~47).

나. 중국의 군사적 부상: 군사비 증가와 군 현대화

1) 군사비의 증가

○ 중국의 군사비는 1990년대 이후 급증하였음. 중국 정부가 발표한 중국의 국방예산은 1996~2008년 기간에 매년 12.9%씩 증가해 세계에서 가장 빠른 증가세를 보였음(조영남, 47).

○ 실제 국방비는 국방예산보다 1.5~2배 이상 더 많았을 것으로 추정됨. 2008년의 경우 국방예산은 600억 달러였지만 국방비는 1,050~1,500억 달러에 달해 미국에 이어 세계 2위를 차지함(조영남, 48).

○ 2010년 11월 2일 국방기술품질원이 발간한 '2010 세계 방산시장 분석보고서'에 따르면 중국의 국방예산은 2010년 1,620억 달러에서 2018년에는 2,999억 달러로 85.1% 급증할 것으로 전망됨. 같은 기간 미국의 국방예산은 5,338억 달러에서 5,500억 달러로 3.0% 늘어나는 데 그칠 것으로 예상됨.

2) 무기현대화와 군사 작전 능력의 향상

○ 적극적인 군사무기 현대화로 중국은 2015년경 미국의 '세계적 경쟁자'는 아니지만 '지역적 경쟁자'로 부상할 수 있다는 전망이 제기됨. 인근해역에서 해상거부 능력 보유, 다양한 장거리 타격력을 통한 미국의 역내 작전능력 위협, 미국의 정보 우위에 대한 도전 등임(조영남, 49).

○ 2010년 7월 신화통신이 발행하는 국제선구도보는 미 항모에 맞서는 중국

의 3대 병기를 소개하였음. 항모킬러 미사일로 사거리 1,500km의 둥펑
-21C와 함께 잉지-62, 최신함에 탑재한 선번미사일이 있고, 사거리 8천km
를 넘는 쥐랑-2 탄도미사일(SLBM)을 장착한 아시아 최대 잠수함 함대가
있으며, 중국 해안 곳곳에 중·단거리 미사일부대가 배치되어 영해로 들
어온 적함에 대처할 수 있다는 것임(연합뉴스, 2010.7.23). 2010년 12월 26
일 로버트 윌러드 미 태평양군사령관은 중국의 중거리 지대함 탄도미사일
둥펑-21D의 프로그램이 초기작전운용능력(IOC)을 확보한 것으로 보인다
고 말함. 최대사거리 3,200km에 마하10으로 비행해 미사일방어망으로 격
추하기 힘든 이 미사일이 수년 내에 배치되면 미 항모전단이 중국과 가까
운 공해에 안전하게 접근하기 어려울 것으로 보임.

○ 중국은 2011년 1월 게이츠 미 국방장관 방중 기간에 스텔스 전투기 젠
(殲)-20 시험비행을 성공시키며 세계를 놀라게 하고 미 항모의 서해 진입
대비를 과시하듯 '항모킬러'로 불리는 창젠 10호 수중발사 순항미사일의 발
사 훈련 모습을 공개하면서 서해를 관할하는 북해함대 소속 핵 탑재 전략
잠수함 창청 200호를 공개하였음. 또한 예상보다 빨리 우크라이나에서 도
입한 옛 소련의 퇴역 항공모함인 바랴그호(항공기 52대 탑재)가 개조되어
2011년 8월 10일 진수되었고, 4만 8천~6만 4천t급의 일반 동력 중형 국산
항공모함 2척이 2015년까지 건조될 것이며, 2015~2020년 9만 3천t급 핵 동
력 항공모함 2척을 건조하는 등 항모 4척 이상을 건조할 것으로 전망됨.

○ 중국의 군비증강 목표는 아직 방어적·보수적임. 군사교리가 국내 체제유
지와 통제, 대외적으로는 원유수송로 확보 등 해양이익 수호, 대만 통일, 영
토분쟁 해소 등에 맞추어져 있음. 실제 중국은 공격적인 해외 군사작전을
수행한 적이 없고, 해외영토에 전투부대를 파견하거나 군사기지를 운영한
적이 없음. 중국의 군사력 증강은 경제력 상승에 따른 실제 필요에 부응하
고 국제지위 확보를 위한 '합리적' 행동으로 볼 수 있음(조영남, 49).

⠿ 3. 러시아의 극동정책

○ 러시아 정치·경제·사회·문화의 중심지는 유럽지역에 위치한 모스크바 및 상트페테르부르크임. 극동지역은 러시아의 중심지에서 가장 먼 지역에 속하므로 중대 관심지역인 독립국가연합(CIS)이나 유럽보다는 관심의 비중이 낮은 편임. 반면 중국 역시 대국이지만 정치·사회·문화의 중심지인 베이징이나 경제의 중심지인 상하이가 국토의 동북부에 위치하고 있어 동북아 지역이나 극동에 대해 핵심적인 이해와 관심을 갖고 있음.

○ 러시아 중앙정부의 동시베리아·극동 지역에 대한 이해관계와 관심은 꾸준히 증가해왔는데 그 배경은 다음과 같음.
- 러시아 경제의 주력 산업이 에너지와 천연자원 개발 및 수출인데, 유럽에 인접한 지역의 에너지와 자원은 개발이 거의 다 진척되었으므로 더 풍부한 에너지와 자원을 보존하고 있는 동시베리아·극동지역의 자원 개발이 필요해짐.
- 러시아 에너지 및 자원의 수출이 주로 유럽에 치중되어 유럽에 대한 의존이 심화되었으므로 가격이나 안정된 판로를 확보하기 위해서는 수출 시장을 다원화하여야 하므로 빠른 경제 성장으로 에너지 수요가 급증하고 있는 동북아 국가들과의 에너지 협력이 필요해짐. 특히 이 지역에 부존된 풍부한 에너지와 자원에 대한 투자를 유치하여 탐사·개발한 뒤 수출함으로써 지역 및 국가 경제를 살리려면 중국, 일본, 한국 등의 협력이 필요해짐. 즉 이 지역경제를 세계에서 가장 역동적으로 성장·발전하고 있는 동북아 및 아·태경제권에 편입시켜 발전시킨다는 전략에 따라 이 지역에 관심을 기울이고 상당한 예산을 투자하고 있는 것임.
- 극동지역은 러시아 내에서 상대적인 낙후지역으로서 사회·경제상황이 열악하여 주민의 중앙정부에 대한 반발이 커지고 있고 극동과 시베리아

지역의 인구가 계속 감소하여 이 지역을 균형 발전시킬 필요성이 커짐. 즉, 국내 정치적 요인과 국토 균형발전적인 측면에서도 이 지역 개발에 종전보다 더 큰 노력을 기울이는 것임.
- 이 지역을 개발하여 에너지와 자원을 수출하고 물류기지로 육성함으로써 수익을 증진하는 동시에 동북아 지역에 대한 영향력을 강화하고 강대국 위상을 유지하려 함.

○ 중국의 초강대국으로의 부상에 대해서는 기회와 도전 양 측면에서 이에 대응하고 있음.
- 먼저 중국의 급부상이 주는 기회적인 측면으로 양국이 전략적 동반자 관계를 맺고 있고 양국의 경제가 상호보완성이 크므로 이에 편승하려 함. 접경지역인 중국이 생산하는 소비재를 수입하고 빠른 속도로 중국 시장이 커지고 있으므로 교역 증대를 기대할 수 있으며 중국으로부터 산업개발 투자를 유치할 뿐 아니라 에너지나 자원 또는 무기 등을 판매함으로써 이익을 증진하려 함.[2]
- 중국의 급부상이 주는 도전적인 측면도 있음. 먼저 러시아와 중국은 문화 및 전통이 이질적이고 연해주를 둘러싼 분쟁 가능성도 갖고 있음. 더구나 중국 동북 3성은 급성장을 하고 있을 뿐 아니라 1억의 인구를 갖고 있는 반면, 러시아 극동지역은 상대적 후진성과 인구 감소 등의 문제를 안고 있어 1860년 이전 청나라 영토였던 이 지역이 무혈점령 당할 수 있음을 우려함. 또한 북한의 대중 의존도가 높아지는 가운데 북한 경제가 동북 3성에 예속되고 중국이 나진항을 사실상 조차하여 동해가 중국의 내해화 하는 것이 아닌가하는 전략적 우려도 가질 수 있음. 외교에서도 동북아에서 중국의 역할과 영향력이 제고되는 것과 달리 러시아가 주요 관련 당사국

---

2) 러시아를 방문한 후진타오 주석은 2011년 6월 16일 메드베데프 대통령을 만나 양국 간 전면적 전략협력 동반자관계를 선언하면서 양국무역액을 2015년까지 1,000억 달러, 2020년까지 2,000억 달러로 단계적으로 증진하자고 합의했으며 '중국 동북지구와 러시아 원동 및 동서시베리아지구의 합작계획요강'을 적극 추진하기로 함. 동아일보, 2011년 6월 18일.

으로 대우받지 못하는 상황이 지속되는 것을 우려함. 이러한 문제들을 극복하기 위해 중국과의 협력을 유지하면서 일본이나 한국, 아세안 등과 보다 적극적으로 협력을 도모하여 극동지역을 동아시아의 에너지 및 물류 중심지로 발전시키고 동북아 다자안보 협력 등을 구축하여 중국의 급부상을 통제·관리하면서 러시아의 영향력을 회복하려 하고 있음.

○ 러시아의 극동·시베리아 개발 정책은 러시아정부가 2007년 8월에 비준하고 2008년에 수정한 '2013년까지 극동·자바이칼 지역의 경제·사회발전 연방 특별 프로그램('극동·자바이칼 개발계획')'에 잘 나타나 있음. 그 주요 내용은 러시아 정부가 2008년부터 2013년까지 6년간 모두 5,660억 루블 (약 210억 달러)을 투입, 시베리아 바이칼 호 동쪽에서부터 베링 해에 이르는 광대한 지역에서 산업 인프라 구축, 투자 환경 개선, 자원과 낙후된 산업의 종합 개발, 외자 유치나 합작기업 설립 및 자유경제지대 창설 등 역내 국가들과의 협력을 추진하여 지역의 경제개발을 촉진하고 러시아의 아·태지역 경제로의 편입을 가속화한다는 것임(성원용, 2009, 429~435). 특히 연해주·하바롭스크·사할린 등 한반도 인접 극동지역 3주에 총 투자액의 50%가 투입될 예정이고, 2012년 9월 8~9일 APEC 정상회의가 개최될 블라디보스토크를 포함한 연해주에만 58억 달러가 배정되었음.[3]

○ 메드베데프 정부는 2009년 말보다 장기적인 '극동발전전략 2025'를 승인하였는데, 그 주요 내용은 교통·운송, 에너지, 통신 및 기타 사회 인프라의 구축 및 현대화임(이재영, 서울신문, 2010.12.27).

---

[3] 2007년 2월 러시아 정부는 동부문제에 대한 최고로 강력한 권위를 가진 조정기구로 총리가 지휘하는 '극동, 부랴티아공화국, 이르쿠츠크와 치타주 사회·경제발전문제 국가위원회'를 설립했고, 2008년 5월에는 '2025년까지 극동지역 및 부랴티아공화국, 자바이칼 변경지역 및 이르쿠츠크주의 사회·경제발전전략'을 편성함. 주시엔핑, "러시아 동부발전전략이 한반도에 미치는 영향," 배정호·주시엔핑(편), 『중국의 동북지역개발과 한반도』(통일연구원, 2010년 12월), pp.187-193.

가. 중국의 동해 진출 전략과 러시아 극동의 물류기지화 정책

○ 중국정부는 동북진흥계획을 수립하고 이에 따라 랴오닝 성 연해 경제벨트와 지린 성의 창지투(창춘-지린-투먼)선도구 개발을 추진하여 동북지구(동북 3성과 내몽고 동부)에 경제벨트를 연계 구축하고 있음. 특히 2009년 8월 30일 '중국 두만강지역 협력개발 계획 강요-창지투 개발·개방 선도구' 사업을 비준하여 헤이룽장 성과 지린 성의 지하자원을 개발하고 지린 성의 주요 지역을 연계하여 산업을 진흥하며 두만강 유역을 통해 동해와 태평양으로 진출을 시도하고 있음. 훈춘을 물류거점 및 대외 개방의 창구(세관도시)로 만들고 옌지, 룽징(龍井), 투먼을 물류 허브 및 산업 서비스 기지로 건설하며 창춘과 지린 두 도시를 중심 배후도시로 발전시켜 2020년에는 경제 규모를 4배로 성장시킨다는 것임(위샤오, 70~73).

○ 2010년 김정일 위원장이 두 차례 중국을 방문하여 후진타오 주석과 정상회담을 가졌고, 11월 20일 중국 상무부와 북한 합영투자위원회가 나선지역과 위화도·황금평 특구계획에 합의하였으며,[4] 12월 23일 중국 지린국제경제기술합작회사와 북한 합영투자위원회 간에 '북·중 나진항 개발 협약'이 체결됐다고 알려짐. 그 내용은 이미 중국의 창리그룹이 나진항 1호 부두 1번 선석 10년 사용권을 확보한 가운데, 중국 측이 중국 취안허(圈河)에서 나진항 간 고속도로 및 철도와 취안허대교를 설계·건설하고 4·5·6호 부두를 신규건립하며, 북한은 이의 50년 사용권 및 자유무역구를 제공하고 유엔개발계획(UNDP) 사업에 참여한다는 것 등이라고 알려짐(남문희, 2011.3.12 & 4.2).

○ 중국은 2010년 취안허통상구와 원정리를 잇는 두만강대교를 보수한 데 이

---

[4] 양국은 장성택 노동당 행정부장과 천더밍 중국 상무부장을 공동위원장으로 하는 '공동개발관리위원회'를 구성해 황금평·나선 특구 개발 협의를 위한 추진체계를 확실히 갖추었음.

어 2011년 4월 원정리-나진항 도로 보수공사에 착수했음. 북·중은 6월 9일 장성택 노동당 행정부장과 천더밍 중국 상무부장이 참석한 가운데 도로 보수공사 착공식을 거행하였고, 중국은 애초 공사를 2011년 연말에 완공하기로 했다가 공기를 앞당겨 오는 10월까지 마무리 지을 계획임. 중국은 이미 2011년 들어서서 2차례에 걸쳐 취안허 통상구-나진항 루트를 통해 3만 7천t의 석탄을 남방으로 시험 운송했음. 중국은 원정리－나진 도로 보수가 마무리되면 연간 100만t의 석탄을 나진항을 통해 상하이 등 중국 남방으로 운송할 계획이고 이는 매년 100억 원 이상의 물류비 절감 효과를 보일 것임.

○ 중국은 함경북도 청진과 함경남도 단천을 통한 동해로의 진출도 추진하고 있음. 중국의 투먼(圖們)시 정부가 북한의 합영투자위원회와 2010년 말부터 본격적인 협의를 시작, 황금평·나선 경제특구 착공식이 이뤄진 2011년 6월께 합의를 이뤄 본격적으로 개발 사업이 추진되고 있다고 함. 중국이 자재와 비용을 부담하여 북한이 6월에 공병대를 투입해 훈춘~나선 간 도로에서 뻗어 나와 청진으로 향하는 약 15km 길이의 도로를 개설하는 공사를 시작했으며, 청진항 보수·확장 공사도 마무리 단계인 것으로 알려짐. 중국은 이미 2010년 7월 청진항 3, 4호 부두를 15년간 이용할 수 있는 사용권을 북한으로부터 확보했으며, 이번 투자로 낡고 소규모인 청진항을 무역항으로 이용할 수 있을 만큼 확장할 계획임. 또 2015년까지 청진~룽징(龍井)시 싼허(三合)통상구 고속도로(47km)와 허룽(和龍)-북한 남평-청진 고속도로(39km)도 신설될 예정임. 양국은 이후 단천항 개발과 관련한 공동투자 협의도 진행해 최근 협약을 체결했으며 곧 도로와 항만 개·보수 공사를 시작할 것으로 알려짐(연합뉴스, 2011.7.24).

○ 중국이 나진항과 청진항을 통해 동해와 태평양으로 진출하는 것은 러시아에 몇 가지 중대한 문제를 야기함.

- 나진항은 부동항이어서 러시아가 소련시절부터 해군 기지로 활용하려던 곳이었고, 러시아로 들어와서는 러시아의 물류중심지화 사업에 중요 거점으로 상정해왔던 곳임. 시베리아 횡단철도와 남·북한 종단철도가 연결될 때까지 러시아 극동지역에 항만 시설이 부족하기 때문에 나진항을 정비하고 시베리아 횡단철도(TSR)를 나진까지 확장하여 부산이나 일본, 동남아에서 선박으로 나진까지 컨테이너를 실어오면 이를 하역해 철도로 유럽으로 운송하는 사업을 추진함으로써 러시아를 동아시아와 유럽 간 물류중심지로 만드는 사업의 중요한 거점이었음. 그런데 중국이 적극적인 물량공세를 앞세워 개발하고 항구 사용권을 확보하고 나섰기 때문에 곤혹스러움을 느끼고 있는 것임. 러시아는 3호 부두의 50년 사용권을 확보하고 2008년 10월 나진과 하산 간 철도 및 나진항의 개건 착공식까지 가졌지만 러시아 측의 투자 자금난으로 인해 지연되어 왔고 최근에야 다시 사업을 재개하였음.

- 나진항이나 청진항을 통해 광물이나 생산품을 상하이 등 중국 동남부로 실어 나르다 보면 수송로의 안전을 확보하기 위해 중국 군함이 이를 호위한다는 명분이 생기고 결국 동해가 중국의 내해처럼 변할 가능성이 있음. 이는 한국뿐 아니라 러시아의 동아시아 전략 환경을 구조적으로 위협하는 요인이 될 것임.

○ 물론 2009년 6월 중·러 양국 수뇌부는 러시아 극동지역 개발 전략 및 중국 동북지역 진흥 전략을 유기적으로 공동 진행하는 데 합의하여 쌍방은 협력을 더욱 강화하고, 공동 발전을 위해 노력하기로 하였음.

○ 창춘에서 출발, 훈춘을 거쳐 나선을 다녀오는 자동차 관광코스가 신설되고 북한 최북단인 온성 1일 관광이 20년 만에 재개되는 등 2011년 들어 중국의 대북 관광도 활기를 띠고 있을 뿐 아니라 2011년 4월 훈춘과 블라디보스토크, 하산 및 나선을 잇는 3국 무비자 관광이 개시되었고, 훈춘은 러

시아 극동 자루비노 항을 거쳐 부산으로 이어지는 항로도 2011년 6월 개통하였음. 러시아 극동과도 맞닿아 있는 훈춘의 2011년 상반기 대러시아 교역량도 크게 늘었음. 대러시아 교역 거점인 훈춘 통상구의 수출입 화물량과 출입국 인원이 각각 3만 2,030t과 1만 488명으로, 작년 동기보다 16.8%씩 증가하였음(연합뉴스, 2011.7.15). 또한 2011년 1월 헤이룽장 성의 대 러시아 무역액이 5억 7천만 달러로, 전년 동기 대비 15.7% 증가함. 헤이룽장 성의 무역액은 이 기간 중국의 대 러시아 전체 무역액의 10.2%를 차지했음.

○ 러시아의 철도연결 계획은 러시아 철도 기술자가 2003년 북한 동해안 선로를 실사하고 북한 선로를 복원하여 시베리아철도(TSR)와 연결하는 데 25억 달러가 든다는 비용 산출까지 마쳤으나 다음 몇 가지 요인 때문에 진척을 이루지 못했음. 먼저 북한의 핵개발 강행으로 남·북·러 3각 협상이 크게 진척되기 어려웠고, 러시아가 한국에 국제컨소시엄 구성을 포함한 자금 조달을 부탁하고 한국정부가 난색을 표하는 등 러시아와 한국 정부의 추진 의지가 부족하였음. 철도 연결 노선에서도 북한은 동해선을 거쳐 하산으로 연결되는 동부선을 원했지만 이는 한국에는 산업지역에서 격리되어 운용비용이 비싸고 180km의 동해남부선 철도를 새로 건설해야 하는 어려움이 있었음. 한국이 원한 서울-평양-신의주-만주-몽골-러시아로의 서부노선은 증가하는 한·중 화물 수송을 담당하는 이점과 기존 철로 상태가 비교적 양호하다는 이점이 있었으나 러시아가 적극적이지 않았으며, 서울-문산-원산-하산-우수리스크로의 중북부노선은 북한이 군사상 이유로 난색을 표하고 북한 철도망의 북동쪽 1,000km의 인프라와 기술적 조건이 열악하여 개선비용으로 50~70억 달러가 소요된다는 단점이 있음.[5]

---

5) 알렉산더 보론초프, "러시아-한반도 철도연결 프로젝트: 현 상황과 전망," 배정호 Alexander N. Fedorovskiy, 『중국의 동북지역개발과 한반도』(통일연구원, 2010년 12월), pp.149-151.

○ 나진－하산 철도 및 나진항 개건사업도 크게 진척되지 못했음. '나진-하산 프로젝트'는 나진항을 개건하고 나진-하산 철도를 개보수 및 현대화하며 화물수송용 화차를 확보하여 부산을 비롯한 동북아지역 항구로부터 해상수송을 통해 오는 화물을 나진에서 받아 시베리아 횡단철도를 경유하여 유럽까지 보내는 컨테이너 물류수송사업을 벌이는 것임. 이 사업은 2001년 8월 모스크바 북·러 정상회담에서 합의된 뒤, 상호 방문을 통해 철도 개건·현대화, 두만강－하산 구간에 광섬유 통신선을 건설 및 공동운영이 합의되어 2008년 10월 4일 나진-하산 철도 및 나진항의 개건 착공식이 나선시 두만강역 지구의 북·러 친선각 앞에서 열렸음.6) 나진항의 개건사업은 3단계로 기획되어 노후화된 기존 설비의 제거와 컨테이너 크레인을 비롯한 새 설비의 반입, 부두시설의 건설, 도크의 확장 등을 주요 사업내용으로 하는 제1단계는 2010년 10월 말까지 완공될 예정이었음.7) 그러나 이후 큰 진척을 이루지 못함. 중국의 동진정책과 러시아의 남진정책이 나진에서 만났는데, 러시아가 한반도 정세 악화로 주춤하는 사이 국력이 팽배하고 의욕이 넘치는 중국이 기선을 제압하는 모양새가 연출된 것임.

○ 한국도 관심을 기울였음. 한국은 러시아 철도공사와 4:6의 투자로 합작기업을 만들고, 이 합작기업과 북한이 8:2 또는 7:3의 지분을 갖는 합영기업을 설립하자고 합의하였음. 그러나 한·러 간 합작기업 설립이 지연되면서 북·러 간에 설립된 합영기업의 러시아 측 지분에 한국이 참여하는 모

---

6) 착공식에는 북한의 전길수 철도상, 궁석웅 외무성 부상, 리명산 무역성 부상과 러시아의 알렉세이 보로다브킨 외무차관, 발레리 수히닌 주북 대사, 블라디미르 야쿠닌 사장을 단장으로 한 러시아철도주식회사 대표단, 세르게이 다르킨 연해주 주지사 등이 참석하여 이 사업의 중요성을 보여주었음. 연합뉴스, 2008년 10월 4일.

7) 재일본 조선인총연합회 기관지 조선신보는 철도 개선사업이 완공되면 "연간 400만의 수송 능력과 연간 10만 개의 컨테이너 수송능력을 갖추게 될 전망"이라고 보도. 연합뉴스, 2008년 10월 6일. 한국해양수산개발원의 정봉민 선임연구위원은 나진항과 중국의 동북3성간 연계로, 시베리아횡단철도가 정비되면 나진항의 컨테이너 화물 수요는 향후 2020년까지 계속 급증할 것이라고 예상하면서 그 이유를 북한의 나선 자유경제무역지대가 국제 화물중계, 수출가공, 관광금융 중심거점으로 기능하고, 나진항은 중국 동북3성의 수출입 화물을 처리하는 동시에 러시아 극동지역과도 연결될 가능성이 크기 때문이라고 설명. 또한 그는 중국의 동북3성은 동해나 태평양으로 출구가 없기 때문에 북한의 나진항이 "동북3성 화물의 관문" 역할을 부분적으로 수행하고 있다면서 나진과 동북3성을 잇는 도로망 정비, 나진-하산 간 철도정비, 한·중·러 합작투자 등이 필요하다고 강조했음. 연합뉴스, 2008년 10월 28일.

양이 되었음.[8]

○ 중국의 동해 진출로 러시아나 한국도 보다 적극적으로 철도 연결 사업에 나
설 필요가 발생하였으므로 귀추가 주목됨. 특히 최근 러시아가 나진항 3호
부두 위에 30만t 규모의 컨테이너 야적장을 짓는 것을 검토하기 시작하였고
(남문희, 2011.3.12), 나진항과 하산역 간의 52km 구간을 러시아처럼 광궤로
연결하여 2011년 5월 중순 현재 12.8km의 개보수가 마무리되었고 공사가 끝
나는 대로 컨테이너 터미널도 건설할 계획임(연합뉴스, 2011.8.22).

○ 러시아정부는 그 외에도 제2시베리아 횡단철도와 밤(BAM Baikalo-Amurskaya
Magistral) 철도 및 그 지선들, 사할린과 극동 본토 연결 철도를 기획하고 있고,
국제적으로도 2007년 러시아 동북부 지역과 북·미 대륙을 연결하는 베링
해철도(사하 – 추코트카 – 베링해 – 알래스카) 건설을 제안하면서 극동본
토 – 사할린 – 홋카이도 – 일본 본토 연결 철도 건설 계획도 구체화하고
있음(한종만, 151).

○ 한국에서는 포스코가 극동지역 에너지·물류 개발에 참여하게 되었음.
2010년 11월 한국을 국빈 방문한 메드베데프와 이명박 대통령의 정상회담
을 계기로 포스코는 러시아 유연탄 업체로 야쿠트와 엘가지역에 주요 광
산을 보유한 메첼사(러시아에서 유연탄 공급 1위, 철강업 5위)와 극동·시
베리아지역 자원개발 상호협력 양해각서를 체결했음. 메첼사가 보유한 석
탄과 철광석 매장량은 33억t, 2억t에 달하는데, 포스코는 엘가지역 석탄광
산(매장량 22억t) 개발에 공동 참여하여 철강원료를 확보하게 됨. 특히 더
주목되는 부분은 메첼사가 갖고 있는 포시에트 항의 현대화와 바니노 항
신규건설에 참여하는 것임. 석탄수송터미널과 철도 등을 건립하는 항구

8) 정범진, "'나진-하산 프로젝트'는 외면할 수 없는 남·북 경협사업이다," 『민족화해』, 통권 38호 (2009.05~06), p.46
참조.

현대화 사업을 벌이는 한편 중장기적으로 극동지역에 일관제철소 건립을 계획하고 있으며 이 지역을 기반으로 동북 3성, 몽골 등지의 자원 개발도 연계하는 방안을 구상 중이라 함(한국경제, 2010.11.11 & 파이낸셜뉴스, 2010.11.10).

나. 러시아의 시베리아·극동 에너지정책

○ 러시아는 석유 생산 및 수출에서 세계 1~3위를 다투고(매장량 7위), 천연 가스 부문에서는 단연 1위이며, 석유 및 가스 채굴분야에서도 세계 1위, 철광석 매장량 세계 1위, 석탄매장량 세계 2위임. 또한 러시아의 에너지 산업은 관세수입을 포함할 때 세수의 40%를 차지하고 수출 비중도 67%나 차지하며 2010년 에너지 수출량은 33.1% 증가한 2,677억 달러에 달했음 (소콜로프).

○ 러시아는 중·장기적으로 유가 변동으로부터 경제 안정을 보장하고 산업 의 균형적인 발전을 이루어야 하며 러시아 지도부도 경제의 현대화와 균 형적인 산업 육성에 노력하고 있음. 그러나 낙후된 시베리아·극동 지역 을 발전시키고 새로운 에너지 및 천연자원을 개발하면서 산업을 진흥하며 유럽에 치중된 판로를 아시아 쪽으로 다변화하여 에너지 가격 협상력을 강화할 뿐 아니라 에너지 수출을 중심으로 아·태지역에서 러시아의 영향 력을 강화하기 위하여 시베리아·극동지역에서 에너지 정책을 집중적으 로 추진하지 않을 수 없음.

○ 러시아의 시베리아·극동 에너지 정책은 크게 석유개발과 송유관사업, 가 스개발과 가스관사업, 전력사업 등 세 가지 나누어 볼 수 있음.

1) 동시베리아-태평양 송유관(Eastern Siberia-Pacific Ocean oil pipeline, ESPO)

○ 러시아가 국가 전략사업으로 추진하고 있는 송유관 건설 사업임. 트란스네프트는 시베리아 이르쿠츠크 타이셰트에서 러시아 극동 나홋카 인근 코즈미노항(블라디보스토크 동쪽 100km)까지 총연장 4,663km의 ESPO 송유관 가운데 타이셰트~아무르주 스코보로디노 간 1단계(2천700km) 공사를 마치고 2009년 12월 28일 가동에 들어갔음.

○ 2010년 9월 27일 베이징에서 메드베데프 대통령과 후진타오 주석이 참석한 가운데 스코보로디노에서 헤이룽장 성 다칭을 잇는 약 1,000km의 송유관 건설 완공식을 거행함. 12월 19일 처음으로 시베리아 석유가 다칭에 시험적으로 도착하고 2011년 1월 1일 원유가 공급되기 시작함. 2009년 양국 간 맺은 협정대로 중국은 250억 달러의 차관을 지원하고 러시아는 20년간 하루 30만 배럴, 연 1,500만t의 원유(중국 연간 수요의 4%)를 공급할 예정임.9)

○ 타이셰트에서 보낸 원유 일부는 시베리아 횡단철도를 통해 코즈미노 수출 터미널로 운송되어 유조선을 통해 아·태지역으로 수출되고 있음. 한국은 이미 1999년부터 사할린산 원유를 도입하고 있으며, 2010년 1월 GS칼텍스가 ESPO 75만 배럴을 수입하였고, 2010년에 나홋카에 도착한 1억 배럴의 원유 중 39%를 한국이 수입함(매일경제, 2011.2.28).

○ 러시아는 사업 2단계로 2014년까지 코즈미노 항구까지 송유관을 완성할 예정인데 이때까지 원유공급량을 하루 120만 배럴로 증대시킬 계획임. 특히 당초 공급목표는 하루 160만 배럴이었음(이하 이성규 참조).

---

9) 이외에도 양국은 2010년 8월 중국 톈진에 50억 달러를 공동 출자해 정유시설을 세우기로 하고, 향후 25년간 러시아 석탄을 중국에 공급하는 대신 중국은 60억 달러 차관을 제공하는 협정을 맺었음. 머니투데이, 2010년 9월 27일.

○ 공급을 늘리기 위해 그간 수송인프라 미비로 미개발상태로 방치되었던 동
시베리아 및 극동지역 유전 개발이 추진되고 있음: 국영업체인 로스네프
트사의 반코르유전(2014년에 하루 46만 배럴)과 유루브체노-토홈스코예유
전(2016년에 하루 20만 배럴), 수르구트네프트·가스사의 탈라간 유전
(2010년에 하루 7.2만 배럴), TNK-BP사의 베르흐넨촌스코예유전(2014년에
하루 20만 배럴). 러시아정부는 열악한 개발 여건을 가진 동시베리아 유전
개발을 촉진하기 위해 일정 기간 세제 혜택을 부여.

○ 로스네프트사는 러시아 연방정부와 지방정부의 지원으로 하루 40만 배럴
의 정유공장 건설을 계획하고 있으며 외국기업과의 협력을 모색 중임.
2015년경 동부지역에서 하루 100만 배럴의 원유가 생산되면 30만은 파이
프라인을 통해 중국으로, 30-40만은 코즈미노 수출터미널을 통해 아시아
지역으로 각각 수출되고 나머지 40만은 지역 내 정유공장으로 공급될 것
임. 트랜스네프트는 2020년까지 원유선적터미널의 규모를 연간 8천만t 규
모로 늘려 아·태지역 원유 수출 비중을 현재 3.8%에서 30%로 대폭 확대
할 방침임.

○ ESPO 원유의 품질이 중동산 원유에 비해 손색이 없으므로 품질과 지리적
인 이점을 앞세워 아·태시장으로 원유수출이 늘어나면 러시아의 경제
적·외교적 영향력도 증대될 것임.

2) 가스 개발·통합 및 수출
○ 동부 가스프로그램: 아·태지역 중국 및 기타 국가 시장에 대한 가스 수출
가능성을 고려한 가스 채굴·수송 및 공급을 위한 단일시스템을 동시베리
아와 극동에 구축하기 위한 프로그램이 수행되기 시작함(마리아 부르두크
스카야).
- 국가 동부 단일 가스공급 시스템을 구축하고 있는 가스프롬이 주관.

- 러시아 동부의 크라스노야르스크, 이르쿠츠크, 야쿠츠크, 캄차카, 사할린 등이 가스채굴 중심지로 선정됨.
- '사할린-하바롭스크-블라디보스토크' 가스수송 시스템 구축 및 발전과 이 가스수송 시스템을 사하(야쿠티아)공화국의 차얀다 가스전의 가스파이프라인과 통합하는 것을 목표로 함.

○ 한편 중국석유천연가스집단공사(CNOC)와 러시아 최대 석유·가스 생산 업체인 가스프롬이 2010년 9월 시베리아에서 중국 서부 국경을 잇는 '알타이 가스관'을 건설, 2015년부터 연간 300억㎥의 시베리아산 천연가스를 중국에 공급하기로 합의하는 등 중·러 간 에너지 협력이 강화되고 있음 (연합뉴스, 2010.12.8).

○ 러시아는 2009년 2월 18일 사할린-2 가스전에서 드미트리 메드베데프 러시아 대통령, 아소 다로 일본 총리, 영국의 앤드루 왕자, 이윤호 지식경제부 장관 등이 참석한 가운데 시베리아·극동지역의 첫 상업적 가스 생산을 위한 액화천연가스(LNG) 플랜트 준공식을 가졌는데, 사할린 LNG 생산 시설 가동은 천연가스 매장량에서 세계 최고를 자랑하는 러시아가 유럽 수출에 이어 아·태 시장, 넓게는 미국으로의 수출 확대를 알리는 신호탄으로 해석됨. 러시아는 이 시설에서 생산되는 가스의 약 60%를 일본으로, 나머지는 한국과 미국에 20년 정도의 장기계약을 맺고 수출할 예정인데,[10] 지금까지 파이프라인을 통해 유럽에 가스를 공급했던 러시아로서는 선박을 통한 수출이 가능해지면서 판로를 대폭 확대할 수 있게 됨.[11]

○ 이명박 대통령의 2008년 9월 러시아 방문 시, 이르면 2015년부터 사할린산

10) 한국은 한국가스공사를 통해 천연가스를 연 150만씩 2028년까지 도입하게 됨. 사할린산 가스의 도입은 가까운 거리로 인해 운반을 위한 운항기일이 3일에 불과해, 중동(15일), 동남아(7일)에 비해 크게 짧을 뿐 아니라 중동과 동남아에 편중된 도입선도 다변화하는 효과가 있음. 연합뉴스, 2009년 2월 18일.
11) 연합뉴스, 2009년 2월 18일 & 19일.

천연가스를 북한을 경유하는 파이프라인 방식(PNG: Pipeline Natural Gas)
으로 연간 750만t 이상 도입하는 사업을 추진키로 합의하고 양 정상이 참
석한 가운에 양국 국영가스회사인 한국가스공사와 가스프롬은 이와 관련
한 양해각서를 체결했음.[12] 아울러 한국가스공사는 가스프롬과 함께 블라
디보스토크에 연 100만t의 폴리에틸렌과 50만t의 폴리프로필렌을 생산할
수 있는 석유화학 공장과 500만t 규모의 LNG 액화 플랜트를 건설하는 방
안도 추진키로 함.

○ 러시아 외교부는 2012년 9월 블라디보스토크에서 개최될 APEC 정상회의
를 앞두고 동북아 지역 안정화에 필수적이 북 핵 문제 해결 돌파구를 찾
기 위해 북한으로 가스관을 부설하는 아이디어를 냈고 크렘린이 이를 받
아들여 가스프롬에게 준비를 지시하여 북한이 핵개발을 포기하는 대가로
러시아가 사할린에서 생산되는 천연가스를 북한에 공급하거나 가스를 사
용해 발전소를 건설하는 프로젝트를 검토 중인 것으로 알려짐(모스콥스키
예 노보스티 2011년 7월 22일자 보도, 세계일보, 2011.7.23에서 재인용).

○ 2011년 8월 24일 김정일 위원장과 메드베데프 대통령의 울란우데 정상회
담에서 김정일이 극동지역 가스의 한국 수출을 위한 북한 통과 가스관 건
설과 이를 추진하기 위한 남·북·러 전문가 특별위원회 설립에 동의함으
로써 이 사업은 새로운 추진력을 얻었음. 더구나 사할린 가스전으로부터

---

12) 양해각서에 따르면 한국은 블라디보스토크에서 연간 최소 750만t의 천연가스를 30년간 도입키로 하고, 이에 앞서
가스공사와 가즈프롬은 러시아 국경에서 북한을 통과해 우리나라로 연결되는 가스배관 건설에 대한 공동연구에 나
서기로 했음. 공동연구가 순조롭게 진행될 경우 2010년께 최종계약이 체결되고, 이르면 2015년께 우리나라에서
한·러 간 천연가스 배관을 통해 공급되는 천연가스를 사용할 수 있게 됨. 연간 750만t의 천연가스는 국내 총수
요의 20%에 달하는 물량으로, 1,250만가구가 1년간 소비하는 규모. 연합뉴스, 2008년 9월 29일. 가스공사와 가스
프롬은 북한을 경유한 PNG 방식을 최우선으로 고려했지만, 사업 추진에 난항을 겪자 PNG 방식을 포함해 액화천
연가스(LNG), 압축천연가스(CNG) 등 3개 안에 대한 타당성 연구를 진행하여 2010년 5월까지 타당성조사를 끝내
경제성 측면에서는 PNG 방식이 가장 저렴한 것으로 평가했지만, 북한 악재 등 정치적 측면 등을 고려해 결정을
미루고 있는 상태임. 현재로서는 시베리아산 가스를 가스관으로 블라디보스토크로 이동시켜 LNG나 CNG 형태로
가공, 배로 가스공사 삼척LNG 생산기지로 들여오는 방안이 유력함. 또한 물량도 국내연간 소비량(2009년 기준
2,400만t)의 8.3%인 연 200t정도로 예측됨. 파이낸셜뉴스, 2010.9.10.

하바롭스크를 경유하여 블라디보스토크에 이르는 가스관이 2011년 9월에 준공될 예정이므로 러시아가 한국과의 협상에 더욱 적극성을 보일 것으로 예상되므로 사업이 최종적으로 성사될 가능성을 배제하기 어려움. 이 사업은 3자 모두에게 호혜성이 탁월하여 러시아는 30년간 안정된 천연가스 시장을 확보하여 900억 달러의 수익을 올리고 북한은 통과료로 매년 1억 달러를 벌며 한국은 가스 수입비용을 매년 5,000억 원 이상 절약할 것으로 예상됨. 그러나 사업이 추진되려면 가스공급가 및 북한지역 가스관 설비 자금 부담 주체가 3자 간에 합의되어야 하고, 특히 한국이 사업에 적극적으로 참여하려면 남·북 간 신뢰 구축이 긴요한데 이를 위해서도 북 핵 문제 해결에 진척이 필요함.

3) 극동지역 전력계통 연계와 수출

○ 극동지역 전력산업은 Inter RAO 통합전력시스템(Unified Electric System, UES)의 극동지사인 보스토크에네르고가 독점적 지위를 점하고 있음.

○ 극동지역의 전력수요가 제한적이므로 막대한 자금이 투입되는 대규모 수력발전소 건설은 필연적으로 인접한 중국이나 북한은 물론 한국과 일본으로의 수출이 전제될 수밖에 없음.

○ 러시아는 이미 중국에 전력을 수출하고 있고, 남·북한 및 일본에 전력 수출을 희망하고 있음. 자세한 내용은 성원용 교수의 글(2010.12)을 참조함.

○ 한 사례를 들면 러시아 극동과 중국 헤이룽장 성을 잇는 송전선 설치 공사가 완공되어 2011년부터 연간 43억KW의 러시아 전력이 중국에 공급될 예정임(흑룡강일보, 2010.12.8 보도, 동일자 연합뉴스 재인용).

다. 극동에서의 군사·안보·외교정책

○ 군사력 증강과 조직 개편(국방연구원, 109~116)

- 푸틴 대통령은 2007년 4월 "러시아는 이미 '2007-2015 국가무기장비계획'의 실행단계에 들어섰다"고 선언하였는데, 이 계획에 따르면 러시아는 향후 1,670억 달러를 투여하여 2015년을 기점으로 21세기형 군사대국으로 발돋움할 예정임.

- 2010년 9월 20일 아나톨리 세르듀코프 러 국방장관은 러시아가 향후 10년간 약 6천억 달러 이상을 투입, 군 장비 현대화에 적극 나설 것이고 미국 등 서방 무기체계와 관련 기술도 도입할 수 있다고 밝힘. 블라디미르 포포프킨 러시아 국방부 제1차관은 2011년 2월 24일 기자회견에서 향후 10년간 군 현대화에 19조 루블(6천530억 달러)을 투자할 계획이라고 발표함. 2015년까지 전체 무기의 45%를, 2020년까지 70%를 현대화하는 것이 목표임.

- 2010년 10월 대통령령으로 군 조직을 효율적인 군사작전을 위해 4개 지역사령부에서 4개 전략사령부로 전환함. 하바롭스크에 본부를 둔 동부 전략사령부는 극동 군관구, 시베리아 군관부 일부, 태평양 함대를 휘하에 둠.

○ 남쿠릴 열도 실효적 지배 강화와 극동 군사력 강화(최태강, 2011, 209~222)

- 2010년 댜오위다오(釣魚島, 일본명 센카쿠열도)를 둘러싸고 중·일 간에 갈등이 고조되는 가운데 메드베데프 대통령은 일본의 자제 요청을 무시하고 11월 1일 러·일간 분쟁도서인 남쿠릴 열도를 방문하였으며 이후 실효적 지배 강화 조치를 계속 추진함.

- 러시아는 이미 '쿠릴열도 사회경제발전계획 2007~2015'에 착수하여 2015년까지 6억 달러 이상을 투입, 인프라를 정비하면서 쿠릴열도에 대한 실효적 지배 강화에 나섰음.

- 러시아는 2010년 6월 말 극동·시베리아 지역에서 '동방 2010' 훈련을 대규모로 거행하면서 남쿠릴 4도 중 하나인 에토로후를 훈련장으로 사용함.

또한 러시아 하원은 7월에 일본이 제2차 세계대전의 항복문서에 서명한 9월 2일을 대일 전승기념일로 제정하는 법안을 가결시켰음.

- 메드베데프 대통령 방문 이후에도 푸틴 총리는 12월 6일 하바롭스크를 방문하여 에토로후와 쿠나시리를 포함한 공항 정비를 추진하는 등 쿠릴열도와 극동지역 발전에 적극적인 관심을 보였고, 빅토르 바사르진 지역발전장관, 아나톨리 세르듀코프 국방장관, 세르게이 이바노프 부총리 등 러시아 지도부는 줄을 이어 쿠릴열도를 방문하여 쿠릴열도 발전추진을 약속함.

- 쿠릴열도를 포함한 극동지역 군사력도 최근 강화되고 있음.

  - 러시아 참모총장 니콜라이 마카로프는 2011년 2월 소련 붕괴 이후 러시아가 유럽에서 구입한 최대 규모 함정인 미스트랄급 헬기상륙함 4척 중 적어도 1척이 2013년 이후 태평양함대에 배치되어 남쿠릴 열도 등의 방위 임무에 사용될 가능성을 언급함.

  - 러시아는 미사일과 항공기를 요격할 수 있는 S-400 대공미사일부대도 극동에 배치할 예정임.

  - 러시아 군은 2010년 10월 시험발사에 성공한 신형 잠수함발사 대륙 간 탄도미사일(SLBM) '불라바(Bulava, 철퇴)'를 장착한 보레이급 잠수함 '유리 돌고루키'를 캄차카반도 해군기지에 배치할 계획임. 사거리가 1만km에 이르러 사실상 전 세계가 공격권인 불라바는 6개의 핵탄두를 동시에 싣고 마하 5의 극초음속으로 비행하며 발사 뒤에도 고도와 방향을 자유자재로 바꿀 수 있는 러시아의 차세대 주력 핵미사일임.

  - 세르듀코프 국방장관은 2011년 2월 4일 에토로후와 쿠나시리를 방문하고 두 섬의 군 장비를 교체할 것임을 밝혔으며, 메드베데프 대통령은 2011년 2월 9일과 3월 18일 남쿠릴 섬이 러시아의 전략적 지역이고 충분한 무기와 적절한 병력 및 군 시설 현대화를 통해 이 지역 안보를 보장해야 한다고 강조하였음.

- 푸틴 총리는 2010년 7월 20일 러시아가 247억 루블(9,750억 원)을 투자, 아무르주 대륙 간 탄도탄 기지가 있는 우글레고르스크에 동방우주기지를 건

설하여 유인우주선 발사대 2대 등 7대의 발사대를 2018년 완공 목표로 건설할 예정이라고 발표함. 카자흐스탄 바이코누르 기지에 대한 의존을 줄이기 위해 이 기지가 건설되면 첨단기업들이 유치되고 기지 자체 고용인원만 2만~2만 5,000명에 이를 것이며 주변 인프라까지 합치면 4,000억 루블 이상의 경제효과가 있을 것으로 기대되고 있음(경향신문, 2010.7.22).

○ 군사훈련
- 2003년부터 러시아와 중국을 포함한 상하이협력기구(SCO)회원국들은 2004년을 제외하고 매년 '평화사명'(Peace Mission) 반테러훈련을 거행함.
- 2005년 8월 러·중 양국은 사상 처음으로 최신예 전투기·전략전폭기와 첨단 구축함을 동원한 대대적인 양자 연합 군사훈련으로 '평화 사명 2005'를 실시하고 낙하 및 상륙작전, 점령지 방어 및 미사일 발사 등 실전 공격 훈련을 벌였음.[13]
- 러시아 우랄산맥 인근 첼랴빈스크에서의 '평화사명 2007'에 이어 2008년 10월에는 미국 항공모함 워싱턴호가 동아시아에 '항모 외교'에 나서고 대만에 대한 미국의 무기판매 결정과 때를 같이해 '항공모함 킬러'로 불리는 중국의 현대급 미사일 구축함 '타이저우(泰州)호'를 비롯한 동해함대가 해군 600여 명을 태우고 블라디보스토크에 도착하여 러시아 태평양함대와 합동 군사훈련을 가졌음.
- 2009년 러시아는 4월 23일 중국 해군 창설 60주년을 맞아 산둥 성 칭다오에서 한국을 비롯한 15개국 군함이 참가하는 대규모 해상열병식에 군함을 파견하였고, 7월 22일부터 8월까지 양국 영토를 오가며 반테러 합동군사훈련 '평화사명 2009'를 실시하였음.[14]

■
13) 훈련지가 대만과 유사한 지형을 가진 산둥반도와 칭타오 인근 연안도서였다는 점은 대만 점령 후 미·일연합군의 공격을 저지하거나, 북한의 유사사태시 미군 진입을 억지하기 위하여 양국 무기와 부대 간 상호운용성을 높이는 연합작전 능력 강화를 모색한 것임을 보여주었음.
14) 이 합동훈련은 2009년 양국 간 실시되는 25차례의 합동훈련의 일환으로서 양국에서 각각 1천300명의 육·공군 병력이 참가하고 1단계는 러시아 극동 하바롭스크에서 실시되었으며 2~3단계 훈련은 중국 동북 3성 중 지린 성에서 이뤄졌음. 연합뉴스, 2009년 6월 6일 & 7월 22일.

- SCO합동훈련의 주목적은 반테러훈련인데 2005년은 양안사태나 한반도 유사사태 대비 성격이 강했고, 2009년 훈련도 북한 위협 요인에 대응하려는 의도가 엿보였음(엄구호, 65-66). 2011년 '평화사명 2011' 역시 동해북부에서 거행될 예정이므로 주목됨.
- 러시아는 2010년 6월 29일에서 7월 8일까지 극동 및 시베리아 지역에서 군·관이 참가한 대규모 기동훈련 '동방 2010(East 2010)'을 실시함(한국국방연구원, 223~225).
  - 러시아 극동지역에 대한 위협을 상정한 전력 및 병력의 신속 전개 훈련을 실시하여 동북아에 대한 위협 억지력 과시.
  - 메드베데프 대통령의 훈련 참관으로 훈련의 중요성을 강조하였으며 대통령이 직접 함정에 승선하여 해상훈련을 참관하여 해군력의 중요성 강조.
  - 마카로프 총참모장은 "특정 국가를 겨냥한 것이 아니라 극동지역에서 가상적으로부터 러시아의 이익을 보호하기 위한 방어적 훈련"이라고 언급했지만 한국 및 일본 언론은 북한 급변사태 대응훈련으로 보도하였음.[15]
  - 병력 수송과 장비 배치 방식은 실질적으로 중국의 위협에 대응하기 위한 것이었다고 군사전문가들이 지적함. 훈련에 필요한 중장비 전부가 사전에 중국 인근 무기창고에 보관되었고 우랄주둔군의 극동 도달시간을 48시간에서 6시간까지 대폭 단축하였음. 또한 중국 군사 참관단은 러시아 육군 기동훈련만 참관하였고, 해상훈련 등 가장 중요한 훈련 일정에서는 배제됨.
  - 단시간 내에 대량 병력 동원 수송 능력을 보여주어 북한, 일본, 미국,

15) 러시아는 7월 3일과 4일 연해주 하산 일대에서 2003년 8월에 이어 대규모 북한 난민 유입에 대비한 훈련을 가졌음. 주로 수용시설 설치와 식량 의료지원을 점검하는 방식으로 진행됨. '평화 사명 2005'가 북한의 급변사태 발생시 미군이 북·중·러 국경까지 진출하는 것을 막기 위해 선제적으로 북한에 공동 진입하는 훈련이라고 볼 때, 두 훈련을 종합해 보면 중국과 러시아는 소극적인 난민 수용과 적극적인 북한 진입 모두에 대비하고 있다고 봐야 함. 동아일보, 2010.7.7.

중국으로부터의 가능한 위협에 대응할 능력이 있음을 과시한 것으로 여겨짐.

- 러시아는 중국의 급속한 군사력 증강에 사전 대비하려는 의도인 듯 2011년 9월 미사일 순양함인 바르약호를 투입해 일본, 미국과 합동 훈련을 실시할 예정임. 러시아가 미국과 태평양에서 군사훈련을 실시하는 것은 2006년 마셜제도에서의 훈련 이래 5년 만이며, 일본 해상자위대와의 훈련도 2008년 이후 3년만임.

○ 정상회담을 통한 북·러관계 정상화
- 메드베데프 대통령은 김정일 위원장을 초청하여 2011년 8월 24일 울란우데에서 화기애애한 분위기 속에서 정상회담을 가지고 그간 소원했던 양국관계를 정상화하였음.
  - 구소련은 북한의 동맹국이자 후원국으로서 군사·외교·경제 지원을 제공했었는데, 소련 붕괴 후 후계자인 러시아는 동맹을 깨고 오히려 남한과 더 가까워지려 했음.
  - 푸틴 대통령이 2000년 전격적으로 북한을 방문하여 양국관계가 정상화되고 다음 해 김정일이 모스크바를 방문하였으며 2002년에는 블라디보스토크에서 또다시 정상회담을 가졌으나, 북 핵 문제의 발발과 양국 간 부채문제 미해결, 러시아의 적극성 부족 등으로 양국 관계는 또다시 소원해졌음.
- 메드베데프가 북한의 주장인 조건 없는 6자회담 재개를 지지하자, 김정일은 북한 경유 가스관 건설과 남·북·러 가스관 3자위원회 발족에 동의하였고, 비록 '6자회담 전'이 아니라 '회담 과정'이라는 조건을 달았지만 '핵물질 생산과 핵실험을 잠정 중단할 수 있다'는 선물을 제공해 러시아의 체면을 세워주었음. 북한과 러시아는 관계를 정상화하고 전략적·경제적 협력을 증진함으로써 중국을 공동으로 견제하는 동시에 대외협상력을 강화하였음.

- 그 결과 러시아의 대한반도 영향력이 복원되었고, 향후 가스·전력·철도 등 인프라 부문에서 북·러 또는 남·북·러 경협이 강화될 경우 한반도에 대한 러시아의 위상은 더욱 강화될 것임.

⠿ 4. 한국의 대외정책에 대한 함의

○ 중국은 러시아의 극동지역 개발계획을 자국의 동북지역 발전과 연계하여 활용하는 전략을 수립, 대규모 자원개발 사업뿐 아니라 교통 인프라 구축과 농산물 및 목재의 생산·가공, 건축자재 생산 분야에서 협력을 확대할 계획임. 일본은 극동지역에 대한 투자를 확대하면서 가스수송망·가스화학 플랜트 건설, 국제항공노선 및 우주기지 개발, 에너지 효율성 제고, 관광, 수산업 등으로 투자 다각화를 꾀하고 있음. 우리는 북한을 잘 관리하기 위해서라도 극동지역과 협력해야 하는 형편인데 극동지역 외국인 직접투자에서 1%에 미치지 못할 정도임(이재영, 서울신문, 2010.12.27). 중국과 일본의 정책을 교훈 삼아 시베리아·극동지역과의 경협 및 이 지역에 대한 투자를 증진해야 할 것임.

○ 나진항에 대한 전략적 중요성을 재인식하여 남·북한 종단철도 연결 사업을 보다 전향적으로 검토하고, 이 사업 추진을 위해 러시아의 보다 적극적인 의지와 참여를 유도하여야 함. 다양한 형태로 나진항 물류 사업에 참여할 방안을 강구하고 민간 기업들이 중국이나 러시아 기업과 합작하여 진출하는 것을 장려하고 지원해야 함.

○ 북한을 경유하는 가스관을 건설해 러시아의 천연가스를 도입하는 사업과 남·북·러 철도연결 사업은 한국의 미래 에너지 안보를 강화시켜주고 한

반도 물류기지화 및 운송비 절감을 가져다줄 뿐 아니라 북 핵 문제 해결
을 위한 지렛대로도 활용할 수 있으므로 사업의 안전성을 강화하는 조치
를 강구하면서 보다 적극적으로 검토하는 것이 바람직함.

○ 이미 동시베리아 가스를 선점한 중국의 에너지·자원 확보를 위한 무조건
적인 독점 열정을 감안하여 석유 290억t, 가스 23조㎥, 석탄 3조t이 매장되
어 있는 러시아 극동에 대한 중·장기적 관점의 보다 적극적인 투자가 필
요함. 특히 한국이 수입하는 원유 중 81.8%가 중동산이므로 에너지 도입
선 다변화를 위해 ESPO 주변 유망한 유전·가스전을 한·러가 공동 개발
하는 사업을 추진하는 것이 요망됨.

○ 러시아의 2012년 9월 8~9일 블라디보스토크 APEC 정상회담의 성공적인
개최를 적극 지원하면서 러시아가 북한에 추가 도발을 삼가고 핵 문제 해
결에 성의를 보이도록 설득할 것을 유도함.

○ 남·북·중, 남·북·러, 한·중·러, 남·북·중·러 등 다양한 형태의
다자 경협 사업 추진을 장려하고 진흥함.

○ SCO 업저버회원 가입을 검토

○ 한미동맹을 한국의 대외전략의 주축으로 삼아 우호관계를 꾸준히 강화하
여 가되 한·미 관계 일변도로 치우치지 않는 동시에 중국과 러시아의 전
략적 가치를 재인식하여 강대국으로서 대우함으로써 중국과 러시아와도
우호·협력관계를 유지하는 균형적 실용외교의 지혜를 발휘해야 함.

○ 북한의 핵개발 및 작년 두 번의 무력도발, 한·일, 중·일, 러·일의 영토
갈등, 미국 패권에 대한 중국의 도전 등으로 동북아에서 대립·갈등적 안

보질서가 형성되고 있음. 러시아는 구소련 고르바초프시대부터 동북아 다자안보협력을 추구해왔음. 또한 최근 몇 년간 북한을 제외한 동북아 국가들의 다자안보협력에 대한 이해관계와 인식이 호전되었음. 특히 중국의 인식 변화가 두드러지고 미국 역시 6자회담이 잘 되면 동북아 다자안보협력으로 발전시키려는 의향을 보이고 있음. 따라서 동북아 평화와 안정을 가장 희구하는 우리 정부가 미국과의 공조와 러시아의 후원으로 동북아 다자안보협력을 제창·추진하는 외교적 이니셔티브를 취하는 것이 바람직함.

참고문헌

남문희, "'경협 훈풍' 부는 북·중 국경의 봄,"『시사인』, 2011.3.12, pp.48-51.
_____, "나진항 개발 뛰어든 '매리'의 도전,"『시사인』, 2011.4.2, pp.18-24.
보론초프, 알렉산더, "러시아-한반도 철도연결 프로젝트: 현 상황과 전망," 배정호 Alexander N. Fedorovskiy, 『중국의 동북지역개발과 한반도』(통일연구원, 2010년 12월), pp.142-163.
부르두크스카야, 마리아, "러시아의 특별한 지방-극동,"『Russia·CIS Focus』, 제108호, 2011년 4월 25일.
서진영, "부강한 중국의 등장과 한반도," 세종연구소 강연 자료 (2010년 9월 17일).
성원용, "러시아의 극동시베리아 개발과 남·북·러 삼각경제협력," 고재남·엄구호, 『러시아의 미래와 한반도』(한국학술정보, 2009), pp.429-486.
_____, "러시아 극동지역의 전력공급체계와 남·북·러 전력계통 연계,"『JPI정책포럼』, No. 2010-36 (2010년 12월), 15 p
소콜로프 D.A., "한·러 에너지분야 협력의 우선 방향,"『Russia·CIS Focus』, 제112호, 2011년 5월 23일.
엄구호, "SCO에서의 러·중 협력: 현황과 전망,"『외교안보연구』, 제7권 제1호 (2011. 6), pp.37-71.
위샤오, "창지투 개발 계획과 국제협력의 구상 및 현황," 배정호·주시엔핑 (편),『중국의 동북지역개발과 한반도』(통일연구원, 2010년 12월), pp.66-91.

이남주, "중국의 굴기와 동북아 딜레마,"『한반도 포커스』, 제10호 (2010년 11·12월
　　　호), pp.5-8.

이성규, "ESPO 원유 등장으로 아시아 원유공동시장 가시화,"『Russia·CIS Focus』, 제68
　　　호, 2010년 7월 19일.

조영남, "중국의 부상과 동아시아 지역질서의 변화,"『중소연구』, 34-2 (2010년 여름),
　　　pp.41-68.

주시엔핑, "러시아 동부발전전략이 한반도에 미치는 영향," 배정호·주시엔핑(편),『중
　　　국의 동북지역개발과 한반도』(통일연구원, 2010년 12월), pp.186-207.

최태강, "러시아: 러-중 군사협력 관계,"『주변국 통합 정세세미나』(국방정보본부 해
　　　외정보부, 2010년 12월 2일), p.러시아 1-16.

_____, "메드베데프 대통령의 분쟁섬 구나시리방문 이후 러-일관계의 변화,"『슬라브
　　　학보』, 제26권 2호(2011), pp.209-233.

한국국방연구원,『2010 동북아 군사력과 전략동향』(KIDA Press, 2011년 4월 15일), 354 p.

한종만, "극동·시베리아지역에서의 한·러 협력관계의 회고와 전망,"『시베리아 극
　　　동연구』, 제6호(2010 겨울), pp.147-191.

홍현익, "중국의 대외정책에 대한 미국의 평가와 반응,"『주변국 통합 정세세미나』
　　　(국방정보본부 해외정보부, 2010년 12월 2일), p. 미국 1-12.

_____, "미·중·러 3각관계의 변화와 한국의 대응,"『세종정책연구』2011-1 (세종연
　　　구소, 2011년 1월 25일), 69p.

일본의 민주당 정치와 한·일 관계

고선규(선거연수원 교수)

　최근 일본정치가 양당제화 경향에 따라 자민당과 민주당 간에 극단적인 대립양상을 나타내고 있다. 더구나 수상의 지위를 획득하는 조건이 다수파벌의 지지가 아니라 여론의 지지나 대중적 인기가 필수적 조건이 되면서 여론을 의식한 정치적 양상이 강화되고 있다. 이러한 변화는 일본정치의 근본적인 패러다임의 전환을 가져왔다고 볼 수 있다.

　2009년 이후 민주당의 외교적 쟁점에 대한 실패는 권력기반의 약화를 초래하고 여론이나 야당을 지나치게 의식하는 정치행태를 만들어내고 있다. 민주당 정권은 하토야마(鳩山由紀夫) 정권의 오키나와 후텐마(普天間) 기지문제와 칸(菅 直人) 정권의 센카쿠 어선충돌문제 대응 등 외교 문제에 대한 대응능력 부족으로 국민의 지지가 이탈하게 되면서 정권의 기반이 침하되는 결과를 초래하고 말았다. 오키나와 후텐마(普天間) 기지문제로 미·일 양국의 신뢰가 약화되고 중국과 센카쿠 영토문제, 러시아와 북방영토문제로 갈등이 고조된 상황으로 한국과도 영토문제가 표면화할 가능성이 높아지게 되었다.

　민주당 정권은 민주당의 우파진영과 자민당 등 일본 내의 보수우익세력을 의식하여 한·일 간의 갈등을 야기하는 발언이나 외교적 대응을 할 가능성이 매우 높다. 즉 일본 국내적 상황을 의식한 민주당의 정책적 대응은 한국의 여론을 자극할 가능성이 매우 높으므로 한국 정부의 입장에서는 이에 대한 대응방안을 다각적으로 모색할 필요성이 있다.

∷ 1. 정권교체와 일본정치의 구조적 변화

가. 양당제 정당시스템의 정착

○ 1994년 소선거구제도가 도입된 이래 일본정치는 양당제 정당시스템으로 변모하였음. 양당제 정당시스템의 정착은 여러 가지 의미를 가지게 됨.
- 기존의 자민당 일당지배체제가 민주당과 자민당의 정권교체를 가능한 정치시스템으로 변모하였음을 의미함. 실제로 2005년 자민당의 압승, 2009년 선거에서는 민주당의 압승으로 정권교체가 일어남.
- 참의원선거에서도 여·야당이 역전되는 현상이 반복적으로 나타나고 있음. 그러므로 자민당과 민주당은 물론, 일반 국민도 정권교체 가능한 양당제 틀 속에서 정치적 선택을 하고 있다고 볼 수 있음.

○ 1996년 소선거구 비례대표병립제의 채택 이후, 유효정당 수는 지속적으로 감소하고 있음. 소선거구는 물론 비례대표구의 유효정당 수도 감소하였음.
- 1996년 소선거구의 유효정당 수는 2.4였으나 2009년에는 1.7로 감소하여 선거제도 개혁 이후 최저의 숫자를 기록하게 됨. 비례대표구는 1996년 3.9에서 2009년에는 2.9로 감소하였음. 소선거구와 비례대표구의 유효정당 수가 동시에 감소하면서 양 선거구에서 의석을 전부 합친 전체 유효정당 수는 1996년 2.9에서 2009년 2.2로 감소하여 유효정당 수가 최저 수치를 나타나게 되었음.
- 이렇게 선거제도 개혁 이후 유효정당 수가 지속적으로 감소하는 이유는 소선거구제도의 도입으로 정당체계가 양당제화 되고 있는 경향을 통해서 알 수 있음. 이러한 변화는 일본의 정당체계가 중선거구제하의 다당제에서 소선거구제 도입으로 양당제화 되고 있음을 나타내고 있음. 의회 내 유효정당 수가 감소하여 양당제화 되고 있다는 것은 의회정치에서 민주당과

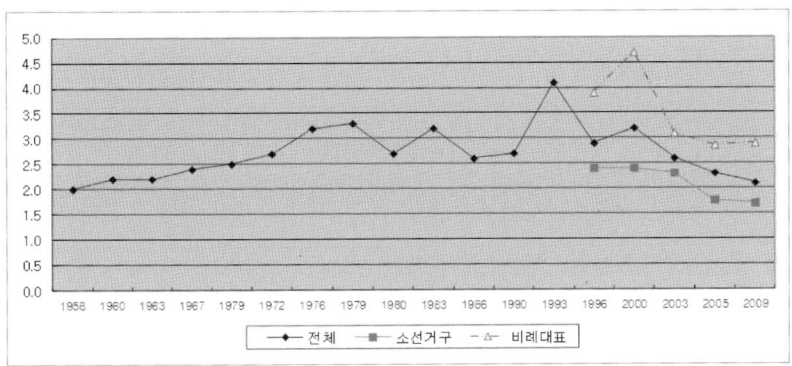

[그림 1] 1955년 체제 이후 유효정당 수의 변화

자민당의 정치적 영향력이 증가하였음을 알 수 있음.

- 일본선거에서 정당체계의 양당제화는 의회 내 유효정당 수와 의석 점유율에서만 나타나는 것은 아님. 300개 각 선거구차원에서도 양당제화 현상이 정착되고 있음을 알 수 있음. 이러한 결과는 역시 현재 일본이 중의원선거에서 채택하고 있는 소선거구제의 제도적 효과라고 볼 수 있음.

- 2009년 이후 일본정치에서 자민당과 민주당 간의 정권교체가 현실화되면서 여론이나 지지획득을 위한 외교·영토문제를 정치 쟁점화시키는 대결국면이 증가하고 있으므로 한일관계도 이러한 영향하에 놓일 가능성이 높아짐.

나. 수상의 권한 강화

○ 고이즈미 정권기에 접어들어 일본정치 또는 자민당 정치는 구조적인 변화를 가져왔음. 자민당 정치의 구조적인 변화의 배경 내지 동인은 1990년대 실시된 두 번의 개혁과 밀접한 관계가 있다고 생각됨.

- 하나는 1994년에 단행된 선거제도 개혁이고, 또 다른 하나는 1996년에서 1997년에 걸쳐 실시된 행정개혁임. 이러한 1990년대 정치개혁과 행정개혁

은 일본정치의 구조적 변형과 리더십의 형태를 변화시키게 되었음. 즉 수상 - 내각 - 행정관료로 연결되는 집행권력이 자민당의 정부여당에 대하여 우위를 확보하게 되었고 자민당 내부의 권력관계에서 총재의 권력이 우위를 확보하게 된 것임.

- 이것은 종래의 자민당 정치를 지탱시켜온 기반이 붕괴되었다고 말해도 과언이 아닐 것임. 이러한 현상을 미야자와 기이치(宮澤喜一) 전 총리나 나카소네 야스히로(中曾根康弘) 전 총리는 총재(총리) 주도 내지는 단색(uni-tone)화 된 리더십이라고 비판하고 있음.

○ 최근 일본정치에서 수상이 차지하는 위상이 매우 강화됨.
- 수상의 지위를 획득하는 조건이 다수파벌의 지지가 아니라 여론의 지지나 대중적 인기가 필수적 조건이 되었음. 선거가 정당중심으로 전개되고 정당득표에서 당수의 비중이 높아졌기 때문임.
- 수상의 권력은 민주당 대표, 자민당 총재로서의 권한과 중층적으로 강화되어 강력해졌음. 강력한 수상의 권한을 지탱해주는 기반은 파벌이 아니라 여론의 지지와 제도적 기반임.
- 행정개혁의 결과, 내각부의 권한이 강화된 점도 수상의 권력 강화에 긍정적 요인으로 작용하게 되었음. 기존의 대장성과 같은 권력기관이 분해되었고 새롭게 내각부의 기능이 강화되었음. 내각부의 권한 강화는 수상의 권력 강화를 제도적으로 정책적으로 지원하고 있음.

다. 파벌의 약화와 여론의 정치적 영향력 증대

○ 기존 자민당 정치에서 파벌은 파벌 구성원의 당선지원과 정책집단으로서의 역할을 수행해 왔음. 파벌의 행동원리는 파벌영수를 중심으로 일사불란하게 행동하였음.
- 고이즈미 정권기에 접어들어 파벌의 인사권과 발언권을 약체화시키고 말

았음. 각료 인선과정에서 파벌에 대한 배려는 무시되었음.

- 정치자금에 대한 수상의 통제력이 강화되었고 정치가 개인에 대한 기업의 후원회비 지원이 법적으로 불가능하게 되었음. 그러므로 입각이나 정치자금 면에서 파벌에 소속된 장점이 약화되었음.

○ 선거에서 승리하거나 수상의 지위를 획득하는 조건은 이전에는 다수파벌의 지지에 의해 결정되었으나, 현재는 여론의 지지나 대중적 인기의 영향력이 증대되었음. 이러한 변화는 일본정치의 근본적인 패러다임의 전환을 가져왔다고 볼 수 있음.

- 일본정치에서 기존의 파벌의 논리를 대체하여 정치적 영향력을 행사하고 있는 것이 바로 여론임. 수상의 권한이 강화되면서 수상의 자리에 오르는 과정에서의 여론은 매우 중요한 역할을 수행하게 됨.

- 높은 여론 지지율은 정권운영에 정당성을 제공해 주고 지지율 감소는 수상의 사임을 가져오기도 함. <그림 2>에서 보는 바와 같이 칸 수상의 지지율 저하는 결국 2011년 8월 수상직 사임을 초래하고 말았음. 이러한 측면에서 이전과는 달리 여론의 영향력은 매우 강화되었음. 여론의 추이는 수상의 절대적인 권력자원으로 변모하였음. 더구나 수상의 권한에 대통령적 성격이 강화되면서 여론의 영향력은 증대되고 있음.

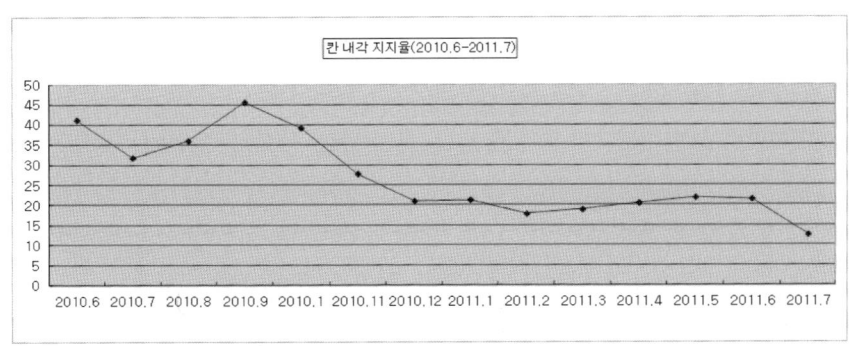

[그림 2] 칸 내각의 지지율 변화

- 일본정치에서 나가쵸(永田町) 정치와 여론의 정치 간의 괴리가 부각되고 있음. 이것은 일본의 국회의원이나 정당이 국민의 관점에서 일본사회의 제반 문제에 대하여 생각하고 있지 않다는 모순을 강하게 부각시키게 됨. 그러나 최근 여론의 영향력이 강화되면서 나가쵸(永田町) 정치의 논리(정치권의 논리)보다는 여론의 정치논리가 중요한 결정요인으로 등장하고 있음.

○ 최근 일본정치에서 수상이 1년마다 교체되는 현상은 여론정치의 반영이라고 볼 수 있음.
- 여론의 지지율이 낮은 수상은 정책추진의 지지기반을 상실하게 되고 선거에서 승리할 가능성이 낮아지게 되면서 당내·외로부터 사임의 압력이 강화되면서 결국은 수상교체주기가 빨라지게 됨.
- 수상은 여론을 의식한 정책추진을 강조하게 되고 일본의 국내 정치만을 의식하는 수상의 정치적 행위는 주변국을 자극할 가능성이 높아지게 된다고 보임.

⠿ 2. 민주당 당내 갈등과 지지기반의 약화

가. 당내 갈등의 배경과 양상

○ 민주당의 탄생과 정권교체
- 1996년 '구 민주당' 탄생이 탄생함. 민주당은 사회당 계열의 요코미치(橫道) 그룹, 신당사키가케의 하토야마, 칸 그룹 그리고 신진당의 오카다 그룹 등이 합류하여 결성되었음.
- 1998년 민정당과 합병하여 '신 민주당'이 만들어지게 되었음.
- 2003년 오자와의 자유당과 합병하여 '신신 민주당'으로 변신하였고, 2009

년 중의원 총선거에서 정권교체를 달성하였음.
- 민주당은 야당 시절 자민당 정권의 잦은 총리교체를 비난해 왔음. 그리고 민주당 정권에서는 결코 그런 일은 없을 것이라고 단언하여 왔음. 그러나 민주당 정권에서도 하토야마 총리, 칸 수상, 노다(野田佳彦) 수상을 거치면서 거의 1년마다 수상이 교체되는 현상이 발생하고 있음.

○ 민주당 내 사정을 다음의 두 가지 측면에서 살펴보기로 함.
- 첫째, 당 운영방식을 둘러싼 민주당의 창당파와 오자와(小澤一郎) 그룹 간의 갈등임.
- 둘째, 정책노선을 둘러싼 양 그룹간의 대립으로 볼 수 있음.

○ 당 운영방식을 둘러싼 민주당의 갈등
- 현재의 민주당은 2003년 민주당과 자유당이 합당하여 만들어졌음. 민주당은 1996년 하토야마와 칸 수상이 중심이 되어 만들어진 정당임. 자유당은 1998년 오자와를 중심으로 만들어진 정당임.
- 민주당과 자유당이 합당한 이유는 정권교체와 보수양당제라는 지향점을 공유하였기 때문임. 그러나 민주당과 자유당은 태생부터가 다른 정당임.
- 민주당은 하토야마와 칸이라는 정치가를 주축으로 30대 젊은 정치가가 다수를 점한 젊고 자유스런 당풍으로 시작한 정당임. 당내의 자유로운 토론과 합의를 기본 운영방안으로 새로운 형태의 정당을 목표로 창당되었음.
- 이에 대하여 자유당은 오자와의 카리스마와 중앙집권적 정책결정, 정치자금을 토대로 사람들을 모으고 점점 세를 확장해가는 정치자금과 국회의원의 숫자(金와 數 논리) 논리를 강조함. 이념이나 정책적 비전의 공유보다는 오자와의 개인적 인간관계를 토대로 마련된 정당임.
- 2009년 민주당 정권이 출범한 이후에도 내각은 하토야마, 당권은 오자와라는 '이중권력구조'를 형성하여 이에 대한 여론의 비난이 만만치 않게 되었음. 더구나 민주당의 진정(민원)접수창구를 간사장실로 일원화하고 2009년

예산편성과정에서도 직접 관여하면서 오자와의 강권적인 정권운영에 대한 민주당 창당파로부터 반발이 강해졌음.

- 오자와의 정당운영방식에 대한 민주당 창당파의 반발은 2010년 6월 하토야마 수상 퇴임을 계기로 '정치자금과 결별하는 민주당으로 되돌아가자' 라는 명분에 따라 오자와를 당 간사장에서 물러나게 만들었음. 민주당 내 오자와에 대한 비판론은 하토야마와 동반퇴진으로 귀결되었고, 이후 칸 수상체제에서 탈 오자와 노선으로 나타나게 됨.

- 탈 오자와 노선은 민주당 운영방식과 정책노선의 변경으로 구체화 됨. 칸 수상 체제에서 탈 오자와 노선이 진전되면서 오자와 그룹은 정치적 위기감을 느끼게 되고 이에 대한 반발로 2010년 9월 민주당 대표선거에서 오자와가 출마하게 되었음. 이러한 민주당의 내부 갈등은 민주당의 정치적 기반을 스스로 침하시키는 결과를 초래함.

○ 정책노선을 둘러싼 민주당의 갈등

- 오자와는 전형적인 자민당식 공공사업을 통한 경기진작을 추구하는 재정출동론자임. 2010년 민주당 대표선거에서 오자와는 2조 엔의 재정출동과 자녀수당, 농업호별보상금제도를 통해 지방이나 가계에 대한 지원을 강조하였음. 지방이나 가계에 대한 직접적인 지원은 내수주도의 성장을 가능하게 하므로 자녀수당은 2012년에는 2.6만 엔 전액 지원이 이루어져야 한다고 주장함. 그리고 농업호별보상금제도는 어민에게도 확대 지급해야 한다는 입장을 견지하고 있음. 공공사업을 통한 지역 활성화를 위해 도도부현이 고속도로 건설의 주체가 되어야 하고 지방의 건설업체가 이를 수주함으로써 지역경제가 활성화된다는 논리임.

- 정치스타일뿐만 아니라 정치적 쟁점에 대한 입장도 매우 다르게 나타남. 이러한 대립은 민주당의 정책노선 수정에 대한 양자 간의 대립이 표출된 측면이 강함. 결국 민주당의 오자와 그룹과 창당파 간의 대결은 국민의 지지를 잃어버리게 되는 계기가 되었으며 외교 문제나 영토문제에서도 보수

세력인 오자와 진영을 의식하는 정책결정을 하게 됨.

나. 외교·안보문제를 둘러 싼 당내 갈등

○ 안보문제나 외교 문제와 관련해서 오자와 전 간사장그룹과 민주당 창당파 진영은 상호 갈등양상을 나타내고 있음.

- 오자와 전 간사장그룹은 미·일 동맹은 종속관계가 아닌 대등한 파트너십 관계를 기본 축으로 성립되어야 한다는 생각임. 후텐마 기지문제에 대해서는 오키나와 주민과 미국정부가 동시에 납득할 수 있는 해결책을 목표로 오키나와 현은 물론 미국정부와도 대화를 지속해야 된다고 주장하면서 다른 지역으로 이전을 검토해야 한다는 입장임. 그리고 오키나와에 배치되어 있는 실전부대의 불필요론을 주장함. 중·일 관계에 대해서는 미국과 등거리 외교를 기본으로 하고 미·일·중 관계는 정삼각형 관계가 바람직하다는 입장임.

- 칸 수상을 비롯한 민주당 창당파 진영은 현실주의 외교노선을 견지함. 일본의 안보는 미·일 동맹을 기축으로 하고 있으므로 향후 미·일 관계의 심화가 필요하다는 입장임. 후텐마 기지문제에 대해서는 미·일 간의 합의를 존중해야 된다는 측면에서 현행 안을 고수하고 있음. 동아시아 공동체 구상, 그리고 중국과는 전략적 호혜관계가 필요하다는 입장임. 소비세 인상문제와 마찬가지로 외교·안보문제에서 칸 수상의 현실주의 노선으로의 선회는 리더십의 부재와 정책적 색이 없다는 비판의 근거가 되고 있음. 노다 수상의 경우도 칸 정권의 외교노선을 그대로 답습하고 있음.

3. 민주당의 외교 및 영토정책

○ 일본 민주당은 기존 자민당 정권의 대미 일변도의 외교정책에서 UN 중시
  정책으로 전환하고 한국과의 우호협력강화, 아시아 중시의 외교노선, 동
  아시아 공동체 구상 등을 강조하고 있음.

- 민주당 정권의 최초 수상인 하토야마 수상은 첫 공식 해외방문 국가로 한
  국을 방문하고(2009년 10월 9일) 아시아 공동체 구축을 한국의 이명박 대
  통령에게 제안하였음.

- 2010년 취임한 칸 수상은 2010년 8월 내각총리담화를 통해 식민지 지배에
  대한 반성과 사죄를 표명하고 미래지향적인 동아시아 공동체 구축을 제안
  하면서 동아시아지역의 평화와 안정, 세계경제의 성장과 발전, 핵 군축,
  기후변화 등에 대한 공동 파트너십을 강조하였음. 그리고 2011년 6월 한
  일도서협정이 발효됨에 따라 식민지시기에 조선에서 가져간 도서 1,205권
  을 한국정부에 인도하기로 결정.

- 2011년 탄생한 노다(野田) 정권에서도 해외공식 방문국가로 한국을 2011
  년 10월 18일 방문하여 19일 정상회담을 갖는 등 한국중시정책은 유지되
  고 있음. 그러나 독도문제와 관련해서는 일본 정부의 공식입장이나 자유
  민주당과 거의 동일한 입장을 표명하고 있음.

○ 영토문제의 정치쟁점화

- 2005년 총선거 매니페스토에서 처음으로 독도문제를 언급하게 됨. 민주당
  은 '북방영토 문제의 조기해결을 위해 노력함과 동시에 센카쿠제도, 다케
  시마(독도)를 포함한 일본의 영토, 영해, 배타적 경제수역을 지키기 위해
  UN 해양법조약에 기초하여 「해양권익확보법」 제정에 노력한다'라고 공약
  을 제시함. 2009년 총선거에서도 일본의 영토문제 해결은 곤란을 동반하
  며 상당한 시간을 필요로 한다고 언급하면서 독도의 영토주권이 일본에

있음을 명시함.

- 2009년 민주당으로 정권교체 이후 민주당 총리대신의 국회답변에서도 기존의 일본 정부의 입장은 그대로 유지되고 있음. 하토야마 유키오 총리는 국회답변에서 '독도의 영유권에 관한 우리의 입장은 일관된다'고 답변하였음. 칸 총리는 2011년 8월 자민당 의원들의 울릉도 방문과 관련하여 한국 정부가 취한 입국거부조치에 대한 질문에 대하여 독도는 일본의 고유영토임을 강조하는 답변을 국회에서 표명함. 이렇듯 민주당은 정권교체 이후 기존의 일본 정부의 기본적인 입장을 고수하고 있는 상황임.

- 민주당 내의 보수세력과 자민당 등에 존재하는 우익세력은 물론 여론을 의식하는 민주당 정치는 민주당 독자적인 정책추진이나 이념적 색채를 나타내기 어려운 상황으로 변모하게 되었음.

∴ 4. 민주당 정권하의 한일관계와 영토분쟁

가. 민주당 정권하의 한일관계

○ 민주당 정권에서 한일관계의 변화

- 2009년 10월 9일 정권교체 이후 민주당 정권의 최초 수상인 하토야마 수상은 첫 공식 해외방문 국가로 한국을 방문하여 한국중시정책을 강조.

- 2010년 8월 한일합방 100주년을 맞이하여 칸 나오토(菅 直人) 수상 담화를 발표함. 11월에는 이명박 대통령이 아시아태평양경제협력회의(APEC) 참석차 방일하여 한일도서협정에 서명.

- 2011년 3월 독도(다케시마)를 일본영토로 명기한 교과서가 일본 교과서검정에서 통과함에 따라 한국의 반발을 초래함.

- 2011년 6월 24일 대한항공이 A380 여객기를 도입한 후 동해의 독도상공을

시범 비행함. 일본 정부는 시범비행문제를 일본의 '영공침범'이라고 항의
함. 일본의 마쓰모토 다케아키(松本剛明) 외상은 'A380 여객기가 다케시마
영공을 침범한 것은 일본의 영유권의 입장에서 도저히 받아들일 수 없고
매우 유감스럽다'고 밝힘.

- 2011년 7월 14일 일본 정부는 A380 여객기의 독도 시범비행과 관련하여
  보복조치를 단행함. A380 여객기의 독도상공 비행에 반발하여 일본 외무
  성은 7월 18일부터 한 달간 대한항공기 이용 자제를 외무성 공무원 및 해
  외공관에 지시함. 일본 정부 차원에서 특정 항공사에 대한 탑승거부조치
  는 매우 이례적인 조치라고 할 수 있음. 이러한 일본 정부의 보복조치에
  대하여 한국 정부는 정식으로 항의함.

- 2011년 8월 1일 한국정부가 울릉도 시찰을 목적으로 한국방문을 위해 입
  국하는 자민당 3명의 국회의원을 입국거부 조치함. 일본 정부는 입국거부
  조치에 대해 유감을 표명하고 독도영유권을 재천명.

- 2011년 8월 한국의 헌법재판소가 구 일본군 위안부 배상문제와 관련하여
  '한국정부가 위안부 배상문제를 해결하기 위하여 구체적인 노력을 기울이
  지 않은 것은 「위헌」이다'라는 판결을 결정함. 이에 따라 한국정부는 일본
  정부에 위안부 배상문제에 관한 정부 간 협의를 제안함. 그러나 일본 정부
  는 한국정부의 제안을 거부함. 이에 따라 10월 한국정부는 UN 총회의 인
  도문제 등에 관한 위원회에 위안부문제를 제기.

- 2011년 10월 19일 한일정상회담에서 일본의 노다 수상이 한·일 간의 상
  호신뢰와 경제협력을 의식적으로 연출한 배경에는 독도 영유권 문제와 일
  본군 위안부 배상청구문제가 한·일 간의 현안문제로 남아있기 때문.

○ 민주당 정권이 한국과의 관계회복과 양호한 양국관계를 구축하려는 이유
  는 궁지에 몰린 일본외교의 실지를 회복하려는 의도 때문임.

- 민주당 정권하에서 외교 문제는 정권의 기반을 약화시키는 기제가 되고
  있음.

- 오키나와의 후텐마 기지문제로 미·일 동맹이 흔들리고 있으며, 영토문제를 둘러싸고 일·중, 일·러 관계는 냉각되어 있음.
- 이러한 상황 속에서 한국과의 관계는 일본외교에서 전향적인 메시지를 연출할 수 있는 호재라고 인식하고 있으므로 민주당 정권에서 한국중시정책이 강조되고 있음.

○ 북 핵 문제의 해결과 더불어 G2 국제체제의 한 축으로 부상하고 있는 중국을 견제하기 위해서는 한·일 간의 협력이 필요불가결하기 때문에 민주당 정권은 한국중시정책을 견지하고 있음.
- 이러한 의도와는 달리 2011년 3월에는 교과서 검정문제가 불거져 나오면서 한국의 정치가나 장관이 연달아 독도를 방문하게 되는 사태를 초래하고 말았음.
- 지난 8월에는 자민당 의원이 울릉도를 방문하고자 시도하여 한국입국이 거부되는 사태가 발생하고 말았음.
- 2011년 10월 19일 한일정상회담에서 한·일 간의 통화스와프협정 한도를 700억 달러로 확대한 이유도 한국에 대한 배려가 숨어있다고 봄. EU 위기로 인해 한국의 원화가치가 하락하게 되면서 외화부족을 우려하는 한국의 염려를 불식시키고자 하는 의도가 있음.
- 이러한 일본의 의도에도 불구하고 한국의 이명박 대통령은 정상회담에서 '과거의 역사에서 기인하는 문제에 대하여 일본의 적극적인 노력이 필요'하다고 요구하고 있는 상황이므로 한일관계는 여전히 갈등이 표면화될 가능성을 내포하고 있음.

○ 민주당 정권은 하토야마(鳩山) 정권의 오키나와 후텐마(普天間) 기지문제와 칸(管) 정권의 센카쿠 어선충돌문제에 대응 등 외교 문제에 대한 대응 능력 부족으로 국민의 지지가 이탈하게 되면서 정권의 기반이 침하되는 결과를 초래하고 말았음.

- 오키나와 후텐마(普天間) 기지 문제로 미·일 양국의 신뢰가 약화되고 중국과 센카쿠 영토문제, 러시아와 북방영토문제로 갈등이 고조된 상황으로 한국과도 영토문제가 표면화할 가능성이 높음.
- 민주당의 국내적 지지기반이 약화된 현 상황에서는 국내여론을 의식하여 영토문제에 적극적으로 대응할 가능성이 높음.

○ 현재 일본의 정당시스템이 양당제적 성격을 강화시켜 가면서 자민당과 민주당 간의 정권교체 가능성이 높아진 상황에서는 자민당에 의한 민주당 공격이 강화될 것임.
- 보수정당의 성격이 강한 자민당은 민주당의 영토문제에 대한 유약한 대응이나 아시아 중시정책 등을 공격할 가능성이 높음.
- 지난 10월 19일 한일정상에서 노다 수상이 조선왕실의궤 5권을 반환하면서 한국에 존재하는 일본문서에 대한 접근을 언급한 부분은 일본 국내의 우파세력의 비판을 의식한 발언으로 볼 수 있음. 결국 민주당 정권은 민주당의 우파진영과 자민당 등 일본 내의 보수우익세력을 의식하여 한·일 간의 갈등을 야기하는 발언이나 외교적 대응을 할 가능성이 매우 높다고 판단됨.
- 일본 국내적 상황을 의식한 민주당의 정책적 대응은 한국을 여론을 자극할 가능성이 매우 높으므로 한국 정부의 입장에서는 이에 대한 대응방안을 다각적으로 모색할 필요성이 있음.

나. 2011년 자민당 의원의 울릉도 방문과 영토분쟁

○ 일본의 영토문제를 둘러싼 외교갈등
- 일본 외무성은 2010년 9월 25일 중국어선 충돌사건을 계기로 발표한 담화에서 센카쿠제도가 일본 고유의 영토인 것은 역사적으로도 국제법상으로도 의심할 바가 없다고 주장함. 실제로 일본이 실효적 지배를 하고 있는

상황에서 센카쿠제도를 둘러싸고 해결해야 할 영유권 문제는 존재하지 않
는다고 주장함.
- 2010년 11월 1일 러시아 드미트리 메드베데프 대통령이 러시아 국가원수
로서는 처음으로 국방영토인 쿠나시리(國後)를 전격 방문하여 외교적 갈
등이 발생함. 러시아는 북방 4개 섬에 대한 실효적 지배를 강화하고 있으
며 드미트리 메드베데프 대통령의 방문을 통하여 러시아 영토주권을 확인
하고 있다고 볼 수 있음.
- 2011년 5월 24일 한국의 국회 독도영토수호대책특별위원회 강창일, 문학
진, 장세환 의원 등이 러시아와 외교적 마찰이 일어나고 있는 북방영토인
쿠나시리(國後)를 방문하여 일본 정부가 반발한 적이 있음.
- 일본 외무성은 영토문제를 관장하는 주무관청임. 외무성은 독도의 영유권
에 대한 일본의 입장을 표명하는 과정에서 다케시마(독도)가 자국의 고유
영토임을 주장하고 있음. 그러나 실제로 한국이 실효적 지배를 계속하고
있는 상황 등을 고려하여 적극적인 독도영유권을 주장하고 있지는 않은
경향이 있음.
- 일본 방위성에서는 매년 『방위백서』를 발간하고 있는데 『방위백서』에서
언급되는 영토문제는 러시아와 북방 4개 섬 문제, 한국과의 독도 문제가
언급되고 있음. 센카쿠열도 문제는 일본이 실효적 지배를 하고 있으므로
영토문제로 취급되고 있지 않음. 한·일 간의 독도문제는 1990년대 이후
동서냉전의 붕괴와 더불어 본격적인 영토문제로 다루어지고 있음. 1990년
대 이후 일본에서 독도문제가 영토문제화 된 것은 냉전체제 붕괴 이후 일
본보수진영의 목소리가 높아지게 된 상황과 결부되어 있음. 일본 『방위백
서』에서 '우리나라 고유의 영토인 북방영토와 다케시마(독도)의 영토문제
가 아직까지 미해결인 채로 존재하고 있다'라고 기술하고 있음.
- 『방위백서』에서 기술되는 독도조항은 자민당 정권 이후 2009년 민주당 정
권에서도 전혀 변화하지 않고 이어지고 있음. 이러한 상황은 자민당하의
영토인식이 민주당 정권에서도 답습되고 있기 때문임. 그 이유는 민주당

이 민주당에서 탈당한 오자와 그룹 등의 보수적인 정치세력을 포함하고 있기 때문이며, 정책결정에서 당내 보수진영이 인식하는 것은 물론 우경화된 일본사회의 여론을 의식하기 때문이라고 보임. 그러므로 일본의 민주당 정권이 대 아시아외교중시와 한국과의 중시하는 양국관계를 표방한다 하더라도 민주당 내 보수정치세력을 의식하여 정책결정이나 외교정책을 추진할 수밖에 없는 상황을 고려한다면 향후 민주당 정권하에서 한·일 간의 영토문제는 반복적으로 제기될 가능성이 매우 높음.

- 2000년대에 접어들어 일본정치권에서 영토문제는 정치적 이슈로 등장하기 시작하였음. 2005년 11월 자민당은 '창당 50주년 자유민주당 대회'에서 '다케시마(독도) 등은 역사적, 국제적 사실로부터 일본 고유의 영토임이 명백하며, 북방 4개 섬과 다케시마(독도)는 불법적인 점거상태에 있어 우리당이 집권당으로서의 위신을 걸고 이 문제를 해결하겠다'라고 선언하였음. 2006년 자유민주당의 「영토에 관한 특별위원회(위원장 이시바 시게루 (石破 茂)」 보고서에서도 일본 정부의 공식적인 입장을 지지하고 독도문제는 식민지 지배와는 무관하여 1952년 '이승만 라인'의 일방적 선언에서 유래한다고 주장하고 있음.

- 자민당은 2003년 총선거에서부터 선거 매니페스토 형태로 영토문제를 제기하고 있음. 2005년 총선거에서도 영토문제는 제기되었음. 2009년 총선거 그리고 2010년 참의원선거에서도 북방 4개 섬과 독도 문제에 대한 자국영토 주장은 계속되고 있음.

- 2010년 10월 1일 자민당은 당내에 '영토에 관한 특명위원회'를 발족하게 되었음. '영토에 관한 특명위원회'가 발족되는 배경은 2010년 9월 25일에 발생한 중국어선 충돌사건을 계기로 기존의 「영토에 관한 특별위원회」를 모태로 발족하게 됨. '영토에 관한 특명위원회'의 위원장은 이시바 시게루 (石破 茂), 위원장 대리는 신도 요시다카, 사무국장은 사토 마사히사 의원이 맡게 되었음. 2001년 8월 1일 자민당의원들의 울릉도 방문은 '영토에 관한 특명위원회'의 주요 멤버들이 감행하였음을 알 수 있음.

○ 자민당 의원의 울릉도 방문시도와 독도문제의 쟁점화

- 자민당의 보수우익 계열의 3명이 2011년 8월 1일 울릉도 방문을 시도하여 김포공항에 입국을 시도하였음. 세 명의 의원 중 신도의원은 할아버지가 육군대장이었으며, 이나다 여성의원은 변호사이면서 야스쿠니신사를 참배하는 의원, 사토의원은 이전 이라크파견단장을 역임한 의원으로 알려졌음.

- 세 명의 의원은 한국정부의 독도정책을 알아보기 위하여 울릉도 방문을 시도하였다고 하나, 원래 의도는 서울방문을 통해 한국 정부를 도발하려는 의도를 가진 것으로 보임. 동시에 자신들의 한국방문에 대한 민주당 정부의 대응을 시험하기 위한 의도가 있음을 알 수 있음. 즉, 자신들의 한국방문에 대해 미온적인 입장을 취하는 민주당 정권을 공격하고 비판공세를 높이면서 민주당 정권 흔들기가 원래의 목적이라고 볼 수 있음.

- 자민당 의원의 울릉도 방문 강행에 따른 한국정부의 입국거부 조치에 대하여 민주당 정부는 한국정부에 유감을 표명하게 되었고 냉정한 대응을 요구함. 2011년 8월 1일 자민당의원의 한국방문 상황은 일본에서 생중계되었고 일본사회의 관심거리가 되고 말았음. 실제로 일본인들은 독도문제에 대하여 그다지 큰 관심을 가지고 있지 않은 것이 현실이나 자민당의원들의 울릉도 방문 시도를 계기로 독도문제를 일시적으로 쟁점화시키는 데 성공하게 되었다고 볼 수 있음. 동시에 독도문제에 대한 일본정부의 대응, 일본정부의 대한정책 기본 기조, 그리고 민주당 정부의 아시아정책에 대한 불만을 미디어를 통하여 쟁점화시키는 계기가 되었음. 이러한 결과는 한국 정부의 자민당 의원들의 한국방문에 대한 과민반응이 오히려 일본의 정부나 자민당 의원들의 의도를 도와주는 결과를 초래하고 말았다고도 볼 수 있음.

5. 향후 전망과 한국의 대응

○ 독도에 대한 실효적 지배권 강화와 영토문제의 관리를 통한 국익실현
- 독도문제를 해결하는 출발점은 독도에 대한 실효적 지배강화와 국익실현임.
- 독도문제는 양국 간의 역사인식의 차이를 극복하고 과거 식민지지배에 대한 총괄적 해결을 상징하는 문제이므로 근본적인 해결을 위해 부단히 노력할 필요가 있음.
- 독도문제는 영토문제가 아니라 역사문제이므로 국제 문제화하는 것을 방지하는 조치를 지속적으로 취하고 실효적 지배를 강화하면서 조용한 외교를 통해 국익을 실현시켜 나갈 필요가 있음.

○ 영토문제를 둘러싼 갈등의 본질 파악과 적절한 대응
- 자민당 의원들은 외무성을 통하여 사전에 한국방문을 타진하였으며 한국정부의 입국불허방침에도 불구하고 울릉도 방문을 감행함. 그러나 자민당 의원들의 한국방문 목적은 울릉도 방문이 아니라 한국정부를 도발하려는 의도를 가지고 있었음.
- 일본의 국회법에서 의원은 본회의 중에는 해외여행을 금지하고 있으며 회의가 소집되었을 경우 7일 이내에 정당한 이유 없이 소집에 응하지 않으면 징벌위원회에 회부되는 징벌을 받게 됨(국회법 제124조). 2011년 8월 1일 자민당 의원들은 한국방문을 강행하였으나 8월 2일에 본회의가 소집되는 일정이 잡혀 있는 상황이므로 다음 날에는 국회에 출석해야 하는 상황이었음. 그러므로 실제로 서울에서 최소한 3일 이상이 소요되는 울릉도까지 방문할 의도가 있었는지는 매우 의심스러운 상황이라고 볼 수 있음. 이러한 측면에서 자민당 의원들은 한국방문 목적은 한국에의 입국시도를 통하여 한국정부를 자극함과 동시에 독도문제에 대한 일본 정부의 대응, 일본 정부의 대한정책의 기조, 그리고 민주당 정부의 아시아정책에 대한 불

만을 표면화시켜 민주당 정권을 공격하려는 의도를 가지고 있었음을 알
수 있음.

- 자민당 의원들의 한국방문은 한국에 대한 도발보다는 일본 민주당에 대한
비판과 공격의 의미가 더 강했음에도 불구하고 한국의 과잉대응은 독도문
제가 일본에서조차도 쟁점화하는 결과를 초래하게 됨. 이러한 결과는 일
본 우익세력의 의도에 말려드는 결과를 가져오게 되므로 향후 사태의 본
질 파악과 적절한 대응이 요구됨.

- 일본의 매뉴얼에 따른 도발에는 한국도 매뉴얼에 입각하여 대응하고 일본
의 영토문제에 대한 도발사태에 대한 본질을 파악하여 적절하게 대응할
수 있는 단계별 대응전략의 수립이 필요.

○ 한일관계의 외교적 위기관리와 공동 목표 의식의 공유

- 2012년은 한국에서 국회의원선거와 대통령선거가 치러지는 해임. 선거정
치 국면에서는 정치가나 여론이 반일감정으로 흘러갈 가능성이 대단히 높
다고 볼 수 있음. 이번 한일정상회담에서 독도문제, 과거사문제 그리고 종
군위안부문제가 언급되지 않은 것은 양국의 정치적 판단에 따른 것이지만
향후 이러한 문제들은 양국 간의 신뢰를 근본적으로 뒤흔드는 문제로 부
상할 가능성이 대단히 높음. 그러므로 과거사문제, 영토문제 그리고 종군
위안부문제는 민족주의 감정을 자극하여 양국 간의 갈등을 초래하지 않도
록 외교적인 위기관리가 필요.

- 한국과 일본은 동아시아를 대표하는 민주주의 국가로서 이 지역의 안정과
번영에 대한 책임을 공유하고 있다는 인식을 강화할 필요가 있음. 일본이
한국과 민주주의, 자유, 그리고 시장경제라는 가치관을 공유하고 동시에
양국이 긴밀한 관계를 유지하는 것은 일본의 아시아외교의 기반이며 일본
의 이익이라는 인식을 설득시킬 필요가 있음.

- 급격하게 부상하고 있는 중국을 견제하고 동아시아지역의 안정을 유지,
관리하기 위한 양국 간 공동의 노력은 정치, 경제 분야에서뿐만 아니라

문화나 인적교류도 활성화시킬 필요가 있음. 그러므로 한·일 양국 간에는 대립이나 갈등을 최소화시키려는 노력이 무엇보다도 필요하다던 인식을 공유할 필요가 있음.

- 현재 일본의 노다(野田) 수상은 과거의 역사인식문제와 발언으로 인해 한국과 중국에서 '우파 정치가' 또는 '강경파'로 인식되고 있음. 과거 그의 'A급 전범은 전쟁범죄자가 아니다'라는 역사인식과 발언이 영토문제나 과거사문제, 교과서문제가 현실문제로 대두될 경우, 양국관계는 극단적 대립관계로 변모할 가능성이 높음. 그러므로 양국 간에는 외교갈등의 관리를 통해 국익을 우선적으로 실현해가는 노력이 필요.

참고문헌

고선규(2001), '일본의 정치개혁과 선거정치의 변화'『일본연구논총』제13호.

_____(2009), '2009년 일본 총선거와 민주당 정치'『의정연구』제5권 1호.

이진원(2009), '일본 민주당정권 전망과 정치개혁「일본정경사회학회 학술회의 발표 논문」.

김영필(2011), 「독도를 둘러싼 일본의 야욕과 우리의 대응방안」민주정책연구원.

장제국(2009), '2009년 일본 중의원 총선거분석과 일본정국의 변화요인'「일본 총선거 관련 3개 학회 공동학술회의 발표 논문집」.

진창수(2009), '민주당 집권과 향후 일본정치외교의 변화 전망'「일본 총선거 관련 3개 학회 공동학술회의 발표 논문집」.

호사카유지(2007), '다케시마도해면허의 불법성 고찰'『일본문화연구』동아시아일본학회, 제23집.

飯尾 潤(2007), 『日本の統治構造』中央公論.

竹島問題研究会(2007), 『竹島問題に関する調査研究』最終報告書.

田中愛治, 河野 勝(2009),『2009年なぜ政権交代だったのか』けいそう書房.

田原總一(2009), 『日本政治の正体』朝日新聞社.

芹田健太郎(2002), 『日本の領土』中央新書.

下条正男(1999), 『日韓歴史克服への道』展転社.

山口二郎(2009),『政権交代論』岩波書店.

大川千寿(2010),「政治家の政策意識と2009年政権交代」日本政治学会発表論文.

小林良彰(2010),「2009年政権交代における民意の反映」日本政治学会発表論文.

동아시아 전략적 3국 관계와
한국외교의 대응방향

김동성(경기개발연구원 통일동북아연구센터장)

현재 한국이 동아시아에서 가장 중요하게 다루어야 할 다자 간 국제관계는 각기 한·미·중과 남·북·중의 3국 관계이다. 따라서 한국의 대외전략은 한·미·중과 남·북·중 3국 관계의 구조와 작동원리에 대한 명료한 분석에서 출발해야 한다.

3국 관계는 크게 '삼국협력(menage a trois)', '삼각관세(romantic triangle)', '양국결합(stable marriage)'의 세 가지 유형으로 나눌 수 있으며 각각의 유형별로 국가들의 전략행태는 다르게 나타난다.

한·미·중 3국 관계는 미국과 한국을 A와 B로 하는 양국결합 유형으로 출발하였으며 중국은 적대적 국가 또는 배제된 국가 C였다. 중국은 개혁·개방 이후 미국과 한국 각각에 대한 적극적인 구애를 통하여 양국결합 유형에서의 적대국가·배제국가 위치를 탈피하고자 하였다. 그러나 동북아 지역 내 질서의 주도권을 두고 벌어지는 미국과 중국 간의 경쟁으로 한·미·중 3국 관계는 기존의 양국결합 유형에서 크게 벗어나지 못하였다.

남·북·중 3국 관계는 중국과 북한을 A와 B로 하는 양국결합 유형으로 출발하였으며 한국은 적대적 국가 또는 배제된 국가 C였다. 남·북·중 3국 관계는 한·미·중 3국 관계와는 달리 구조 변환의 진전이 있었다. 즉, 양국결합 유형에서 중국을 정점국가로 하는 삼각관계 유형으로의 전환이 상당 부분 이루어졌다. 그러나 2010년의 천안함 피습 침몰 및 연평도 포격 사건 시 중국의 북한 편향 그리고 한미동맹과 북·중 관계의 강화 움직임으로 인해 삼각관계 유형은 다시 양국결합 유형으로 회귀하였다.

한·미·중 3국 관계에서 한국의 전략은 삼국협력 구조의 창출이 우선순위가 되어야 한다. 한국은 중국과의 협력을 강화하는 한편 미·중 간의 협력을 유도해야 한다. 한반도의 통일은 삼국협력 구조로만 평화적으로 이루어질 수 있다. 남·북·중 3국 관계에서 한국의 전략은 현재의 양국결합 구조를 다시금 삼각관계 구조로 전환시키고 이를 바탕으로 중국이 한국을 통일 한반도의 대안적 국가로 받아들이게 하는 것이다. 물론, 남·북·중 삼각관계 구조를 삼국협력 구조로 발전시키거나 북한과 획기적인 관계개선을 이루어 내는 전략도 아울러 강구해야 한다.

∷ 1. 한·미·중과 남·북·중 3국 관계:
한국 대외전략의 핵심

○ 현재 한국이 동북아에서 가장 중요하게 다루어야 할 다자 간 국제관계는
  한·미·중과 남·북·중의 3국 관계임.

- 한국·미국·중국 3국의 관계는 한국의 동북아전략 차원에서 그 중요성이
  있으며, 한반도전략 차원에서는 한국·북한·중국 3국의 관계가 핵심임.

- 한국·중국·일본의 3국 관계 관리는 상대적으로 차후의 과제라고 할 수
  있으며, 한국·미국·북한 3국의 관계는 한국과 미국의 결속과 미국과 북
  한의 대립으로 아직까지는 역동적인 모습을 보이지 않고 있음.[1]

○ 한국의 대외전략은 한·미·중과 남·북·중 3국 관계의 구조와 작동원리
  에 대한 명료한 분석에서 출발해야 함.

- 3국 간의 전략적 관계에서 일반적인 구조와 유형 그리고 작동원리는 무엇
  인가? 한·미·중과 남·북·중 3국 관계는 어떠한 모습을 보여 왔으며
  그 속에서 미국과 중국, 북한과 중국의 전략적 목표는 무엇인가? 각각의
  3국 관계에서 한국의 외교전략은 어떤 방향으로 추진해야 하는가? 등이
  본 글의 주요 관심사임.

○ 이에 따라 본 글은 3국 간 전략적 관계의 구조와 작동원리에 대한 개념적
  고찰, 한·미·중 3국 관계와 남·북·중 3국 관계에 대한 논리적 분석,
  그리고 각각의 3국 관계에서 한국 외교의 대응방향에 대한 제언을 주요

---

* 본 글은 김동성, 『한반도 동맹구조와 한국의 신대외전략』(한울, 2011)에서 발췌한 것임.

1) 한국·미국·북한 3국의 전략적 상호관계에 대해서는 서보혁의 논문을, 북한·미국·중국 3국의 전략적 삼각관계
   에 대해서는 이상숙의 논문을, 동북아 6개국 전체의 상호 간 우적관계 인식도에 대해서는 김재한의 논문을 참고할
   수 있음. 서보혁, "탈냉전기 한반도 안보질서 변화에 관한 연구: 남·북·미 전략적 삼각관계를 중심으로",『국가전
   략』, 제14권 2호, (세종연구소, 2008), pp.63-85; 이상숙, "북·미·중 전략적 삼각관계와 제2차 북 핵위기: 북한의
   위기조성 전략을 중심으로",『국제정치논총』, 제49집 5호, (한국국제정치학회, 2009), pp.129-148; 김재한, "동북아지
   역 우적관계의 구조",『국방연구』, 제52권 제3호, (국방대학교, 2009), pp.67-99.

내용으로 구성함.

▓ 2. 전략적 3국 관계의 구조와 작동원리

○ 로웰 디트머(Lowell Dittmer)가 자신의 논문 'The Strategic Triangle'을 통해
제시한 3국 관계 분석체계는 매우 유용함.[2] 디트머는 '양자 관계(bilateral
relationship)'는 제3국과의 상호 관계에 대한 분석이 더해져야 비로소 명확
하게 이해할 수 있다고 전제하고 '3국 관계(triangular relationship)'의 분석
필요성을 제기하였음.

- 디트머는 3국 관계는 크게 '삼국협력(menage a trois)', '삼각관계(romantic
triangle)', '양국결합(stable marriage)'의 세 가지 유형으로 나눌 수 있으며 각
각의 유형은 고유의 작동원리를 갖고 있어 자신들이 처한 3국 관계의 유형
별로 국가들의 전략행태는 다르게 나타난다고 설명하였음(<그림 1> 참조).

○ 삼국협력은 3개국 모두가 상호 협력하는 관계로서 공존과 공영이 국제관

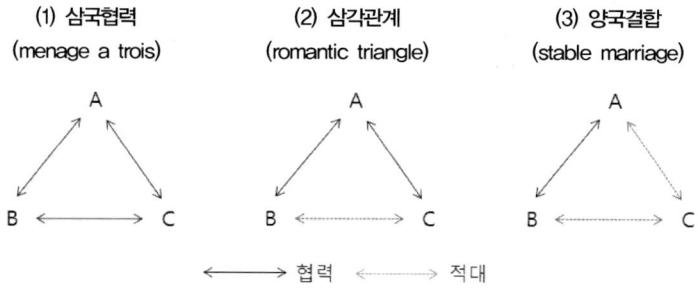

(1) 삼국협력   (2) 삼각관계   (3) 양국결합
(menage a trois)   (romantic triangle)   (stable marriage)

←——→ 협력   ←----→ 적대

[그림 1] 삼국관계(triangular relationship)의 세 가지 유형

■

2) Lowell Dittmer, "The Strategic Triangle: An Elementary Game-Theoretical Analysis," *World Politics*, Vol. 33, No.
4, (July 1981), pp.485-515.

계의 궁극적인 지향점이라고 한다면 가장 바람직한 유형의 3국 관계라고 할 수 있음. 그러나 현실주의적 시각에서 볼 때 삼국협력은 실제로는 거의 찾아보기 어려우며 실제로 존재하더라도 지속되기 어려움.

- 국가들은 자국(A)과 타국(B 또는 C) 간의 직접적 양자관계에 대해서는 내용과 방향성을 비교적 정확하게 파악할 수 있으나 타국(B)과 타국(C) 간의 관계에 대해서는 신뢰할 수 있는 정보를 얻기가 어려움. 두 타국(B와 C)이 공모하여 자국(A)의 국가이익을 희생시키거나 심지어 침략을 시도할지 여부에 대해서 알 수 없기에 항상 불안과 염려에 빠질 수밖에 없음. 따라서 삼국협력은 상당히 불안정한 유형의 3국 관계라고 할 수 있음.

○ 삼각관계는 1개의 정점국가(A)를 향하여 2개의 국가들(B와 C)이 서로 경쟁적으로 구애를 하는 유형의 3국 관계임. 즉, 정점국가 A는 B와 C 양국 모두로부터 우호적 관계를 제공받거나 요청받는 반면에, B와 C는 A로부터 선택받기 위해 상호 간 적대적 내지는 경쟁적 갈등을 보이는 유형임.

- 정점국가 A의 입장에서는 삼각관계가 삼국협력보다 훨씬 유리함. 삼국협력은 불안정성이 심하지만 삼각관계는 상대적으로 안정적이고 가장 우월한 혜택(B와 C 모두와 우호적 관계)을 누릴 수 있기 때문임.

- 삼각관계가 지속되기 위해서는 정점국가 A의 각별한 관리 능력이 필요함. A는 B와 C 모두와 우호적인 관계를 공평하게 유지하면서도 B와 C 간의 갈등이 적정한 수준에서 지속되도록 해야 함. 그래야만 A가 자신의 정점국가 위치를 유지할 수 있음.

- A가 B에게 과도한 애정을 보내거나 또는 그렇게 비칠 경우 C는 A에 대한 구애를 포기하고 독자노선을 걷거나 A에 대한 적대국가로 변할 것임. 또한 B와 C 간의 갈등이 지나치게 격화될 경우 A는 B와 C 모두로부터 '최후의 선택'을 강요받게 될 것이며, A는 어쩔 수 없이 B와 C 둘 중의 하나를 선택하면서 정점국가의 위치를 포기할 수밖에 없게 될 것임. 반면에 B와 C 간의 갈등이 크게 완화되어 B와 C의 양자관계가 긴밀해질 경우 A는

B와 C의 공모위협에 노출되면서 정점국가의 위치에서 퇴출당할 가능성이
높아짐.

○ 양국결합은 2개의 국가들(A와 B)이 상호 우호관계를 유지하면서 제3의 국
　가(C)와는 두 국가 모두 적대적 관계를 형성하는 유형의 3국 관계임. 즉,
　A와 B는 상호우호를 유지하면서 C만 소외시키는 유형임.
- 양국결합은 우호관계가 단 1개(A와 B의 양자관계)만 존재한다는 점에서
　세 가지 3국 관계 유형 중 전체적으로는 가장 작은 혜택을 발생시키지만
　한편으로는 가장 안정적인 구조를 갖고 있음. A와 B 두 국가 간의 우호관
　계만 관리된다면 양국결합 유형은 지속될 수 있기 때문임.
- 양국결합 유형의 3국 관계에서 C는 두 가지 전략적 행동을 할 수 있음. 즉,
　A와 B 모두와 적대하면서 독자노선을 걷거나, A 또는 B와의 관계 개선을
　통해 현재의 위치를 돌파하는 것임. 특히 A와 B 간의 우호관계가 비대칭
　적(예를 들어, 우호관계에서 발생하는 혜택을 A가 B보다 더 많이 차지하
　는 경우)이라면, C는 B에 대한 적극적인 접근을 통해 A와 B 간의 우호관
　계를 와해시키면서 현재의 '공공의 적(public enemy)' 위치를 탈피하려고
　할 것임.
- A와 B 또한 각기 내부적으로는 C와의 관계 개선을 통해 지금의 양국결합
　구조를 자신을 정점국가로 하는 삼각관계 구조로 바꾸고자 하는 의도를
　가질 수 있음. 그 어떤 유형의 3국 관계보다도 삼각관계에서의 정점국가
　가 가장 많은 혜택을 누리기 때문임.

○ 3국 관계에서 각 개별국가의 혜택 또는 이익은 삼각관계의 정점국가가 가
　장 크고 이어 양국결합의 선임동맹국, 양국결합의 동맹국, 삼각관계의 구
　애국, 양국결합의 배제국 순으로 그 크기를 배열할 수 있음.
- 삼국협력을 구성하는 국가는 경우에 따라 삼각관계의 정점국가보다 더 많
　은 혜택과 이익을 확보할 수도 있지만 삼국협력 유형의 불안정성으로 인

해 순위를 정하기가 쉽지 않음.

3. 한·미·중 3국 관계와 한국의 대응전략

○ 상기의 논의를 한·미·중과 남·북·중 3국 관계에 대입하면 그 구조와 작동원리가 분명히 드러남. 먼저 한·미·중 3국 관계의 경우, 미국과 한국을 A와 B로 하는 양국결합 유형으로 출발하였음.

- 중국은 적대적 국가 또는 배제된 국가 C였음. 그러나 중국은 개혁·개방 이후 미국과 한국에 대한 적극적인 구애를 통해 양국결합 유형에서의 적대국가·배제국가 위치를 탈피하고자 하였고, '중국 거대시장'이라는 당근을 제시하면서 스스로 삼각관계의 정점국가가 되고자 하였음. 이에 반해 미국은 중국을 미국 주도의 패권질서에 끌어들임으로써 양국결합의 선임동맹국 위치에서 삼각관계의 정점국가로 올라서고자 하였음. 즉, 미국과 중국 양국 모두가 삼각관계의 정점국가가 되는 것이 궁극적인 목표였음.

- 한국은 양국결합 구조의 동맹국으로서 양국결합의 안정성을 버리지 않으면서도 중국의 접근을 받아들였음. 양국결합 구조에서 얻지 못하는 혜택(중국시장 확보와 남·북 관계 개선)을 중국과의 관계 개선을 통해 추가로 확보하고자 하는 의도였음. 아울러 양국결합 구조가 삼국협력 구조로 전환되기를 내심 기대하였음. 한국이 현재의 국력으로는 삼각관계의 정점국가가 되지 못한다는 것을 잘 알고 있기에 삼국협력 구조가 구조 변환의 유일한 대안이었기 때문임.

○ 한·미·중 3국 관계는 기존의 양국결합 유형에서 크게 벗어나지 못하였음.
- 중국의 급격한 부상을 본격적으로 우려하기 시작한 미국은 한·미·중 3국 관계를 삼각관계 유형으로 발전시키기보다는 현재의 양국결합 유형을

유지하는 것에 방점을 두기 시작했음. 이는 중국의 궁극적인 목적이 삼각 관계에서의 구애국가가 아니라 정점국가가 되고자 하는 것을 간파하였기 때문임.

- 삼국협력 구조 또한 창출되지 못하였음. 동북아 지역 내 질서의 주도권을 두고 벌어지는 미국과 중국의 경쟁은 본질적으로는 '영합게임(zero-sum game)'이기 때문임.

- 미국은 다시금 한미동맹을 강화하면서 한국을 붙들어 매기 시작했음. 천안함 피습 침몰 사건에 대한 미국의 적극적인 대응은 표면적으로는 한국 방어에 대한 미국의 동맹 확인이었지만 내용적으로는 양국결합 구조의 공고화였음.

- 미국의 정책회귀에 대한 중국의 대응방식은 독자노선 추진과 동맹국(B) 접근이라는 두 전략의 혼용으로 나타났음. 즉, 중국은 독자노선의 일환으로서 한·미·중 3국 관계의 밖에 있는 북한을 활용하기 시작하였음. 중

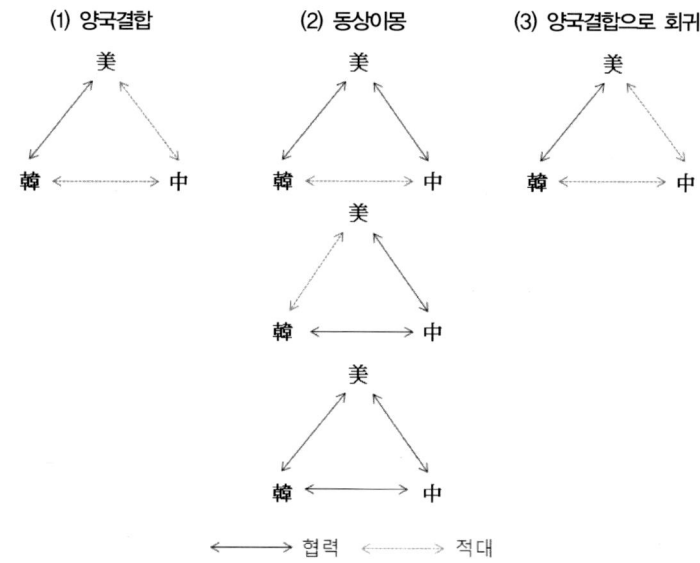

[그림 2] 한·미·중 삼국관계

국은 북·중 동맹을 다시금 챙기면서 한미동맹의 강화라는 양국결합 구조의 공고화에 대응하는 전략을 취하였음. 또한 중국은 동맹국 접근 전략도 버리지 않았음. 중국은 한국과의 추가적인 관계 악화를 방지하면서 지속적으로 한국에 대한 구애를 보내고 있음. 이는 양국결합 구조에서 배제국 C의 전형적인 양면전략이라고 할 수 있음.

○ 한·미·중 3국 관계에서 한국의 전략은 무엇이어야 하는가? 삼국협력 구조의 창출이 당연히 우선순위가 되어야 함. 한국은 중국과의 협력을 강화하는 한편 미·중 간의 협력을 유도해야 함. 한반도의 통일은 삼국협력 구조로만 평화적으로 이루어질 수 있음. 삼국협력 구조를 창출하고 이를 최소한 한반도 통일의 시점을 전후해서만이라도 유지시켜야 함.

○ 한국은 또한 한·미·중 3국 관계의 특정 영역에서는 삼각관계 유형에서의 정점국가가 되는 방안을 강구해야 함. 즉, 한·미·중 3국 관계를 하나로 인식하는 방식을 지양하고 3국 관계를 영역별로 쪼개고 나누어서 영역별로 다양한 유형의 '하위 3국 관계들(sub-triangular relationships)'을 만들어 내는 것이 필요함. 군사나 안보 분야는 현재의 양국결합 구조를 벗어나기 어렵겠지만 경제·사회·문화·과학기술 등의 비정치적인 분야에서는 삼국협력 구조나 한국을 정점국가로 하는 삼각관계 구조를 이끌어 낼 수 있음. 한국의 대(對)중국 협력전략의 탄착점이 바로 이 지점임.

– 한·미·중 3국 관계의 영역별 세분화와 다양한 유형의 하위 3국 관계 창출 전략은 한국이 영역에 따라서는 정점국가가 될 수도 있는 가능성을 열어주고 한국의 대(對)중국 협력공간을 확보해 줄 뿐만 아니라, 영역 간의 교류와 교환을 통해 한·미·중 3국 관계 전체를 보다 협력적인 방향으로 이끌어 낼 수 있음. 즉, 하위 3국 관계들의 양적 팽창을 통해 전체(또는 상위) 3국 관계의 질적 변환을 도모할 수 있음.

○ 한국은 삼국협력 구조의 창출 노력 과정에서 미국으로부터 중국과의 공모 의심을 받지 않도록 해야 함.

- 미국의 의심은 동맹 포기와 한국 방기로 이어질 수 있으며 이는 한국 국가 이익의 엄청난 손실이 아닐 수 없음. 양국결합 구조에서의 동맹국 위치가 삼각관계 구조의 구애국 또는 양국결합 구조의 배제국보다 훨씬 유리하기 때문임. 결국 한국은 현재의 양국결합 구조를 발판으로 미래의 새로운 한·미·중 3국 관계를 열어야 함.

4. 남·북·중 3국 관계와 한국의 대응전략

○ 남·북·중 3국 관계는 중국과 북한을 A와 B로 하는 양국결합 유형으로 출발하였으며 한국은 적대적 국가 또는 배제된 국가 C였음. 그러나 남·북·중 3국 관계는 한·미·중 3국 관계와는 달리 구조 변환의 진전이 있었음. 즉, 양국결합 유형에서 중국을 정점국가로 하는 삼각관계 유형으로의 전환이 상당 부분 이루어졌음.

- 한·중 수교는 3국 관계 구조 전환의 시발점이었음. 한국의 경제성장은 북한의 열악한 경제상황과 대비되면서 한·중 관계 개선의 실마리를 제공하였으며 한반도에서의 영향력 확대를 위한 중국의 전략적 의도 또한 한·중 수교의 동인으로 작용하였음.

- 중국은 기존의 양국결합 구조를 자신을 중심으로 하는 삼각관계 구조로 전환시킴으로써 3국 관계에서의 배가된 혜택(한국과 북한 모두와의 우호 관계 유지)을 얻고자 하였음. 즉, 중국은 양국결합 구조의 선임동맹국에서 삼각관계 구조의 정점국가로 상승하였음.

- 한국 또한 양국결합 구조의 배제국가에서 삼각관계 구조의 구애국가로 한 단계 더 나아감.

- 이에 반해 북한은 양국결합 구조의 동맹국 위치에서 삼각관계 구조의 구애국가 중 하나로 한 단계 전락하였음.

○ 중국이 삼각관계 구조로 전환을 추진하면서부터 중국의 한반도 전략은 정점국가 전략행태의 전형을 보여주기 시작하였음.
- 중국은 북한과의 양국 관계가 한미 관계와 같은 군사동맹이 아니고 국가 대(對) 국가의 정상적 관계라고 여러 차례 천명을 하였음. 이는 한국을 구애국가로서 붙들어 두기 위한 전략적 행동이라고 해석할 수 있음. 즉, 북·중 양국 관계의 군사동맹적 성격을 부인함으로써 한국이 중국에 대한 구애행동을 포기하지 않도록 유인하는 것임. 중국이 지속적으로 정점국가 위치를 유지하기 위한 전략이 아닐 수 없음.
- 중국은 또한 공식적으로는 남·북 관계의 개선을 희망한다고 말하지만 실제로는 한국과 북한의 적당한 갈등이 지속되기를 바라왔음. 한국과 북한 간의 급격한 접근과 밀착은 중국에 있어서는 정점국가의 위치 상실을 의미하기 때문임.
- 중국은 한국과 북한 간의 갈등 악화도 바라지 않음. 한국과 북한 간의 갈등이 격화될 경우 중국은 선택의 순간을 맞이해야 하며, 한국과 북한 중 어느 하나를 선택하는 순간 중국의 정점국가 위치는 사라지기 때문임.

○ 이러한 맥락에서 2010년 3월의 천안함 피습 침몰 사건은 중국에도 커다란 전략적 타격이었음.
- 중국은 사건 초기 '한반도의 불안정은 어느 누구에게도 도움이 되지 않는다'고 하면서 한국과 북한 양국의 자제를 촉구하였음. 중국은 정점국가의 지위를 유지하기 위해서는 당연히 중립적 입장을 취할 수밖에 없었으며 사태의 악화를 우려하지 않을 수 없었음.
- 천안함 사건에 대해 한국과 미국이 강경입장을 고수하고 또 국제문제로 확대되자 중국은 선택을 해야 하는 상황에 몰리게 되었으며 결국 사실상

북한을 선택하였음. 그 순간 중국이 애써 추진하였던 삼각관계 구조는 다시 양국결합 구조로 회귀하였음.

- 중국은 삼각관계 구조의 정점국가에서 양국결합 구조의 선임동맹국으로 다시 후퇴하였으며 한국 또한 삼각관계 구조의 구애국가에서 양국결합 구조의 배제국가로 떨어졌음. 중국과 한국 모두 전략적 손실을 입은 것이라고 할 수 있음. 반면에 북한은 전략적 성공을 거두었음. 삼각관계 구조의 구애국가 중 하나에서 다시금 양국결합 구조의 동맹국가로 올라섰기 때문임.

○ 한·중 수교 이후 북한은 북·중 동맹의 회복을 노려왔음. 물론 초기에는 선군정치와 핵개발 등을 통해 자력갱생이라는 독자 노선을 추구하기도 했지만 북한의 심각한 경제난은 중국의 지원을 절실하게 필요로 하였음. 북한의 입장에서는 삼각관계 구조를 다시 과거의 양국결합 구조로 되돌리는 것이 중요하였음.

- 천안함을 가격한 어뢰 1발은 북한의 외교적 숙원을 해결해 주었음. 즉, 북한은 다시금 양국결합 구조의 동맹국 위상을 확보할 수 있게 되었음.

○ 삼각관계 구조에서 한국과 북한관계는 보다 세밀한 관찰이 필요함. 개념적으로는 삼각관계 구조의 구애국들 상호 간에는 경쟁 및 갈등하는 것이 일반적이나, 한국과 북한의 관계는 이러한 체계에서 해석하기 어려운 양

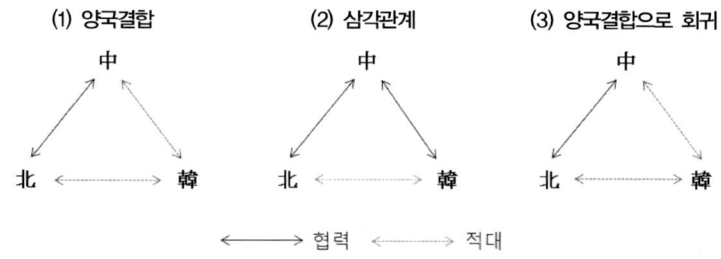

[그림 3] 남·북·중 삼국관계

상을 보였음.

- 1992년 한·중 수교부터 1999년까지의 남·북 관계는 상호 경쟁 및 갈등 시기로 해석할 수 있으나, 2000년 제1차 남·북 정상회담 이후 2008년 초까지는 한국은 북한에 대해 협력을 시도하는 반면에 북한은 적대로 대응하는 시기로 구분할 수 있음.

- 한국은 포용정책을 바탕으로 대규모의 인도적 지원 등 남·북교류협력사업을 적극적으로 추진하였으나 북한으로부터 개혁·개방을 향한 가시적인 변화는 도출하지 못하였음. 오히려 북한은 핵개발을 고수하면서 대남호전성을 버리지 않았음. 즉, 협력 또는 적대가 상호적으로 이루어지지 않고 일방 협력과 일방 적대가 양국 간 교차되는 양상이 나타났음.

- 한국의 북한에 대한 협력시도가 삼각관계 구조를 삼국협력 구조로 전환하고자 하는 의도에서 출발하였을지라도 한국의 협력에 대한 북한의 조응(reciprocation)은 본질적으로는 이루어지지 않았음.

○ 남·북·중 3국 관계에서 한국의 전략은 무엇이어야 하는가? 한국의 전략 목표는 현재의 양국결합 구조를 다시금 삼각관계 구조로 전환시켜서 (1) 중국에 대한 구애 경쟁에서 북한을 누르거나, (2) 삼각관계 구조를 삼국협력 구조로 발전시키거나, (3) 북한과 획기적인 관계개선을 이루어 내는 것임.

- 삼각관계 구조로 다시 전환 가능성은 충분히 남아 있음. 현재의 양국결합 구조는 한국·중국·북한 3국 중 북한만이 원하는 구도임. 중국은 어쩔

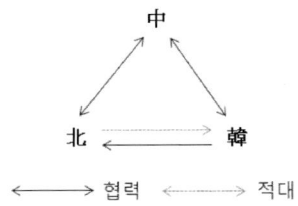

←——→ 협력   ←----→ 적대

[그림 4] 협력과 적대의 불일치

수 없이 북한을 선택하면서 정점국가로서의 위치를 버렸지만 삼각관계 구조로의 재진입을 바라고 있음. 중국이 한국과의 관계 악화를 적정수준에서 봉합하면서 '한·중 전략적 협력동반자관계'를 지속적으로 강조하는 것이 이를 잘 말해주고 있음. 중국은 여전히 경제발전이 필요한 국가이며 아울러 동북아에서의 영향력 제고를 위해서라도 한국과의 우호적 관계를 필요로 하고 있음. 한국은 이를 잘 활용해야 함.
- 한국은 우선 정점국가 위상 재확보를 원하는 중국과 양국결합 구조 지속을 바라는 북한과의 전략적 이해관계 불일치를 최대한 드러내고 확대해야 함. 한국은 천안함 사건에서의 중국에 대한 앙금을 가슴에 묻어두고, 한·중 협력관계의 강화를 지속적으로 추진하여 남·북·중 3국 관계를 삼각관계 구조로 재진입해야 함.

○ 삼각관계 구조가 다시 형성될 경우, 한국의 첫 번째 전략은 북한과의 구애 경쟁에서 확실하게 승리하면서 북한을 남·북·중 3국 관계에서 퇴출시키는 것임. 즉, 중국의 한국 선택과 더불어 북·중 동맹의 해체가 목표가 되어야 함.
- 북한의 중력중심이자 생명줄은 북·중 동맹임. 한국은 이 사슬을 끊어내야 함. 중국이 포기한 북한이 중국이 관리하는 북한보다 한반도의 통일기회 확보라는 차원에서 한국의 국가이익에 더 부합함.

○ 북·중 동맹을 타격하기 위해서는 중국에 있어 한국이 한반도의 대안적 국가로 받아들여져야 함.
- 현재 중국은 기존의 '한반도 통일위협론'과 더불어 '한반도 통일이익론'이 함께 논의되고 있음.3) '한반도 통일이익론'은 통일 한반도가 중국에게 우호적이거나 중립적이라면 지금의 분단상황보다는 통일상황이 '화평발전'

---

3) 김강일, "중국의 동북아전략과 대한반도정책", 『JPI 정책포럼』, 2009-19, (제주평화연구원, 2009), pp.1-14.

으로 대표되는 중국의 국가이익에 더 도움이 된다는 주장임.

- 중국은 아직까지는 통일 한반도에 출현하게 될 국가의 성격에 대해 확신을 갖지 못하고 있음. 중국은 이러한 불안감으로 인해 일단은 한반도 분단의 안정적 관리를 대(對)한반도 정책의 우선순위로 놓고 있음.

- 한국은 통일한국이 중국에 우호적인 국가가 될 것임을 명확히 인식시켜야 함. 부유한 통일한국이 중국의 국가발전에 유리하다는 것을 설득해야 함. 한국은 통일한국이 중국의 대(對)북 기득권을 존중할 것임을 사전에 천명해야 함. 현(現) 북·중 국경선의 인정과 고토회복정책 포기, 북·중 간 체결된 각종 사업협약의 계승, 조선족은 중국의 국민임을 명백히 선언, 북한지역 경제재건에의 참여기회 보장 등을 공개적으로 약속해야 함. 북한의 체제전환은 한반도 불안정의 근본적인 원인을 제거하는 것이며 이는 결국 중국의 안보에 기여하는 것이라고 설득해야 함.4) 북한은 '완충지대(buffer zone)'가 아니라 중국의 쾌속발전을 저해하는 불필요한 '속도방지도로(bumpy road)'임을 역설해야 함.

○ 한국은 현재 북한과의 대(對)중국 구애경쟁에 있어 군사·안보 분야를 제외하고는 모든 분야에서 우위에 있음. 현재 논의되고 있는 한·중 FTA가 본격 추진될 경우 한국의 우위는 더욱 확고해짐.

- 한국이 군사·안보 분야에서 중국이 원하는 결정적인 양보를 할 경우 북한과의 경쟁은 한국의 승리로 끝날 수 있음. 중국이 원하는 결정적인 양보는 한국이 미국의 영향권을 벗어나서 친중 내지는 중립적 국가가 되는 것이며 이를 구조적·제도적으로 보장하는 것임.

- 여기서부터는 남·북·중 3국 관계와 한·미·중 3국 관계가 상호 중첩되어 진행되는 복합게임이 이루어질 수밖에 없음. 한국이 한미동맹을 희생하지 않으면서 줄 수 있는 최대한의 양보가 무엇인지는 남·북·중 3국

---

4) 최명해, "중국의 대북한정책: 과거, 현재, 그리고 미래", 『한반도 군비통제』, (국방부 군비통제자료 47, 2010), pp.139-160.

관계와 한·미·중 3국 관계의 교집합에서 찾아야 함. 즉, 한미동맹의 근 간 위에서 중국의 안보 우려를 해소하고 중국의 국가이익을 보장하는 지점을 밝혀내고 개발해야 함. 미·중 협력관계의 구축은 이러한 교집합 찾기의 선결 요건임.

○ 한국의 두 번째 전략은 남·북·중 3국 관계를 삼각관계 구조에서 삼국협력 구조로 발전시키는 것임. 즉, 중국을 대상으로 한국과 북한이 상호 갈등하면서 경쟁적으로 구애하는 형태를 벗어나 한국·중국·북한 3국 모두 상호 협력하는 체제를 구축하는 것임.

- 삼국협력 구조는 한국과 북한은 물론 중국도 경우에 따라서는 정점국가로서 누리는 혜택보다 더 큰 혜택을 누릴 수 있음. 3국 간의 협력 시너지는 전체의 합보다 클 수 있기 때문임.

- 첫 번째 전략에서처럼 중국이 한국과 북한 중에서 선택해야 하는 딜레마를 겪을 필요도 없고, 한국 또한 한미동맹의 훼손 가능성을 우려할 필요가 없음. 북한도 국가소멸의 위험을 더 이상 염려하지 않아도 됨.

- 현재 중국이 동북 3성 발전계획과 연계하여 추진하는 북·중 접경지역 공동개발이 삼국협력 구조로의 전환기초가 될 수 있음. 즉, 북·중 공동개발계획에 한국이 참여하는 것임. 중국의 자본과 한국의 기술 그리고 북한의 토지와 노동력이 합쳐질 경우, 북·중 접경지역 개발은 성공 가능성이 매우 높아질 뿐만 아니라, 남·북·중 3국 관계는 삼국협력이라는 새로운 유형으로 진입하는 계기가 될 것임.

- 삼국협력으로의 발전 전략은 북한의 폐쇄성과 대(對)남 경계정책을 감안할 때 그 가능성이 높지 않음. 또한 이 전략은 자칫 북한체제의 불필요한 연명과 존속을 가져와 한반도 통일기회를 무산시키면서 남·북분단을 고착화시킬 수 있음.

○ 한국의 세 번째 전략은 남·북 관계의 획기적 개선을 통해 중국에 대한 구애

경쟁을 불필요하게 만들면서 중국을 정점으로 하는 삼각관계 구조를 한국과 북한의 양국결합 구조로 전환시키는 것임. 한국에는 최상의 시나리오라고 할 수 있으나, 현재의 북한정권과 체제의 속성을 감안할 때 실현 가능성은 거의 없음. 그러나 북한이 적극적으로 개혁·개방을 추진하면서 한국과의 통일에 진정성을 보일 경우, 한국은 곧바로 이 전략을 채택해야 함.

0

2권에서 계속

2011 동아시아

평화와 협력을 위한 구상 I
:전환기의 대응전략

초 판 인 쇄 | 2011년 12월 31일
초 판 발 행 | 2011년 12월 31일

편 저 자 | 제주평화연구원
펴 낸 이 | 채종준
펴 낸 곳 | 한국학술정보㈜
주   소 | 경기도 파주시 문발동 파주출판문화정보산업단지 513-5
전   화 | 031) 908-3181(대표)
팩   스 | 031) 908-3189
홈 페 이 지 | http://ebook.kstudy.com
E - m a i l | 출판사업부 publish@kstudy.com
등   록 | 제일산-115호(2000. 6. 19)

ISBN   978-89-268-3713-9 94340 (Paper Book)
            978-89-268-3714-6 98340 (e-Book)
            978-89-268-3711-5 94340 (Paper Book Set)
            978-89-268-3712-2 98340 (e-Book Set)

이 책은 한국학술정보(주)와 저작자의 지적 재산으로서 무단 전재와 복제를 금합니다.
책에 대한 더 나은 생각, 끊임없는 고민, 독자를 생각하는 마음으로 보다 좋은 책을 만들어갑니다.